목록으로 본 성경 맥(脈)

2권 역사서

저자 장봉의

• 배재고등학교 졸업
• 숭실대 졸업
• 연세대 교육대학원 졸업
• 대한신학교 졸업
• 전 장당선돌교회 시무
• 교직생활 36년
• 서울홀리클럽 부회장
• 현 창조회복 대표

지은이 장봉의
초판 1쇄 인쇄 2009년 12월 10일
초판 1쇄 발행 2009년 12월 15일
발행인 장봉의
발행처 창조회복(등록번호 319-2009-1)
서울시 동작구 신대방2동 366-193
☎ 02)821-9102, 010-6201-9102
E-mail : bongouchang@naver.com
값 19,000 원
ISBN 978-89-962280-2-8 04230
ISBN 978-89-962280-1-1 04230(세트)

책을 펴내며

필자가 어릴 때에는 기독교인들을 볼 때, 지식이나 학벌이 없는 사람들이 예수 믿는 것 같았다. 그런데 제가 어른이 되고 보니, 많은 세상 지식이 있거나 학벌이 높은 사람들이 예수를 더 많이 믿는 것을 깨닫게 되었다. 아마도 공부를 하면 할수록, 학문을 하면 할수록 하나님의 존재나 역사하심이 더 잘 느껴지기 때문일 것이다.

필자는 대학원도 다녔고, 교직생활을 36년이나 했으며, 신학도 했는데 성경을 읽어도 잘 이해가 안가는 경우가 많았다. 읽으면 읽을수록 모르겠고, 또 한쪽 부분에는 심령이 어두운 것 같고, 심령이 허전한 것 같았다. 어떨 때는 '구약은 읽어서 무얼 하나 신약만 읽지' 하고 신약만 읽었다. 그러다 보니 무언가 허전한 느낌이 들었다.

나아가, 성경을 통독하려고 읽어 나가다 보면, 중간에 걸리고 막히는 데가 많았다. 예를 들어, 창세기부터 출애굽기 24장까지는 그럭저럭 잘 읽어 나갔다. 그런데 출애굽기 25장에 들어서면 꽉 막히는 것이었다. 장은 몇 규빗이고, 고는 몇 규빗이고… 갑자기 성막의 설계도가 등장하기 때문에서다. 성막을 짓는 재료들도 등장한다.

낯선 내용들에 머리가 지끈지끈 아프다가 제사법이 나오는 레위기에 도달하면 더 혼란스러워진다. 레위기에서 늪으로 빠지고, 민수기에 이르면 사람 숫자 세기가 머리를 어지럽게 한다. 그러다 보니 신년 초에 성경을 통독하겠다고 결심하고, 대부분 일주일도 채 못 되어서 중도하차하고 말기 마련이다.

성경은 성령의 역사함으로써 쓰여졌다는데, 인간을 위해 쓰여진 말씀인데 왜 잘 이해가 안 될까? 말씀 하나 하나 속 깊이는 몰라도 어떻게 하면 성경을 한눈에 전체의 맥을 잡아 볼 수 있을까?

이렇게 생각하고 있을 때 두 군데서 모세오경의 강의를 들었다. 참 좋은 것 같다. 머리 회전이 잘 안 되서 그런지 잘 외어지지 않는다. 좀더 쉽게 이해하며 외울 수 있는 방법이 없을까?

그전에는 보이지 않던 책들이 보이기 시작하였다. 『어? 성경이 읽어지네!』 (이애실 저)책을 읽고 많은 도움을 받았다. 문봉주 대사의 『성경의 맥을 잡아라』에서도 많은 도움을 받았다. 그러나 내 가슴엔 무언가 아직 허전하였다. 어떻게 좀 더 잘 외우고, 오래 기억에 남고, 이해가 잘 되서 성경을 쉽게 접근하고 접하면서 하나님의 그 큰 뜻을 깨달아 하나님 뜻대로 살 수 없을까? 하나님 말씀을 쉽게 파악할 수 있는 방법이 없을까?

"주여 이 문제를 해결할 방법이 없을까요?" 기도하는 중에 성령님께서 깨달음의 한 음성을 들려 주셨다.

"왜 목록마다 이름을 주셨겠냐?"

"예 무슨 말씀입니까? 아니 그게 될까요?" 그래, 밑져야 본전인데 하는 생각으로 성경의 한글 목록으로 장을 맞추어 보니, 웬일인가! 기가 막히게 맞아가는 것을 발견하였다.

"주님 다른 사람처럼 그림이나 풍습, 지리적 환경, 지도 등 다양하게 들어가면 더 오래 기억에 남겠는데요?" 기도를 하던 중에, 이번에도 깨달음이 왔다. 그리하여 성경의 목록과 지도와 그림을 맞추어 가면서 그려나갔다.

성경 66권 전체의 흐름을 파악하고, 성경을 읽으면, 성경 말씀의 주인이신 예수님도 만날 수 있고, 기도제목도 성경 속에서 응답받게 됩다. 고후 3장 6절의 "의문은 죽이는 것이요 영은 살리는 것 이니라." 하나님의 말씀을 읽을 때 그 말씀 가운데서 역사하시는 성령님의 진한 감동이 우리의 마음을 움직여 믿음이 생기게 된다. 그리고 믿음이 생기면 말씀을 더 사모하고 흘려보내지 않게 된다.

성경을 읽을 때, 무엇보다 중요한 것은 하나님의 근본적인 뜻을 아는 것이다. 하나님의 뜻을 알지 못한 채, 하나님께 드려지는 모든 기도와 헌신과 열심은 모두가 하나님과 상관이 없는 무지한 열심에 불과하다. 사도 바울도 시대에 따라 바뀌어지는 하나님의 구원 섭리의 방법과 뜻을 몰랐을 때, 하나님을 위하여 예수님을 핍박하는 일에 앞장섰다.

우리가 하나님을 위하여 생명을 걸고, 많은 일을 하는 것보다 더 중요한 것은 하나님이 기뻐하시는 뜻을 올바로 분별하는 것이다. 예수님은 "누구든지 하늘에 계신 내 아버지의 뜻대로 하는 자가 내 형제요, 자매요, 모친이니라."(마12:50) 말씀하셨다.

우리가 보통 "신앙생활을 하는 뜻이 무엇이냐"와 "신앙생활을 하는 목적이 무엇이냐"는 같은 의미이다.

세상에서 가장 근본적인 문제는 무엇인가? 바로 천지 창조에 관한 것이다.

즉, 천지 창조 목적이 곧 하나님의 근본적인 뜻이다.

천지 창조에 대해서 생각하려면 먼저 하나님이 어떤 분인지에 대해서 생각해 보아야 된다. 하나님을 표현하는 수많은 단어 중 가장 대표가 되는 것이 바로 창조주라는 말이다. 하나님은 천지만물을 창조하신 창조의 근본이요, 창조의 주체이시며, 피조 세계를 존재케 하는 제1원인자가 되시는 분이시다.

하나님께서는 천지 만물을 창조하실 때에는 분명한 목적이 있으셨다. 또한 인류의 조상인 아담과 하와를 지으실 때에도 그들에게 두신 하나님의 뜻이 계시다. 그래서 예수님께서는 아직까지 이 땅에 이루어지지 않은 하나님의 창조의 뜻을 위해 기도하라고 "나라이 임하옵시며 뜻(창조의 뜻)이 하늘에서 이룬 것 같이 땅에서도 이루어지이다."(마6:10) 라고 기도를 가르쳐 주셨다.

하나님의 근본적인 뜻은 창조의 뜻이다. 구원의 뜻은 창조의 뜻을 이루기 위해 필요한 부분적인 뜻이다. 타락한 인간에게 필요한 것은 구원이다. 하나님께서는 궁극적으로 창조의 뜻을 이루시기 위해 구원의 뜻을 이루어 나가신다. 이것을 알아야 예수님을 보내시고, 성경을 주신 하나님의 참 뜻을 올바로 이해할 수 있다.

이 책으로, 성경 공부를 시작한 모든 분들이 어떠한 환경에 있든지 성령님의 인도하심 받기를 소망한다. 성경은 우리에게 향하신 하나님의 뜻이 무엇인지, 어떻게 살아야 하는지, 성령님의 인도함을 어떻게 받고 사는지 등을 깨우쳐 준다. 성경 말씀인 주님을 만나 삶이 변화되는 첫걸음을 되어 천국 생활이 될 수 있도록 소원한다.

2009년 11월

장 봉 의 드림

목록으로 본 성경 맥(脈)

2권 역사서

이 책의 목차

013 _ 여호수아

051 _ 사사기

087 _ 룻기

097 _ 사무엘상

135 _ 사무엘하

161 _ 열왕기상

189 _ 열왕기하

221 _ 역대상

251 _ 역대하

289 _ 에스라

303 _ 느헤미아

319 _ 에스더

역사서 개론

Introductory of The Books of History

I. 분류와 명칭

1. 기독교적 분류

기독교적 분류법에 의하면 모세 오경 다음에 나오는 구약 성경의 두 번째 부분을 일반적으로 역사서라고 하는데 한글 개역 성경의 여호수아부터 에스더까지 열두 권이 여기에 해당된다.

2. 히브리적 분류

기독교는 구약 성경을 율법서, 역사서, 예언서, 성문서 넷으로 구분한다.

히브리인들은 구약 성경을 율법서, 예언서, 성문서 셋으로 구분했다.

기독교적 분류법에 의한 열두 권의 역사서는 히브리식 성경 분류법에 의하면 예언서와 성문서에 해당되는데 이를 간략히 도표화하면 다음과 같다.

<table>
<tr><td rowspan="2">기독교식 분류</td><td colspan="5">역사서</td></tr>
<tr><td colspan="5">여호수아, 사사기, 룻기, 사무엘상, 사무엘하, 열왕기상, 열왕기하, 역대상, 역대하, 에스라, 느헤미야, 에스더</td></tr>
<tr><td rowspan="3">히브리식 분류</td><td colspan="2">예언서</td><td colspan="3">성문서</td></tr>
<tr><td>전기 예언서</td><td>후기 예언서</td><td>시가서</td><td>오축</td><td>역사서</td></tr>
<tr><td>여호수아, 사사기, 사무엘(상,하), 열왕기(상,하)</td><td></td><td></td><td>룻기
에스더</td><td>에스라, 느헤미야
역대기(상,하)</td></tr>
</table>

Ⅱ. 내용 및 특징

1. 내용

열두 권의 역사서는 이스라엘의 가나안 정복과 이스라엘 왕정의 기원과 그 초기에 관한 '역사', 그리고 왕국 분열과 북왕국 이스라엘의 멸망, 남왕국 유다의 멸망에 이르는 시대 등에 관한 '역사' 들을 다룬다.

2. 특징

역사서에 나타나는 중요한 두 가지 특징은 예언자적 정신과 제사장적 정신이다. 열두권의 역사서에 대한 히브리 성격의 구분은 이러한 내용상 특징에 의한 구분이다.

1) 히브리 성경에 의한 전기 예언서(여호수아 · 사사기 · 사무엘 · 열왕기)

- 이 네 권의 책은 이스라엘 역사 가운데서 하나님의 말씀과 뜻이 어떻게 성취되어 가는가 하는 예언적 측면에 초점을 맞춘 책들이다.
- 전기 예언서에서 나타나는 주요한 신학 사상은 '언약 사상' 이다. 이것은 전기 예언서의 기록자가 이스라엘의 흥망성쇠의 모든 역사적 사건들을 하나님 말씀의 준수 여부와 관련시켜 해석하고 기록하였음을 말해준다. 이런 점에서 전기 예언서의 역사들을 '신명기적 역사' 라고 칭하기도 한다.
- 전기 예언서의 구조적 특징은 범죄, 심판, 회개, 구원의 형식으로 나타난다. 이를 통해서 기록자는 하나님의 말씀과 예루살렘 성전을 존중하는 태도를 보이고 있다.

2) 히브리 성경에 의한 역사서(에스라 · 느헤미야 · 역대기)

- 전기 예언서가 예언자적 정신으로 이스라엘 역사를 기록한 것이라면 역대기 역사서는 제사장적 정신으로 이스라엘 역사를 기록한 것이다.
- 역대기 역사서에 나타나는 뚜렷한 역사 철학은 '선민 사상' 이다. 그러므로 여기에는 북 이스라엘 왕조의 역사가 삭제되었으며, 포로 귀환 후 예루살렘 성전과 건축시 사마리아인들이 배척당하였다.
- 역대기 역사서에는 '신정록적(神政論的)신학 사상' 이 강하게 나타난다. 다윗 왕조와

예루살렘 성전, 제사장 제도가 강조된 것은 신정론적 사상을 잘 반영해 주는 것이다.

3) 히브리 성경에 의한 오축(五軸) (룻기. 에스더)

이 두 권의 책은 이스라엘의 반역과 패역함에도 불구하고 그 역사를 지속시키는 '구원자 하나님' 을 묘사하고 있다. 바로 이 때문에 전기 예언서와 역사서, 오축은 각각 저마다의 독특한 내용과 위치를 점하고 있으면서도 크게는 '열두 권의 역사서' 라는 기독교식 범주 속에 포함될 수 있는 것이다.

Ⅲ. 연대기적 구분

1천년에 가까운 이스라엘의 흥망성쇠사를 시대별로 구분해 보면 도표와 같다.

역사서 : 그리스도 오심의 준비

시 대	연 대(B.C.)	관련 성경
가나안 정복 시대	1405~1390	여호수아
사사 시대	1390~1050	사사기, 룻기(이스라엘의 억압)
통일왕국시대	1050~931	사무엘상(이스라엘의 안정화) 열왕기상 1~11장(이스라엘의 영화) 열왕기상 12~22장(이스라엘의 분열) 역대상(성전의 준비)
분열왕국시대	931~586	열왕기상 12~22장(이스라엘의 분열) 열왕기하1~17장(북왕국의 타락) 역대하 10~36장(성전의 파괴)
바벨론 포로기와 귀환기	586~430	에스라(성전의 복구) 느헤미야(예루살렘의 재건) 에스더(이스라엘 백성의 보호)

Ⅳ. 역사서 개관

1. 가나안 정복 시대

1) 개요

아브라함과 맺은 땅에 관한 약속이 이루어진다. 가나안 땅을 점령함으로써 이스라엘은 건국의 기초를 쌓게 된다.

2) 주요내용

- 요단강 도하
- 헤브론 점령
- 가나안 땅 분배

2. 사사 시대

1) 개요

신정 시대에서 이스라엘 왕정으로 넘어가는 과도기적 단계이다. 가나안에서의 이스라엘의 범죄와 하나님의 심판, 그리고 회개와 구원의 과정이 주기적으로 반복된다.

2) 주요내용

- 사사들의 통치
- 미스바 회개 운동

3. 통일왕국시대

1) 개요

제비뽑기에 의해 사울왕이 초대 왕으로 즉위하지만 폐위되고, 다윗왕조가 세워진다. 다윗~솔로몬 왕국의 번영 시기에 예루살렘 성전이 건축된다.

2) 주요내용

- 초대 왕 사울의 등극
- 다윗의 통일 왕국
- 솔로몬의 등극

● 예루살렘 성전 건축

● 솔로몬의 국제교역

4. 분열 왕국 시대

1) 개요

로호보암의 강압 정책으로 이스라엘은 남왕국 유다와 북왕국 이스라엘로 분열된다. '야훼 숭배' 로 시작된 북 이스라엘은 우상숭배로 인하여 앗수르에게 망하고 남왕국 유다 역시 하나님을 전적으로 의지하지 않고 하나님의 말씀을 저버렸으므로 바벨론에 의해 멸망당하는 비운을 맞는다.

2) 주요내용

● 남북 왕국 분열

● 엘리야, 엘리사의 활동

● 북이스라엘 왕국 멸망

● 요시야의 종교 개혁

● 바벨론의 침입

● 남유다 왕국 멸망

5. 바벨론 포기와 귀환기

1) 개요

예루살렘 멸망과 바벨론 포로생활은 이스라엘의 죄에 대한 하나님의 형벌이었다. 포로기간 동안 이스라엘은 말씀을 통해 하나님을 찾게 되고 언약에 신실한 하나님은 이스라엘을 귀환시켜 고토로 돌아오게 한다.

2) 주요내용

● 바벨론 포로 생활

● 고레스의 귀환 조치

● 바벨론 포로 귀환

● 예루살렘 성전과 성곽 재건

● 종교 개혁 운동

여호수아 (Joshua)-24-658 : 정복의 책

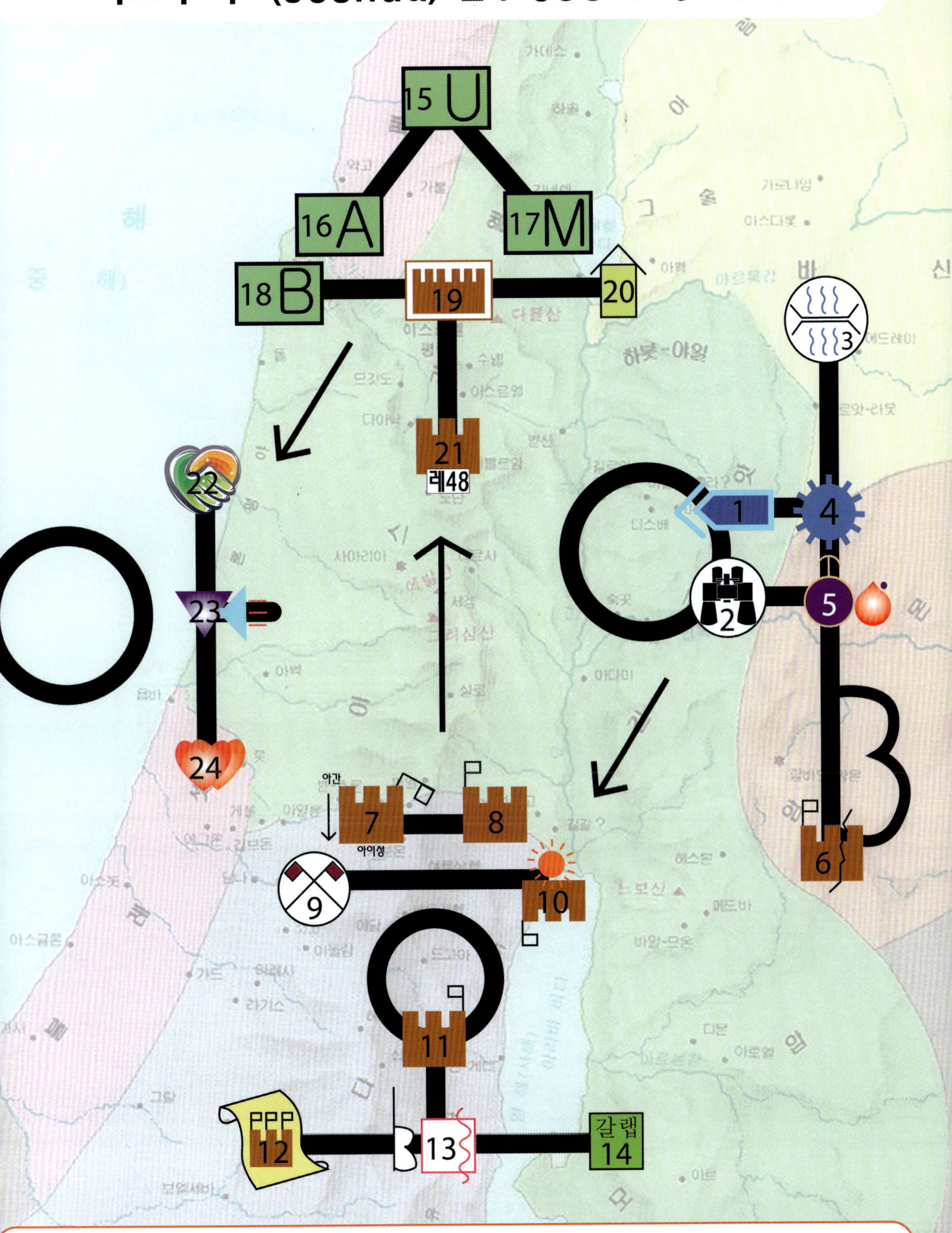

1~5 정복준비, 6~8 중부 가나안 정복, 9~11 가나안 정복14~19 서편9지파반의 분깃
20~21 레위 지파의성을 분배, 23~24 고별사

여호수아 (Joshua)-24-658 : 정복의 책

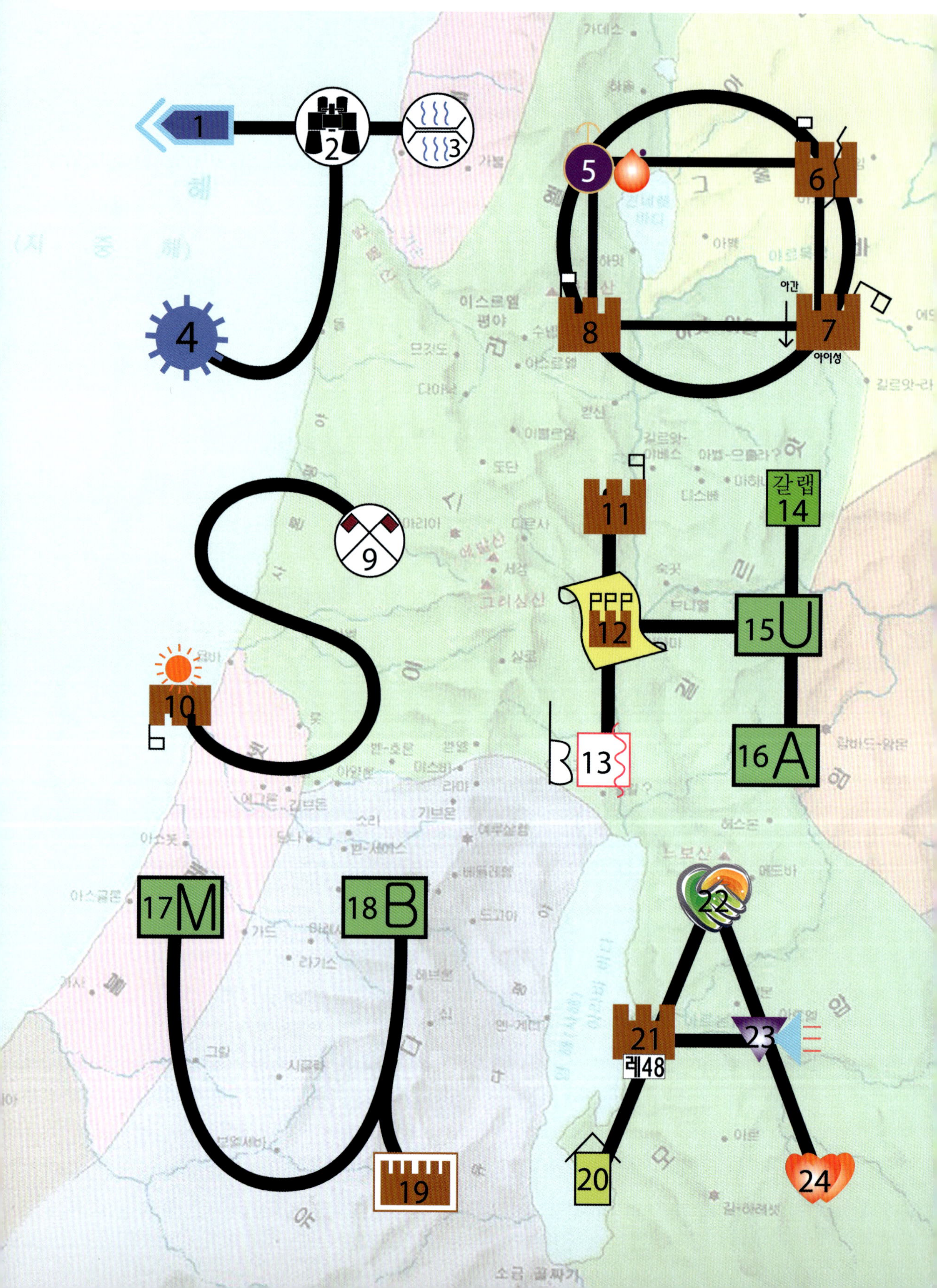

여 호 수 아

요절 : 마음을 강하게 하라 담대히 하라 너는 이 백성으로 내가 그 조상에게 맹세하여 주리라 한 땅을 얻게 하리라(수1:6)

1. 명칭

- 히브리어 성경 : "여호수아(Yehoshua)" (야훼께서 구원하신다)
- 70인역 : "예수스"
- 영어성경 : "Joshua"

2. 기록자 :

여호수아(아마도 여호수아 보다 오래 살았던 사람들이 기록했을 것이다) (24:26)

3. 기록연대 : B.C. 1370~1330년경(모세가 죽은 후부터 여호수아가 죽을 때까지 약 30년 동안의 사건 기록

4. 기록목적 : 여호수아의 통솔아래 이스라엘이 가나안을 정복하고, 각 지파에 토지가 분배된 역사를 기록함으로 하나님의 언약의 땅을 믿음으로 차지하며, 이스라엘이 안식을 얻음을 보여 주고 있다.

5. 주제 : 순종하는 믿음을 통해 약속의 땅을 차지하고 하나님의 축복을 누리라

6. 중심사상

1) 승리는 야훼 하나님만을 의지하는 담대한 신앙에 있다(1:1~9).

2) 하나님은 자신에게 순종하고 그 명령을 지키는 자를 위해 싸우는 분이시다.

3) 하나님은 택하신 백성에게 약속된 기업과 안식을 주는 분이시다(히11:16,12:28; 벧전1:4).

7. 핵심

1) 단어 : 정복(conquest), "선택하라", "섬겨라"

2) 구절 : 1:8, 11:23

8. 여호수아서의 신약적 의미

1) "여호수아"란 이름은 '예수'란 말과 같다. 즉 여호수아는 그리스도의 모형임.

2) 가나안 정복과 거주는 예수님을 통해 우리가 얻은 영적인 안식과 승리를 상징함.

3) 가나안 정복 전쟁은 하나님 나라를 확장해야 하는 신약의 성도들이 겪는 영전쟁을 의미함(엡 6:10~17).

9. 내용분해 : 24장, 685절

대주제	가나안 정복		가나안 정착	
초점	요단 서편		요단 동편	
소주제	1.가나안진입(1~5)	2.가나안 정복(6~12)	1.토지분배(13~21)	2.결말(22~24)
내용	• 여호수아의 소명 • 가나안 진입 준비 • 정탐꾼의 파견 • 요단강 도하 • 길갈에서의 할례와 유월절	• 여리고성의 함락 • 아이성 공격 • 에발산의 제단 • 기브온 거민의 술책 • 가나안 남부의 정복 • 가나안 북부의 정복 • 가나안 정복에 대한 요약 설명	• 토지분배의 개요 • 요단 동편 지파의 기업분배 • 유다 지파의 기업분배 • 요셉 지파의 기업분배 • 나머지 지파들의 기업분배 • 도피성 • 레위인의 성읍 • 토지분배의 결론	• 요단 동편 지파의 귀환 • 여호수아의 고별 • 세겜의 언약 • 여호수아의 죽음설교
신학	하나님의 백성에게 예비된 기업과 안식			

10. 주요 사건 연대

여호수아를 후계자로 임명 (신3:28-31:1-8)	요단강 도하 (3:14-17)	여리고 정복 (6:1-21)	가나안 동맹군 격파 (10:1-27)

BC 1406 → 1405 → 1405 → 1406 ……→

1400 1300 1390

가나안 정복 완료 및 땅의 분배 (11:23-21:45)	세겜에서의 언약갱신 (24:1-28)	여호수아의 죽음 (24:29)

1장 입성준비 *(Get Your Supplies Ready)*

1. 위치 설명 : 1장은 목록 여호수아의 '여' 에 획순서대로 맨 처음에 표시
2. 맥 절: (6절). "강하고 담대하라 너는 내가 그들의 조상에게 맹세하여 그들에게 주리라 한 땅을 이 백성에게 차지하게 하리라" ; 맥 보충 절: (16,18절).
3. 관주구절: "마음을 강하게 하고 담대히 하라"(신31:7) "너는 힘써 대장부가 되고"(왕상 31:7)
4. 찬 송 : 하나님이 말씀하시기를, 넓은 들에 익은 곡식, 어둔 밤 쉬 되리니

1) 여호수아의 소명(1 : 1~9)

(1) 하나님께서는 새로이 지도자가 된 여호수아에게 요단을 건널 것을 지시하셨다.

하나님이 약속하신 이스라엘 땅의 경계(1 : 4)	신 11 : 24참조
남쪽 경계	광야(아라비아 광야)
북쪽 경계	레바논
동쪽 경계 큰	하수 유브라데
서쪽 경계	해지는 편 대해(지중해)

(2) 이스라엘 앞에 있는 땅은 하나님께서 이미 주실 것을 약속하신 것이다(출23 : 30,31; 신11 : 24). 하나님은 여호수아에게 3번에 걸쳐 "강하고 대담해라"고 말씀하셨다. 그것은 야훼께서 그와 함께 하실 것이기 때문이다(5, 9). 그러므로 오직 마음을 강하게 하고 극히 담대히 하여 나의 종 모세가 네게 명한 율법을 다 지켜 행하고 좌로나 우로나 치우치지 말라 그리하면 어디로 가든지 형통하리라(7) 이 율법책을 네 입에서 떠나지 말게 하며 주야로 그것을 묵상하여 그 가운데 기록한대로 다 지켜 행하라 그리하면 네 길이 평탄하게 될 것이니라 네가 형통하리라(8).

강하고 담대하라(마음을 정복하라)

① 여호수아가 가나안 입성을 앞두고 두려워하고 있음을 보여준다.

② 두려움은 사람에게 가장 무서운 적이다.

③ "마음을 강하게 하라 … 담대하라"(마음의 여리고성, 가정의 여리고성, 사회의 여리고성을 정복)

④ "두려워 말라 내가 너와 함께함이니 놀라지 말라 나는 네 하나님이 됨이니라"(사41:10)

⑤ "하나님이여 내 마음이 확정되었고 확정되었사오니 내가 노래하고 내가 찬송하리이다"(시57:7)

⑥ "하나님이여 내 마음을 정하였사오니 내가 노래하며 나의 마음을 다하여 찬양하리로다"(시108:1)

2) 가나안 진입 준비(1 : 10~18)

여호수아는 백성들에게 가나안 진입을 준비시킨다.

① 진중에 두루 다니며 백성에게 고하여 1개월간 입성 준비

② 양식을 준비함(11)

③ 3일 만에 요단을 건너

④ 여호수아는 요단 동편에 기업을 얻어 정착한 르우벤, 갓, 므낫세 반 지파에게 동족을 위해 요단 서편 정복에 앞장서줄 것을 요청한다.

쉼터 : 강하고 담대한 사람 여호수아

- 여호수아는 아말렉 사람과의 전투를 승리로 이끌었다(출17:8~16)
- 모세와 동행하여 시내산에 올라가 40일 동안 그곳에 머물러 있었고(출24:13~18)
- 회막의 관리자로서 모세를 도왔음(출38:11)
- 모세의 예언 직무를 적극적으로 보호하였다(민12:26~29)
- 모세가 가나안에 보낸 12명의 정탐꾼 중 한명이다(민13:8,16)
- 갈렙과 함께 긍정적인 정탐 보고로 하나님은 두 사람만 약속의 땅에 들어가도록 허락하였다(민14:30)
- 하나님의 지시로 모세의 후계자로 세웠다(민27:12~23)
- 이스라엘 보다 강한 가나안 사람들과 싸워 승리하였다.
- 각 지파에게 땅을 기업으로 분배하였다(수13~21)
- 온 이스라엘을 모아놓고 오로지 하나님만 섬기는 백성이 되기를 당부하고 110세에 죽었다(24:29)

■ 맡은 바 사명은 죽는 날까지 감당해야 한다. 하나님의 일은 나이가 많아도 여호수아처럼 죽는 날까지 하나님께서 주신 사명을 완수해야 한다.

쉼터 : 하나님의 말씀을?

하나님께서는 말씀과 관련해 세 가지를 언급하셨다(수1:8).
첫째로, 성경을 입에서 떠나지 말게 하라.
둘째로, 그 말씀을 주야로 묵상하라.
셋째로, 그 말씀을 지켜 행하라.

여기서 하나님이 제시하시는 순서는 말씀, 묵상, 실천이다. 이것은 그저 있는 순서가 아니다. 말씀을 실천하기 위해서는 묵상이 있어야 한다. 묵상이란 하나님의 말씀을 깊이 생각하고 분석하여 그 말씀이 나의 삶을 변화시키도록 하는 과정이라고 할 수 있다. 묵상이 없기에 영감도 없고 실천도 없다. 사람은 무엇을 생각하느냐에 따라 행동하기 때문이다. 복 있는 사람은 말씀을 주야로 묵상하는 자로다(시1:2)

2장 두 정탐꾼, 라합 *(Rahab and the Spies)*

1. 위치 설명 : 2장은 목록 여호수아의 '여' 에 획순서대로 표시
2. 맥 절: (1절). "눈의 아들 여호수아가 싯딤에서 두 사람을 정탐꾼으로 보내며 이르되 가서 그 땅과 여리고를 엿보라 하매 그들이 가서 라합이라 하는 기생의 집에 들어가 거기서 유숙하더니" ; 맥 보충 절: (3,4절).
3.관주구절: "압살롬이 정탐을 ...모든 지파 가운데 두루 보내어"(삼하15:10)
4.찬 송 : 값비싼 향유를 주께 드린, 나 맡은 본분을, 내 평생소원 이것뿐

• 두 정탐꾼의 파견(2 :)

"우리가 듣자 곧 마음이 녹았고 너희로 말미암아 사람이 정신을 잃었나니 너희 하나님 여호와는 위로는 하늘에서도 아래에는 땅에서도 하나님이시니라."(11)→정탐꾼과 라합의 약속

난공불락의 요새인 여리고를 탐지하기 위한 두 정탐꾼을 파견한다. 기생 라합의 집에 들어간 이들은 라합의 지혜로 여리고 사람의 눈을 피하여 무사히 귀환한다. 라합의 이러한 행위는 이스라엘의 승리는 하나님이 하시는 일이며 이는 아무도 막을 수 없다는 확신과 믿음에서 나온 행위이다(히11 : 31),

"창에 이 붉은 줄 매고...부모, 형제, 아버지 가족을 네 집에 모으라" 그녀의 믿음은 결과적으로 자신과 그 가족의 생명을 구원한다.

"두 사람을 정탐꾼으로 보내며 "(1절)

- **정탐꾼을 보낸 것은 하나님을 사랑하는 라합(이방인 기생)을 구하기 위함**
- **모세를 애굽에 보낸 것은 고통당하는 하나님의 백성을 구원하기 위함**
- **나오미를 모압에 보낸 것도 룻을 구원하기 위함**
- **우리를 예수 믿게 한 것은 예수 믿지 않은 자 전도하기 위함**

쉼터 : 라합의 거짓말은 죄가 아닌가?

히브리서 11장 31절에는 라합이 정탐꾼을 숨긴 행위를 믿음에 의한 것이라고 평가하고 있다. 야고보서 2장 25절에는 라합이 정탐꾼을 숨겨준 후 다른 길로 가게 한 것은 의롭다 받은 행위라 말하고 있다. 그러나 신약의 인정은 그녀의 믿음에 대한 인정이지 그녀의 거짓말을 정당화한 것은 아니다. 그런 행위를 정당화 한다면 동기와 목적이 바르면 방법도 정당화 되는 오류를 범하기 쉽다. 로마서 3장 7, 8절에 비록 거짓말로 하나님께 영광을 돌렸다고 해도 그 거짓말 자체는 정죄를 받아 마땅하다고 말하고 있다. 라합의 구원은 믿음 때문이다.

3장 요단강 도하 *(Crossing the Jordan)*

1. 위치 설명 : 3장은 목록 여호수아의 '여' 에 획순서대로 표시
2. 맥 절: (15절). "요단이 곡식 거두는 시기에는 항상 언덕에 넘치더라 궤를 멘 자들이 요단에 이르며 궤를 멘 제사장들의 발이 물 가에 잠기자" ; 맥 보충 절: (16절).
3. 관주구절: 믿음과 행함(약2:17,26,마7:26)
4. 찬 송 : 내 너를 위하여, 나의 죄를 정케 하사, 허락하신 새 땅에, 우리는 주님을 늘 배반하며

• 요단강 도하(3: 4:)

요단이 곡식 거두는 시기에 요단강물이 항상 언덕에 넘침, 요단강가에 이른 이스라엘 백성들은 하나님의 임재를 상징하는 언약궤를 앞세우고 요단강으로 들어간다. 언약궤를 든 제사장의 발이 요단강에 닿자 요단강의 흐름이 그치고(사르단 가까이 아담 읍 변방에 일어나 쌓이고 아라비아 바다, 즉 염해로 흘러가는 물이 끊어짐) 강 한가운데로 땅이 드러났다 (3 : 13).

"궤를 멘 제사장들의 발이 물에 잠기자"(15절)

- 요단이 곡식 거두는 시기에는 항상 언덕에 (요단강물)넘치더라
  그럼에도 불구하고 말씀에 순종하여 말씀대로 요단강을 건넘
- 이스라엘 백성들에 대한 순종의 시험, 믿음이 없으면 행할 수 없는 일(약2:26)
  믿음의 시험 : 요단강(수3장), 여리고성(수6장), 할례(수5장) 아브라함(창22:1)
- 홍해는 갈라놓고 건넜고(출14장), 요단강은 흐르는 물을 보면서 발을 들여 놓음
  우리 앞을 가로막고 있는 문제의 요단강을 하나님 말씀에 순종하며 건너 가야됨

쉼터 : 요단강 어떻게 건넜나?

하나님은 도도하게 흐르는 요단강을 걸어서 건너라고 명령하셨다. 하나님께서는 이 일을 통해 다음의 몇 가지를 깨닫게 하셨다.

- 이스라엘 백성들로 하여금 그 옛날 모세와 함께 하셨던 것 같이 여호수아와 함께 하심을 알게 하셨다(수3:7)
- 가나안 땅은 노력으로 들어갈 수 없으며 오직 하나님의 은혜로만 들어갈 수 있음을 보여 주셨다.
- 홍해 건넘을 통해 죄로부터 해방됨을 상징적으로 보여주신 것처럼 요단강을 건넘으로 광야의 옛 생활을 청산하고 그리스도인의 새생활을 결단하라는 하나님의 메시지가 담겨져 있다.
- 하나님은 자신의 임재를 상징하는 언약궤를 앞에서 메고 나가라고 말씀하셨다. 이것은 하나님의 백성들은 언제나 말씀으로 인도함 받아야만 요단강과 같은 험한 세상에서 승리할 수 있음을 몸으로 체험하게 하신 것이다.

4장 열두 기념비 *(Set up at Gilgal the twelve Stones)*

1. 위치 설명 : 4장은 목록 여호수아의 '여'에 획순서대로 표시
2. 맥 절: (9, 20절). "여호수아가 또 요단 가운데 곧 언약궤를 멘 제사장들의 발이 선 곳에 돌 열둘을 세웠더니 오늘까지 거기에 있더라". " 여호수아가 요단에서 가져온 그

열두 돌을 길갈에 세우고" ; 맥 보충 절: (21절).

3. 관주구절: 교육(쉐마 교육, 신6:7, 잠22:6)
4. 찬 송 : 피난처 있으니, 큰 영화로신 주, 내 너를 위하여

1) 이적 기념위해-강의 돌 12개를 메어옴
   ① 각 지파 1명씩 12명 선택
   ② 요단 가운데 제사장들의 발이 굳게 선 곳에서 돌 12개 취함
   ③ 오늘밤 너희의 유숙할 그곳에 둠(9)
   ④ 나중에 길갈에 기념비 세움
2) 길갈에 기념비 세움
   ① 언약궤 멘 제사장들의 발이 육지 밟는 동시에 요단물이 흐름
   ② 정월 10일(출애굽 41년)여리고 동쪽 길갈에 진을 침
   ③ 길가에 12개 돌을 세움(4:20, 의미-자손이 요단강을 마른 땅 밟고 건넘을 알게 → 홍해를 건넘과 같은 의미) 이스라엘 백성들은 요단강에서 취한 열두 개의 돌로 도하를 기념하였다.

쉼터 : 열두 돌을 길가에 세운 이유?

- 자녀 신앙 교육을 위한 기념비(교육의 중요성)
- 사람은 교육 받은 대로 살아감(좋은 나무가 아름다운 열매)
- "마땅히 행할 길을 아이에게 가르치라 그리하면 늙어도 그것을 떠나지 아니하리라"(잠 22:16)

5장 할 • 만 • 유 • 군 *(Circumcision at Gilgal)*

1. 위치 설명 : 5장은 목록 여호수아의 '여' 에 획순서대로 표시
2. 맥 절 : (3,12,14절). "여호수아가 부싯돌로 칼을 만들어 할례 산에서 이스라엘 자손들에게 할례를 행하니라". " 또 그 땅의 소신물을 먹은 다음 날에 만나가 그쳤으니 이스

라엘 사람들이 다시는 만나를 얻지 못하였고 그 해에 가나안 땅의 소출을 먹었더라". "그가 이르되 아니라 나는 여호와의 군대 대장으로 지금 왔느니라 하는지라 여호수아가 얼굴을 땅에 대고 엎드려 절하고 그에게 이르되 내 주여 종에게 무슨 말씀을 하려 하시나이까" ; 맥 보충 절: (2,5절).

3. 관주구절 : 할례(창17장),만나(출16장), 유월절(출12장)
4. 찬 송 : 내 주 예수 주신 은혜, 주의 주실 화평, 예수 따라가면

• 길갈에서의 할례와 유월절(5 :)

요단을 건넌 후 길갈에 진친 백성과 여호수아는 이스라엘이 언약의 백성임을 확인하는 할례와 출애굽을 기념하는 유월절을 지켰다. 이때 할례 받은 자들은 출애굽 이후 광야에서 노중에 난 자들로 미처 할례를 받지 못한 자들이다.

이 유월절은 가나안에 들어온 후 첫번째 유월절(14일)이고 다음날 여리고 평지에서 그 땅 무교병과 볶은 곡식을 먹고(15일) 이날 다음날로 40년간 내리던 만나가 그쳤다(16일)(1~12). 한편 모세가 소명을 받을 때와 같은 방식으로(출3 : 5)여호수아도 가나안 정복을 앞두고 야훼의 군대장관 천사를 여리고 근처에서 만나게 된다.

"네 발에서 신을 벗으라 네가 선 곳은 거룩하니라"(15) 이 사건은 이스라엘을 지키시고 인도하시는 분은 하나님 한분임을 여호수아에게 일깨워 주고 있다(13~15).

"할례를 행하니라"(3절)

- **전쟁을 앞두고 할례를 행하는 것은 곧 전쟁 패배를 자초하는 일임(창34장)**
- **할례는 말씀에 대한 순종 시험(아브라함, 창22장)**
- **"여호와의 말씀에 내 생각은 너희 생각과 다르며 내 길은 너희 길과 달라서"(사55:8)**
- **할례 시행은 가난안 땅의 새 주인이며 언약의 백성으로 이방인들과 구별**
- **입교의식 같은 심오한 의미, 선민표징, 신약시대의 세례(침례)의 뜻**

쉼터 : 만나, 왜 그쳤을까?

만나는 육신을 위한 음식일 뿐 아니라 영적인 교훈까지 담고 있는 훌륭한 양식이었던 것이다. 그런데 신 광야에서의 불평(출16:3) 이후 주어졌던 만나는 이스라엘 백성이 요단강을 건너 여리고 평지에서 유월절을 지키고 그 땅의 소산을 먹은 다음날부터 그쳤다. 만나가 그친 이유는 무엇일까? 이는 이스라엘 백성들이 하나님의 초자연적인 은총이 아닌 자연 은총으로 생산되는 곡물을 먹고 살게 되었기 때문이다. 즉, 농사를 지을 수 있는 가나안 땅에서는 백성들이 노동을 통해서 식물을 얻어야 함을 의미한다.(수5:12)

6장 여리고성 함락 *(The Fall of Jericho))*

1. 위치 설명 : 6장은 목록 여호수아의 '여' 에 획순서대로 표시
2. 맥 절 : (20절). "이에 백성은 외치고 제사장들은 나팔을 불매 백성이 나팔 소리를 들을 때에 크게 소리 질러 외치니 성벽이 무너져 내린지라 백성이 각기 앞으로 나아가 그 성에 들어가서 그 성을 점령하고" ; 맥 보충 절: (15절).
3. 관주구절 : "믿음으로 7일 동안 … 두루 다니매 성이 무너졌으며"(히11:30)
   "만군의 여호와 이름으로 … 가노라"(삼상17:45, 다윗의 큰소리)
4. 찬 송 : 내 주는 강한 성이요, 주 예수 이름 소리 높여, 천성을 향해 가는 성도들아

• 여리고성의 함락(6 :)

이스라엘의 침입을 두려워한 여리고성의 백성들은 성문을 굳게 닫고 있었다. 여리고성의 함락은 하나님의 기적적인 도움으로만 가능한 일이다. 하나님의 지시에 따라 제사장들은 법궤를 메고 나팔을 불며 앞장서고 백성은 그 뒤를 따라 6일간 매일 한번씩 여리고성 주위를 돌았다. 제7일째는 7번을 돈 뒤 나팔소리에 맞추어 백성이 일제히 함성을 지르고 여리고성이 무너지고 이스라엘은 쉽게 여리고성을 함락시킬 수 있었다. 함락된 여리고성은 모든 것을 불살라 진멸되었고, 은과 동철기구를 여호와의 집 곳간에 두고 라합과 그 가족만은 살아났다.

성벽이 무너져 내린지라 백성이… 그 성을 점령하고 (20절)

- "믿음으로 칠 일 동안 여리고를 도니 성이 무너졌으며"(히11:30)
- 여리고성은 중부지역 정복에 있어 최대 장애물
- 우리의 마음의 여리고성을 믿음으로 정복하라
- "믿음은 바라는 것들의 실상이요 보이지 않는 것들의 증거니 "(히11:1)

쉼터 : 예배의 능력 때문에 여리고성이 무너졌다.

성이 무너졌는데 여리고 군대는 칼을 들고 이스라엘과 싸우려 하지 않았습니다. 여호와의 군대 장관이 앞서 있었기 때문입니다. 이것이 중요합니다. 바로 예배의 능력입니다. 싸움은 사람이 합니다. 사람은 단순한 흙덩이가 아니라 영이 들어가 있는 존재입니다. 영은 누가 주관합니까? 정탐할 때 기생 라합이 말했습니다. "말하되 여호와께서 이 땅을 너희에게 주신 줄을 내가 아노라 우리가 너희를 심히 두려워하고 이 땅 백성이 다 너희 앞에 간담이 녹나니"(수2:9) 이것은 하나님이 기생 라합의 입에 넣어주신 말씀입니다. 하나님이 하신 것입니다. 이말은 마음이 푹 꺼져 버렸다는 뜻입니다. 정신을 잃었다는 뜻입니다. 하나님이 여리고성의 사람들의 속마음을 꽉 쥐신 것입니다. 이들은 마음이 녹았고 결국 정신을 잃었기 때문에 감히 나와서 대항하지 못했습니다. 그냥 성 주위를 빙빙 돌아서 무너진 것이 아닙니다. 여호와의 군대 장관이 일해서 여리고 성이 무너진 것입니다. 하나님은 길갈에서 드린 예배를 받으시고 여호와의 군대 장관을 보내셨습니다. 성이 함락된 것은 예배의 능력 때문입니다.

쉼터 : 영의 본질?

영의 본질은 사랑입니다. 영은 사랑하는 속성을 가지고 있습니다. 사람의 영은 사람을 사랑하게 되어 있고 반드시 상대가 있어야 합니다. 사람은 자기 영을 사랑하여야 합니다. 그렇지 않으면 자신을 포기하게 됩니다. 하지만 '나만' 사랑하게 되면 나의 영은 사탄의 영, 세상의 영이 됩니다. 나를 사랑하는 바탕에서 이웃을 사랑해야만 합니다. 나만 사랑하고 나만 생각하다보니까 고독에 빠집니다. 사람은 이웃 없이 살 수 없기 때문에 반드시 소속감이 필요합니다. 진정한 소속감은 예수 안에 속할 때만 갖게 됩니다. 예수의 영이 우리 안에 왔을 때, 예수의 사랑이 느껴질 때 진정으로 이웃을 내 몸같이 사랑하게 됩니다.

쉼터 : 왜 남의 땅(가나안)을 빼앗고 죄 없는 어린아이까지 다 전멸시키나?

이 대목에는 하나님이 잔인하고 불공평하다고 생각되는 부분처럼 느껴집니다. 가나안 땅은 "세상나라문화"를 상징하는 악한 땅입니다. 이런 나라를 그냥 내버려 두시지 않습니다. 그런 문화는 반드시 심판하신다고 일찌기 바벨탑 사건에서, 노아 홍수에서 또 소돔과 고모라에서 보여주셨습니다. 이스라엘은 하나님을 대신한 심판자로 그 가나안 땅을 밟는 것입니다. 하나님께서 세상문화와의 전쟁에서 "완전멸절"을 요구하시는 이유는 하나님의 거룩의 수준이 완전을 요구하시기 때문입니다.(다윗이 법궤를 다윗성으로 옮겨 올 때 웃사를 충돌하셨습니다. 웃사는 그 자리에서 즉사합니다. 초대교회 때 아나니아와 삽비라는 땅 판돈을 속이다가 그 자리에서 즉사합니다. 성경을 자세히 보면 이렇게 하나님께서 뭔가 새로운 하나님의 사회를 시작하려고 하는 순간에는 고도의 순결과 완전을 요구하신다.

7장 아이성 실패 *(A Destroyed)*

1. 위치 설명 : 7장은 목록 여호수아의 '호' 에 획순서대로 표시
2. 맥 절: (3절)."여호수아에게로 돌아와 그에게 이르되 백성을 다 올라가게 하지 말고 이 삼천 명만 올라가서 아이를 치게 하소서 그들은 소수이니 모든 백성을 그리로 보내어 수고롭게 하지 마소서 하므로" ; 맥 보충 절: (21절).
3. 관주구절: 자신감(아말렉 전쟁 출17장, 다윗과 요나단 삼상17장)
4. 찬 송 : 나의 생명 되신 주, 우리는 주님을 늘 배반하며, 시험 받을 때에

• 아이성 공격(7 : 1~8 : 29)

아이성의 공격은 두 차례에 걸쳐 이루어진다. 첫 번째 공격은 '아간의 죄' (7 : 1)로 36명쯤 전사하고 실패하고 만다. 이스라엘이 하나님의 언약을 철저히 지킬 때만 승리가 보장된다. 여호와께서 실패의 원인을 알려주시고 사건처리 방법을 알려주신다. 아간의 죄를 밝혀내고 아골 골짜기에서 아간, 아간 가족, 가축을 돌로 치고 불사름, 그를 벌한 뒤에야 비로소 하나님이 함께 하심으로 아이성에 대한 2차 공격이 성공을 거두게 된다.

아간의 범죄(21절)

- 아간 한 사람의 범죄가 모든 사람의 범죄로 간주됨
- 아간의 범죄는 모든 이들에게 교육의 장이 됨(나답과 아비후의 죽음. 레10장)
- 아담 한 사람의 범죄로 인해 모든 사람이 죄인이 됨(롬3:23)
- 한 점의 문둥병이라도 있으면 불태워 버리듯이 죄도 같은 의미
- 우리 마음에 아간을 주의 십자가 밑에 내려 놓아라

쉼터 : 순종과 불순종의 예

라합의 순종	여리고 정복	아간의 불순종
기생비	정상적인 명령에 순종	유다지파 지도자
두 정탐꾼 숨겨줌	하나님의 임재하심	바친 물건을 훔침
다윗의 조상이 됨	여리고 성이 무너짐	아골 골짜기 무덤

8장 아이성 정복 *(Ai Destroyed)*

1. 위치 설명 : 8장은 목록 여호수아의 '호'에 획순서대로 표시
2. 맥 절: (25절). "그 날에 엎드러진 아이 사람들은 남녀가 모두 만 이천 명이라"
   ; 맥 보충 절: (1절).
3. 관주구절: 회개(미스바 부흥 삼상7:6, 귀환자 호개느9:1)
4. 찬 송 : 주 음성 외에는, 내 죄 사함 받고서, 기쁜 소리 들리니, 예수로 나의 구주 삼고

- 2차 30,000명 전투 성공하고 남녀 전부 12,000명 죽이고 가축과 노략물 탈취 아이성 정복

- 에발산의 제단(8 : 30~35)

가나안 땅에 이르러 요단을 건너면 단을 쌓으라는 하나님의 지시(신11 : 29,30, 27 : 2~8, 11~14)에 따라 가나안 입구에 들어선 이스라엘 백성들은

① 에발산에 쇠연장으로 다듬지 않은 돌로 만든 단을 쌓고 번제, 화목죄를 드림.
② 그 단에 모세의 율법을 이스라엘 목전에서 새김.
③ 그리심 산과 에발산 사이에 법궤를 놓고 법궤 앞에 제사장이 섬.
④ 여호수아, 축복과 저주를 선포하고 율법을 되새김으로 하나님 앞에 언약을 성실히 지킬 것을 다짐한다.

쉼터 : 시•공 가운데 역사하시는 하나님

'오늘까지' 란 하나님의 구원 사역이 역사적인 시간과 공간 속에 직접 일어났음을 강조한 말이다. 즉, 하나님께서 행하신 사건을 '영원히' 기억하고, 살아계신 하나님을 '영원히' 증거하라는 뜻이다. 하나님께서 행하신 일을 기억하기 위해 두 개의 돌무더기를 쌓았는데 그 하나는 아이성 자체의 폐허더미였고, 다른 하나는 아이성 왕의 시체 위에 쌓인 돌무더기였다, 이것은 아간의 시체를 처리한 것과 동일하다.

쉼터 : 모세에게는 지팡이, 여호수아에게는 단창!

여호수아는 출애굽해서 시내산에 들어가기 직전에 아말렉과 전쟁했을 때 장군으로서 백성들과 함께 싸웠다. 그때 모세가 전쟁에 나간 이스라엘 백성을 위해 손을 들고 기도했습니다. 모세가 손을 들고 있으면 이기고 , 손을 내리면 졌습니다. 여호수아가 그것을 깨닫고 하나님의 방식대로 전쟁을 치릅니다. 하나님이 모세에게는 리더십의 상징으로 지팡이를 주셨지만 여호수아에게는 단창을 주셨습니다. 전쟁을 하는 내내 여호수아는 단창을 계속 들고서 기도하고 지휘했습니다. "아이 거민을 진멸하기까지 여호수아가 단창을 잡아 든 손을 거두지 아니하였고"(수8:26). 기도 없이는 아무것도 일어나지 않습니다. 승리하기를 바란다면 기도해야 합니다.

9장 기브온 조약 *(The Gibeonite Deception)*

1. 위치 설명 : 9장은 목록 여호수아의 '호' 에 획순서대로 표시
2. 맥 절: (15절). "여호수아가 곧 그들과 화친하여 그들을 살리리라는 조약을 맺고 회중 족장들이 그들에게 맹세하였더라" ; 맥 보충 절: (14절).

3.관주구절: "말씀 하옵소서 주의 종이 듣겠나이다."(삼상3:10)

4.찬 송 : 나의 생명 드리니, 주의 주실 화평, 거친 세상에서 실패 하거든

• 기브온 거민의 술책(9 :)

이스라엘의 승승장구의 소식에 접한 인근의 가나안 족속들은 동맹을 맺어(9 : 1,2)이스라엘에 대항하든지, 기브온 족속처럼 술책을 써서 이스라엘에게 불가침의 조약을 맺도록 한다. 이스라엘은 여호와께 묻지 않고 기브온과 조약을 맺는다(9 : 14,15). 기브온 족속은 거짓말을 한 죄로 이스라엘의 종이 되었다. 다 내 하나님의 집을 위하여 나무 패며 물 긷는 자가 되었다.

"회중을 위하며 여호와의 제단을 위하여 나무를 패며 물을 긷는 자들로 삼았더니"(27절)

- **종으로 삼았기에 우선은 좋았으나 장차 기브온의 우상이 문둥병처럼 번져서 이스라엘의 올무가 됨**
- **"이방인과 혼인 언약하지 말라"(신7장) 그들과 무슨 언약도 말 것이요"(신7:2)**
- **혼합의 대가 사례, 싯딤의 "미모여인 간음사건"(민25장)**
- **구별된 삶(정.부음식 레11, 신14장, 할례언약 창17장, 시1편)**

쉼터 : 속아서 맺은 언약도 지켜야 했나?

여리고의 아이성의 갑작스런 몰락을 목격한 기브온 사람들은 두려움에 사로잡혔고, 속임수를 써서 이스라엘과 언약을 맺었다. 하지만 거짓말은 삼일만에 들통 났다. 이스라엘 사람들은 족장들이 이 문제를 잘못 처리 할 것에 대해서 불평하였다 기브온 사람들에게 속아서 맺은 언약을 꼭 지킬 필요가 있었던 것일까? 여호수아가 언약을 지킬 필요가 있었던 것일까? 여호수아가 언약을 지킨 것은 족장들이 하나님 이름으로 맹세했기 때문이었다. 구약시대에 말은 함부로 할 성질의 것이 아니었다. 여호와의 이름으로 한 말에는 신성함이 깃들어 있었고 반드시 지켜야 했다. 비록 기브온 사람들이 사용한 방법은 옳지 않았으나 하나님의 이름으로 맺은 언약을 무효화 할 수는 없었던 것이다. 후에 사울이 기브온 사람들과의 언약을 깨고 그들을 학살한 것 때문에 이스라엘과 사울의 자손이 징벌 받은 것은 언약에 대한 하나님의 신실하심을 보여 주는 사건이었다(삼하21:1~14)

10장 남방정복(태양) *(Southern Cities Conquered)(The Sun Stands Still)*

1. 위치 설명 : 10장은 목록 여호수아의 '호' 에 획순서대로 표시
2. 맥 절: (5절). "아모리 족속의 다섯 왕들 곧 예루살렘 왕과 헤브론 왕과 야르뭇 왕과 라기스 왕과 에글론 왕이 함께 모여 자기들의 모든 군대를 거느리고 올라와 기브온에 대진하고 싸우니라" ; 맥 보충 절: (26절).
3. 관주구절: "견고한 바벨론이여 일시간에 네 심판이 이르렀다"(계18:10)
4. 찬 송 : 행군 나팔 소리로, 나의 믿음 약할 때, 이 세상의 친구들

• 가나안 남부의 정복(10 :)

가나안의 남부지역이 여호수아에 의해 차례로 점령된다. 싸움은 벧호론에 올라가는 비탈에서 시작되어(10) 남부 평지로 번졌다. "태양아 너는 기브온 위에 머므르라 달아 너도 아이론 골짜기에 그리할지어다."(12) 전쟁의 승리를 위해 여호수아가 기도함으로 태양이 온종일 멈추는 일이 생겼다. 해와 달이 도는 것이 아니다. 지구가 돈다. 실제로는 하나님이 말씀의 에너지로 붙들고 있는 것이다(히1:3). 지구가 24시간 멈췄다고 했는데 그러면 생태계가 완전히 파괴된다. 이것은 불가능한 일이다.

그리니치 천문대에서 조사해보니까 지구가 24시간 동안 돌아야 할 것을 48시간 만에 한 바퀴 돈적이 있다고 했다. 고대 중국과 애굽의 달력에는 만 하루가 빠져 있는 것을 발견할 수 있다고 했다. 성경은 하나님이 여호수아의 말을, 인간의 말을 들어주신 인류 최초이자 최후의 자연현상이라고 기록하고 있다.

'여호와께서 사람의 목소리를 들으신 이 같은 날은 전에도 없었고 후에도 없었나니 이는 여호와께서 이스라엘을 위하여 싸우셨음이니라"(수10:14) 그래서 남부 팔레스틴의 평지의 북단에서 남단 사이의 요새지인 립나와 라기스와 에글론을 차례로 공격 점령했다(31~35). 그리고 마침내 남부의 중심부인 헤브론과 드빌까지 정복하게 된다.

• 여호수아와 이스라엘이 아모리왕 5왕을 진멸함

① 박게다 굴에 숨어있던 왕을 돌로 막고 지겼다가

② 대적을 따라가 후군 쳐서 자기들 성읍에 못 들어가게 함

③ 아모리 다섯 왕을 끌어내 목을 발로 밟음

④ 여호수아가 5왕을 쳐 죽여 나무에 석양까지 매담

⑤ 시체를 막게다 굴에 들여 던지고 동굴 입구를 돌로 막음

• 여호수아와 이스라엘이 팔레스틴 남부의 성읍 왕 정복

① 막게다 ② 립나 ③ 라기스 ④ 에글론 ⑤ 헤브론 ⑥ 드빌 ⑦ 가데스바니아-가사 ⑧ 고센땅-기브온- 길갈로 돌아옴

쉼터 : 태양이 머무는 기적(10 : 12~14)

여호수아가 완전한 승리를 얻기 위하여 하루의 길이를 연장해 주실 것을 야훼께 간구함으로 태양이 머무는, 즉 지구 자전을 중단하는 전무후무한 기적이 일어난다. 이 사건은 야훼께서 이스라엘과 함께 하심을 극명하게 보여주는 기적이다.

11장 북방정복 *(Northern Kings Defeated))*

1. 위치 설명 : 11장은 목록 여호수아의 '호'에 획순서대로 표시
2. 맥 절: (5절). "이 왕들이 모두 모여 나아와서 이스라엘과 싸우려고 메롬 물 가에 함께 진 쳤더라" ; 맥 보충 절: (13절).
3. 관주구절: 헤스본, 바산정복(신2~3장)
4. 찬 송 : 자비하신 예수여, 나의 믿음 약할 때에, 태산을 넘어 험곡에 가도

• 가나안 북부의 정복(11 : 1~15) - 이스라엘의 승리하고 있다는 소식을 들은 북부 가나안의 왕들은 역시 공동 방위를 위하여 연합군을 형성하였다. 여호수아는 그 북부 왕들을 전투에서 맞아 섬멸하고 말 뒷발의 힘줄을 끊고 병거를 불사르고 그 도읍들을 점령하며 거주민들을 도륙하여 승리를 거두었다.

북방정복 영적 교훈(14절)

- 여호와께서 모세에게 명한 것을 모세가 여호수아에게 명하였고(15절)
  하나님-모세-여호수아. 한 가지 순종
- 여호수아가 현재 하나님의 말씀에 대해 빠짐없이 그 모든 것을 순종할 뿐만 아니라, 과거 모세를 통해 주었던 율법을 그대로 준행하였음을 뜻함(신20:16~17)
- 남들을 잘 가르치는 자는 자신이 진리에 잘 순종하는 자이다. 예수께서도 순종을 통해 온전하게 되셨고 순종의 본이 되셨다.
- 점령된 지역에 대한 요약설명(11 : 16~23)과 정복된 왕들의 명단이 나열되고 있는데 12장 1절로 6절까지는 모세의 때에 이스라엘이 정복한 왕들의 명단이며 12장 7절로 24절까지는 여호수아가 굴복시킨 왕들이다.

쉼터 :가나안 정복의 비밀

이스라엘이 가나안을 정복할 당시 가나안 사람들은 요단강 계곡과 베니게 해변에 작은 성읍을 이루며 살고 있었다. 뛰어난 기술과 문명을 가졌던 가나안 사람들을 무기나 식량이 충분하지 않은 이스라엘 군대가 이길 수 있었던 비법은 무엇일까? 그 숨겨진 비밀은 그들을 구원하시고 인도하신 하나님의 도우심에 있었다(수6:1~21, 11:1~23)

12장 31왕 정복요약 *(List of Defeated Kings)*

1. 위치 설명 : 12장은 목록 여호수아의 '호' 에 획순서대로 표시
2. 맥 절: (1절). "이스라엘 자손이 요단 저편 해 돋는 쪽 곧 아르논 골짜기에서 헤르몬 산까지의 동쪽 온 아라바를 차지하고 그 땅에서 쳐 죽인 왕들은 이러하니라" ; 맥 보충절: (24절).
3. 관주구절: 여정 요약(민33장)
4. 찬 송 : 주와 같이 길 가는 것, 주의 곁에 있을 때, 지금까지 지내온 것

여호수아가 물리친 31명의 가나안 왕들의 이름이 상세히 기록되어 있다.

여기서 세 가지를 기억하자.

첫째로 그들의 멸망은 하나님의 무자비나 이스라엘의 잔혹함 때문이 아니라 그들의 죄악 때문임

둘째로 이스라엘이 그들을 정복한 것은 자신이 강해서가 아니라 하나님의 도움과 능력 때문임(수23:3)

셋째로 이 기록은 후에 그리스도께서 재림하셔서 세상 왕들을 진멸하실 것을 내다보게 한다는 것이다(계19:17~21)

요약(1 : ~12 :)

	상황	하나님의 개입
싯딤 (요단동편)	요단동편에서 진을 치고 가나안 진입을 준비함	라합을 통해 정탐꾼을 안전하게 돌아오게 하심
요단강	언약궤를 앞세우고 요단강을 건넘	요단강이 흐름을 그치고 갈라져 강 가운데로 걸어서 건넘
길갈	요단강 도하를 기념하고 할례와 유월절을 행함	야훼의 군대장관이 이스라엘 앞에 나타남
여리고성	여리고성을 7일 동안 돌고 나팔소리에 맞추어 함성을 지름	여리고성이 나팔소리와 백성의 함성에 무너지고 여리고를 정복함
아이성	아간의 범죄로 1차는 실패	백성이 회개하자 2차 공격은 하나님의 도움으로 성공함
가나안 남부	가나안 남부의 중요한 지역을 싸워서 정복함	여호수아의 기도에 따라 태양이 아얄론 골짜기에 머뭄
가나안 북부	북부의 왕들이 연합하여 이스라엘과 싸움	하나님의 인도에 따라 모든 성읍을 정복하고 진멸함

쉼터 :정복당한 가나안 왕들

이 명단(31명)에는 실제 사건들을 다룬 기사에서 언급되지 않은 성읍들의 이름이 포함되어 있다. 이것은 그러한 성읍들에서도 실제 전투가 있었으며 이스라엘이 그 전투에서 승리했던 사실을 말해준다. 명단에는 북방 왕들 외에도 헤브라임 산지의 몇몇 성읍과 사론의 성읍들과 아둘람 등이 포함되어 있다.

쉼터 : 왜 하나님은 블레셋을 남겼을까?

히브리 민족 역사속에서 "애굽정복", "가나안정복"에 이어 이제 "블레셋 정복"이 이슈가 된다는 뜻입니다. 블레셋을 대표하는 골리앗은 네피림, 아낙자손입니다. 그래서 골리앗과의 싸움은 성경 역사의 흐름을 잇는 중대한 싸움이 됩니다. 다윗이 골리앗과 싸운 싸움은 이렇게 의미가 깊습니다. 따라서 여호수아 이후 사사시대를 거쳐 다윗이 새 별처럼 떠오르는 그 시대까지 성경에 등장하는 세상나라의 상징은 블레셋이 된다.

■ 교훈 및 적용

1. 하나님은 약속하신 것을 반드시 성취하시는 분이다. 우리는 하나님의 말씀을 순종과 믿음으로 실행하여야 한다.
2. 우리는 매사에 하나님을 앞서서 행하여서는 안된다. 먼저 하나님 앞에 기도로 아뢰어야 한다.
3. 죄가 우리 안에 있을 때 하나님은 우리와 함께하지 않으신다.

13장 요단 동편 땅 분배 *(Land Still to Be Taken)*

1. 위치 설명 : 13장은 목록 여호수아의 '호' 에 획순서대로 표시
2. 맥 절: (8절). "므낫세 반 지파와 함께 르우벤 족속과 갓 족속은 요단 저편 동쪽에서 그들의 기업을 모세에게 받았는데 여호와의 종 모세가 그들에게 준 것은 이러하니" ; 맥 보충 절: (29절).
3. 관주구절: "우리는 요단 이편 곧 동편에서 산업을 얻었사오니"(민32:19)
4. 찬 송 : 주 예수 소리 높여, 나의 영원하신 기업, 내 갈길 멀고 깊은 가운데

1) 토지분배의 개요(13 : 1~14)

요단 서편에 정착한 아홉 지파와 므낫세 반지파에게 주어질 땅으로 아직 정복 되지않고 남아있는 땅에 대해 언급하고 있다(1~7). 이와 함께 요단 동편에 모세의 지시에 따라 이미 기업을 분배 받은 두지파와 반지파의 지역을 설명하고 있다(8~14). 단, 레위지파에

게는 분배될 땅이 없는 대신 하나님께서 그들에게 기업이 되심을 말하고 있다(13 : 33, 14 : 3, 4).

2) 요단 동편 지파의 기업분배(13 : 15~33)

요단강 동편에 정착한 지파들인 르우벤 지파, 갓지파, 므낫세 반지파의 기업이 나열되고 있다.

싸움은 계속되어야 하는데! (13:13)

이스라엘은 하나님의 도우심으로 가나안을 정복하였다. 그러나 싸움은 끝난 것이 아니다. 그들은 남은 적들을 물리쳐야만했다. 기업은 하나님이 주셨다. 그러나 그 기업을 소유하고 누리는 것은 이스라엘이 할 일이다.

우리 역시 구원을 받았지만 여전히 내속에 있는 죄악의 세력을 물리쳐야 합니다. 그럴 때 기업의 풍성함을 맛볼 수 있다. 기업을 받는 것과 기업을 누리는 것과는 다르다. "이스라엘 자손이 쫓아내지 아니하였다"고 말한 것은 못한 것이 아니라 안한 것이다. 그 이유가 무엇이든 그것은 절대 잘못이다. 나는 나의 기업을 위해서 선한 싸움을 '계속' 싸우고 있는가?

쉼터 : 레위 지파에게 기업을 주지 않는 이유

- 생업에 분주함이 없이 오직 하나님만을 위한 봉사에 전념토록 하기 위함
- 생계를 위하여 백성들이 바친 십일조를 분깃으로 돌려줌(민18:21~24)

14장 갈렙기업 헤브론 *(Hebron Given to Caleb)*

1. 위치 설명 : 14장은 목록 여호수아의 '호' 에 획순서대로 표시
2. 맥 절: (12절). "그 날에 여호와께서 말씀하신 이 산지를 지금 내게 주소서 당신도 그 날에 들으셨거니와 그곳에는 아낙 사람이 있고 그 성읍들은 크고 견고할지라도 여호와께서 나와 함께 하시면 내가 여호와께서 말씀하신 대로 그들을 쫓아내리이다 하니" ; 맥 보충 절: (7,10절).

3. 관주구절: "이 땅을 당신의 종들에게 산업으로 주시고"(민32:19)

4. 찬 송 : 이 세상 끝날 까지, 너 하나님께 이끌리어, 예부터 도움 되시고

• 유다 지파의 기업분배(14 : 1~15 : 63)

유다 지파 전체의 기업에 대한 이야기 전에 갈렙의 기업에 대한 설명이 나온다. 나이 85세의 갈렙은 45년전 여호수아와 함께 이스라엘 앞에 가나안 땅에 대한 긍정적인 보고를 했던 정탐꾼으로서 하나님께서 그에게 약속하신(신1:36) 정당한 분깃(헤브론 부근)을 요구하여 여호수아에게 허락 받는다(14 : 6~15).

제비뽑기(14:1~5)

이스라엘은 가나안 땅을 제비뽑기로 나눈다. 그것은 하나님이 지시하신 방법이었다(민26:52~56). 제비뽑기는 하나님의 인도와 은혜로 주어진 것임을 암시한다. "사람이 제비 뽑으나 일을 작정하기는 여호와께 있느니라"(잠16:33). 따라서 분배된 땅에 대해 불평하거나 원망할 이유가 없다. 우리의 은사나 재능도 마찬가지이다. 하나님이 각자에게 필요에 따라주신 것이다. 따라서 교만할 것도 자랑할 것도 없고 기죽거나 비굴할 필요도 없다. 다만 받은 대로 충성할 따름이다. 내가 가진 모든 것은 하나님에게서 온 것임을 기억하고 감사함으로 받아 충성할 뿐이다.

쉼터 :갈렙의 요구

갈렙은 가나안 정탐 때 하나님의 약속을 믿고 이스라엘의 승리를 확신하였다. 이러한 믿음에 대한 상금으로 하나님은 갈렙이 밟는 땅을 그와 그의 후손에게 주겠다고 약속하였다(신13:6) 갈렙은 이러한 약속에 근거하여 헤브론 땅을 요구하였다. 헤브론 땅은 가나안에서 가장 강한 족속인 아낙 자손이 살고 있었다. 그런데도 갈렙은 얻기 좋은 다른 땅을 구한 것이 아니라 아직 싸워야 할 대상, 거대한 아낙 자손이 살고 있는 헤브론 땅을 요구하였다. 그것은 자기의 유익을 위한 것이 아니고 이스라엘 전체의 평화와 가나안 정복의 목표를 위해서였던 것이다. 갈렙의 이러한 헌신의 결과 거대한 아낙 자손이 정복되었고 가나안땅의 전쟁이 그쳤고 전쟁 후 갈렙은 기업으로 받은 헤브론 큰 성읍과 주변 땅을 레위인에게 주고 자신은 주변 산지와 작은 마을을 기업으로 삼았다.

15장 유다지파기업 *(Allotment for Judah)*

1. 위치 설명 : 15장은 목록 여호수아의 '수'에 획순서대로 표시
2. 맥 절: (1절). "또 유다 자손의 지파가 그들의 가족대로 제비 뽑은 땅의 남쪽으로는 에돔 경계에 이르고 또 남쪽 끝은 신 광야까지라" ; 맥 보충 절: (20절).
3. 관주구절: "찬송될지라… 홀이 유다를 떠나지 아니하며"(창49:10)
4. 찬 송 : 나의 영원하신 기업, 주 예수 다스리시니, 만유의 주 앞에

15장에는 먼저 유다 지파의 경계선(1~12)이 나오고, 이어서 갈렙과 옷니엘의 분깃(13~19), 마지막으로 유다 지파에 속한 120 성읍(20~63)을 언급하고 있다.

내가 할 바는?(15:13~20)

갈렙은 하나님이 함께 하시면 헤브론 성을 정복할 수 있다는 확신을 갖고 있었다(14:12). 그렇다고 하나님이 역사해 주시기만을 기다리며 가만히 앉아 있지는 않았다. 그는 자기가 할 수 있는 일은 해나갔다(14절). 그리고 혼자 힘으로 할 수 없는 것은 다른 사람의 도움을 받았다(15~16). 이것은 하나님을 불신하고 사람을 의지하는 것이 아니다. 인간이 할 수 있는 최선의 일을 하면서 하나님을 의지하는 것, 이것이 신앙의 바른 자세이다. 하나님을 의지하는 것과 게으름은 다르다. 하나님을 의지하되 내가 할 바는 다하고 있는가?

쉼터 : 유다의 분깃 헤브론

아브라함이 그의 장막을 치고(창13:18), 소돔과, 고모라가 멸망되기 전에 여호와께서 그에게 나타나신(창18:1)곳이 바로 헤브론에서 북쪽으로 3km지점에 위치한 마므레에서였다. 사라가 죽자 그 매장지로 '마므레 앞' 막벨라 밭에 있는 한 굴을 헷족속 에브론에게서 샀다.(창23:17~19) 이스라엘 자손이 팔레스타인을 점령하기 이전에 헤브론은 가나안의 도시 왕국의 하나로 민족의 다양성을 과시하였다. 즉, 아낙자손, 헷족속, 가나안 족속을 포함하고 있었다. 헤브론은 이스라엘의 정탐꾼들이 정찰한 견고한 도시들 가운데 포함되어 있었다.(민13:22)

16장 에브라임지파기업 *(Allotment for Ephrain)*

1. 위치 설명 : 16장은 목록 여호수아의 '수' 에 획순서대로 표시
2. 맥 절: (5절). "에브라임 자손이 그들의 가족대로 받은 지역은 이러하니라 그들의 기업의 경계는 동쪽으로 아다롯 앗달에서 윗 벧호론에 이르고" ; 맥 보충 절: (1절).
3. 관주구절: "팔을 어긋나게 얹었더라"(창48:14)
4. 찬 송 : 이 몸의 소망 무엔가, 주가 맡긴 모든 역사, 주의 약속 하신 말씀 위에서

• 요셉 지파의 기업분배(16 : 1~17 : 18)

요셉 지파는 에브라임 지파와 므낫세 지파로 나뉜다. 요셉 지파 전체의 경계가 먼저 소개된 후(1~4), 에브라임 지파의 기업을 정하고 있는데 에브라임은 게셀의 가나안인을 쫓아내지 못했다(비교15 : 63). 이어 므낫세 지파의 기업을 소개하는데 특히 아들이 없는 슬로브핫의 경우에는 그의 다섯 딸이 아들 대신 기업을 받게 된다(3,4).

쉼터 :땅 분배에서 드러난 불순종은 무엇인가?

땅 분배 시 자기 지파에 살고 있던 가나안 족속들을 쫓아내지 않은 것과 자기 지파에게 땅을 더 달라는 요청이다. 먼저 에브라임 자손이 게셀에 거하는 가나안 사람을 쫓아 내지 않은 일(수17:12)은 므낫세 자손이 그 성읍들의 거민을 쫓아내지 않은 일과 므낫세 자손이 그 성읍들의 거민을 쫓아내지 않은 일은 모세를 통해 주어진 하나님의 명령에 불순종한 행위였다. 그 결과 그들은 우상 숭배를 했고 사사시대에는 잦은 전쟁에 시달리게 되었다.

17장 므낫세 지파 기업 *(Allotment for Manasseh)*

1. 위치 설명 : 17장은 목록 여호수아의 '수' 에 획순서대로 표시
2. 맥 절: (절1). "므낫세 지파를 위하여 제비 뽑은 것은 이러하니라 므낫세는 요셉의 장자

였고 므낫세의 장자 마길은 길르앗의 아버지라 그는 용사였기 때문에 길르앗과 바산을 받았으므로" ; 맥 보충 절: (7절).

3. 관주구절: "팔을 어긋나게 얹었더라"(창48:14)
4. 찬 송 : 충성하라 죽도록, 주를 앙모하는 자, 내 주는 살아계시고

- 요단 동쪽에 분깃 받은 므낫세 반 지파
- 므낫세의 남은 반 지파가 요단강 서쪽에서 분깃 받음

- 므낫세도 역시 가나안인들을 온전히 쫓아내지 못했다(12,13).

14~18절에는 요셉 지파가 산림을 개척한 장면이 나오는데, 이처럼 이스라엘 각 지파에게 주어진 기업은 그냥 얻어진 것이 아니라 그들 스스로 그 거민을 쫓아낸 후 개척하여 얻어진 기업이다.

개척하라(17:14~18)

요셉 자손은 자기들이 큰 지파인데 받은 땅은 너무 좁다고 불평했다. 이에 여호수아가 다른 지역을 허락해 주자 그들은 그 곳이 삼림지대요 그곳에는 철병거를 가진 자들이 있다고 불평했다. 편하게 갖지 못하고 힘들게 싸우고 노력해서 얻어야 되는 것이 싫었던 것이다. 그러나 여호수아는 "스스로 개척하라"(15절). "네가 많은 것을 받았다."라고 하였다. 다만 차지하지 않고 누리지 못했을 뿐이다. 편안과 안일을 추구하는 자는 그들처럼 기업의 풍성함을 맛보지 못한다 "네가 스스로 개척하라."

쉼터 :슬로브핫 딸들의 용기

므낫세 지파의 한 사람 슬르브핫은 아들 없이 딸 다섯을 낳았다. 그가 죽자 그의 재산은 누구의 몫이 되어야 하는지 의문이 생겼다. 당시엔 딸이 아버지의 재산을 상속할 수 없었기 때문에 슬르보핫의 딸들은 과감하게 모세에게 요청했다(민27:2~4) 그러자 하나님께서는 모세를 통해 이 용감한 딸들의 요구가 반영된 새로운 법을 만들어 주셨다.(민27:5~8). 같은 지파 사람과 결혼해서 그 이름과 재산이 보존되게 하라고 명하셨다(민36:2~13)

18장 베냐민 지파 기업 *(Allotment for Benjamin)*

1. 위치 설명 : 18장은 목록 여호수아의 '수'에 획순서대로 표시
2. 맥 절: (11절). "베냐민 자손 지파를 위하여 그들의 가족대로 제비를 뽑았으니 그 제비 뽑은 땅의 경계는 유다 자손과 요셉 자손의 중간이라" ; 맥 보충 절: (21절).
3. 관주구절: "베냐민은 물어뜯는 이리라"(창49:27)
4. 찬 송 : 나 주의 도움 받고자, 여호와 하나님, 곤한 내 영혼 편히 쉴 곳과

• 나머지 지파들의 기업분배(18 :~ 19 :)

여호수아는 길갈에서 떠나 온 이스라엘을 실로로 모이게 하고 그곳에 회막(성막)을 세웠다. 이곳에 성소를 두게 된 것은 하나님의 뜻에 따른 것이다(신12 : 11), 하나님의 성소는 이스라엘에게 '안식'을 의미한다.

이곳에서 여호수아는 남아있는 7지파를 위해 지도를 작성하고 실로의 여호와 앞에서 제비 뽑음으로 기업을 분배한다. 베냐민 지파의 기업 (18 : 11~28)은 요셉 지파와 유다 지파 사이에 위치한다(5, 11).

쉼터 :회막에 거하시는 하나님

선택 받은 이스라엘 백성에게 가장 중요한 것은 하나님이 '회막'에 오셔서 그들 가운데 거하시는 것이었다. 회막은 눈에 보이지 않는 하나님이 함께 하신다는 하나님의 상징이다. 하나님이 일시적으로 거하시기 위해 선택된 장소였다(출29:42), 하나님이 이스라엘 백성과 만난 목적은 자신의 뜻을 알려주시기 위함이다. 회막과 관련된 하나님의 뜻이 출애굽기29장:43~46절에 묘사되어 있는데, 그것은 다음과 같다

1) 나는(하나님) 너의(이스라엘 백성)하나님이 되고,
2) 너는(이스라엘 백성)나의(이스라엘) 백성이 되리니.
3) 내가(하나님)너희(이스라엘 백성)중에 거하리라.

이것이 애굽에서 이스라엘 백성을 부르신 목적이기도 하다.

19장 그 외 지파 기업 *(Allotment for Anothertribe)*

1. 위치 설명 : 19장은 목록 여호수아의 '수' 에 획순서대로 표시
2. 맥 절: (1,10,17,24,32,40절). "둘째로 시므온 곧 시므온 자손의 지파를 위하여 그들의 가족대로 제비를 뽑았으니 그들의 기업은 유다 자손의 기업 중에서라" ; 맥 보충절: (51절).
3. 관주구절: 창49장
4. 찬 송 : 나 가난 복지 귀한 성에 들어가려고, 나의 영원 하신 기업, 구름 같은 이 세상

• 시므온지파(19 : 1~9)→ 유다자손의 기업 중에서, • 스불론 지파(19 : 10~16),→ 모두12성읍 • 잇사갈 지파(19 : 17~23),→ 모두16성읍 • 아셀지파(19 : 24~31), • 납달리지파(19 : 32~39), • 단 지파(19 : 40~48)→ 레셤을 쳐서 단이라고 함 • 여호수아의 분깃→ 에브라임 산지 딤낫세라 순으로 회막문 여호와 앞에서 제비를 뽑아 기업분배가 이루어 진다.

쉼터 : 자세한 경계를 하는 이유

각 지파의 경계가 아주 자세하게 기록되어 있다. 이것은 지파들 사이에 영토분쟁을 미리 막기 위한 것이고 또한 하나님이 각 지파에게 주신 확실한 몫이 있음을 암시해준다. 하나님은 젖과 꿀이 흐르는 가나안 땅을 기업으로 주셨다. 애굽에서 종노릇하던 것과 비교해 볼 때 엄청난 축복이다. 따라서 자기 것에 감사하고 남의 소유를 인정하는 정신이 있어야한다.

쉼터 : 여호수아의 기업

갈렙과 마찬가지로 여호수아에게도 하나님께서 약속해 주신 기업이 주어졌다. 그것은 벧엘 북서쪽 16km지점 성읍인 '딤낫세라' 이다.

20장 도피성 *(Cities of Refuge)*

1. 위치 설명 : 20장은 목록 여호수아의 '수' 에 획순서대로 표시
2. 맥 절: (2절). "이스라엘 자손에게 말하여 이르기를 내가 모세를 통하여 너희에게 말한 도피성들을 너희를 위해 정하여" ; 맥 보충 절: (7~8절).
3. 관주구절: 도피성(출21:13, 민35:9~34, 신4:41~43)
4. 찬 송 : 하나님 사랑은, 아 하나님의 은혜로, 내 주의 나라와

• 도피성(20 :)

여호수아는 12지파에게 땅 분배를 마친 후 도피성 세울 것을 명령했다. 이는 부지중 사고를 저지른 살인자에게 충분한 변명의 기회를 주기 위한 하나님의 은총이었다.

(1) 도피성은 모두 6개소에 세웠는데 가나안 땅 요단 동편에 세곳-베셀(르우벤), 길루앗 라못(갓), 비산 골라(므낫세 반 지파), 요단 서편 세곳-갈릴리 게데스(납달리), 세겜(에브라임), 기랴아르바 (유다)이다.
(2) 도망자가 빨리 볼 수 있고 피하기 쉽도록 세우라고 명령했다.
(3) 살아남으려면 도피성을 떠나서는 안된다(민35 : 27~34). 그러나 그 당시 제사장이 죽으면 해방되어 집으로 돌아갈 수 있다.

오늘날에 도피성은 예수의 십자가 밑을 이르기도 한다.

쉼터 : 하나님은 제비뽑기를 왜 그렇게 좋아하실까?

이스라엘 백성들이 요단 서편 땅을 정복한 후 각 지파별로 땅을 배분하여 가질 때 쓴 방법은 제비뽑기였다(수14:2). 유다지파를 선두로(수15:1) 각 지파는 차례로 제비를 뽑아 자기들의 땅을 정했다. 이외에도 성경에는 제비뽑는 사건들이 여러 번 나온다. 아간의 범죄 사실을 밝혀 낼 때(수7:14~18). 성전 직무를 정할 때(대상25:8) 등, 성경에서는 나쁜 일이든 좋은 일이든 간에 자주 이 방법이 사용되고 있다. 그렇게 많은 방법 중 왜 제비뽑는 방법을 좋아하실까? 특별히 신약에서 가룟 유다 대신 맛디아를 뽑을 때 제비뽑기의 방법을 사용한 예를 살펴보면, 성경적인 이유를 발견할 수 있다(행1:26). 제비뽑기로 하면 파당이 생기지 않고 오직 하나님의 뜻에 순복할 수 있기 때문이다.

21장 레위인 성읍 *(Towns for the Levites)* ·

1. 위치 설명 : 21장은 목록 여호수아의 '수' 에 획순서대로 표시
2. 맥 절: (3절). "이스라엘 자손이 여호와의 명령을 따라 자기의 기업에서 이 성읍들과 그 목초지들을 레위 사람에게 주니라" ; 맥 보충 절: (41절).
3. 관주구절: 디나 사건의 할례(창34장, 분노의 혈기(창49장), 큰일(민16:9)
4. 찬 송 : 나 맡은 본분은, 오 신실하신 주, 충성하라 죽도록

• 레위인의 성읍(21 : 1~42)

민수기 35장 1절부터 8절까지 제의된 모세의 명령대로 제사장과 레위인을 위한 48개의 성읍과 그 성읍에 속한 들을 주었다. 이 성읍들은 이스라엘의 지파들의 기업 중에 제비로 뽑은 것이다.

• 토지의 분배의 결론(21: 43~45)

31장 1절부터 21절까지의 토지분배에 대한 결론이다. 이는 1장에서 여호수아에게 주어진 하나님의 약속한 완전한 성취임과 동시에 하나님께서 일찍이 이스라엘의 열조에게 약속하셨던 땅을 마침내 그들에게 주신 것이다.

쉼터 : 레위지파는 왜 땅을 분배해 주지 않고 흩으셨을까?

누군가가 새로이 태어나는 사람들을 가르쳐야 됩니다. 하나님께서는 그 가르쳐야 할 책임을 레위 자손들에게 맡기신 것입니다. 그래서 그들에게는 땅을 분배하지 않으시고 흩으시는 것입니다. 온 이스라엘 12지파 곳곳에 두시고 그곳에서 하나님의 말씀을 연구하고 백성들을 가르치라는 것이다.(레10:11) 그런데 레위지파들은 이런 사명을 잘 감당하지 못한 것이 분명합니다. 여호수아 이후 이스라엘을 하나님나라답게 선도할 책임은 이 레위 지파에게 있었다는 말입니다.

• 12지파에게 땅을 나누어 줄 때 하나님은 기업분배의 세 가지 원칙을 세우셨습니다.

첫째는 창세기 49장의 야곱의 축복입니다. 야곱이 죽기 전에 했던 12아들에 대한 축복과 저주가 땅 분배에서 분명하게 나타나 있습니다.

둘째는 지파의 규모에 따른 분배입니다. 각 지파별로 사람들 수가 다릅니다.

셋째는 지파간의 관계입니다. 지파간의 형제들이 서로 어떤 관계를 가지고 있는지를 보고 원칙에 따라서 기업을 분배했습니다.

장자 르우벤은 아버지의 침상을 더럽혔다고 했습니다(창49:4). 그래서 요단 동편의 땅을 얻었지만 나중에 모압 족속에게 흡수되고 맙니다.

둘째 아들 시므온은 "네가 그들을 야곱 중에서 나누며 이스라엘 중에서 흩으리라"(창49:7) 하신대로 네게비 사막 남쪽의 땅을 조금 받았으나 나중에 흐지부지 사라졌습니다.

셋째 아들 레위는 누이 강간 사건 때 세겜족속을 모두 죽였기 때문에 기업을 받지 못했다. 이들에게 제사장 직분을 주어 대속하는 일을 맡겼습니다.

넷째 아들 유다 지파가 가장 많은 축복을 받습니다. 지파 수도 제일 많았을 뿐만 아니라 사해 옆에 제일 큰 땅을 받습니다. 야곱이 제일 많이 축복해 주었기 때문입니다. 유다 지파는 다윗과 예수 그리스도의 조상이 됩니다. "유다야 너는 네 형제의 찬송이 될지라"(창49:8).

다섯째 아들 단 지파는 유다 지파의 약간 위쪽 땅을 받았으나, 그 땅 아래쪽에 거하던 블레셋이 두려워서 사사기 때 갈릴리 호수 북쪽 땅으로 도망갑니다.

여섯째 아들 납달리 지파는 갈릴리 호수 옆을 차지합니다. 예수님이 자라셨던 나사렛 동네가 납달리 지경에 있습니다.

일곱째 아들 갓 지파는 요단 동편 땅을 이미 얻습니다.

여덟째 아들 아셀 지파가 지중해 연안의 좋은 땅을 차지합니다.

아홉째 아들 잇사갈 지파는 북부 내륙 지방의 땅을 받습니다.

열 번째 아들 스볼론 지파는 북부 내륙 지방의 땅을 받습니다.

열 한번째 아들 요셉은 장자의 축복을 받아 두 지파 몫을 가집니다. 므낫세 지파는 요단강 양 옆의 땅을 받습니다. 에브라임 지파는 여리고 위쪽의 땅을 받습니다.

에브라임 지파와 베냐민 지파를 묶어서 땅을 분배 받았습니다. 나중에 베냐민 지파는 유다 지파에 흡수되어 버립니다.(남유다왕국은 유다지파와 베냐민 지파로 구성됩니다).

이스라엘 백성들은 자신들이 받은 기업을 끝까지 붙듭니다.

쉼터 : 레위 지파의 성읍들

레위 자손	분배한 지파들	성읍수
아론	유다, 시므온, 베냐민	13
그핫	에브라임, 단, 므낫세 반 지파	10
게르손	잇사갈, 아셀, 납달리, 므나세 반 지파	13
므라리	르우벤, 갓, 스블론	12

결말(22 : ~24 :)

가나안 정복과 토지분배가 끝나자 자신의 마지막이 가까움을 안 여호수아는 각 지파에게 마지막 교훈을 남기고 하나님과의 언약을 갱신케 한다.

22장 동 • 서 화해 *(Eastern Tribes Return Home)*

1. 위치 설명 : 22장은 목록 여호수아의 '아'에 획순서대로 표시
2. 맥 절: (10절). "르우벤 자손과 므낫세 반 지파가 가나안 땅 요단 언덕 가에 이르자 거기서 요단 가에 제단을 쌓았는데 보기에 큰 제단이었더라" ; 맥 보충 절: (33절).
3. 관주구절: 화목 직책, 화목 사신(고후5:18~20)
4. 찬 송 : 나 형제 늘 위해, 사랑의 하늘 아버지, 내 주의 나라와

• 요단 동편 지파의 귀환(22 : 1~34)

가나안 정복이 마무리 되자 그 동족을 돕기 위해 요단을 건너왔던 요단동편 지파인 르우벤과 갓과 므낫세 반지파는 자신의 기업인 요단 동편으로 귀환한다. 여호수아는 돌아가는 이들에게 야훼를 사랑하고 그 모든 계명을 지킬 것을 당부한다(5).

돌아가던 요단 동편 지파들이 요단 언덕에 자신들도 이스라엘의 한 부분임을 증거 하는 단을 쌓았다. 이 단을 제사를 위한 단으로 오해하여 동족간에 전쟁이 있을 뻔했으나 곧 오해가 풀어진다. 르우벤 자손과 갓 자손이 그 단을 : 엣이라 칭함(여호와께서 하나님이 되시는 증거).

쉼터 : 거룩한 전쟁

이스라엘이 가나안에 들어가기 위해 치렀던 많은 전쟁들을 '거룩한 전쟁' 이라고 부른다.(신6:18, 수6:21). 이런 전쟁을 왜 '거룩한 전쟁', '여호와의 전쟁' 이라고 부를까? 첫째로, 이스라엘의 전쟁은 단순한 영토쟁탈을 위한 것이라기보다는 하나님을 대적하는 죄인들에 대한 하나님의 공의를 행하는 심판의 도구였기 때문이다(출15:1~8). 따라서 이 전쟁의 승리는 군사나 무기에 결정되는 것이 아니라(삿7:2) 순종과 거룩함에 따라 그 결과가 좌우되었다(수7:11~12) 둘째로, 이스라엘의 전쟁은 하나님의 뜻에 의해 하나님께서 직접 시작하셨기 때문이다. 셋째, 하나님께서 직접 이스라엘의 전쟁을 지휘하시며 싸워 주셨기 때문이다(수5:13~18).

23장 고별설교 *(Joshua' s Farewell to the Leaders)*

1. 위치 설명 : 23장은 목록 여호수아의 '아' 에 획순서대로 표시
2. 맥 절: (2절). "여호수아가 온 이스라엘 곧 그들의 장로들과 수령들과 재판장들과 관리들을 불러다가 그들에게 이르되 나는 나이가 많아 늙었도다" ; 맥 보충 절: (6절).
3. 관주구절: 모세의 유언(신명기)
4. 찬 송 : 만세 반석 열리니, 너 하나님께 이끌리어, 겸손히 주를 섬길 때

• 여호수아의 고별설교(23 :)

자신의 죽음이 가까움을 안 여호수아는 집회를 열어 이스라엘 백성에게 하나님의 말씀을 권면한다.

• 여호수아의 고별설교 요지

(1) 이스라엘을 위해 싸우신 분은 야훼 하나님이시다(3).

(2) 하나님은 계속하여 이스라엘을 도우실 것이다(4.5).

(가나안 정복은 아직 완성되지 못했다)

(3) 모세의 율법을 따라 하나님만을 섬기라(6~13).

(이스라엘이 하나님을 떠날 때는 심판과 저주가 따른다)

누구와 친근하나? (23:1~16)

여호수아는 나이가 들자 고별 설교를 한다. 먼저 이스라엘 지도자들에게 권면한다. 그리고 백성에게 말한다. 그는 지도자들에게 두 가지 친근을 말한다. 먼저 하나님과의 친근을 말한다(8). 이것은 권장되며 그 결과는 번영과 강성함이다. 다음은 가나안 족속과의 친근이다(12). 그것은 금지되며 그 결과는 고통과 멸망이다. 하나님과의 친근은 세상과 멀어지는 것이고 세상과의 친근은 하나님과 멀어지는 것이다. 이 둘과 동시에 친근할 수 없으며 그 중간도 없다(마6:24). 이것은 삶의 선택을 강요하는 말씀이다. 나의 선택은 어느 쪽일까?

쉼터 : 율례와 법도

'율례와 법도'는 단수로 사용되었으나 신명기에서는 복수로 사용되었다 이 두 말은 사실상 같은 의미이다. 종교적인 의식법 • 공법 • 윤리적인 모든 하나님의 언약법은 그 속에 가장 중요한 원리가 있다. 그 원리는 이스라엘을 구원하신 하나님 여호와를 몸과 마음을 다해 섬기고 사랑하는 원리이다. 그러므로 이 율례와 법도를 어느 특정법에 한정시키는 것은 바람직하지 못한다.

24장 세겜 언약갱신 *(The Covenant Renewed at Shechem)*

1. 위치 설명 : 24장은 목록 여호수아의 '아'에 획순서대로 표시
2. 맥 절: (25절). "그 날에 여호수아가 세겜에서 백성과 더불어 언약을 맺고 그들을 위하여 율례와 법도를 제정하였더라" ; 맥 보충 절: (15절).
3. 관주구절: 언약 결혼식(출24장), 모압 평지 언약(신29장)
4. 찬 송 : 주 하나님 크신 능력, 누가 주를 따라, 주님께 귀한 것 드려

1) 세겜의 언약(24 : 1~28)

여호수아는 죽기 전에 다시 한번 모든 지파와 그 대표들(장로들, 수령들, 재판장들, 관리 등)을 에브라임에 있는 세겜에 모으고 이스라엘 민족의 지나간 모든 역사속에서 하나님께서 보이신 선택과 구원의 섭리를 회상시키면서(1~13) 선포합니다. "만일 여호와를

섬기는 것이 너희에게 좋지 않게 보이거든 너희 열조가 강 저편에서 섬기던 신이든지 혹 너희의 거하는 땅 아모리 사람의 신이든지 너희 섬길 자를 오늘날 택하라 오직 나와 내 집은 여호와를 섬기겠노라"(24:15). 자신은 오직 여호와를 섬길 것이니 "너희들이 너희신을 선택하라". 그러자 모든 장로들은 화답한다. "우리도 여호와를 섬기리니 그는 우리 하나님이심이니이다"(24:18) 이 언약이 세겜 언약입니다. 야훼 하나님만을 택하여 섬길 것을 결단하게 한다(14,15). 이미 백성이 하나님만을 섬기기로 결단하자 여호수아는 야훼 앞에 백성과 언약을 세우고 큰 돌로써 그 증거를 삼았다(16~28).

2) 여호수아의 죽음(24 : 29~33)

여호수아는 110세로 그 생애를 마친다. 그러나 그가 죽은 후에도 그의 행적을 아는 사람들은 계속하여 야훼를 충실히 섬겼다.

쉼터 : 물질의 축복

물질의 축복은 하나님 말씀으로 살 때 옵니다. 하나님은 세상을 무한하게 창조하셨습니다. 하나님이 능력의 말씀으로 만물을 붙들고 계신다고 했습니다. 이 세상의 모든 물질은 하나님의 말씀에 의해서 움직이고 있습니다. 이 말씀을 고백할 때 창조주이신 하나님이 말씀으로 찾아오십니다. 우리 안에 오신 주님께 우리 사건과 환경을 연결시켜 드리면 됩니다. 우리가 할 수 있는 일은 이것입니다. 기도하면 그분이 처리해 주십니다.

쉼터 : 세겜 언약(8,24장)-가나안 땅에서 안식을 누리기 위한 도구

배경	가나안 땅에서 정착한 백성들이 안식을 누리며 살기 위해 주심 가나안 정복은 하나님의 계획과 도우심으로 이루어졌기에 언약
조건	순종은 안식, 불순종하면 40년 방황처럼 혼란이 옴(사사기)
목적	조상들이 순종함으로 안식 누림, 안식을 못 누리는 불순종을 경고

쉼터 : 저 • 축(저주와 축복)

"내가 너희에게 준 여호와의 말씀을 순종하고 청종하면 너희에게 축복이 있을 것이요, 너희가 하나님의 말씀을 떠나 지금까지 알지 못하던 우상을 숭배하면 너희에게 심판과 저주가 있으리라" 이것이 신명기의 사관이다. 신명기 사관은 신구약 성경 전체에 흐르는 중요한 맥입니다. 모세는 이렇게 말했습니다. "네 하나님 여호와께서 네가 가서 얻은 땅으로 너를 인도하여 들이실 때에 너는 그리심 산에서 축복을 선포하고 에발 산에서 저주를 선포하라"(신11:29). 약속의 땅에 들어가면 이것을 지켜 행하라고 했습니다. 그러나 아는 것만으로는 행하지 못하기 때문에 하나님은 예식을 통해서 마음속에 새겨 넣으라고 하십니다. 예언서17권 역시 이 두 갈래 길을 이야기합니다. "하나님의 말씀을 붙들면 축복이고 말씀을 떠나면 저주다."하는 것이 역사서에 있는 신명기 사관이라면, 예언서의 두 갈래 길은 이스라엘 백성들에게 지금도 늦지 않았으니 축복의 길인 하나님의 말씀으로 돌아오라고 촉구하는 것이다. 신약시대의 복음서에도 두 갈래 길을 말씀하십니다. "좁은 문으로 들어가라 멸망으로 인도하는 문은 크고 그 길이 넓어 그리로 들어가는 자가 많고 생명으로 인도하는 문은 좁고 길이 협착하여 찾는 이가 적음이니라"(마7:13~14) "나더러 주여 주여 하는 자마다 천국에 다 들어갈 것이 아니요 다만 하늘에 계신 내 아버지의 뜻대로 행하는 자라야 들어가리라"(마7:21)고 말씀하십니다. 주님은 아버지의 뜻대로 행하는 자와 행하지 않는 자, 이 두 갈래 길을 구분해 주셨습니다. 복음서에는 모두 이 두 갈래 길을 보여줍니다. 기름을 준비한 다섯 처녀와 준비하지 못한 다섯 처녀의 이야기, 양과 염소이야기 등이 나옵니다. 사도행전에서부터 서신서들은 성령님을 따라 행하는 자와, 육체의 소욕을 따라 행하는 자로 믿는 자 중에서 성령님을 좇아 행하는 자와 육체의 소욕을 따라 행하는 자, 이 두 갈래 길이 있다는 것이다. 날마다 성령님의 인도를 따라 기도하는 성도라야 성령님을 좇아 행하는 영에 속한 그리스도인이 될 수 있습니다, 이런 성도들에게 성령의 열매가 나타납니다.

여호수아 군대가 쫓아내지 못한 이족들

유다	골짜기의 거민들은 철병거가 있으므로 예루살렘의 여브스	삿1:19 수15:63
베냐민	예루살렘의 여브스	삿1:21
서므낫세	벧스안, 다아나, 돌, 이블르암, 므깃도삿	1:27, 수17:12
동므낫세	그술, 마아삿	수13:13
에브라임	게셀의 가나안 사람	삿1:29, 수16:10
스블론	기드론, 나할롤	삿1:30
아셀	악고, 시돈, 알랍, 악십, 헬바, 아빅, 르홉	삿1:31
납달리	벧세메스, 벧아낫	삿1:33

사사암기: 웃(웃니엘)고 예쁜(에훗)여자 삼가(삼갈)고 바라만 보라 (바락, 드보라)기아들야(기드온, 아비멜렉, 야일) 입엘(입산, 엘론) 압!(압돈) 입다문(입다, 암몬) 삼손

■ **교훈 및 적용**

1. 행함이 없는 믿음은 죽은 믿음이다. 하나님이 언약하신 복을 믿음으로 실천에 옮겨 우리의 것으로 만들어야 한다.
2. 하나님은 시험 당할 때 피할 길도 예비하신다.
3. 하나님은 우리의 영원하고 완전한 기업이 되신다.

사사기(Judges)-21-618 : 하나님 백성의 배교

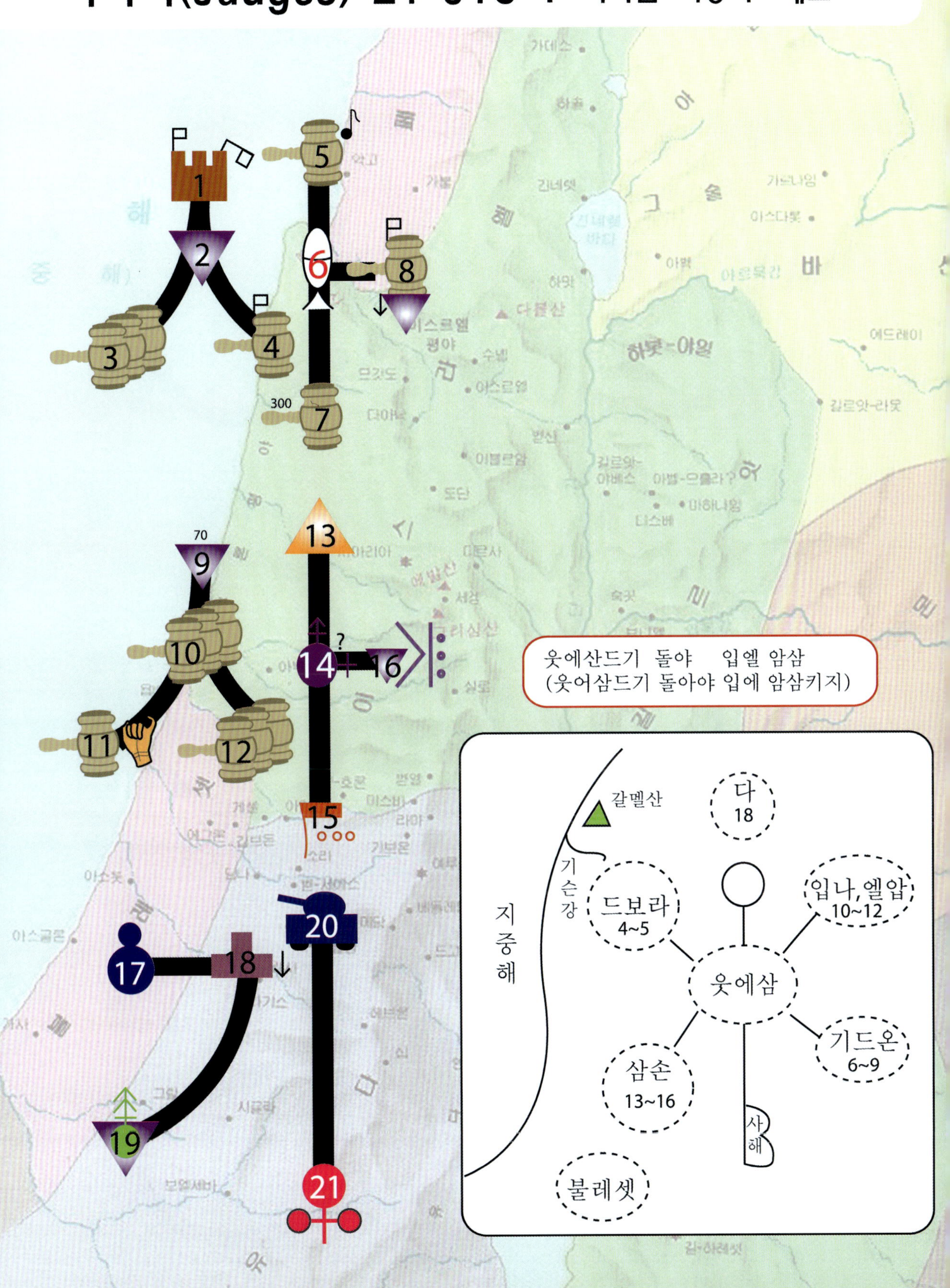

사사기(Judges)-21-618 : 하나님 백성의 배교

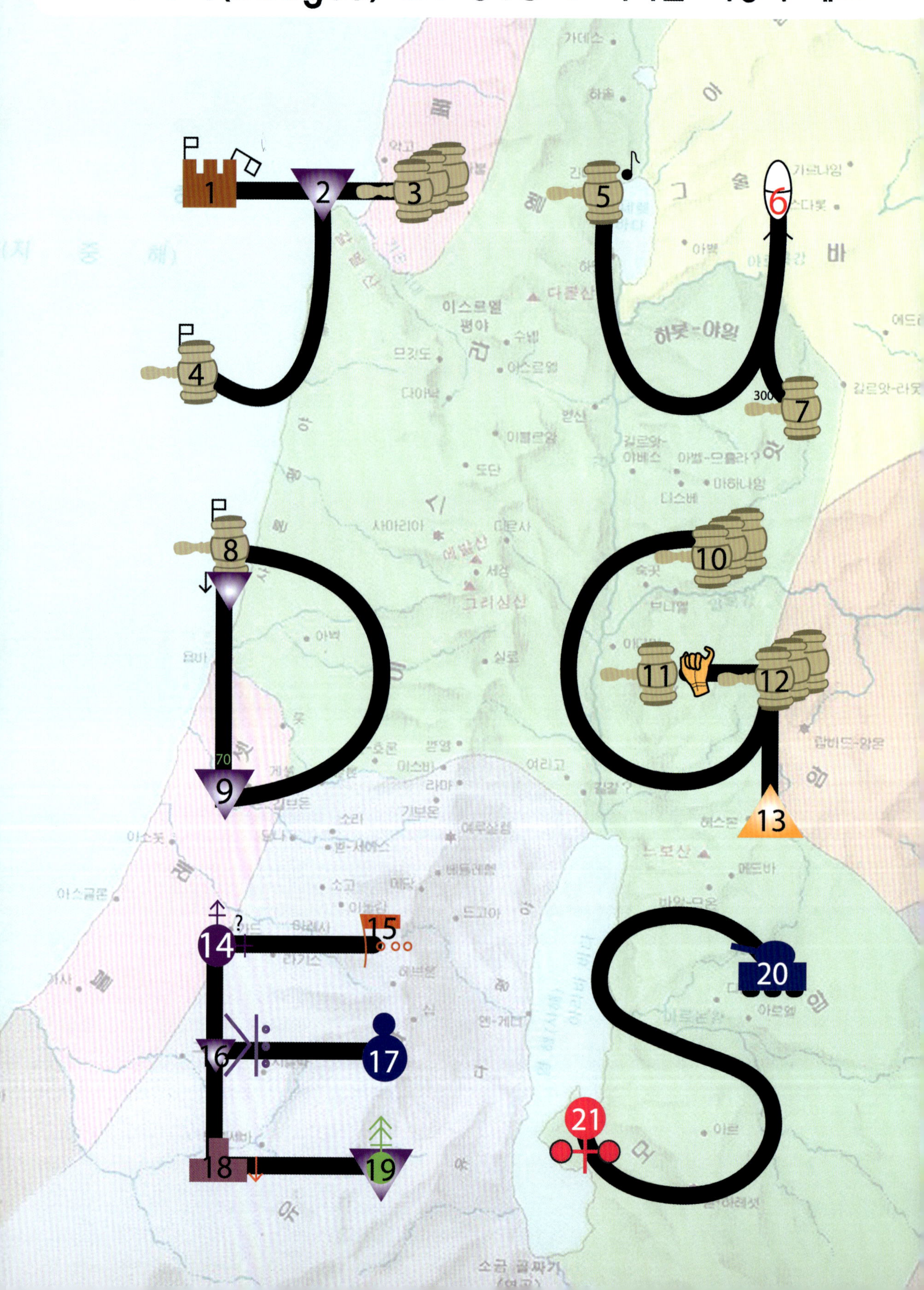

사 사 기

요절 : 여호와께서 사사를 세우사 노략하는 자의 손에서
그들을 건져 내게 하셨으나(2:16)

1. 명칭

- 히브리어 성경 : "쇼페팀"(사사들)
- 70인역 : "크리타이"(재판자들)
- 영어성경 : "Judges"

2. 기록자 : 사무엘 또는 그의 선지자 생도 중 한 사람

3. 기록연대 : B.C. 1,040~1,004년경 (이스라엘의 왕정초기)

4. 기록목적 : 여호수아 이후 왕정수립 이전까지의 과도기적인 역사를 통해서, 장차 있을 왕정제도의 필요성을 암시적으로 보여주는 한편, 야훼만이 이스라엘의 궁극적인 사사요, 구원자임을 보이기 위하여 기록 되었다.

5. 주제 :

거듭되는 이스라엘의 타락(회개)에도 불구하고 하나님의 약속(구원)은 변치 않는다.

6. 핵심

1) 단어 : '불순종', '심판', '회개', '자비', '심판', '순환', '주기'(cycle), '또'
2) 구절 : 2:20~21, 21:25
3) 장 : 2장

7. 중심사상

1) 이스라엘 역사의 주관자는 야훼 하나님이시다. 야훼 하나님께서 이스라엘을 대적의 손에 붙이기도 하시고 구원하시기도 하셨다(2 : 14~16)

2) 이스라엘 백성이 고통 중에서 하나님께 부르짖을 때마다 하나님께서는 사사를 세워 그들을 구원하셨다(2 : 18).

3) 계속되는 이스라엘의 불충과 배약에도 불구하고, 긍휼과 자비로 이스라엘을 대하신 하나님의 태도에서 언약에 대한 야훼의 신실하심을 엿볼 수 있다.

8. 사사기의 신학적 이해

사사기는 비록 역사서로 분류되지만. 연대적 기술을 보이기 위한 책이 아니라 영적 교훈을 주기 위하여 기록된 책이다. 그러므로 우리는 사사기에서 역사적 사실들이 영적 의미를 지닌 일정한 도식에 맞추어 편집된 점을 발견할 수 있다. 그 도식은 범죄(우상숭배), 패망, 회개(하나님께로 돌아옴)와 구원이라는 도식인데, 이러한 도식은 일찍이 모세가 신명기 7장 1절부터 11절까지 깊이 경고한 바 있다. 이런 점에서 사사기는 신명기의 설명서 또는 예증서라고 볼 수 있다.

9. 내용분해 : 21장, 618절

대주제	사사시대의 배경		사사시대의 역사			부록	
초점	실패와 배교		압제와 구원			타락	
소주제	1. 정치적 실패(1:)	2. 영적배교 (2:1~3:6)	1. 옷니엘~ 드보라(3:7~5:3	1) 2.기드온~ 야일(6:1~10:5)	3. 입다~삼손 (10:6~16:)	1. 종교적 부패(17:, 18:)	2. 도덕적 부패(19:~21:)
내용	1) 여호수아의 죽음 2) 유다의 지도권 3) 다른지파의 실패	1) 깨어진 언약 2) 불신앙의 악순환	1) 옷니엘 2) 에훗 3) 드보라와 바락	1) 기드온의 소명 2) 양털표적 3) 삼백용사 4) 기드온의 승리 5) 기도온의 설정 6) 아비멜렉	1) 입다 2) 삼손	1) 미가의 신상 2) 단 지파의 이주	1) 레위인과 그의 첩 2) 베냐민과의 전쟁
신학	이스라엘의 타락과 하나님의 구원						

10. 주요 사건 연대

여호수아의죽음 (수24:29)과 사사 시대의 개막	옷니엘의 활약 (3:9-11)	에훗의 활약 (3:15-30)	여선지자 드보라의 활약(4:4-5:31)	기드온의 활약 (6:7-8:36)
1390	1367-1327	1309-1229	1209-1169	1162-1122

BC --►

1078-1072	1075-1055
입다의 활약 (10:10-12:7)	삼손의 활약 (13:2-16:31)

1장 완전 정복 실패

(Israel Fights the Remaining Canaanites But did not Drive out some people)

1. 위치 설명 : 1장은 목록 사사기의 '사' 에 획순서대로 표시
2. 맥 절: (19절). "여호와께서 유다와 함께 계셨으므로 그가 산지 주민을 쫓아내었으나 골짜기의 주민들은 철 병거가 있으므로 그들을 쫓아내지 못하였으며" ; 맥 보충 절: (21,27,29,30,31,33절).
3. 관주구절: "여호와 말씀대로 그들을 쫓아 내리이다"(수14:12)
4. 찬 송 : 허락하신 새 땅에, 예수는 나의 힘이요, 큰 은혜로 묶어 주신

• 정치적 실패(1 :)

여호수아가 죽은 후에 유다와 요셉을 제외한 각 지파들은 가나안 거민들을 쫓아내지 못하고, 분배된 땅을 차지하는 데 대부분 실패하였다.

1) 여호수아의 죽음(1 :)

여호수아가 "모세가 죽은 후에"라고 시작하는 것과 비슷하게, 사사기는 "여호수아가 죽은 후에"라고 시작한다. 그러나 두 성경에 전개되는 내용은 너무나 대조적이다. 여호수아서의 역사가 승리로 점철된 역사였던 반면, 사사기의 이스라엘 역사는 실패로 일룩진 역사

였다. 그 이유는, 모세가 죽은 후에는 믿음의 종 여호수아가 준비되어 있었지만, 여호수아가 죽은 후에는 그를 대신할 만한 후계자가 없었기 때문이었다. 그러므로 여호수아의 죽음은 단순히 한 지도자의 상실이 아니라, 하나님에 대한 절대 신뢰와 믿음을 상실하는 것이었다. 이런 점에서 여호수아의 죽음은 사사시대의 암담한 역사를 예고해주는 전조와 같은 것이었다.

2) 유다의 지도권(1 : 1~20)

여호수아가 죽은 후에 이스라엘의 지도권은 유다 지파에게로 돌아갔다(1,2). 왜냐하면 아직도 유다 지파의 갈렙이 이스라엘의 신앙적 지도자로 남아 있었기 때문이었다.(12, 13). 유다 지파는 가나안 땅을 차지하는 점령전쟁에서 부분적으로 승리하였는데, 그것은 야훼께서 유다와 함께 하셨기 때문이었다(19). 1장 4절의 "여호와께서.... 붙이신지라"는 말은 이스라엘의 운명과 역사의 주권자가 야훼이심을 단적으로 보여주는 말이다.

3) 다른 지파의 실패(1 : 21~36)

22절부터 26절 사이의 요셉족속의 벧엘 승리를 제외하고, 다른 일곱 지파들은 모두 다 땅을 차지하는데 실패하였다. 그들의 실패의 역사 기록 가운데서 "그들의 하나님을 찾았다"는 말이나, "하나님께서 그들과 함께 하셨다"는 말이 없음을 주목하자.

쉼터 : Judges

사사기에서 우리는 하나님께 불순종하는 백성을 보게 된다. 그들은 하나님을 신뢰하지 않고 우상을 숭배했다. 그들은 죄를 범할 때 마다 패배를 겪게 된다. 사사기라는 제목은 '판단' 지도자 그리고 구원자'를 의미한다. 중요한 사사는 드보라, 기드온, 삼손, 그리고 사무엘

쉼터 : 죄의 순환?

이스라엘 민족은 '죄(우상숭배) ➔ 압제를 당함(도구:이방인들) ➔ 간구(기도) ➔ 구원(도구:사사) ➔ 망각 ➔ 죄' 로 이어지는 '죄의 순환' 을 일곱 번 반복한다. 왜 이스라엘 백성들은 죄의 순환을 계속해서 반복하는가? 그들의 삶의 모습을 보면 그 이유가 밝혀진다. 그들이 가나안에 온 것은 하나님의 명령과 그 분의 거룩한 뜻을 이루기 위함이었다. 그러나 그들이 가나안에 들어와서는 그들의 먹고 사는 것에 그리고 가나안 사람들이 건설했던 문화형태를 자기네도 건설하고 번영하며 잘 살겠다는 데에 주력하였던 것이다. 이때부터 죄의 순환이 오게 된다.

2장 사사 세움, 여호수아 죽음 *(Disobedience and Defeat, Joshua' s Died)*

1. 위치 설명 : 2장은 목록 사사기의 '사' 에 획순서대로 표시
2. 맥 절: (12절). "애굽 땅에서 그들을 인도하여 내신 그들의 조상들의 하나님 여호와를 버리고 다른 신들 곧 그들의 주위에 있는 백성의 신들을 따라 그들에게 절하여 여호와를 진노하시게 하였으되" ; 맥 보충 절: (8,16,17절).
3. 관주구절: "이 백성들은 들어가 거할 그 땅에서 일어나서 이방신들을 음란이 좇아 나를 버리며 내가 그들과 세운 언약을 어길 것이라(출31:16)
4. 찬 송 : 누가 주를 따라, 눈을 들어 하늘 보라, 어느 민족 누구게나,

• 영적배교(2 : 1~3 : 6)

이스라엘의 정치적 실패는 하나님에 대한 영적 배교에 기인한 것이었다. 사사시대의 이스라엘은 야훼를 알지 못하였기 때문에 야훼를 버리고 우상을 섬겼다.

1) 깨어진 언약(2 : 1~10)

가나안 땅 점령의 패배는 이스라엘이 하나님의 언약을 저버린 때문이었다. 야훼께서는 이스라엘이 가나안 족속과 언약을 맺지 말 것과 그들의 신을 섬기지 말 것을 거듭거듭 경고하셨다 (출 23 : 32, 33; 신 7 : 1~5; 수 23 : 12~16). 그러나 이스라엘이 하나님의 목소리를 청종치 아니하고 하나님의 언약을 깨뜨린 결과 가나안 족속은 이스라엘의 옆구리에 가시와 같은 존재가 되고 가나안신은 이스라엘에게 올무가 되었다.(1~3)

이스라엘이 하나님의 언약을 버린 것은 영적인 지도자를 상실한 새 세대인 후손들이 야훼를 알지 못하고 그가 행하신 큰 기적도 알지 못한 때문이었다(10).

• 사사 세우시는 목적-노략하는 자의 손에서 건지시기 위하여

• 열국 쫓지 않고 남기신 이유-이스라엘이 여호와의 도를 잘 지켜 행하는 지 시험하려고 남기심

쉼터 : 사사는 어떤 사람인가?

사사란 가나안땅에 들어가서 왕이 세워지기 전까지 이스라엘 백성들을 지도한 정치, 군사적 지도자를 말한다. 평상시에는 재판을 하며(삿4:5)백성들을 정치적으로 다스렸고, 비상시에는 군사적인 지도자로 활동했다. 이스라엘이 주변 국가로부터 공격받을 때마다 하나님께서는 이들을 구하기 위해서 사사를 세워 주셨다. 사사들의 직업과 신분은 아주 다양했으며 임무가 끝나면 대부분 제자리로 돌아갔다. 사사는 이스라엘 전체를 다스리기보다 지역적으로 다스렸으며, 세습되지 않았다.

쉼터 : 이스라엘 백성이 바알을 버리지 못하는 이유는?

첫째, 이스라엘 백성은 하나님을 전쟁의 신이라고만 생각했습니다.
둘째, 바알신을 섬기는 제사법은 짜릿했고 하나님의 제사법은 고통스러웠기 때문입니다.

3장 옷니엘 • 에훗 • 삼갈 *Judge(Dthniel, Ehud, Shamgar, Deborah)*

1. 위치 설명 : 3장은 목록 사사기의 '사' 에 획순서대로 표시
2. 맥 절: (9,15,31절). "이스라엘 자손이 여호와께 부르짖으매 여호와께서 이스라엘 자손을 위하여 한 구원자를 세워 그들을 구원하게 하시니 그는 곧 갈렙의 아우 그나스의 아들 옷니엘이라" ; 맥 보충 절: (8,14,31절).
3. 관주구절: 삼상4:1, 창14장(최초의 전쟁)
4. 찬 송 : 내 주는 강한 성이요, 구원으로 인도하는, 주를 앙모 하는 자

• 불신앙의 악순환(2 : 11~3 : 6)

사사기 2장 11절부터 19절의 내용은 사사기의 핵심적인 부분으로서, 사사시대의 이스라엘 역사 구조를 단면적으로 보여주는 것이다. 사실 사사기의 본론 부분인 3장부터 16장까지의 내용은 이러한 구조가 역사적으로 적용된 구체적인 예들을 반복적으로 보여주고 있을 뿐이다.

이스라엘의 불신앙의 악순환 과정과 그 역사적 실례를 도표로 만들어 보면 다음과 같다.

〈불신앙의 악순환 도표〉

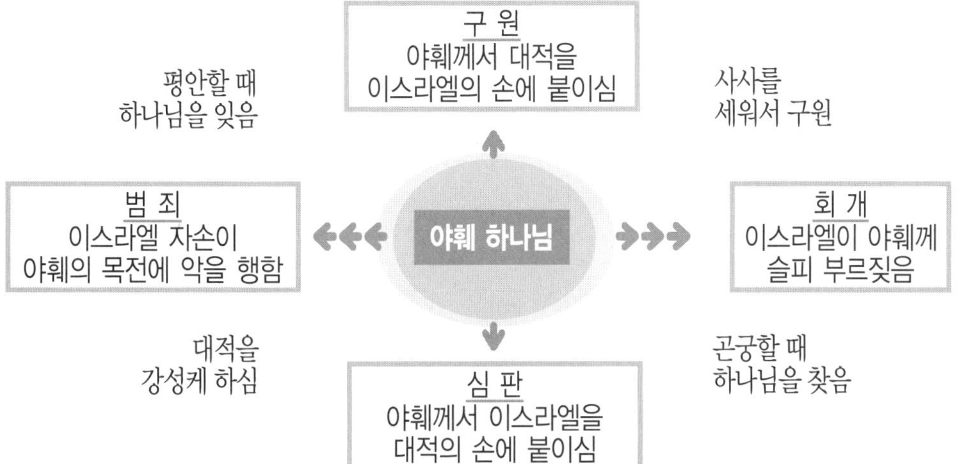

〈역사적 실례들〉

	첫번째 3:7~11	두번째 3:12~30	세번째 4:1~5:31	네번째 6:1~8:35	다섯번째 10:6~12:7	여섯번째 13:~16:	비고
범죄	7절 "이스라엘 자손이 여호와 목전에 악을 행하여"	12절 "이스라엘자손이 또 여호와의 목전에 악을 행하니라"	4:1절 "이스라엘 자손이 또 여호와의 목전에 악을 행하였으므로"	6:1 "여호와의 목전에 악을 행하였으므로"	10:6 "악을 행하여"	13:1"악을 행하여"	인간의 타락한 모습을 보여준다.
압제	8절 "여호와께서 이스라엘에게 진노하사"	12~14절 "여호와께서 모압왕 에글론을 강성케하사"	4 : 2절 "여호와께서 하솔의 도읍한 가나안 왕 야빈의 손에 그들을 파셨는데"	6 : 1 "칠년동안 미디안의 손에 붙이시니"	10 : 7 "여호와께서 진노, 불레셋 암몬자손에"	13 : 1 "사십년 동안 불레셋의 압제"	야훼께서 죄에 대해 심판하신다.
회개	9절 "이스라엘 자손이 여호와께 부르짖으매"	15절 "이스라엘 자손이 여호와께 부르짖으매.."	4 : 3 "이십년동안 이스라엘 자손을 심히 학대한 고로"	6 : 6, 7 "이스라엘이 부르짖음"	10 :10, 15 "부르짖어 건져내옵소서"	13 : 15 "마노아 염소새끼"	구원의 길은 하나님께로 돌이키는 길밖에 없다.
구원	9절 "여호와께서 그들을 위하여 한 구원자를 세워"	15절 "여호와께서 그들을 위하여 한 구원자를 세우셨으니.."	4:4~6 "여선지 드보라가 이스라엘의 사사"	6:12~14 "큰용사여 여호와께서 너와 함께 하시도다"	11:29, 33 "여호와의 신이 입다에게 임하시니"	13:5, 15:20 "구원"	하나님께서는 자비로 타락한 인간에게 구원을 베푸신다.
구원자	옷니엘	에훗	드보라, 바락	기드온	입다	삼손	6명의 대사사

이러한 역사의 순환 과정에 하나님이 이스라엘에게 가르치고자 한 것은, 야훼께서 이스라엘 역사의 주권자이며, 야훼 한 분만이 이스라엘의 섬길 대상이라는 점이었다(2 : 22). 야훼께서는 그것을 가르치기 위하여 자손으로 하여금 전쟁의 관문을 통과하게 하셨다(3 : 1, 2).

오늘날도 하나님께서는 마귀와의 영적 전쟁을 통해서 우리의 신앙을 시험하시고 연단하셔서 오직 하나님만 섬기도록 만드신다.

■ 사사시대의 역사(3 : 7~5 : 31)

• 옷니엘~드보라(3 : 7~5 : 31)

여기에는 초기 사사들의 승리의 역사가 기록되어 있다.

1) 옷니엘(3 : 7~11)

유다지파의 사사인 옷니엘의 시대에 범죄-압제-회개-구원의 과정이 도시적으로 묘사되어 있다. 이스라엘 자손이 야훼의 목전에 행한 악은 야훼를 잊어버리고 우상을 섬긴 죄였다(7). 이는 하나님이 주신 계명 중 가장 중요하고도 근본적인 계명인 십계명의 제1계명을 어긴 것이었다. 다른 모든 윤리적, 사회적 죄악이 근본적인 제1계명의 파기에서부터 비롯됨을 명심하자.

야훼께서는 이스라엘이 범죄하였을 때 그들을 대적 구산 리사다임의 손에 파셨으나, 이스라엘이 회개하고 부르짖을 때 오히려 대적을 이스라엘의 손에 붙이셨다. 이것은 첫째 야훼께서 이스라엘을 높이기도 하시고 낮추기도 하시는 이스라엘의 주권자이심을 보이신 것이었으며(8, 10). 둘째 하나님의 구원이 선택의 원리에서 시행된다는 것과 택함 받은 백성은 버림받지 않는다는 사실을 보여주는 것이었다.

"야훼의 신이 그에게 임하셨다" (10)는 것은 야훼의 초자연적인 능력과 지혜로 그를 무장시켰다는 뜻이다. 옷니엘이 사사가 되어 40년을 치리 하였다. 구약시대에는 이와 같은 특별한 능력이 특정한 인물들에게 주어졌지만, 오순절 사건 후 신약시대에는 이와 같은 능력이 구하는 모든 이에게 주어짐을 감사하자.

2) 에훗(베냐민 지파 게라의 아들, 왼손잡이)(3 : 12~31)

그 땅이 태평한 지 40년이 지나자 이스라엘은 또다시 야훼의 목전에 악을 행하였다. 하나님께서는 모압을 강성케 하고 암몬, 아말렉과 합세케 하여 이스라엘을 그들의 손에 파셨다. 원래 암몬은 야훼의 총회에 영원히 들어오지 못하도록 하나님의 저주를 받았고(신23 : 3), 아말렉은 천하에 그 이름을 도말하도록 하나님께서 심판을 명하신 족속들이었다(신25 : 19), 그런데 하나님께서 이스라엘을 그러한 족속에게 붙이셨으니, 이 얼마나 수치스럽고 부끄러운 일인가?

그러나 하나님께서는 회개하고 돌아서는 이스라엘을 궁극적으로 구원하셔서 80년간 태평한 세월을 누리게 하셨다(15,30). 하나님께서는 비록 주변 국가들을 징계의 막대기로 쓰셨지만, 그 자녀인 이스라엘을 막대기보다 더 사랑하심을 또한 보이셨다.

3) 삼갈(아낫의 아들)-소모는 막대기로 블레셋인 600명 죽임

쉼터 : 죄의 악순환

이스라엘의 악 순환적 역사는(죄 ➔ 노예화 ➔ 간구 ➔ 구원 ➔ 망각 ➔ 죄) 오늘날 개인적으로(시험 ➔ 영혼의 고통 ➔ 간구 ➔ 하나님의 도움 ➔ 나태 ➔ 시험) 회개하고 중생한 성도들의 삶에 큰 영적 교훈을 던져주는 바. 거듭난 성도들의 삶은 구약 이스라엘의 역사와 같은 반복되는 악 순환적 삶이 아닌 날마다 주님께 더 가까이 가는 성화의 삶을 살아야만 함을 일깨워준다(고전 3:15)

4장 드보라 승리 *(The Song of Deborah)*

1. 위치 설명 : 4장은 목록 사사기의 '사'에 획순서대로 표시
2. 맥 절: (16절). "바락이 그의 병거들과 군대를 추격하여 하로셋학고임에 이르니 시스라의 온 군대가 다 칼에 엎드러졌고 한 사람도 남은 자가 없었더라" ; 맥 보충 절: (24절).

3. 관주구절: "그 날에 아이 사람 전부가 죽었으니 남녀가 일만 이천이라"(수 8:25)
4. 찬 송 : 주와 같이 길가는 것, 천성을 향해 가는 성도들아, 눈을 들어 산을 보니

• 드보라의 바락(4 : 1~5 : 31)

에훗이 죽은 후에 이스라엘은 죄를 더하여 가나안왕 야빈에게 팔렸으나, 하나님께서는 다시 한번 이스라엘을 구원하셨다. 하나님의 구원의 방법과 과정을 살펴 보면 다음과 같다.

① 하나님께서 승리의 장소를 예비하셨다.

하나님께서 이스라엘은 다볼산에 이끄시고 시스라와 그 병거들은 기손강가의 평지에 진을 치게 하셨다. 다볼산은(해발 533M) 시스라의 철병거를 피할 수 있는 좋은 전략적 장소였던 반면, 기손강은 겨울철이면 범람하기 쉬운 하천이었다(6, 7). 접전시 과연 하나님께서 폭우를 내려 막강한 무기인 철병거를 꼼짝 못하게 하심으로 대적들을 진멸하셨다(4 : 15, 5 : 21).

② 용사되시는 하나님께서 친히 싸우셨다.

야훼께서 바락의 앞에서 대적을 파하셨는데 이는 홍해에서 애굽의 군대를 멸하신 것과 일반이다(출14 : 24,25; 삿4 : 15, 5 : 21).

③ 하나님께서는 약한 자를 사용하셨다.

하나님께서는 여선지 드보라를 이스라엘의 사사로 세우셨으며(4 : 4), 가나안의 군대장관 시스라를 연약한 여인 야엘의 손에 죽게 하셨을 뿐 아니라(4 : 21), 방패와 창조차 없는 이스라엘로 하여금 철병거 900승을 가진 야빈왕을 물리치도록 하셨다(4 : 3, 5 : 8).

하나님께서 약한 자를 들어서 강한 자를 부끄럽게 하신다는 말씀은, 사사기에 담겨 있는 중요한 주제 가운데 하나이다 (고전 1 : 26~29). 이는 이스라엘로 하여금 교만하지 않도록 하려는 것임과 함께, 구원이 전적으로 하나님께 있음을 보이시려는 의도에서였다.

하나님께서는 우리의 약한 것들 가운데서 그의 온전하신 능력을 나타내심을 명심하자(고후12 : 9).

쉼터 : 하나님이 사용하신 약한 것

약한 것	성 구	약한 것의 의미	사용방법
왼손잡이 에훗	3 : 15	신체적인 약점이 있는 자	모압왕의 살해
삼갈의 소모는 막대기	3 : 31	보잘 것 없는 무기	블레셋인 600명을 죽임
여선지 드보라	4 : 4	연약한 여인	이스라엘의 사사로 세워 가나안을 물리침
헤벨의 아내 야엘	4 : 21	연약한 여인	시스라를 죽임
이스라엘 군인 4만명	5 : 8	창과 칼이 없음	철병거 900승을 무찌름
기드온 보리떡 한 덩어리	6 : 15, 7 : 13	약한 집안 중의 제일 작은 의자	하나님이 함께 하심
기도온의 300용사	7 : 22	항아리를 든 나팔대	칼든 자 십팔만 오천을 무찌름
기생의 아들 입다	11 : 1, 33	보잘 것 없는 출생	암몬 자손을 크게 도륙
삼손의 나귀의 새 턱뼈	15 : 14~19	보잘 것 없는 무기	블레셋인 1천명을 죽임

5장 드보라의 노래 *(The Song of Deborah)*

1. 위치 설명 : 5장은 목록 사사기의 '사'에 획순서대로 표시
2. 맥 절 : (1절). "이 날에 드보라와 아비노암의 아들 바락이 노래하여 이르되" ; 맥 보충절: (31절).
3. 관주구절 : 노래(모세 출15장, 한나 삼상2장, 마리아 눅1장)
4. 찬 송 : 주 사랑 하는 자 다 찬양할 때에, 구주 예수 의지함은, 주 하나님 늘 믿는 자

5장은 드보라는 랍비돗의 아내, 에브라임의 지파(여선지자 사사됨)-에브라임 산지 라마와 벧엘 사이 드보라의 종료나무 아래에서 백성들 재판, 가나안 왕 아빈이 철 병거 900승을 앞세워 이스라엘을 심하게 억압하며 20년을 다스리고 있을 때 한 남자의 아내였던 드보라가 바락을 불러 군대를 모으고 여호와의 이름으로 야빈의 군대장관인 시스라와 싸워 완전히 섬멸시켰다. 드보라는 바락과 함께 찬송을 불렀다. 드보라가 지은 전승 기념시로서 구원의 하나님을 찬양함으로 시작해서(2) 이스라엘이 강성해지기를 바라는 소망으로 끝을

맺는다(31).(40년간 통치)

쉼터 :드보라

가나안 왕 야빈이 철 병거 900승을 앞세워 이스라엘을 심하게 억압하며 20년을 다스리고 있을 때 한 남자의 아내였던 드보라는 예언의 은사를 가지고 있었으며 이스라엘의 사사였고, 모세 이후 이스라엘에 나온 첫 선지자였다. 드보라가 바락을 불러 군대를 모으고 여호와의 이름으로 야빈의 군대장관인 시스라와 싸워 완전히 섬멸시켰다. 드보라는 바락과 함께 찬송을 불렀다. 이 노래는 구약의 가장 오래된 것으로 여겨지며. 고대 히브리어의 여로용례와 함께 많은 역사적 언급들을 보존하고 있다. 여자를 종속적으로 여기는 시대에 드보라는 남자들도 두려워하는 야빈의 군대를 하나님의 지혜와 권능으로 격퇴시켰다. 하나님의 역사를 위해 부름 받는 자는 여자와 남자의 구별이 있을 수 없다.

■ 기드온~야일(6 : 1~10 : 5)

기드온의 기사는 사사기의 가장 중요한 부분으로서 하나님만이 이스라엘의 진정한 사사임을 보여주는 내용이다.

6장 기드온 소명 (The Angle of the LORD appeared to Gideon)

1. 위치 설명 : 6장은 목록 사사기의 '사' 에 획순서대로 표시
2. 맥 절: (14절). "여호와께서 그를 향하여 이르시되 너는 가서 이 너의 힘으로 이스라엘을 미디안의 손에서 구원하라 내가 너를 보낸 것이 아니냐 하시니라" ; 맥 보충 절: (37절).
3. 관주구절: 소명(모세 출3장, 사무엘삼상3장, 이사야 사6장)
4. 찬 송 : 부름 받아 나선 이 몸, 가슴마다 파도친다. 나는 예수 따라가는

1) 기드온의 소명(6 : 1~32)

이스라엘 자손의 죄악은 다시 한번 이스라엘로 하여금 처참할 정도의 상황까지 몰아넣었

다(6 : 1~5), 더욱더 수치스러운 것은 대적 미디안은 숫적으로 많지 않을 뿐 아니라, 문화적으로도 미개한 족속이었다는 점이다. 그러나 이스라엘의 회개로 인하여 하나님께서 기드온을 부르신 과정을 살펴보면 다음과 같다.

① "큰 용사여"(12) : 약탈자의 눈을 피해 좁은 공간인 포도주 틀에서 밀을 타작하고 있는 기드온에게, 하나님께서는 "큰 용사여"라고 부르셨다. 이렇게 부르신 것은 하나님께서 기드온으로 하여금 먼저 자신의 두려움을 정복하도록 하기 위해서였다.

② "여호와께서 너와 함께 계시도다"(12) : 그런 후 하나님께서는 야훼의 임재를 약속하셨다. 왜냐하면 야훼보다 더 큰 힘과 무기가 없기 때문이었다.

④ 표징을 보이심 : 야훼의 사자는 함께 하시는 표징으로 반석에서 나온 불로써 제물을 열납하셨다(21). 이에 기드온은 야훼를 위하여 제단을 쌓아 그 이름을 '여호와 샬롬' 이라고 한 후 (24), 소명 받은 첫 번째 임무로 우상을 척결하였다.

2) 양털 표적(6 : 33~40)

미디안의 연합군들이 쳐들어오자 하나님께서는 기드온에게 야훼의 신으로 무장시키셨다(34). 양털로써 하나님께 구원하심의 표적을 구하는 기드온에게 야훼께서는 두 번씩이나 응답하셨다(6 : 36~40). 하나님께서 두 번씩이나 응답하신 것은, 기드온이 하나님의 능력을 시험하려는 의도에서 표적을 구한 것이 아니라, 두려움으로부터의 해방과 구원의 확신을 위하여 표적을 구한 때문이었다. 미디안의 연합군이 십삼만 오천인 데 비해 기드온의 군대가(7 : 7,10) 삼백 명이라는 점을 감안할 때, 야훼의 구원하심에 대한 약속과 확신은 절대적으로 필요한 것이다.

쉼터 :하나님을 시험해도 되나요?

하나님은 자신이 말씀하시는 분이라는 증거로 표적이나 기적을 자주 베푸셨다(출4:1~9) 기도온은 자기에게 말씀하시는 분이 하나님이심을 깨달았을 때 즉시 순종하고 일신상의 안전을 돌아보지 않은 채 자기 성읍의 이교 제단들을 훼파했다. 이처럼 기도원이 증거를 구한 것은 불신앙이나 반역 때문이 아니라. 그의 신앙과 하나님께 대한 헌신을 위함이었다. 이런 행동은 기드온 자체가 연약함을 드러낸 태도였다. 하나님께서는 우리를 인도하실 때 얼마든지 그 사실을 어떤 징표라든지 확증해 주실 수 있습니다. 혹시 기드온을 선례로 사용하려면 징표를 구하기 전에 하나님의 뜻을 확실히 아는 일과 먼저 그 뜻에 순종하는 태도가 필요하다.

쉼터 : 여호와 샬롬

하나님으로부터 조국을 구원하라는 사명을 부여받은 기드온은 자기 자신의 연약성을 보면서 매우 자신 없어 하였다. '나의 집은 므낫세 중에 극히 약하고 나는 내 아버지 집에서 제일 작은 자니이다.' 라는 기도원의 고백 속에는 사명에 대한 불평과 불만의 내용이 담겨져 있다. 그러나 우리는 우리와 함께 하시는 "임마누엘의 하나님"(마1:23)으로 인해 우리의 연약함에도 불구하고 맡겨진 사명을 힘 있고 능력 있게 감당할 수 있다. 하나님을 존고로 죽을줄 알았던 기도온이 '여호와 샬롬' 을 찬양할 수 있었던 것은 그와 함께하시는 하나님을 깨달았기 때문이다. 하나님은 지금도 성도 각 사람과 함께 하신다(수1:9)

7장 기드온 300명 용사 *(Gide Defeats the Midianites)*

1. 위치 설명 : 7장은 목록 사사기의 '사' 에 획순서대로 표시
2. 맥 절: (22절). "삼백 명이 나팔을 불 때에 여호와께서 그 온 진영에서 친구끼리 칼로 치게 하시므로 적군이 도망하여 스레라의 벧 싯다에 이르고 또 답밧에 가까운 아벨므홀라의 경계에 이르렀으며" ; 맥 보충 절: (3절).
3. 관주구절: 전쟁 수칙(신20장), 여호와의 군대는 많고 적음이 아님(삼상14:6)
4. 찬 송 : 천성을 향해 가는 성도들아, 거친 세상에서 실패 했거든, 믿는 사람들아 군병 같으니

1) 삼백 용사(7 : 1~14)

기드온을 좇는 삼만 이천의 군대 중 야훼께서는 두려워서 떠는 자와 방심하는 자를 돌려보내고 삼백명의 용사들만 따로 세우셨다(7 : 1~8). 이는 이스라엘로 교만하지 않도록 하여 야훼만이 구원자이심을 보이기 위해서였다(2). 하나님께서는 적군 중 한 사람의 꿈을 사용해서 모든 적의 군대에 두려움을 심어줌으로써, 전쟁의 승리를 예비하셨다(9~14).

2) 기드온의 승리(7 : 15~8 : 21)

기드온의 삼백 용사는 횃불과 항아리와 나팔을 만들고 적진 속에 들어갔다. 세 대로 나뉘

어진 삼백 용사가 나팔을 불며 항아리를 부수고 횃불을 들고 "여호와와 기드온이 칼이여" 라고 외칠 때, 야훼께서 미디안의 연합군으로 하여금 자기들끼리 싸우게 함으로써 전쟁을 승리로 이끄셨다.

쉼터 : 오늘날 하나님께서 말씀 하시는 방법

- 하나님의 말씀 : 주님께서 주로 성경을 통해 말씀하신다. 어려움을 당하거나 마음이 아플 때 상담하러 다니기보다는 먼저 성경으로 돌아가야 한다.
- 성령 : 우리가 매일 성령과 동행하고 그 능력에 순종한다면 우리는 하나님께로부터 듣고자 하는 모든 것을 들을 수 있다. 성령께서 말씀하신다는 것은 하나님께서 자신의 뜻을 내 영과 마음에 감동으로 주시고, 나는 속사람으로 이를 들었음을 의미 한다. 귀로 들리지 않는다 해도 그러한 대화는 매우 정확하다.
- 다른 사람들 : 우리와 가까운 사람의 단순히 지나가는 말에서 중요한 인생의 해답을 얻을 수도 있다.
- 환경 : 우리에게 일어나는 크고 작은 모든 일들을 통해서 자신의 음성을 들려주신다.

쉼터 : 하나님도 전쟁을 준비하시나?

전쟁준비를 하려면 자기편 군사와 무기의 수를 되도록 많이 가지려는 것이 당연한데 하나님은 정반대로 자꾸 숫자를 줄이셨다. 그러니 이것은 율법의 정신이었다(신20:1~9). 두고온 제물, 아내 등에 연연하거나 겁을 내는 자들은 오히려 전체의 사기를 떨어뜨리며 혹 이기더라도 하나님께 감사하기보다는 자신의 공로로 내세울 자들이므로 하나님은 그들을 돌려보내셨다. 진정한 군사는 자기 목숨을 잃음으로 얻는 자들이다(마10:38~39). 바로 그들이 진정한 승리 즉 자신의 승리가 아닌 하나님의 승리를 이루어내는 것이다.

8장 기드온 실정, 죽음 *(Gideon's Death)*

1. 위치 설명 : 8장은 목록 사사기의 '사' 에 획순서대로 표시
2. 맥 절: (27절)." 기드온이 그 금으로 에봇 하나를 만들어 자기의 성읍 오브라에 두었더

니 온 이스라엘이 그것을 음란하게 위하므로 그것이 기드온과 그의 집에 올무가 되니라" ; 맥 보충 절: (32절).

3. 관주구절: 노년(아브라함 창25장, 야곱 창48장, 다윗 왕상1장)
4. 찬 송 : 흑암에 사는 백성들을 보라, 힘차게 일어나, 귀하신 주여 날 붙드사

• 기드온과 300명은 끝까지 추격해 미디안의 두 왕 세바와 살문나는 죽임을 당했다
• 기드온의 실정(8 : 22~35)

기드온은 전쟁의 승리 후 자기를 통치자로 삼으려는 이스라엘에게 하나님만이 이스라엘의 진정한 통치자임을 분명히 가르쳤으나(23), 슬프게도 그는 헐었던 우상의 단을 다시 세우고 있었다(27). 미디안인들이 검으로 할 수 없었던 일을 사단은 귀고리들로 성취하였던 것이다(24). 금 에봇을 만들어 오브라 성읍에 두었다는 것은 대제사장직을 침해한 죄에다가, 성막이 있던 실로에서의 제사를 어기고 사적인 예배 장소를 만든 죄악을 더한 것이었다(18 : 31).

쉼터 : 가시나무

팔레스타인 지역엔 여러 종류의 가시나무가 있었다. 개역성경에는 가시나무, 찔레, 질려 등으로 번역되었다(삿9:14~15) 가시나무는 연료로 사용되었고 울타리 역할을 하기도 했다(미7:4). 기도온은 숙곳 사람들을 징벌하는 도구로 사용했다.(삿8:7, 16). 땅을 황폐케 하며 농사에 장애가 되어(마13:7) 불태워 버리곤 했다(마7:19). 아담이 죄를 지은 결과로 처음 언급되었던 가시나무는(창3:18)악을 행하는 자(삼하23:6), 저주(창6:8), 황폐(사5:6), 이스라엘의 적(민33:55), 열매 맺지 못하는 자(마7:16), 육체의 고통(고후12:7) 을 비유적으로 묘사할 때 언급되었다.

쉼터 : 여호와께서 너희를 다스리시리라

고대 이스라엘은 12부족을 연맹체의 국가 형태를 지니고 있었다. 어느 부족이나 개인도 타부족이나 개인을 지배하거나 압제하지 않고 오직 여호와의 왕권만을 인정하는 신정 국가인 이스라엘은 가장 이상적인 국가 형태였다. 그러나 이스라엘 백성들은 강력한 왕권에 의해 외적임 침략으로부터 보호받고자하는 욕심에 그 대가가 얼마나 무서운 것인가를 생각지 못했다. 그래서 그들은 외

적의 침략을 물리친 민족적 영웅 기드온을 왕으로 추대하려 했던 것이다. 의로운 통치는 참된 왕이신 여호와에 의해서만 가능하다는 사실을 알고 있었다. 그래서 그 추대를 거부하였다.

9장 아비멜렉 죽음 *(Abimelech's Death)*

1. 위치 설명 : 9장은 목록 사사기의 두 번째 '사' 에 획순서대로 표시
2. 맥 절: (5절). "오브라에 있는 그의 아버지의 집으로 가서 여룹바알의 아들 곧 자기 형제 칠십 명을 한 바위 위에서 죽였으되 다만 여룹바알의 막내 아들 요담은 스스로 숨었으므로 남으니라" ; 맥 보충 절: (15절).
3. 관주구절: 자기를 위한 살인마 대 헤롯(두 살부터 그 아래 다 죽이니 마2:16)
4. 찬 송 : 전능왕 오셔서, 곧 오소서 임마누엘, 참 놀랍도다 주 크신 이름,

① 기드온이 죽은 후, 세겜에 있던 기드온의 첩의 아들 아비멜렉이 세겜 족속과 작당하여 기드온의 70아들을 살해하고 스스로 지도자가 되었다.-막내 요담 생존

② 나무 우화-요담, 그리심산 꼭대기에서 세겜인들을 향해 나무 무화과 이야기를 들려주면서 꾸짖음

③ 가알의 반란-아비멜렉, 이스라엘 통치 3년 만에 여호와께서 악한신을 보내심/ 세겜인 에벳의 아들 가알이 반란→스블이 고자질→ 아비멜렉이 세겜성 진멸(세겜망대 불살라 1000명 죽음)

④ 아비멜렉의 죽음, 데베스를 공략 하던 중 여인이 던진 맷돌 윗짝에 머리를 맞은 후 두골이 깨짐→ 부하의 손을 빌어 죽음→ 3년 통치

아비멜렉이 죽은 후 돌라와 야일이 이스라엘의 사사가 되었다.

쉼터 :요담의 우화

우리는 동물, 식물, 무생물을 생각하고 행동하는 사람처럼 등장시켜 인간 행동의 원리나 도덕적인 명제를 예증하는 이야기를 말한다. 요담이 우화로 사용한 감람나무, 무화과나무, 포도나무는 고대 근동에서 중요한 과일나무였던 반면 가시나무는 꽃만 필뿐 열매도 없고 가시만 무성하여 저주를 상징하는 나무였다(창3:18) 아비멜렉은 왕의 자격도 없으면서 스스로 왕이 되었다고 풍자한 것이었다. 요담은 형제를 죽인 아비멜렉의 잔인한 행동과 그를 왕으로 삼은 세겜 사람들의 어리석음을 고발하기 위해 나무들의 이야기를 사용했다.

■ 입다~삼손(10 : 6~16 :)

입다와 삼손은 사사로 세움을 입었으나 각각 사랑하는 딸과 자신의 생명을 잃어야 하는 비운을 맞이하게 된다.

10장 돌라 • 야일 • 입다 *(Judges(Tola, Jair, Jephthah)*

1. 위치 설명 : 10장은 목록 사사기의 두 번째 '사' 에 획순서대로 표시
2. 맥 절: (1절). "아비멜렉의 뒤를 이어서 잇사갈 사람 도도의 손자 부아의 아들 돌라가 일어나서 이스라엘을 구원하니라 그가 에브라임 산지 사밀에 거주하면서" ; 맥 보충절: (3절).
3. 관주구절: 다윗의 통치(삼하5:4~5)
4. 찬 송 : 내가 깊은 곳에서, 내 맘이 낙심되면, 주여 우리 무리를

둘라 : 잇사갈의 손자 부아의 아들 23년 통치

야일 : 므나세지파, 30명의 아들, 30성을 줌, 30나귀, 22년간 통치

입다 : 이스라엘의 반복되는 범죄와 하나님의 징계로 인하여 암몬의 압제를 당하자 이스라엘은 또다시 하나님께 부르짖고, 하나님께서는 길르앗의 아들 입다를 사사로 세우셨다(10 : 6~11 : 11).

쉼터 : 무화과 나무

• 생태 : 뽕나무과에 속하는 낙엽 활엽 관목이다. 높이가 평균 3m 가량이고 잎은 계란모양에 손바닥처럼 3~5갈래로 갈라져 있다. 과실은 생으로 먹거나 말려서 먹는다. 잎은 단백질을 함유하며 그 수액은 회충들의 구제약과 신경통의 약제로 쓰인다.

• 성경적 용례

① 아담이 범죄한 후 무화과 잎사귀로 자신들의 수치를 가렸다(창3:7)

② 예수께서 나다나엘이 무화과나무 아래(그늘)에 있을 때 그를 아시고 제자로 부르셨다(요1:48)

③ 히스기야왕이 종기를 앓았을 때 무화과 반죽으로 치료 받았다(사38:21)

• 상징 : 유대민족의 번영(왕상4:25), 여호와의 심판(사34:4, 호1:7), 열매 없는 신앙(마21:19), 구원과 진노의 대상(렘24:1~10) 등 다양하다.

11장 입다 승리 • 서원 (Jephthah Victory, A vow)

1. 위치 설명 : 11장은 목록 사사기의 두 번째 '사' 에 획순서대로 표시
5. 맥 절: (33절). "아로엘에서부터 민닛에 이르기까지 이십 성읍을 치고 또 아벨 그라밈까지 매우 크게 무찌르니 이에 암몬 자손이 이스라엘 자손 앞에 항복하였더라" ; 맥 보충 절: (30절).
3. 관주구절: 소명(모세 출3장, 사무엘 삼상3장, 이사야6장)
4. 찬 송 : 옳은 길 따르라 의의 길을, 구원으로 인도하는, 온 세상 위하여

입다는 암몬과의 전쟁에서 화친을 청했지만 암몬 자손의 왕은 이를 거절하였다. 이에 입다는 야훼의 신으로 무장하여 암몬 자손을 대파하였으나, 출전시의 서원기도(11 : 30,31)로 인하여 자기의 무남독녀를 하나님께 번제로 드리지 않을 수 없었다(11 : 34~40). 입다의 서원 기도는 우리에게 다음과 같은 몇 가지를 가르쳐 준다.

① 사람을 제물로 바치는 이방인들의 악한 풍습이, 그것을 가증히 여기는 하나님의 백성

들 사이에 자행될 정도로 사사시대의 우상 숭배가 이스라엘 사회를 점령하고 있었다.

② 신중하지 못한 맹세로 인하여 무남독녀를 잃게까지 된 사건은, 하나님 앞에서의 맹세와 서약의 경건성을 우리에게 가르쳐준다.

③ 비록 자녀를 잃을지라도 하나님께 드린 서약을 지키겠다는 입다의 태도와 그 딸의 순종은, 하나님을 섬기는 진실된 신앙의 한 단면을 우리에게 보여준다.

쉼터 : 조폭출신 입다 사사되다니?

암몬 자손이 들이닥치자 하나님께서 장로들에게 "입다를 찾아가라."고 명령하십니다. 성경은 입다를 "길루앗사람 큰 용사 입다"(삿11:1)라고 소개합니다. 말이 좋아서 길루앗 용사이지 요즘말로 하면 조직 폭력배나 다름없습니다. 입다는 기생의 아들로 태어나서 어릴 때부터 구박과 천대를 받아왔습니다. 그는 동네 깡패 노릇하다가 요단동편에서 유명한 조폭 두목이 되었습니다. 그런데 하나님은 그를 찾아가라고 말씀하신 것입니다. 상당한 평판을 얻고 있는 입다를 황급히 부를 수밖에 없었다. 이에 입다는 전에 무고한 자기를 내쫓은 일에 대한 책임을 장로들에게 물었다 입다의 형제들이 그를 내쫓는 불의한 처사를 알고도 그대로 방임, 혹은 찬동하였던 것이다. 그래서 입다는 그들의 진실성을 신중히 검토하였다. 장로들은 입다에게 군사적 장관으로서 뿐만 아니라, 싸움이 끝난 후에도 길루앗 주민의 지도자가 되어 줄 것을 요청하였다. 그에게는 여호와께 대한 굳은 신앙을 발견할 수 있다. 진정한 구원자는 여호와 한분이라는 사실을 잘 알고 있었다. 입다와 장로들 사이에 맺어진 계약은 미스바 지방 성소에서 거행된 엄숙한 예식. 이스라엘의 언약의 하나님인 여호와께서 이 협약의 증인으로 불려진 것은 주목 할 만 하다. 입다는 먼저 여호와의 부름을 받으신 기드온과는 달리 사람들에게 요청을 받고 선택되었지만, 하나님께서는 그들의 선택에 증인이 되어 주시고 그에게 성령을 부어 주심으로 승리를 얻게 되었다.

쉼터 : 잘못된 서원으로 인한 비극

서원은 자신의 결의가 굳음을 나타내기 위한 표시이지만 인간적인 자신의 의지를 강조하는 것이기에 그리 바람직한 것이 아니다. 예수께서 맹세하지 말라고 하신 이유도 쓸데없는 맹세의 남발, 자신의 의를 드러내기 위한 맹세 등을 경계하기 위한 의도에서이다(마5:33~37). 입다의 서원은 그 자체가 엄청난 이교적 성격을 띠고 있다. 사람을 번제로 태워 제사를 드리는 것 자체가 하나님의 뜻에 어긋나는 것이었다. 입다는 하나님을 의지하면서도 이방 문화에 젖어 있었던 것입니다. 이런 서원은 진정 하나님을 위하는 서원이 아니다. 결국 그 결과는 시집도 안간 그의 딸이 희생되는 비극으로 끝을 맺었다. 헛된 서원보다는 성령님의 도우심을 바라며 기도와 말씀으로 성령받기 전에 잘못된 습관을 최선을 다해 계속 씻어 내야 한다. 이런 태도가 하나님께 응답을 받는 비결인 것이다.

12장 입산 • 엘론 • 압돈 *(Judges(Ibzan, elon, abdon)*

1. 위치 설명 : 12장은 목록 사사기의 두 번째 '사' 에 획순서대로 표시
2. 맥 절 : (8,11,13절). "그 뒤를 이어 베들레헴의 입산이 이스라엘의 사사가 되었더라" ;
   맥 보충 절: (10,12,15절).
3. 관주구절 : 다윗의 통치(삼하5:4~5)
4. 찬 송 : 주 믿는 사람 일어나, 내 맘이 낙심되며, 내게로 와서 쉬어라

1) 에브라임지파와 충돌
- "반드시 불로 너(입다)와 네 집을 사르리라"(1절)
- 에브라임은 주도권을 입다와 요단 동편 사람들에게 빼앗기는 것에 위협을 느끼고 트집을 잡음(8:1~3,12:1)
- 에브라임지파가 '너희 길루앗 사람은 본래 에브라임에서 도망한 자로서 에브라임과 므낫세 중에 있다' (4절)고 말했기 때문에 길루앗과 전쟁으로 악화
- 길루앗은 모세로부터 정당하게 요단동편 땅을 기업으로 분배받았음
- 역사적 사실까지 왜곡하면서 자기 지파의 주도권을 내세우려는 에브라임지파에 대해 입다는 마땅히 징벌을 내릴 수밖에 없었음
- 이로 인해 에브라임 사람 4만명이 죽는 참극을 초래(6절)

2) 입다가 죽은 후 입산과 엘론과 압돈이 이스라엘의 사사가 되어 각각 7년, 10년, 8년 동안 이스라엘을 다스렸다(12 : 8~15).

쉼터 : 십볼렛 • 씹볼렛

암몬을 이긴 입다를 시기한 에브라임 사람들이 시비를 걸자, 입다는 길루아 사람을 모아 에브라임과 싸웠다. 이때 길루앗 사람들은 에브라임 사람들이 도망가는 요단 나루터에서 강을 건너가려는 사람들에게 '십볼렛' 이란 발음을 하게 하였다(삿12:4~6). 에브라임 사람들은 '스'란 발음을 못하고 '쓰'로 발음하는 습관이 있었다. 그래서 에브라임 사람들은 '십볼렛의 발음을 제대로 하지 못하고 "씹볼렛"(무거운 짐)이라고 했다. 이렇게' 십볼렛' 발음을 하지 못하여 에브라임 사람인 것이 탄로 나서 죽임당한 사람은 모두 42,000명이었다.

쉼터 : 헛된 공명심

기드온과 입다의 공을 시기하는 에브라임 족속의 터무니없는 요구와 비난은 당연히 잘못된 것이다. 물론 두 사람의 대응방식은 달랐다. 기도온은 겸손히 싸움을 방지한 방면에 입다는 그들을 철저하게 응징하는 방법을 택했다. 우리의 초점은 어느 쪽이 옳았느냐 보다는 이런 결과를 부른 에브라임의 헛된 공명심에 맞춰져야 할 것이다. 남이 잘되는 것을 시기하는 모습이 우리에게 있다면 비록 그것을 겉으로 드러내지 않더라도 우리의 생활에 많은 영향을 미칩니다. 우리는 세례요한의 다음과 같은 말에서 교훈을 얻어야겠습니다. "그는 흥해야 하겠고 나는 쇠하여야 하리라"(요1:30).

■ 삼손(13 : ~16 :)

13장 삼손 출생 *(The Birth of Samson)*

1. 위치 설명 : 13장은 목록 사사기의 두 번째 '사' 에 획순서대로 표시
2. 맥 절: (24절). "그 여인이 아들을 낳으매 그의 이름을 삼손이라 하니라 그 아이가 자라매 여호와께서 그에게 복을 주시더니" ; 맥 보충 절: (2절).
3. 관주구절: 출생(이삭 창21:3, 모세 출2:2, 사무엘1:20, 예수 눅2:11)
4. 찬 송 : 기쁜 소리 들리니, 날 구원하신 예수를, 내가 깊은 곳에서

• 출생과 성장(13 :)

이스라엘 자손의 죄악으로 다시금 블레셋 사람의 압제 하에 있을 때 하나님께서는 또 한

번 구원자를 준비하셨다. 야훼의 사자가 잉태치 못하는 마노아의 아내에게 나타나서 아들의 출생을 예고한 후, 그를 나실인으로 야훼께 바치도록 하셨다(1~14).

나실인(① 포도주와 독주를 마시지 말고 ② 머리에 삭도를 대지 말고 ③ 부정한 음식을 먹지 말라)으로 성장한 삼손은 성인이 되어 야훼의 신의 감동을 받았다(25).

쉼터 : 나실인(나자르:성별하다)

- 나실인이란 특히 신성한 종교적 의무를 감당하거나 머리를 자르지 않거나 포도주나 독한 술을 마시지 않기로 서원하는 자를 가리키는 말이다.
- 역사적으로 나실인은 거룩한 사람이었다 후대에 자발적인 서원으로 인해 특별한 신분을 가지게 되었으나, 처음에는 하나님이 주신 신비한 권능이나, 혹은 어머니의 서원으로 말미암아 카리스마적이었다.
- 나실인의 성분에서는 성별의 동기가 지배적이었으며, 스스로 서원해서 자기 몸을 구별해 하나님께 드린 열심 있는 자든가, 또는 주께 '성별된' 사람이었다(민6:2등). 성별은 금욕적인 구분이 아니라 하나님께 대한 충성의 본질적인 것이라기보다는 충성을 나타내주는 행동양식인 것이다.

쉼터 : 내 이름은 기묘자

- '기묘자' 란 일반적으로 제2위이신 그리스도를 지칭(사9:6)하는 용어
- 이스라엘의 궁극적 주체는 삼손이 아니라 여호와 하나님, 하나님은 무조건적인 은총으로 자신을 계시하시는 분임을 교훈

14장 결혼(수수께끼) *(Samson's Marriage)*

1. 위치 설명 : 14장은 목록 사사기의 두 번째 '사' 에 획순서대로 표시
2. 맥 절: (10,14절). "삼손의 아버지가 여자에게로 내려가매 삼손이 거기서 잔치를 베풀었으니 청년들은 이렇게 행하는 풍속이 있음이더라" ; 맥 보충 절: (2절). (찬송73장)
3. 관주구절: 결혼(이삭 - 창24장, 에서 - 창28:9, 야곱 - 창29장)

4.찬 송 : 내 눈을 들어 두루 살피니, 우리는 주님을 늘 배반하며

• 딤나 여인(14 : ,15 :)

삼손은 블레셋 여인을 아내로 맞이하기 위하여 딤나로 내려갔는데 이는 블레셋 사람을 치려는 의도에서였다(4). 가는 길에 삼손은 야훼의 신에 감동되어 사자를 염소새끼 찢음같이 찢었다(6). 그리고 다시 가는 길에 사자의 주검에서 꿀을 취하여 먹었는데 이것은 서약을 어기는 행위였다(14 : 8,9).

딤나 여인의 집 혼인잔치 석상에서 삼손은 "먹는 자에게서 먹는 것이 나오고 강한 자에게서 단 것이 나왔다"는 수수께끼를 내다가 자기 아내를 빼앗기고 돌아왔다(14 : 10~20).

삼손의 잘못된 결혼(2절)

- 구별된 삶을 살아야하는 나실인 삼손조차도 이방 여인(블레셋)과 결혼
- 하나님의 말씀을 기억하지 않고, 육체의 소원과 안목의 정욕을 따라 자기가 원하는 대로 결혼하는 풍조가 얼마나 이스라엘에 깊이 들어왔는지 알 수 있음(창6장)
- 그 시대에 이방인과의 결혼 풍습이 만연(민25장 미.모여인 간음 사건)

쉼터 : 삼손이 행한 초자연적 능력

내 용	관련성구
사자를 염소 새끼같이 찢음	14 : 6
아스글론에서 블레셋인 30명을 쳐 죽임	14 : 19
여우 삼백을 붙듬	15 : 4
나귀의 새 턱뼈로 블레셋인 천 명을 죽임	15 : 14, 15
가사에서 성문쪽들과 두 설주와 빗장을 빼어, 그것을 모두 어깨에 메고 헤브론 앞산 꼭대기까지 감.	16 : 3
다곤 신당을 무너뜨림	16 : 30

15장 승리 *(Samson Fight Philistines)*

1. 위치 설명 : 15장은 목록 사사기의 두 번째 '사' 에 획순서대로 표시
2. 맥 절: (15절). "삼손이 나귀의 새 턱뼈를 보고 손을 내밀어 집어들고 그것으로 천 명을 죽이고" ; 맥 보충 절: (4,8절).
3. 관주구절: 승리(아이성 수8장, 드보라 삿4장, 다윗 삼상17장)
4. 찬 송 : 어려운 일 당할 때, 인애하신 구세주여, 나 속죄함을 받은 후

• 삼손이 그의 아내를 동무에게 주었다는 이야기를 듣고 블레셋 사람의 곡식밭(곡신단, 아직 베지 아니한 곡식, 포도원, 감람나무)을 불태운(여우300마리의 꼬리를 매고 횃불 담)후 • 에담 바위틈에 숨었다가, 자기를 잡으러 온 블레셋 일천 명을 나귀의 새 턱뼈로 단숨에 해치웠다(15 : 1~20). • 사막에서 기도함으로 샘물의 기적체험-엔학고레(부르짖는 자의 샘)

동족에게 배신당하고 결박되는 삼손(14~15)

• 에담 바위틈에 피신해 있던 삼손이 유다인들에게 결박되어 블레셋인들 앞에 끌려갔다가 그곳에서 나귀 턱뼈로 블레셋 일천명을 죽임
• 동족 유다인들이 삼손을 블레셋에게 팔아넘긴 이유? - 유대인들은 계속되는 블레셋의 압제속에서 식민지 근성을 갖게 되었음 블레셋 통치하에서 어느 정도 안정(삿14 | 4)되었는데 삼손으로 인하여 깨어지는 것을 원치 않았기 때문(10절)
• 죄 가운데 빠진 인간들이 오히려 빛을 싫어하는 것과 동일한 이치(요일2:11)

쉼터 : 삼손의 힘은 머리털에서 나왔을까?

맨손으로 사자를 죽이고(삿14:6) 나귀 턱뼈 하나로 1,000명이나 되는 블레셋 사람을 죽였던 삼손(삿15:15), 그의 엄청난 힘은 어디서 나왔을까? 진짜 머리털에서 나온 힘이였을까? 그가 머리털을 밀지 않았다는 것은 하나님께 대한 나실인의 서약을 충실히 지키고 있음을 의미했으며, 하나님께 헌신된 삶을 살고 있음을 보여 주는 것이었다. 삼손이 사자나 적군을 물리칠 수 있었던 것은 성

령이 임하셨기 때문에 가능했던 것이다. 후에 삼손은 들릴라의 꾀임에 넘어가 머리털이 깎이자 힘을 잃었다. 하지만 이것은 단순히 머리털 자체가 깎여서가 아니었다. 오히려 나신인의 서약을 충실히 지키지 못했던 것이다.

그러나 그가 회개했을 때(삿16:21~28) 하나님은 그에게 다시 한번 적을 이길 힘을 공급해 주셨다 회복된 힘은 삼손이 다시 하나님의 종으로 인정되었음을 말해준다. 삼손의 힘의 근원은 깎지 않은 머리털 자체에 있었다기보다는 하나님께 있었기 때문이다.

16장 유혹(삼손 죽음) *(Delilah, The Death of Samson)*

1. 위치 설명 : 16장은 목록 사사기의 두 번째 '사' 에 획순서대로 표시

2. 맥 절: (16,30절)."날마다 그 말로 그를 재촉하여 조르매 삼손의 마음이 번뇌하여 죽을 지경이라" ; 맥 보충 절: (21절).

3. 관주구절: 유혹(다말 창38장, 보디발의 아내 창39장, 기생 잠7:10)

4. 찬 송 : 너 시험을 당해, 아버지여 이 죄인을, 주 없이 살 수 없네,

(1) 가사의 기생(16 : 1~3)

삼손은 가사의 기생집에 들어갔다가 여기서 밤중에 다시 한번 초자연적 능력을 발휘하였다(16 : 1~3).

(2) 들릴라(16 : 4~22)

세 번째로 블레셋 여인 들릴라를 만난 삼손은 여인의 꾐과 간청에 못 이겨 마침내 자신의 초능력적인 힘의 비결을 말해주고 말았다(16 : 17), 이것은 삼손이 하나님과의 나실인 서약을 완전하고 철저하게 깨뜨린 것이었다(13 : 5참조). 이에 삼손은 머리를 밀리우고 그 힘을 잃고 만다. 하지만 궁극적으로 삼손이 초능력적인 힘을 잃은 것은, 머리털 그 자체의 삭발에 있는 것이 아니라 야훼신의 떠나심 때문이었다(20).

그러나 옥중에서 그의 머리털은 다시 자라기 시작하였다(22). 이것은 삼손의 회개와 함께, 야훼께서 자비하심으로 다시 한번 은혜를 베푸실 것은 예고해 주는 것이었다.

(3) 삼손의 죽음(16 : 23~31)

삼손의 죽음은 잘못된 여인 관계로 말미암은 것이었으나, 궁극적으로는 하나님의 말씀에 대한 경외심 부족으로 인한 탓이었다. 삼손의 마지막 간구를 들으신 야훼께서는 다곤 신전을 무너뜨릴 큰 힘을 삼손에게 부어주심으로, 삼손이 죽을 때에 죽인 자의 수가 살았을 때에 죽인 자의 수보다 많았다(30).

야훼의 복 주심 속에 태어나서 다른 어떤 사사들보다도 야훼의 감동을 크게 받은 삼손은 두 눈을 뽑힌 후 비참한 최후를 맞이하고 말았는데, 이러한 삼손의 일생은 사사 시대 이스라엘 백성의 신앙적 모습을 시각적으로 보여준 하나의 단면이기도 하였다.

쉼터 : 삼손의 결단

무고한 백성들이 블레셋 군대에 죽임을 당할 위기에 처하자 약소민족인 이스라엘 백성들은 하는 수 없이 삼손을 잡으러 갔다. 여호와의 계획대로 이스라엘을 위해 싸웠으나 도리어 자기 백성에게 쫒기게 된 삼손은 동족과 싸울 수는 없었다. 그래서 그는 잡히기로 결심했다. 안 잡힐 수도 있는데 삼손의 결단은 우리에게 시사하는바가 크다. 그가 싸워야 할 대상은 동족 이스라엘이 아니라 '블레셋'인 것이다. 어떤 경우라도 우리는 동족을 대적하여 싸워서는 안 된다.

쉼터 : 죄의 결과는 오래간다

사사는 재판관이며 제사장이며 선지자인데, 거룩해야할 삼손이 블레셋을 치기는커녕 몰래 블레셋의 가사(오늘날의 가자지구)에 가서 창녀와 하루밤을 자다가 들릴라한테 빠집니다. 이로 인해 머리칼도 잘리고 눈이 뽑히고 나중에는 블레셋의 다곤 신전에서 연자방아 맷돌을 돌리는 신세로 전락했습니다. 이때서야 삼손은 회개했습니다. 그는 신전 두 기둥사이에서 다시 한 번 힘을 달라고 간구합니다. 성령님이 임하실 때 두 기둥을 밀어뜨려 블레셋 사람 3천명이나 죽였습니다. 그 후 이스라엘의 역사는 블레셋의 역사와 맥을 함께 합니다. 이것이 바로 오늘날 중동전쟁, PLO(팔레스탄인 해방기구)와 이스라엘 분쟁의 역사적 기원입니다.

17장 미가 우상 *(Micah's Idols)*

1. 위치 설명 : 17장은 목록 사사기의 '기'에 획순서대로 표시

2. 맥 절: (4절). “미가가 그 은을 그의 어머니에게 도로 주었으므로 어머니가 그 은 이백을 가져다 은장색에게 주어 한 신상을 새기고 한 신상을 부어 만들었더니 그 신상이 미가의 집에 있더라” ; 맥 보충 절: (5절).
3. 관주구절: 우상(아브라함 아비 데라 수24:2,14, 순.우.동집 신4장)
4. 찬 송 : 믿는 사람들아 군병 같으니, 어서 돌아오오, 형제여 지체 말라

1) 미가의 신상(17 :)

미가의 신상에 관련된 일련의 사건들은 당시의 종교적 타락상을 단적으로 보여주는데 그것이 주는 의미는 다음과 같다.

① 야훼를 경외함이 없는 기복적인 신앙을 보여준다. 미가의 어머니는 돈을 잃어버리자 저주하였다가, 돈을 훔쳐간 아들이 그것을 내어놓자 금방 도적질한 그 아들에게 복을 빌었다. 복과 저주의 선포가 율법의 순종여부에 있는 것은 아니라 물질의 상실과 되찾음에 있었다(1,2).

② 이 사건은 우상숭배가 만연한 당시 사회의 모습을 보여준다. 미가는 우상을 만들어 자기의 집에 두고, 제사장만이 지닐 수 있는 에봇과 드라빔을 만들었을 뿐 아니라, 레위인도 아닌 자기의 아들을 제사장으로 삼았다. 미가의 이 사건은 신당과 신상만 있고 제사장만 있으면 복을 받을 수 있는 줄로 착각한 당시의 타락한 사회상을 보여주는 것이다. 우상과 제사장에서 복을 구하는 사사시대의 잘못된 신앙의 모습은, 17장 13절의 미가의 고백에서 절정을 이룬다(3~13).

③ 제사장조차 직업적인 삯꾼 목자로 타락하였음을 보여준다. 레위지파의 한 제사장이 양식을 위하여 미가의 집에 제사장으로 고용되었을 뿐 아니라, 한 가족의 제사장보다 한 지파의 제사장이 되는 것을 더 기뻐하여, 하나님의 뜻은 아랑곳 하지 않고, 현실적 이해타산에 기초하여 자신의 일터를 옮겼다.

④ 백성이나 제사장이나 자기 소견에 옳은 대로 행하였다는 것은(17 : 6), 하나님의 율법에 더 이상 그들의 영적 삶의 원리와 지침이 되지 못하고 있음을 압축적으로 보여주는 말이다.

쉼터 :블레셋의 신 다곤

다곤은 블레셋의 민족신이었다. 그 이름은 고기를 의미하는 '닥'에서 왔다 다곤은 다그의 지소어로서'작은 고기'를 의미한다. 사무엘상 5장 4절의 묘사에 따르면 이 우상은 인간과 물고기의 결합된 형태를 추정된다. 그 이튿날 아침에 그들이 일찍이 일어나 본즉 다곤이 여호와의 궤 앞에서 엎드려져 얼굴이 땅에 닿았고 그 머리와 두 손목은 끊어져 문지방에 있고 다곤의 몸뚱이만 남았더라." 즉 물고기 부분만 남았음을 알 수 있다. 이 신은 자연의 활력과 생산력을 상징하는 것으로 추종된다. 물고기는 재빠르게 움직이고 엄청나게 번식하는 까닭에 그런 의도로 사용하기에 적절한 상징이었다.

쉼터 :거룩한 우상 숭배라니?

사 17장 13절을 보아 미가는 자신이 여호와를 섬기고 있다고 생각한 듯하다. 그러나 실제로는 자신의 인간적인 요구를 위해 종교적 형식을 갖추어 놓은 것에 불과하다. 그것도 순수한 여호와 신앙이 아니라 종교적 혼합주의였다. 거룩한 제사장의 의복인 에봇과 민간에 널리 퍼져있던 가정의 수호신 격인 우상 드리빔과 따로 은을 부어 만든 신상이 공존한다는 것, 그것은 엄청난 죄악이었고 여호와의 이름을 망령되이 일컫는 것이었다. 자신의 이기적인 욕구를 위해 그는 자신이 사용할 수 있는 모든 종교적 수단을 동원했던 것이다. 우리는 이런 태도에서 떠나 하나님 중심의 신앙을 확립하자.

18장 단지파 범죄 *(Danites Settle in Laish)*

1. 위치 설명 : 18장은 목록 사사기의 '기'에 획순서대로 표시
2. 맥 절: (4, 11절)."그가 그들에게 이르되 미가가 이러이러하게 나를 대접하고 나를 고용하여 나를 자기의 제사장으로 삼았느니라 하니라" ; 맥 보충 절: (27,31절).
3. 관주구절: 수17:10, 단 지파 땅 분배(수19:40~48)
4. 찬 송 : 예수가 거느리시니, 어서 돌아오오, 주께서 문에 오셔서

- 난 시파의 이주(18 :)

여호수아 당시 단 지파는 가나안 서부 산간 지역과 해변에 이르는 비옥한 땅을 분깃으로 지정받았으나, 당시 원주민인 아모리 족속에 밀려 그 땅을 차지하지 못했다(1 : 34~36). 이에 단 지파는 가나안의 최북방인 라이스 지방으로 옮겨갔다. 단 지파는 가는 길에 미가의 신상과 제사장을 취하여 그들의 제사장으로 삼았다. 이것이 계기가 되어 훗날 여로보암이 예루살렘 성전을 등지고 동일한 우상을 세우는 일이 발생(왕상12:29)

쉼터 : 야곱의 아들 단

단은 라헬의 시녀 빌하와 야곱 사이에서 태어난 야곱의 다섯 번째 아들(창30:1~6)이다. 그의 이름에는 '심판', '재판자'란 뜻이 들어 있다. 단 지파의 시조가 되었다. 성막을 만든 오홀리압(출35:34)과 사사 삼손이 단 지파 출신이다.(삿13:1) 야곱은 단이 심판관의 역할을 맡으며(창49:16)뱀처럼 남을 해칠 것이라(창49:17)고 예언하였다. 단 지파는 이스라엘이 우상 숭배를 하도록 만든 지파이며(삿18:30~31) 종말에 가서는 구원받을 지파의 명단에서도 빠져있다(계7:5~8)

쉼터 : 타락이란?

사사 시대의 영적 범죄는 이스라엘 시대를 관통하면서 반복되고 있습니다. 사울왕이 그랬고, 분열왕국시대의 많은 왕들과 북이스라엘의 첫 왕 여로보암도 금송아지 산당을 짓는 것으로 범죄하기 시작했습니다. 예수님을 믿으라고 권하면 '뭐, 살다보면 인생에 종교 하나쯤은 필요할 수 있죠.' 하며 필요할 때 도와주는 하나님 하나 정도는 있으면 좋겠다고 합니다. 그 신이 예수님이든 석가든 상관없습니다. 이것이 바로 잘못된 혼합 신앙입니다. 여호수아가 "너희 섬길 자를 오늘날 택하라"(수24:15)고 했을 때 하나님을 선택해야 하는데, 내 맘대로 해 줄 신을 선택합니다. 자기 생각에 옳은 대로 행하는 것입니다. 이것이 타락입니다.

■ 도덕적 부패(19 : ~21 :)

19장에서 21장까지의 내용은 왕이 없던 사사시대의 도덕적 타락상을 적나라하게 보여주는 또 하나의 예이다.

19장 레위인 첩 사건 *(A Levite and his Concubine)*

1. 위치 설명 : 19장은 목록 사사기의 '기' 에 획순서대로 표시
2. 맥 절: (25절). "무리가 듣지 아니하므로 그 사람이 자기 첩을 붙잡아 그들에게 밖으로 끌어내매 그들이 그 여자와 관계하였고 밤새도록 그 여자를 능욕하다가 새벽 미명에 놓은지라" ; 맥 보충 절: (29절).
3. 관주구절: 제사장의 규례(나라의 어른으로 절대 성결해야함 레21:4)
4. 찬 송 : 눈을 들어 하늘 보라, 웬 일인가 내 형제여, 주께서 나오라

• 레위인과 그의 첩(19 :)

레위인과 그의 첩에 관한 사건은 사사 시대의 도덕적 타락상을 여러 가지 측면에서 보여준다.

① 종교적, 윤리적으로 모범이 되어야 할 레위인이 첩을 두었고, 첩이 행음하고 친정으로 도망간 것은 도로 찾아올 정도로 하나님의 말씀에 대한 권위가 실추된 사회였다(19 : 1~4).

② 간음한 딸은 마땅히 돌로 쳐 죽여야 함(레21:9), 딸을 그대로 방치한 것은 가정교육도 전무한 상태임을 알 수 있음(창19장)

③ 여행길에 날이 저물었으나 한 노인 외에는 객을 영접하여 유숙케 해 주는 사람이 없을 정도로 몰인정한 사회였다(19 : 10~21).

④ 기브아 성읍의 비류들이 나타나서 객인 레위인을 남색하려다 저지당하자 그 첩을 붙잡고 밤새도록 욕을 보였다(19 : 22~26). 이스라엘은 십계명과 높은 도덕적 표준을 가졌지만, 우상숭배의 결과로 윤리가 극도로 타락하였다.

⑤ 레위인은 자신이 살기 위해 첩을 강제로 내어주고는, 다음날 새벽 혼자 떠나려고 할 정도로 무정한 사람이었다. 더구나 레위인은 첩의 시체를 토막 내여 열 두 지파에게 보낼 정도로 비정한 사람이었다(19 : 25~30).

⑥ 하나님을 떠난 백성들이 얼마만큼 타락할 수 있는가를 보여줌.

쉼터 : 이스라엘의 암흑시대

사사기를 보면 이스라엘의 도덕적, 영적인 타락상이 얼마나 컸는지를 알게 된다. 종교적으로는 하나님을 떠나 가나안의 우상을 섬겼으며 도덕적으로는 동성애와 성폭행, 잔인한 살인이 범람했다. 특별히 사사기 19장에 나오는 레위인의 첩과 관련된 사건을 통해서 사사 시대의 타락상을 똑똑히 보게 된다. 오늘날로 보면 성직자이었던 레위인도 율법을 어기고 첩을 얻은 것이나 그 첩이 행음한 것은 그 당시의 성도덕이 얼마나 문란했는지를 가늠하게 한다. 더구나 기브아의 노인의 집을 에워쌌던 무리들이 동성애를 요구한 일이나(삿19:22)이에 대해 처녀 딸과 레위인의 첩을 내놓겠다고 제의한 것, 레위인의 첩을 욕보인 것 등은 성도덕이 극도록 타락한 사사시대의 일면이었다.

20장 베냐민지파 멸망 *(Israelites Fight the Benjarmites)*

1. 위치 설명 : 20장은 목록 사사기의 '기' 에 획순서대로 표시
2. 맥 절: (13절). "그런즉 이제 기브아 사람들 곧 그 불량배들을 우리에게 넘겨 주어서 우리가 그들을 죽여 이스라엘 중에서 악을 제거하여 버리게 하라 하나 베냐민 자손이 그들의 형제 이스라엘 자손의 말을 듣지 아니하고" ; 맥 보충 절: (48절).
3. 관주구절: 베냐민 지파(모르드개 에2:5, 바울 빌3:5)
4. 찬 송 : 나는 갈길 모르니, 주님의 마음을 본받는 자, 나 형제를 늘 위해

- 베냐민과의 전쟁(20 : , 21 :)

레위인의 첩의 사건을 듣고 달려온 모든 지파의 어른들은 … 이스라엘 총회 앞에 섰고 칼을 빼는 보병은 40만이었다. 총회의 권위를 지나치게 인식한 나머지 결의 과정에서 하나님께 묻지 않았다. 베냐민 지파는 회개는 고사하고, 오히려 무장하여 이스라엘 총회와 싸우러 나왔다(20 : 1~16). 형제 지파들간의 싸움으로 서로가 피해를 입고 베냐민 자손은 장정 600명만 남게 되었다(20 : 16~48).

쉼터 : 단에서부터 브엘세바까지

단에서부터 브엘세바까지(삿20:1)라는 말은 북쪽에서 남쪽까지 이스라엘 나라 전체를 말하는 것이다. 단은 요단강의 상류, 가나안 북쪽에 있는 도시로 원래 이름은 라이스였다. 이곳은 단 지파가 가나안 족속으로부터 점령한 후 단이라고 이름을 바꾸었다. 단에는 이스라엘의 가장 오래된 성소가 있었다. 여로보암 1세는 이곳을 북왕국의 성소로 삼아서 금송아지 상을 세우기도 했다(왕상12:29)

21장 실로 처녀납치 *(Seize a wife from the girls of Shiloh)*

1. 위치 설명 : 21장은 목록 사사기의 '기' 에 회순서대로 표시
2. 맥 절: (21절). "보다가 실로의 여자들이 춤을 추러 나오거든 너희는 포도원에서 나와서 실로의 딸 중에서 각각 하나를 붙들어 가지고 자기의 아내로 삼아 베냐민 땅으로 돌아가라" ; 맥 보충 절: (16절).
3. 관주구절: 암논과 다말(삼하13:14~15)
4. 찬 송 : 주의 약속하신 말씀 위에서, 전능의 하나님, 주 믿는 형제들

이에 이스라엘 총회는 베냐민 지파를 긍휼히 여겨서 야베스 길르앗의 처녀(400명)와 실로의 춤추는 여인(200명)을 베냐민 자손의 아내로 주어 그 지파의 명맥을 유지하게 하였다(21 : 1~24).

형제지파 간의 이러한 무정함과 비극적인 참상은, 이스라엘에 왕이 없으므로 사람이 각각 그 소견에 옳은 대로 행함으로 빚어진 일이었다(21 : 25).

미가의 신상 사건과 레위인의 첩의 사건은, 거짓 종교가 있는 곳에는 항상 윤리의 타락과 부도덕이 뒤따르고 있음을 보여주는 실증적인 예이다.

이스라엘의 사사들

이름	지파	대적	압제 기간	평화 기간	관련성구	비고
옷니엘	유다	메소보다미아의 구산리사다임	8년	40년	3 : 7~11	드빌 사건으로 갈렙의 사위가 됨
에훗	베냐민	모압왕 에글론	18년	80년	3 : 12~30	왼손잡이 사사
삼갈	납달리	블레셋			3 : 31	소 모는 막대기
드보라(바락)	에브라임	가나안 왕 야빈, 군대장관 시스라	20년	40년	4 : 1~5 : 31	유일한 여선지
기드온	므낫세	미디안	7년	40년	6 : 1~8 : 33	극히 약한 집안의 제일 작은 자
돌라	잇사갈			23년	10 : 1,2	아비멜렉 후 사사
야일	길르앗			22년	10 : 3~5	삼십 나귀와 성읍
입다	길르앗	암몬 블레셋	18년	6년	10 : 6~12 :7	서원기도로 딸을 번제로 바침
입산	유다			7년	12 : 8~10	결혼 외교정책
엘론	스불론			10년	12 : 11, 12	평화시의 사사
압돈	에브라임			8년	12 : 13~15	평화시의 사사
삼손	단	블레셋	40년	20년	13 : 2~16 : 31	가장 큰 능력과 가장 비참한 최후
엘리	레위	블레셋		40년	삼상4:18	
사무엘	레위	블레셋			삼상7:6	왕정국가 기초만듦, 사울을 왕으로 세움

쉼터 : "그 소견에 옳은 대로 행하였더라"?(삿21:25)

국가의 3대 요소는 영토, 국민, 주권입니다. 하나님이 애굽의 죄와 사망 권세에서 신음하며 부르짖는 이스라엘 백성을 긍휼히 여기시고 구속해서 광야를 거쳐 약속의 땅을 기업으로 주신 것까지는 하나님의 절대적 주권으로, 이스라엘 주신(칭의의)구원이다. 가나안 정복이 칭의의 구원이라면 실제로 이 땅에서 하나님 나라를 이루어 가는 과정은 성화의 구원 과정이라고 할 수 있습니다. 그런데 불행하게도 사사기는 처음부터 끝까지 "그때에 이스라엘에 왕이 없으므로 사람이 각각 그 소견에 옳은 대로 행하였더라"고 기록합니다. 하나님께 왕위를 돌려 드려야하는데 각자 '제소견대로' 행했다는 겁니다.

■ **교훈 및 적용**

1. 사사시대 이스라엘의 실패를 통해 우리의 신앙생활의 시험이 우리의 죄악으로 인한 것임을 깨닫고, 시험당할 때 즉시 자신을 성찰하고 하나님께 회개하자.

2. 역사의 흥망성쇠와 인생의 성공과 실패는 오직 하나님의 손에 달려있음을 깨닫고, 하나님의 주권을 인정하는 삶을 살자.

3. 하나님께서는 약한 자를 사용하셔서 당신의 능력을 온전히 행하시는 분이심을 깨닫고, 겸손하게 주님 앞에 나아가자.

룻기(Ruth)-4-85 : 기업을 무를 친척이 평안을 주다

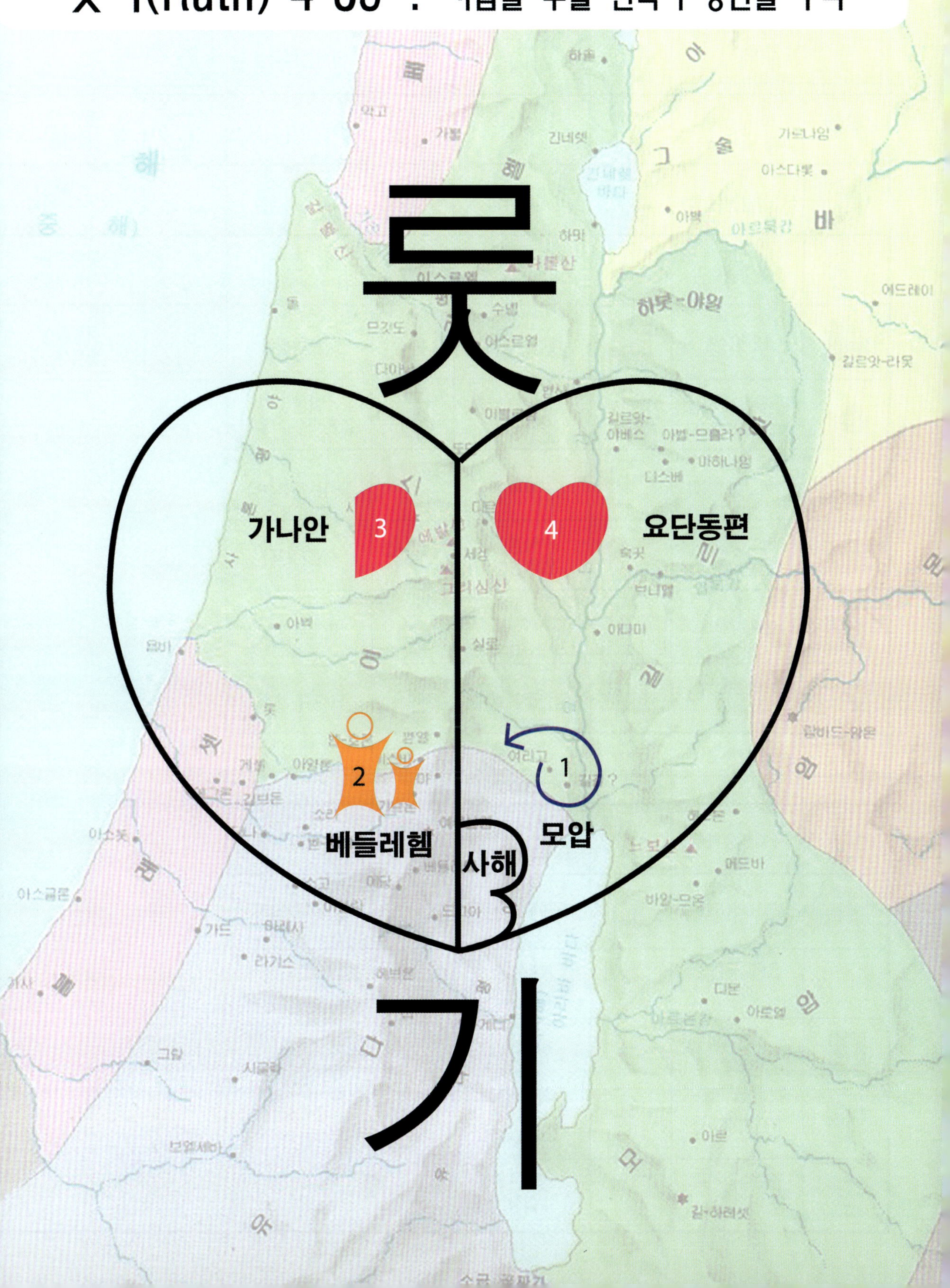

목록 아이콘 해설 (여호수아, 사사기, 룻기)

여호수아

아이콘	해설
	입성준비 (모세를 계승한 여호수아)
	두 정탐꾼(라합)
	요단강건너감
	12기념비
	할례와 유월절 (만나, 군대장군)
	여리고성 정복
	아이성실패 (아간의범죄)
	아이성정복
	기브온조약 (속임수)
	남방정복 (태양)
	북방정복
	정복요약(31왕)
	요단 동편땅 배분
갈랩	갈렙기업 (헤브론)
U	유다지파기업
A	에브라임지파 기업
M	므나세지파 기업
B	베냐민지파 기업
	6지파기업
	도피성
레48	레위인성읍
	동서화해
	고별설교
	세겜 언약갱신

사사기

아이콘	해설
	완전정복실패
	여호수아 죽음
	옷.에.삼 (옷니엘,에후,삼갈)
	드보라의승리
	드보라와 바락의노래
	소명(기드온)
300	기드온 300명용사
	기드온의 승리,실정,죽음
70	아비멜렉죽음
	돌라,야일,입다
	입다승리서원
	입. 엘. 압 (입산. 엘론. 압돈)
	삼손의출생
?	삼손의 결혼과수수께끼
	승리(나귀턱뼈)
	죽음(유혹)
	미가의신상
	단지파 범죄
	레위인의 첩
	베냐민 전쟁
	실로처녀납치

룻기

아이콘	해설
	룻의결심 (돌아옴)
	보아스 만남
	룻의순종 (사랑시작)
	사랑완성 (룻의상급)

룻 기

요절 : 룻이 가로되 나로 어머니를 떠나면 어머니를 따르지 말고 돌아가라 강권하지 마옵소서 어머니께서 가시는 곳에 나도 가고 어머니께서 유숙하시는 곳에서 나도 유숙하겠나이다 어머니의 백성이 나의 백성이 되고 어머니의 하나님이 나의 하나님이 되시리니(1:16)

1. 명칭

- 히브리어 성경 : "룻"
- 70인역 : "룻"
- 영어성경 : "Ruth"

2. 기록자 : 미상(유대인의 전승에 의하며 사무엘) (교제, 우정)

3. 기록연대 : B.C.1011~931년 사이에 기록됐다는 견해가 지배적이다.

4. 기록목적 : 메시아가 출생한 다윗 왕가의 기원이 이방인 룻이라는 점을 밝힘과 함께, 이방인도 믿음으로 구원받아 하나님의 백성이 될 수 있다는 사실을 보이기 위하여 기록되었다.

5. 중심사상

1) 이방인도 믿음으로 하나님의 백성이 될 수 있다(1 : 16).

2) 헌신적 사랑에는 복과 상급이 뒤따른다(2 : 11,12).

6. 핵심

1) 단어 : "기업 무를 자", "조상"

2) 구절 : 1:16, 3:11, 4:22

3) 장 : 4장

6. 룻기의 신약적 이해

1) 그리스도는 우리의 기업을 무를(구속하다) 친족이시다.

2) 예수 그리스도는 믿음의 혈통을 따라 나셨다.

3) 예수 그리스도는 헤세드(사랑, 자비, 은혜, 인애) 이시다.

7. 내용분해 : 4장, 85절

대주제	믿음과 사랑의 승리			
배경	사사들의 치리하던 때(1 :)			
소주제	1. 룻의 선택(1 :)	2. 룻의 효성(2 :)	1. 룻의 청원(3 :)	1. 룻의 결혼(4 :)
내용	1)나오미의 슬픔 2)나오미의 귀향과 룻의 동행	1)나오미를 봉양	1)보아스에게 간청	1)보아스와의 결혼
신학	예수 그리스도는 우리의 기업을 무를 친족			

8. 주요 사건 연대

여호수아의 죽음(수 24:29)과 사사시대의 개막	옷니엘의 활약(삿 3:9-11)	모압의 압제(삿 3:12-14);비교. 룻1:1)	에훗의 활약(삿 3:15-30)	여선지자 드보라의 활약(삿4:4-5:31)
1390	1367-1327	1327-1309	1309-1229	1209-1169
BC →				
1162-1122	1103	1078-1072	1075-1055	1050
기드온의 활약(삿6:7-8:35)	사무엘의 출생(삼상 1:20)	입다의 활약(삿10:10-12:7)	삼손의 활약(삿13:2-16:31)	사울의 기름 부음 받음(삼상10:1-27)과 왕정 시대의 개막

1장 룻이 베들레헴에 옴 *(Naomi and Ruth go to Bethlehem)*

1. 위치 설명 : 1장은 하트 속 요단 강 동편 사해 쪽에 표시
2. 맥 절: (1절). "사사들이 치리하던 때에 그 땅에 흉년이 드니라 유다 베들레헴에 한 사람이 그의 아내와 두 아들을 데리고 모압 지방에 가서 거류하였는데" ; 맥 보충 절: (5절).
3. 관주구절: 내려감(아브라함 – 창 12,20장, 이삭 – 창26장, 어떤 사람 – 눅10:30)
4. 찬 송 : 겸손히 주를 섬길 때, 나의 생명 드리니, 날 대속하신 구주께

■ 룻의 선택(1 :)

모압 여인 룻은 시어머니 나오미를 따라 고향땅 모압을 버리고 베들레헴을 향하여 떠나는 믿음의 결단을 내린다.

1) 나오미의 슬픔(1 : 1~5)

사사 시대에 유다 땅에 흉년이 들자 베들레헴 사람인 엘리멜렉의 가족은 양식을 위하여 이방인의 땅인 모압지방으로 이주하였다. 베들레헴은 장차 다윗과 예수님이 탄생할 복된 땅이었지만(미5 : 2), 기근을 인내하지 못한 엘리멜렉 일가는 약속의 땅을 등지고 이방인의 땅으로 옮기고 말았다. 그러나 모압 땅에서 10년 동안 나오미는 남편과 두 아들을 잃고 과부가 되는 비참한 신세가 되는데 이는 하나님을 떠난 삶에 참 평안이 없음을 보여주는 것이었다.

하나님을 떠나서는 참 평안이 없다

- "거기에 거한지 10년 즈음에… 다 죽고(4,5절)
- 이방 땅에서 남편과 두 아들을 잃고 비참해진 나오미의 생활 모습
- 이로 하나님을 떠나서는 결코 어떠한 행복도 있을 수 없다는 영적 교훈
- "수고하고 무거운 짐진 자들아 다 내게로 오라"(마11:28)

2) 나오미의 귀향과 룻의 동행(1 : 6~22)

나오미의 두 아들은 죽었지만 두 자부는 시어머니 나오미를 선대하였다. 둘째 며느리 룻은 동행을 거절하는 시어머니의 권유를 물리치고, 슬픔을 가슴에 품고 베들레헴 풍년소식을 듣고 유다로 귀향하는 나오미와 함께 동행할 것을 결심하였는데 이는 전적으로 하나님만 바라보는 룻의 믿음에서 나온 결단이었다(1 : 16,17). 1장 16절, 17절의 신앙고백은 신약시대의 로마 백부장의 신앙고백 못지않게 칭찬받을 만한 것이었다. 룻이 후에 보아스와 결혼하게 되고 예수님의 조상의 족보에 여인의 한 사람으로 기록된 것은, 하나님만을 신뢰하고 오직 하나님께 인생을 맡길 줄 알았던 그녀의 위대한 신앙 때문이었다(4 : 11; 마1 : 5)

쉼터 : 룻의 신앙고백(1 : 16,17)

① 충성에 기초한 신앙 : "어머님께서 가시는 곳에...나도 유숙 하겠나이다"
② 영적 인연을 혈통적 인연보다 중히 여김 : "어머니의 백성이 나의 백성이 되고"
③ 하나님 제일주의 : "어머니의 하나님이 나의 하나님이 되시리니"
④ 죽는 순간까지 신앙을 지킴 : "어머니께서 죽으시는 곳에서 나도 죽어 거기 장사될 것이라"

2장 보아스 만남 *(Ruth Meets Boaz)*

1. 위치 설명 : 2장은 하트 속 요당 강 서편 사해 쪽에 표시
2. 맥 절: (8절). "보아스가 룻에게 이르되 내 딸아 들으라 이삭을 주우러 다른 밭으로 가지 말며 여기서 떠나지 말고 나의 소녀들과 함께 있으라" ; 맥 보충 절: (3절).
3. 관주구절: 만남(에서와 야곱 창33장, 다윗과 아비가일 삼상25장, 모세와 바로 출5장, 사무엘과 사울 삼상9장, 예수님과 바울 행9장)
4. 찬 송 : 어려운 일 당할 때, 사랑하는 주님 앞에, 큰 은혜로 묶어주신

■ 룻의 효성(2 :)

시모를 좇아 베들레헴에 온 룻은 효성을 다하여 나오미를 섬겼다.

• 나오미를 봉양

시모를 헌신적으로 봉양하려는 충성된 마음에서 이삭을 주우러 나간 룻이, "우연히" 엘리멜렉의 친족 보아스의 속한 밭에 이르게 된다. 그러나 사실상 룻이 보아스의 밭에 이른 것은 우연이 아니라,

① 시모를 선대한 룻의 "효행과"

② 이스라엘의 하나님 야훼를 바라본 룻의 "믿음"을 따라 복을 주시기 위한, 하나님의 은혜로운 섭리였다(11, 12).

③ 일상의 삶 속에서 세심하게 인도하시는 하나님의 손길이 보이며, 룻을 통해서 구속사를 진행하는 하나님의 빈틈없는 섭리를 발견

• 보아스를 만난 룻은 보아스에게 여러 가지 편의를 허락 받았는데

첫째, 보아스의 밭에서 계속해서 이삭을 줍도록 허락을 받았다(8).

둘째, 목마를 때 소년들이 길어 온 물을 마시도록 허락받았는데(9), 이는 시간의 낭비와 수고를 덜어주는 것이었다.

셋째, 식사할 때 주인의 상에서 먹도록 허락받았다(14).

넷째, 이삭을 주울 때 곡식단 사이에서 주울 수 있도록 허락받았으며, 또한 추수하는 소년들은 주인 보아스의 명을 따라 룻을 위해 조금씩 곡식을 흘려주었다. 그런데 이러한 친절을 베푼 보아스가 바로 나오미의 기업을 무를 자였다.

쉼터 : 룻– 현숙한 여인의 표상

룻의 사람들	룻기의 묘사	잠언의 현숙한 여인상
여호와를 자신의 하나님으로 모셨다	1:16	고운 것도 거짓되고 아름다운 것도 헛되나 오직 여호와를 경외하는 여자는 칭찬을 받을 것이라(잠31:30)
남편에게 성실했다	2:11, 12	현숙한 여인은 살아 있는 동안에 그 남편에게 선을 행하고 악을 행치 아니하니라(잠31:12)
사심 없고 헌신적인 생활로 사람들에게 칭찬을 들었다	2:11,12;3:10; 4:14,15	그 자식들은 일어나 사례하며 그 남편은 칭찬하기를(잠31:28)
가족들을 부양했다	2:17,18	밤이 새기 전에 일어나서 그 집 사람에게 식물을 나누어 주며 여종에게 일을 정하여 맡기며(잠31:15)
외모를 단정히 했다	3:3	그는 자기를 위하여 아름다운 방석을 지으며 세마포와 자색옷을 입으며(잠31:22)

3장 타작사랑 *(Ruth and Boaz at the Thresting Floor)*

1. 위치 설명 : 3장은 하트 속 요단 강 서편 윗 쪽에 표시
2. 맥 절: (7절). "보아스가 먹고 마시고 마음이 즐거워 가서 곡식 단 더미의 끝에 눕는지라 룻이 가만히 가서 그의 발치 이불을 들고 거기 누웠더라" ; 맥 보충 절: (13절).
3. 관주구절: 이삭과 리브가의 결혼(창24:65~67)
4. 찬 송 : 거친 세상에서 실패하거든, 사랑하는 주님 앞에, 주 예수 안에 동서나

■ 룻의 청원(3 :)

시모 나오미의 제안을 받아들여 룻은 보아스에게 가서 기업을 물려줄 것을 청원한다.

• 보아스에게 간청

보아스가 나오미의 기업 무를 자라는 사실을 안 나오미는 며느리 룻에게 목욕하고 기름을 바른 후 보아스의 잠자리에 몰래 들어가도록 지시하였다(1~4).

나오미의 제안을 충성스럽게 순종한 룻은 타작마당의 보아스에게 들어갔으며, 마침내 보아스에게서 기업 무를 책임을 이행할 것을 약속받고 돌아온다(5~15). 이와 같이 보아스가 룻에게 기꺼이 약속한 것은 룻의 헌신적 사랑과 그녀의 정절 때문이었다(10, 11). 나오미에게 돌아와 이 모든 일을 고한 룻은 인간의 최선을 다한 후 나머지 일은 오직 하나님께 맡기고 결정적인 순간을 숨막히게 기다린다(16~18).

각종 명절

명절	날짜	유 래	성경	오축
유월절	1.14	출애굽 직전 죽음의 천사로부터 보호된 날출	12:, 23:	
무교절	1.15~21	출애굽 때 무교병을 먹었기 때문	레23:6	
칠칠절	3.6	첫 열매(미맥) 추수를 감사해서	신16:9	
오순절	3:6	유월절 뒤로 50일째 되는 날	출23:16	룻기
나팔절	7:1	신년 축하	레23:	

초막절	7.15	광야 40년 유랑을 생각하여	레23:	전도서
수잔절	7.15~22	추수에 대한 감사 표현	출23:,34:	
부림절	12.14~15	유대인이 구원된 날	에9:	에스더
수전절	10:25	167년 마카비가 안티오커스 에피파네스를 치고 성전을 정화함	요9:5	

쉼터 : 고엘

'고엘'이란 '되찾다', '무르다', '구속하다'라는 뜻을 담고 있다. 고엘 제도는 이스라엘 지파가 분배받은 기업(땅)을 영구히 보존하고 혈족을 유지하며 부당한 피해를 당했을 경우 이를 보상하기 위해 마련된 제도이다. 고엘된 자(무를 자, 되찾을 자)는 가나안 친척의 땅을 다시 사주어야 했으며(레25:25)부당한 피해를 입은 친족을 위해 복수할 수 있었고(민35:12) 자녀가 없이 죽은 친족인 경우 그 미망인과 결혼해야 할 의무도 있었으며, 친척의 죄값까지 대신 받아야 할 경우도 있었다. 고엘의 자격은 혈연관계이어야 하며(신25:5)기업을 무를 능력도 있어야 했다.

4장 사랑 완성 *(Boaz Marries Ruth)*

1. 위치 설명 : 4장은 하트 속 요단 강 동편 윗쪽에 표시
2. 맥 절: (13절). "이에 보아스가 룻을 맞이하여 아내로 삼고 그에게 들어갔더니 여호와께서 그에게 임신하게 하시므로 그가 아들을 낳은지라" ; 맥 보충 절: (17절). (찬송 469장)
3. 관주구절: "한나와 동침하매 여호와께서 그를 생각하시고 ...아들을 낳아"(삼상 1:19~20)
4. 찬 송 : 내 영혼이 그윽히 깊은 데서, 내 평생 가는 길, 내 맘에 한 노래 있어

■ 룻의 결혼(4 :)

룻은 마침내 보아스와 결혼하여 다윗의 조상이 되고 메시아의 족보에 오르는 복을 받게 된다.

• 보아스와의 결혼

엘리멜렉에게 더 가까운 친족이 기업 무를 권리를 포기하게 되자, 보아스는 즐거운 마음으로 기업 무를 책임과 권리를 이행하였다. 더 가까운 친족이 룻을 취하기를 꺼려했는데 그 이유는 다음과 같다.

① 룻이 이방 여인이기 때문이었다. 아마도 그는 엘리멜렉의 집안이 망한 것은 이방 여인을 데려왔기 때문이었다고 생각했는지도 모른다. 그래서 그는 자신의 재산의 피해를 두려워한 것이었다.(5,6)

② 친족의 의무보다 자기 재산의 손실을 먼저 생각했기 때문이었다. 왜냐하면, 기업을 무를 경우 그것이 자기의 재산이 되지 않고 엘리멜렉의 이름으로 상속되기 때문이었다(5,6).

• 그런데도 보아스는 룻을 취하였는데 이는 철저한 믿음에서 나온 행위였다. 보아스가 그렇게, 할 수 있었던 것은 다음과 같은 이유였었다.

① 룻의 외모(이방인)보다는 룻의 믿음(1:16,17)을 보았기 때문이었다. 야훼께서는 외모를 보지 않고 우리의 중심을 보신다는 점을 보아스는 철저히 믿었다.

② 보아스는 어머니에게서 삶의 생생한 교훈을 배웠기 때문이다. 보아스의 어머니는 믿음으로 가족을 구원한 기생 라합이었다. 비록 신분은 천하였지만 여리고를 멸할 때 야훼께서 구원하신 자는 기생 라합과 그 가족뿐이었다.

이러한 어머니 밑에서 자란 보아스는 룻의 신분보다는 믿음으로 야훼의 구원을 바라보며 믿음의 여인 룻을 취하였다.

그 결과 룻과 보아스는 믿음의 왕 다윗을 증손으로 얻게 되었으며(17~22) 믿음의 조상으로 예수님의 족보에 오르게 되는 귀한 복을 누리게 되었다(마1:5)

다윗의 조상, 룻

• "나오미가 아들을 낳았다하여 그 이름을 오벳이라"(17절)
• 유다와 다말 사이에서 태어난 베레스부터 다윗까지의 간추린 구속사적 계보를 열거
• 룻으로부터 그리스도까지 이어지는 구속 역사의 줄기(마1:1~17)
• 구속사 계보 속에 이방 여인 룻이 포함된 사실은 장차 그리스도를 통한 구원이 유대인뿐만 아니라 모든 이방인까지 미치게 될 것임을 예표

쉼터 : 기업 무를 자

1. "기업을 무르다"(히 : 까알)는 말은 "구속하다"는 뜻으로서
   ① 종으로 팔린 친척을 종의 상태에서 구원할 때
   ② 친척이 판 땅을 되찾아 줄 때
   ③ 결혼한 형이 자식이 없이 죽었을 경우, 동생이 형수를 취하여 상속자를 낳아서 형의 기업을 잇게 할 때 사용되었다.
2. "기업무를 자" (히 : 고엘)는 "근족, 친족"으로 번역되는데 기업을 무르기 위해서는,
   ① 근족이어야 하고 (레25 : 48,49; 룻3 : 12,13)
   ② 자원하는 마음이 있어야 하며 (레 25 : 25)
   ③ 기업을 무를 능력이 있어야 했다 (룻4 : 4~6).
3. 예수님께서 우리의 진정한 기업무를 자이다 (계5:5)
   ① 그는 본래 하나님이셨지만 우리 죄를 위하여 인간으로 나셨으며 (갈4 : 4,5).
   ② 자원하여 십자가를 지셨으며 (막 10 : 45),
   ③ 점도 없고 흠도 없는 보배로운 피로 우리 죄를 씻으셨다 (벧전 1 : 19).

⊙ 교훈 및 적용

1. 주님만을 좇을려는 믿음의 결단 뒤에는 하나님의 복 주시는 손길이 기다리고 있음을 깨닫고, 환경이 우리의 마음을 빼앗으려고 할 때 일수록 더욱 더 힘찬 신앙고백을 드리자.
2. 나오미에 대한 룻의 효행과 선대는 현대인이 깊이 본받아야 할 점이다. 우리도 룻처럼 행함이 있는 믿음을 하나님과 사람 앞에 보이자.

사무엘상(1Samuel)-31-809 : 이스라엘 첫번째 왕 사울

사무엘상(1Samuel)-31-809 : 이스라엘 첫번째 왕 사울

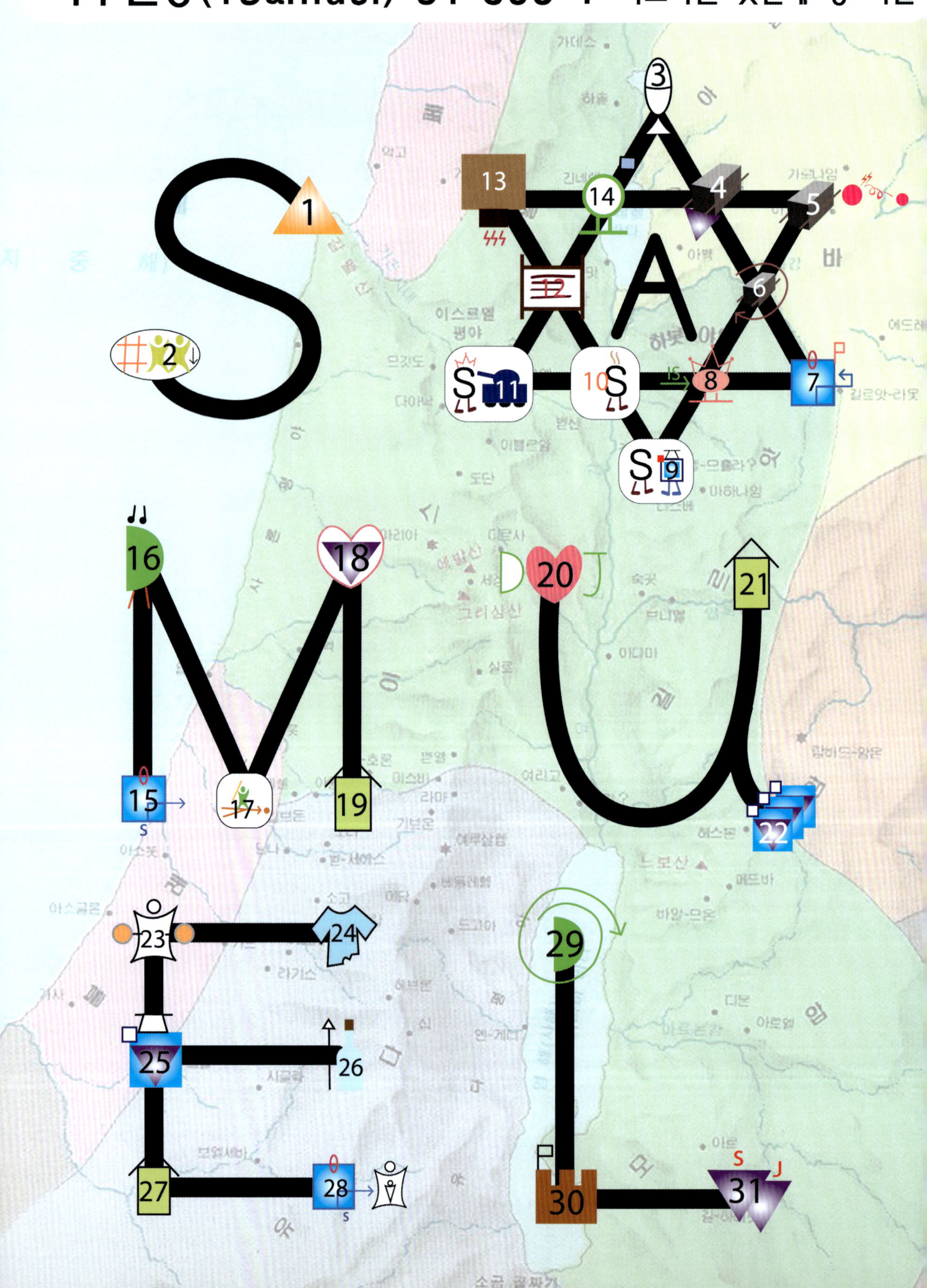

사무엘상

요절 : 너희가 만일 여호와를 경외하여 그를 섬기며
그 목소리를 듣고 여호와의 명령을 거역하지 아니하며
또 너희와 너희를 다스리는 왕이 너희 하나님 여호와를 좇으면 좋으니라(12:14)

1. 명칭

· 히브리어 성경 : "세무엘" (하나님의 이름 또는 야훼께서 들으심, 1 : 20)
· 70인역 : "바실레온 " (왕국기 1)
· 영어성경 : "1 Samuel"

2. 기록자 : 사무엘, 익명의 편집자

3. 기록연대 : B.C.1050~931년경(사무엘부터 다윗까지 약 150년 동안의 사건을 기록)

4. 기록목적 : 사사시대 이후 왕정시대의 변천과 이스라엘을 통치하시는 하나님의 섭리를 보여주기 위해 기록되었다.

5. 중심사상

1) 하나님은 개인과 민족 전체를 주관하신다(2 : 6, 15 : 29);
2) 하나님은 은혜를 저버린 이스라엘을 경고하시고 심판하신다(3 : 11~14).
3) 하나님은 이스라엘의 역사를 통하여 역사하시며 메시아의 백성을 준비시키고 있다.

6. 핵심

1) 단어 : "시기", "마음"

2) 구절 : 13:14, 15:22

3) 장 : 15장

7. 신약과의 관계

1) 하나님의 마음에 합한 자에 대한 교훈(13 : 14; 행13 : 21,22)

2) 순종과 불순종에 대한 교훈(15 : 22,23; 행13 : 22)

3) 사무엘은 왕, 선지자, 대제사장이신 예수 그리스도를 예표한다.

8. 내용분해 : 31장, 810절

대주제	사무엘		사울		다윗	
초점	실패와 배교		압제와 구원		타락	
소주제	1. 사무엘의 유년기(1 : ~3 :)	2. 블레셋과의 싸움(4 : ~7 :)	1. 사울의 통치 (8 : ~12 :)	2. 버림받은 사울(13 : ~15 :)	1. 선택된 다윗 (16 : ~20 :)	2. 다윗의 명명 (21 : ~31 :)
내용	1)사무엘의 출생 2)사무엘의 성장 3)사무엘의 소명	1)언약궤를 빼앗김 2)언약궤가 돌아옴 3)미스바의 회개	1)이스라엘이 왕을 구함 2)왕이 되는 사울 3)사울의 승리와 사무엘의 설교	1)사울의 첫 범죄 2)사울의 두 번째 범죄 3)사울의 세 번째 범죄	1)다윗의 기름 부음 2)다윗의 신앙 고백 3)다윗과 요나단의 우정	1)놉과 가드, 아둘람 2)광야에서의 다윗 3)하길라에서의 다윗 4)사울의 종말
신학	하나님의 백성을 위한 구속사					

9. 주요 사건 연대

마지막 사사로 부름 받은 사무엘(3:1–4:1)	불레셋에게 법궤를 빼앗겼다가 되찾음(4:1–7:2)	사울의 기름 부음을 받음(10:1–27)과 왕정 시대의 개막	다윗의 출생
1091	1050	1050	1040
1025	1020	1017	1010
다윗의 기름 부음 받음 (16:1–13)	다윗과 골리앗의 싸움 (17:1–54)	사무엘의 죽음 (25:1)	사울 왕의 죽음 (31:1–6)

BC

1장 서원 기도, 사무엘 출생 *(The Birth of Samuel)*

1. 위치 설명 : 1장은 목록 사무엘상의 '사' 에 획순서대로 표시
2. 맥 절: (11절). "서원하여 이르되 만군의 여호와여 만일 주의 여종의 고통을 돌보시고 나를 기억하사 주의 여종을 잊지 아니하시고 주의 여종에게 아들을 주시면 내가 그의 평생에 그를 여호와께 드리고 삭도를 그의 머리에 대지 아니하겠나이다" ; 맥 보충 절: (6,20절).
3. 관주구절: 민6:5, "너의 간구함이 들린지라...이름을 요한이라 하라"(눅1:13)
4. 찬 송 : 그 크신 하나님의 사랑, 목마른 자들아, 주 하나님 늘 믿는 자

1) 사무엘의 출생(1 :)

라마다임소빔에 있는 에브라임 사람 엘가나의 아내 한나는 하나님께 서원하여 그 응답으로 사무엘을 얻었다. 이는 한나가 자신의 무자함으로 원통함과 격동됨이 많음을 인해 하나님께 자식을 달라고 기도하였던 것이다. 그러므로 사무엘은 하나님으로 말미암아 잉태되고 한나의 기도에 의해 출생하였다.

· 한나의 기도(10~13)

(1) 눈물의 기도(10)

(2) 만군의 야훼께 향한 기도(11)

(3) 고통 가운데 기도(11)

(4) 아들을 주시면 하나님께 드리고 삭도를 머리에 대지 않는다는 기도(11)

(5) 인내의 기도(12)

(6) 성령에 취한 기도(13)

(7) 심정을 통한 기도(15)

한나는 아이가 젖을 떼자 하나님께 약속한 대로 사무엘의 평생을 나실인으로 야훼께 드렸다.

쉼터 : 사무엘의 출생

- "때가 이르매 아들을 낳아 사무엘이라 이름 하였으니" 하나님의 때가 있음
- 사무엘은 이스라엘의 마지막 사사이자 모세이후 첫 선지자
- 사무엘은 사사, 선지자, 제사장의 3중직, 그리스도의 3중직 예표(사32:1,히5:5)
- "사무엘 때부터 옴으로 말한 모든 선지자도 이때를 가리켜 말하였느니라"(행3:13)

2장 엘리 두 아들 타락 *(Eli's Son Wicked)*

1. 위치 설명 : 2장은 목록 사무엘상의 '사' 에 획순서대로 표시
2. 맥 절: (12절). "엘리의 아들들은 행실이 나빠 여호와를 알지 못하더라" ; 맥 보충 절: (17절).
3. 관주구절: 램2:8; 9:3,6, 말2:7~9
4. 찬 송 : 나 주의 도움 받고자, 나의 맘에 수심 구름, 내 진정 사모하는

• 한나의 찬양

① "한나가 기도하여 가로되"(1절)

자식이 없어서 한이 맺힌 여인이 기도응답으로 자녀를 낳았으니 얼마나 기쁘랴!

② "한나의 찬양"은 신약의 "마리아의 노래"(눅1:46~55)와 매우 흡사

이는 하나님의 구속 역사가 신구약 전체에서 일괄되게 진행되었음을 보여줌

③ 찬양의 내용은 하나님의 절대 주권(1~2절), 하나님의 보호(3~9절), 메시야 예언(10절)

• 사무엘의 성장(2 :)

사무엘은 엘리 앞에서 야훼를 섬기며 성장하였으며 그는 세마포 에봇을 입고 어려서부터 성전에서 봉사하며 하나님을 섬겼다(18). 사무엘의 성장은 육신적일 뿐 아니라 정신적, 도덕적, 영적으로 더불어 성장하였고 야훼와 사람들에게 은총을 더욱 받으며 자라갔다(26).

〈엘리에게 임한 하나님의 경고(27~36)〉

원 인	결 과
· 하나님의 처소에서 제물과 예물을 밟음(29)	· 제사장직에 참여치 못함(30) · 하나님의 처소의 환난을 보게됨(32) · 집에 노인이 영영히 없을 것임(32)
· 아들들을 하나님보다 더 중히 여김(29)	· 다른 사람이 눈을 쇠잔케하고 마음을 슬프게 함(33)
· 스스로 살찌게 함(29)	· 자손들이 모두 젊어서 죽음(33) · 두 아이들이 한 날에 죽임을 당함(34) · 떡을 위하여 엎드려 청하게 됨(36)

쉼터 : 사무엘과 엘리 아들들의 비교

사무엘	엘리의 아들들
· 엘리에게 훈련을 받음(11)	· 불량자(12)
· 하나님을 섬김(18)	· 하나님을 알지 못함(12)
· 하나님 앞에서 자람(21)	· 사리사욕(16)
· 하나님과 사람의 은총을 받음(26)	· 하나님의 제사를 멸시(17)
· 하나님의 전 안에서 생활함(3 : 3)	· 간음-수종드는 여인과 동침(22)
	· 경고 무시 – 엘리의 말을 듣지 않음(25)

3장 소명 *(The LORD Calls Samuel)*

1. 위치 설명 : 3장은 목록 사무엘상의 '사'에 획순서대로 표시
2. 맥 절: (10절). "여호와께서 임하여 서서 전과 같이 사무엘아 사무엘아 부르시는지라 사무엘이 이르되 말씀하옵소서 주의 종이 듣겠나이다 하니" ; 맥 보충 절: (20절).
3. 관주구절: 소명(모세 출3장, 기드온 삿6장, 이사야6장, 겔2장)

4. 찬 송 : 주 날 불러 이르소서, 주 날 불러 이르소서, 온 세상 위하여

• 사무엘의 소명(3 :)

엘리 당시에 하나님은 오랫동안 그 백성에게 나타나지 않으셨고 제사장은 눈이 어둡고 하나님의 등불이 점점 꺼져가고 있었다. 이는 제사장들이 도덕적, 종교적, 영적으로 부패하였기 때문이다.

이 시대의 특징은 ① 제사장들의 기도가 없었고, ② 말씀이 희귀하였으며, ③ 행동이 패괴하였고, ④ 하나님의 음성을 분별하지 못하였다. 이러한 때에 하나님은 사무엘을 부르시어 그에게 선지자로서의 말씀을 주셨다.

그것은 엘리의 아들들이 "저주를 자칭하되 금하지 아니함으로" 결국 엘리 집의 죄악은 재물이나, 예물로 속함을 얻지 못한다는 것이었다(11~14).

① 여호와 전 안에 누워있는 사무엘을 하나님이 직접 부르심(10절)

② 늙은 엘리 제사장은 육적, 영적 눈이 완전 어두워져 버린 상태(1~2절)

③ 하나님의 말씀을 듣는 영적 귀가 열려있는 사람들을 통하여 역사를 이루어감

④ 소명(아브라함 창12장, 모세 출3장, 기드온 삿6장, 에스겔 겔2장, 이사야 사6장)

쉼터 : 언제까지 기도해야 하나요?

한나는 제사장이 술 취한 줄 착각할 정도로 온 마음을 다해 기도를 드렸습니다. 한나는 기도드린 후에 자신의 문제를 제사장과 의논했습니다. 전후사정을 들은 후 제사장은 한나를 축복해 주었습니다. 이후부터 한나는 음식을 먹기 시작했고 얼굴에서 근심이 떠나갔습니다. 한나의 기도는 서원의 기도였고 오랜 시간에 걸친 기도, 간절한 기도였습니다. 얼마나 힘을 다해 기도했던지 엘리 제사장이 술 취한 것이 아니냐고 물을 정도였습니다. 한나처럼 기도제목이 있습니까? 지금도 우리의 기도는 응답받을 수 있습니다. 한나처럼 나의 문제를 놓고 눈물로 부르짖을 때 하나님은 그 기도를 들으십니다. 문제는 누구에게나 있습니다. 그러나 문제를 놓고 기도하느냐 안하느냐는 큰 차이가 있습니다. 하나님은 진실하게 간구하는 자의 기도를 결코 외면하지 않습니다(시145:18)그리고 기도하는 시간을 조금 더 늘리도록 하십시오, 깊게, 정직하게 기도하려면 많은 시간이 필요합니다.

4장 법궤 빼앗김, 엘리 죽음 *(The Philistines Capture the Ark and Death of Eli)*

1. 위치 설명 : 4장은 목록 사무엘상의 '사' 에 획순서대로 표시
2. 맥 절: (11절). "하나님의 궤는 빼앗겼고 엘리의 두 아들 홉니와 비느하스는 죽임을 당하였더라" ; 맥 보충 절: (3,18절).
3. 관주구절: 하나님을 팔지 말라(할례 사건 창34장, 예수를 파는 유다 마26:48)
4. 찬 송 : 우리가 지금은 나그네 되어도, 나 행한 것 죄뿐이니, 세상의 헛된 신을 버리고

• 언약궤를 빼앗김(4 : , 5 :)

에벤에셀에서 이스라엘이 블레셋과의 전쟁에서 불리해지자 언약궤를 가져왔다(4 : 4). 그들의 패전의 원인이 하나님께 있는 줄 알고 능력의 법궤를 진중에 드리면 하나님이 그들과 함께 하는 줄 알았다. 그러나 그럼에도 불구하고 이스라엘은 크게 패하여 하나님의 궤를 블러셋에게 빼앗겼고 엘리의 두 아들은 전사하고 말았다(4 : 11). 하나님의 궤를 가지고도 실패한 이유는 무엇인가? 그것은 이스라엘이 ① 하나님을 의지하기 보다는 법궤의 능력만을 의지하였고, ② 제사장들의 타락 때문이었다. 그들은 형식적, 의식적인 신앙으로 하나님의 궤를 옮겼으며 엘리의 아들 홉니와 비느하스의 죄악으로 말미암아 결국 이스라엘은 멸망하게 되었다.

쉼터 : 다양한 방법으로 나타나시는 하나님

시대	계시 방법	특 징
족장 시대	신현현 시대	인간의 모습으로 역사속에 나타나심
모세 시대	신영감 시대	모세에게만 계시를 주심
사무엘 시대	신언시대	선지자들에게 말씀을 주셔서 토치하심
그리스도~오순절 이후 시대	성령 강림 시대	은혜의 시대, 계시의 확장(히1:1,2)
재림시대	직접 대함	하나님을 아는 지식이 충만한 시대

5장 법궤 재앙 *(The Ark in Ashdod and Ekron)*

1. 위치 설명 : 5장은 목록 사무엘상의 '사' 에 획순서대로 표시
2. 맥 절: (4절). "그 이튿날 아침에 그들이 일찍이 일어나 본즉 다곤이 여호와의 궤 앞에서 또다시 엎드러져 얼굴이 땅에 닿았고 그 머리와 두 손목은 끊어져 문지방에 있고 다곤의 몸뚱이만 남았더라" ; 맥 보충 절: (9절). (찬송364장)
3. 관주구절: "오직 여호와는 참 하나님이시오 사시는 하나님이시오 영원한 왕이시라" (렘10:10)
4. 찬 송 : 내 주를 가까이 하게 함은, 전능의 하나님, 존귀와 영광

블레셋은 언약궤로 인하여 큰 환난(독종과 사망의 재앙)을 당하게 되고 부르짖음이 하늘에 사무치게 되었다(5 : 9~12). 하나님의 영광이 떠난 이스라엘은 패할 수밖에 없었고 하나님은 능력과 권능을 통하여 하나님보다 큰 신(神)이 없음을 보여주고 있다. (법궤가 7개월간 블레셋에 보관됨)

유일신 여호와와 지역신

- 언약궤를 다곤 신상 곁에 둔 것은 자신의 신(다곤)이 여호와 보다 우수하다는 시위
- 다곤 신상의 목과 손목이 잘려진 사건은 여호와 보다 강한 신은 이 세상에 없으며, 인간의 손으로 만든 모든 우상은 헛된것임을 보여줌(렘10장)
- 하나님을 지역에 국한된 지역신으로 만드는 어리석음(송아지 형상을 만듦, 출32:4)
- "내 사랑하는 자들아 우상 숭배하는 일을 피하라"(고전10:14)
- "천하 인간에 구원을 얻을 만한 다른 이름을 우리에게 주신 일이 없음이니라"(행4:12)

쉼터 : 법궤의 비밀

이스라엘 장로들은 그들의 패전 요인이 블레셋의 군사력 때문이라기보다는 하나님께서 이스라엘의 합당치 못한 태도를 불쾌하게 여기셨기 때문이라고 이해하여, 언약궤를 전장으로 옮겨 놓음으로써 패전을 면하려고 하였다. 당시에는 전쟁의 승패는 신들에 의해 결정된다고 믿었다. 이스라엘 장로들은 하나님의 임하심과 능력의 상징인 언약궤를 옮겨 놓음으로써 하나님의 신성한 능력과 은혜가 자동적으로 주어진다고 생각했다. 왜냐하면 과거 이스라엘 역사를 돌이켜볼 때, 큰 승리를 거둔 전쟁은 언약궤와 밀접한 관련을 가지고 있었으므로, 이스라엘 백성은 하나님께서 언약궤에만 임하여 계시는 것으로 생각했다. 그래서 속죄소 그룹 사이에 있었던 언약궤를 전장으로 가져오기로 했다. 그러면 여호와께서 그들과 함께하심으로 승리할 것 이라고 생각했다. 그러나 눈에 보이는 물체는 상징에 불과하며 그들의 죄에 대해 아무런 해결책이 되지 못했다. 여호와께서는 언약궤가 하나님께서 주시는 복과 임재의 보장이 되지 못함을 깨닫게 하시기 위하여, 블레셋 군대가 그것을 탈취하도록 내버려 두셨다. 2장의 예언이 성취된 것이다. 그러나 하나님께서는 블레셋 진중에서 언약궤를 돌보시고 기적을 행하시어 자신의 임재를 보이셨다. 블레셋은 결국 언약궤를 되돌려주었다.

6장 법궤 반환 *(The Ark Returned to Israsel)*

1. 위치 설명 : 6장은 목록 사무엘상의 '사'에 획순서대로 표시
2. 맥 절: (12절). "암소가 벧세메스 길로 바로 행하여 대로로 가며 갈 때에 울고 좌우로 치우치지 아니하였고 블레셋 방백들은 벧세메스 경계선까지 따라 가니라" ; 맥 보충 절: (14절).
3. 관주구절: "모세가 네게 명한 율법을 다 지켜 행하고 좌로나 우로나 치우치지 말라 그리하면 어디로 가든지 형통하리니"(수1:7)
4. 찬 송 : 형제여 지체 말라, 내 눈을 두루 살피니, 형제여 지체 말라

• 언약궤가 돌아옴(6 :)

하나님의 궤가 일곱 달 동안 블레셋에 있음으로 블레셋은 오히려 하나님의 궤를 두려워하였다. 그리하여 그들은 속건제와 함께 암소 둘을 택하여 새 수레로 언약궤를 벧세메스(여호와의 발)로 돌려보냈다(7~12).

이때 법궤를 끌고 올라가는 암소는 멍에를 메지 아니한 젖나는 소 두 마리가 끈 세 수레로 벧세메스 여호수아 밭으로 감

① 대로로 가면서 ② 울고 ③ 좌우로 치우치지 아니했다.

이와 같이 암소는 하나님께 순종으로 자신의 사명을 다하였다. 그러므로 블레셋에 임한 재앙은 하나님의 심판이었고 하나님은 암소를 벧세메스로 인도하였다.

쉼터 : 벧세메스에 내린 재앙

- 언약궤가 복이 되지 않고 도리어 5만70인이 살육되는 비극을 초래
- 법궤를 함부로 들여다 볼 때 반드시 죽으리라는 계명에 기인(민4:15)
- 하나님은 만홀히 여김을 받으실 분이 아님을 보여줌(갈6:7)

7장 미스바 회개 *(Israel Confessed at Mizpah)*

1. 위치 설명 : 7장은 목록 사무엘상의 '사' 에 획순서대로 표시
2. 맥 절: (5절)"사무엘이 이르되 온 이스라엘은 미스바로 모이라 내가 너희를 위하여 여호와께 기도하리라 하매" ; 맥 보충 절: (6절).
3. 관주구절: "모든 백성이 일제히 수문 앞 광장에 모여 에스라에게"(느8:1)
4. 찬 송 : 복의 근원 강림하사, 아침 해가 돋을 때, 주 예수 이름 높이어

- 미스바의 회개(7 :)

이스라엘이 하나님을 갈망하자 사무엘은 그들에게 야훼께 온전히 돌아오기 위해서 회개를 촉구했다. 그리하여 백성들은 전지역에 흩어있는 우상들을 제거한 후 미스바로 모여 회개하며 금식하고 제단을 쌓았다(17). 여기에서 사무엘은 사사로서 이스라엘의 벧엘→길갈→미스바→라마의 사무엘의 집(벧가미라)을 순회하며 다스렸다(17).

· 사무엘이 순회하며 다스린 성읍

쉼터 : 언약궤의 이동

실로	하나님의 전(3:3)
에벤에셀	블레셋에게 궤를 빼앗김(4:4)
아벡	이스라엘이 패하여 홉니와 비느하스가 죽임을 당함(4:11)
아스돈	하나님이 독종의 재앙을 내림(5:1,6)
다곤의 당	다곤신의 머리, 손목이 끊어짐(5:4)
가드	하나님이 큰 환난을 내림(5:8,9)
에그론	블레셋이 법궤를 돌려보냄(5:10,11)
벧세메스	법궤를 들여다 본고로(오만)칠십인이 죽임을 당함(6:14,19)
기럇여아림	아비나답의 집(7:1, 삼하6:2,3)
오벧에돔	하나님이 그 온 집에 복을 주심(6:10,11)
다윗성	다윗 시대까지(삼하6:17)

8장 왕을 요구 *(Israel Asks for a King)*

1. 위치 설명 : 8장은 목록 사무엘상의 '사'에 획순서대로 표시
2. 맥 절: (5절). "그에게 이르되 보소서 당신은 늙고 당신의 아들들은 당신의 행위를 따르지 아니하니 모든 나라와 같이 우리에게 왕을 세워 우리를 다스리게 하소서 한지라" ; 맥 보충 절: (11절).
3. 관주구절: "열국 같이 우리 위에 왕을 세우리라는 뜻이 나거든"(신17:14)
4. 찬 송 : 비둘기 같이 온유한, 우리는 주님을 늘 배반하나, 천지 주관하는 주님

■ 이스라엘이 왕을 구함(8 :)

사무엘이 나이가 많고 그의 아들들이 불의한 판결을 하자 이스라엘 장로들은 왕을 세워 다스리게 해달라고 요구하였다. 그들이 왕을 요구한 것은 이스라엘을 구원하시고 다스린 하나님을 버림이요 그들의 지도자인 사무엘을 거역하는 것이었다(4~7). 하나님이

이스라엘의 왕이 되는 것은 하나님의 통치를 받음으로 보호와 복을 받을 뿐 아니라 이방인으로 하여금 그들을 통하여 하나님과 관계를 맺게 하였는데 선민의 특권과 하나님이 지배하시려는 뜻이다. 그러나 하나님은 저들의 말을 모두 들으시고 요구대로 왕을 세우도록 허락하셨고, 사무엘은 왕의 제도를 알게하였다(9).

결국 이스라엘은 하나님과의 관계를 파기함으로 영적으로 타락하기 시작한다.

• 왕을 구하는 장로들

(1) 사무엘 아들들의 부패(3)

(2) 열방나라의 형태를 따르고자 하는 마음(5)

(3) 정치적, 군사적 지휘가 필요(20)

• 왕 제도에 대한 사무엘의 설명

(1) 남녀의 징병(11~13)

(2) 농축산물의 징세(14,15)

(3) 종과 나귀의 징용(16)

(4) 개인 자유 상실(17)

쉼터 : 이스라엘의 마지막 사사

사무엘의 순행 : 사무엘은 에브라임의 벧엘에서 유다의 길갈로, 또 베냐민 지파의 미스바에서 라마로 순회하였다. 이스라엘 민족 전체가 사무엘의 활동 범위였다. 이는 사사의 기능을 통한 신정정치의 실현을 보여 주는 것이다. 사사는 이스라엘 왕국이 수립되기 이전에 이스라엘을 다스리던 정치•군사•종교적인 지도자를 말한다.

9장 왕으로 선택된 사울 *(Samuel Anoints Saul)*

1. 위치 설명 : 9장은 목록 사무엘상의 '무' 에 획순서대로 표시

2. 맥 절: (17절). "사무엘이 사울을 볼 때에 여호와께서 그에게 이르시되 보라 이는 내

가 네게 말한 사람이니 이가 내 백성을 다스리리라 하시니라" ; 맥 보충 절: (21절).

3. 관주구절: 만남(창33장, 출5장, 룻2장, 삼상25장, 욥42장, 시133편)
4. 찬 송 : 갈 길을 밝히 보이시니, 겸손히 주를 섬길 때, 내 구주 예수를 더욱 사랑

사울이 하나님의 섭리에 따라 이스라엘의 초대 왕으로 택함 받는 과정을 보여준다. 사울은 베냐민 지파의 유력한 집안에 속한 자로서 용모가 준수하고 키가 크며(2절) 효성이 지극한 인물이었다. 또한 그는 사무엘이 하나님의 계시에 따라 그를 상석에 앉힐 때 몸둘 바를 몰라 할 정도로 겸손한 인물이었다.(21절)

쉼터 : 드릴 예물이란?

- "하나님의 사람에게 드릴 예물이 없도다 무엇이 있느냐"(7절)
- 선물을 들고 사무엘을 찾아가는 사울의 모습을 보라(마음과 함께)
- "선물은 그 사람의 길을 너그럽게 하며 또 존귀한 자의 앞으로 그를 인도하느니라"(잠18:16)
- 선물과 대접하는 습관을 생활화하라(마7:12)

10장 사울 기름부음 *(Poured Oil on Saul's head)*

1. 위치 설명 : 10장은 목록 사무엘상의 '무' 에 획순서대로 표시
2. 맥절 : (1절). "이에 사무엘이 기름병을 가져다가 사울의 머리에 붓고 입맞추며 이르되 여호와께서 네게 기름을 부으사 그의 기업의 지도자로 삼지 아니하셨느냐" ; 맥 보충 절: (16절).
3. 관주구절 : "사무엘이 기름 뿔을 취하여 그 형제 중에서 그에게 부었더니 이날 이후로 다윗이 여호와의 신에게 크게 감동되니라"(삼상16:13)
4. 찬송 : 내 영혼에 햇빛 비치니, 귀하신 주여 날 붙드사, 나 이제 주님의 새생명 얻은 몸

암나귀들을 찾으러 나갔다가 사무엘을 만나 그곳에서 왕으로서의 기름 부음을 받아 미스바에서 왕으로 즉위하였다(10 : 24). 하나님은 환경에 여건을 조성하셔서 주어진 상황

에 맞게 사울을 이스라엘의 지도자로 세우신다.

사울에게 기름 부음

① 하나님의 권위에 따른 것임을 깨닫도록 하기 위해 세 가지 표징 예언

• 라헬의 묘실 곁에서 만나는 두 사람을 통해 암나귀를 찾았다는 소식을 들음(2절)
• 다볼 상수리나무 근처에서 하나님을 뵙기 위해 벧엘로 올라가는 세 사람과 만남 (3~4절)
• 하나님의 신이 사울에게 내려 사울도 예언하게 됨(5~6절)

② 백성을 다스릴 자는 반드시 하나님의 영의 인도하심대로 따라야 함을 시사

쉼터 : 기름을 부으사

'기름부음' 은 사람의 머리나 몸, 또는 물체에 기름 바르거나 붓는 의식을 말한다. 이렇게 함으로써 기름부음을 받은 사람이나 물체는 거룩하게 된다(창25:18, 출28:41)그래서 제사장이나 선지자들, 왕으로 택함을 받은 사람들은 기름 부음을 받은 자들이다. 왕에게 기름을 붓는 의식은 왕의 직무를 담당하기 전에 성별한다는 의미를 지니며, 왕으로서의 권세를 행사하기 위하여 하나님으로부터 통치권을 위임받는다는 표시이다. 즉 왕은 하나님의 통치를 실현하기 위한 하나님의 종이라는 뜻을 나타낸다. 기름부음을 받은 사람들은 하나님께서 특별히 택하여서 하나님의 일을 하도록 부름받은 자들이었다. 이것은 또한 그 마음과 행동까지도 거룩해짐을 받아야 하는 중요한 의식이었다.

11장 암몬 전쟁, 사울 즉위 *(Saul Confirmed as King)*

1. 위치 설명 : 11장은 목록 사무엘상의 '무' 에 획순서대로 표시
2. 맥 절: (11,절). "이튿날 사울이 백성을 삼대로 나누고 새벽에 적진 한가운데로 들어가서 날이 더울 때까지 암몬 사람들을 치매 남은 자가 다 흩어져서 둘도 함께 한 자가 없었더라" ; 맥 보충 절: (15절).
3. 관주구절: 아이성 승리(수8장), 남침(수10장), 북침(수11장)

4. 찬 송 : 내 주는 강한 성이요, 내 죄를 회개하고, 어둔 밤 쉬 되리니

"암몬 사람 나하스가 올라와서 길르앗 야베스를 대하여 진 치매"(1) '사울이 백성을 삼대에 나누고 새벽에 적진 중에 들어가서 날이 더울 때 까지 암몬 사람을 치매 남은 자가 다 흩어져서 둘도 함께 한 자가 없었더라.'(11) 이스라엘의 초대 왕이 된 사울은 길르앗 야베스에서 암몬족속을 물리치고 승리하자 왕으로서 자리를 굳히게 되었다. 이것은 암몬과의 전쟁은 사울의 정치적 지지무대를 마련하도록 하고자 하신 하나님의 개입이었다.

쉼터 : 경건했던 사울이 왜 타락했을까요?

사무엘상 11장 12, 13절을 보면 경건했던 사울의 모습을 볼 수 있다. 그러나 지속적인 경건의 능력이 없었던(딤후3:5)그는 영적으로, 도덕적으로, 인격적으로 타락해 갔다. 그가 타락한 결정적인 원인은 교만함과 사람들의 평판에 의존하여 자존감을 형성한데 있다고 보아야 할 것이다.

첫째로 : 하나님의 규례를 어기고 망령된 제사를 드렸고(13:8~14)

둘째로 : 경솔한 맹세를 했으며(14:24)

셋째로 : 아말렉을 진멸하라는 하나님의 명령을 어겼고(15:18,19)

넷째로 : 다윗을 시기하고 왕위에 집착하여 하나님에 대한 반역의사를 드러냈고(18:7~9)

다섯째로 : 다윗을 7번이나 죽이려고 시도 했고

여섯째로 : 하나님이 엄금하신 무당을 찾아가기도 했다(28:7,8)

12장 사무엘 고별설교 *(Samuel's Farewell Speech)*

1. 위치 설명 : 12장은 목록 사무엘상의 '무' 에 획순서대로 표시
2. 맥 절: (1절). "사무엘이 온 이스라엘에게 이르되 보라 너희가 내게 한 말을 내가 다 듣고 너희 위에 왕을 세웠더니" ; 맥 보충 절: (6절).
3. 관주구절: 설교(신명기, 여호수아 수23장, 에스라 스8장, 예레미야 렘1~25장, 산상수훈 5~7장, 스데반 행7장, 바울 행13장)
4. 찬 송 : 주의 말씀 듣고서, 내 기도 하는 그 시간, 어두운 내 눈 밝히사

• 사무엘의 양심선언

①"뇌물을 뉘 손에서 취하였느냐 그리하였으면... 갚으리라"(3절)

②사무엘은 하나님의 대리자로서 왕정 체제 출범의 가교 역할을 담당

③지도자는 정직과 청렴결백을 생명처럼 여기고 모범을 보여야 함

③"정직자의 길은 대로니라"(잠15:19)

④"악인은 사람의 품에서 뇌물을 받고 재판을 굽게 하느니라

• 사무엘은 이스라엘 백성에게 "너희가 야훼를 경외하고 섬기면 좋으나 야훼의 명령을 거역하면 야훼의 손이 너희를 칠 것이라" (12 : 14,15)라고 설교하면서 다음과 같은 약속을 한다.

① 여호와는 자기 백성을 버리지 않는다(22).

② 너희를 위해 기도하기를 쉬는 죄를 결코 범치 않을 것이다(23).

③ 선하고 의로운 도로 너희를 가르칠 것이다(23).

쉼터 : 구약에서 죄란?

1. 챠타(Chata) 2. 라(Ra) 3. 파샤(Pasha) 4. 아원(Awon) 5. 샤가그(Shagag)
6. 아샴(Asham) 7. 라샤(Rasha) 8. 타흐(Taah)

(1) 죄는 많은 형태를 가지고 있다. 그리고 죄에 대해 사용된 단어의 다양성으로 인해, 이스라엘 백성들은 자신의 죄가 특별히 어떤 죄의 형태인지를 인식할 수 있었다.

(2) 죄는 율법과 반대되는 입장에 서 있는 것으로, 궁극적으로 죄는 하나님께 불순종하는 것이다.

(3) 불순종에는 긍정의 개념과 부정의 개념이 모두 포함되어 있는데, 그 개념은 부정의 개념에서 '좋은 일을 하지 못한 것(omission)' 뿐만 아니라 긍정의 개념에서 '그릇된 일을 한 것(commission of wrong)' 도 강조하는 개념입니다. 죄는 '표적을 벗어난 것' 뿐만 아니라 '그릇된 표적을 쏜 것' 을 의미한다.

쉼터 : 신약에서 죄란?

1. 카코스(kakov", Kakos) - 도덕적으로 나쁜 것(moral badness)'을 지칭합니다(마 21:41; 24:48; 막 7:21; 행 9:13; 롬 12:17;).
2. 포네로스(ponhrov", Poneros) - 도덕적 죄악(moral evil)'을 지칭(마 7:11; 12:39; 15:19; 행 17:5; 롬 12:9; 살전 5:22; 히 3:12; 요이 11), 악한 영이라 불리는 귀신을 지칭할 때에도 이 단어가 사용됩니다(눅 11:26; 행 19:12).
3. 아세베스(ajsebhv", Asebes) - '경건치 않은 것(godless)'이라는 뜻은 거의 대부분 베드로후서와 유다서에서 경건치 않는 배교자라는 표현으로 나타납니다. 구원받지 못한 사람은 경건치 아니한 자라고 지칭됩니다(롬 4:5; 5:6).
4. 에노코스(e[noco", Enochos) - 이 단어는 '죄책(guilt)'을 의미하는 단어로 대개 자신의 범죄가 죽기에 마땅한 경우를 지칭할 때 이 단어가 사용됩니다(마 5:21-22; 막 14:64; 고전 11:27; 약 2:10).
5. 하말티아(aJmartiva, Hamartia) - 이 단어는 죄에 대해 가장 흔히 사용되는 단어로서 신약성경에서 여러 가지 형태로 약 227번 등장하는 단어입니다. 이 단어 원래 뜻은 '표적을 빗나가는 것(missiong the mark)'입니다. 그러나 구약 성경에서의 챠타(chata)처럼, 이 단어는 부정형의 개념뿐만 아니라 '그릇된 표적을 맞추는 것(hitting some wrong mark)'이라는 긍정형의 개념도 포함. 대부분 용서 혹은 구원을 언급하는 문맥에서 발견됩니다(마 1:21; 요 1:29, 사도행전 2:38; 로마서 5:12; 고린도전서 15:3; 고린도후서 5:21; 야고보서 1:15; 베드로전서 2:22; 요한일서 1:7; 2:2; 요한계시록 1:5)이 있습니다.
6. 아디키아(adikia, Adikia) - '의롭지 못한 어떤 행동(any unrighteousness conduct)'을 의미. 이 단어는 구원받지 못한 사람과 관련해서(롬 1:18), 돈과 관련해서(눅 16:9), 인간 육신의 지체와 관련해서(롬 6:13; 약 3:6), 행위와 관련해서(살전 2:10) 사용되는 단어입니다.
7. 아노모스(anomo", Anomos) - '불법(iniquity)' '법과 질서가 없는 것(lawless)'이라는 의미. 이 단어는 넓은 의미로 법을 어기는 것(마 13:41; 24:12; 딤전 1:9). 종말론적 사상과 관련하여 이 단어는 불법의 사람, 즉 적 그리스도를 언급할 때 사용되는 단어입니다(살후 2:8).
8. 파라바테스(parabath", Parabates) - 범죄자(transgressor)'를 의미하는 이 단어는 보통 특별히 '법을 위반하는 것'(롬 2:23; 5:14; 갈 3:19; 히 9:15).

9. 아그노에인(agnoein, Agnoein) – 우상숭배(ignorant worship)' (행 17:23; 롬 2:4).

10. 플라나오(planaw, Planao) – '비난받아 마땅하기까지 길을 잃는 것(to go astray in a culpable sense)' (벧전 2:25). 사람들은 다른 사람들을 속일 수 있습니다(그들의 길을 잃게 하는 것)(마 24:5–6); 사람들은 그들 자신을 속일 수 있습니다(요일 1:8); 그리고 사단은 만국을 미혹으로 이끕니다(계 12:9; 20:3, 8).

11. 파라프토마(paraptoma, Paraptoma) – '타락해 나가는 것(falling away)' 이 단어를 로마서 5:15–20에서 6번 사용하고 있습니다. 마태복음 6:14; 18:35; 고린도후서 5:19; 갈라디아서 6:1; 에베소서 2:1; 그리고 야고보서 5:16을 보십시오.

12. 히포크리시스(i{poklio", Hypocrisis) – 이 단어는 세 가지 개념을 함께 가지고 있습니다:
(1)어떤 사람이 계시를 그릇되게 해석하는 것(to interpret falsely as an oracle might do);
(2)어떤 사람이 거짓된 행동을 꾸미는 것(to pretend as an actor does);
(3)그릇된 것으로 알려진 해석을 따르는 것(to follow an interpretation known to be false).

종말의 때에 거짓 선생들은 거짓된 해석을 할 것이고, 거짓된 행동을 꾸밀 것이며, 많은 사람들은 그들의 가르침을 좇게 될 것입니다(딤전 4:1–2). 외식하는 자들은 처음에 그들 자신이 미혹되어서 그릇된 것을 옳게 만들고, 나중에는 다른 사람까지 미혹하게 됩니다. 이것이 이 죄의 치명적인 속성입니다.

13장 번제 월권 *(Samuel Anoints Saul)*

1. 위치 설명 : 13장은 목록 사무엘상의 '무' 에 획순서대로 표시
2. 맥 절: (9절). "사울이 이르되 번제와 화목제물을 이리로 가져오라 하여 번제를 드렸더니" ; 맥 보충 절: (13절).
3. 관주구절: "웃시야가 손으로 향로를 잡고 분향하려 하다가 노를 발하니 저가 제사장에게 노할 때에… 그 이마에 문둥병이 발한지라" (대하26:19)
4. 찬 송 : 큰 죄에 빠진 나를, 아버지여 이 죄인을, 어려운 일 당할 때

■ 사울의 첫 범죄(13 :)

사울이 40세에 왕이 되어 이스라엘을 다스린 지 제2년에 블레셋의 침략으로 백성들은 두려워 하였다(7). 사울은 사무엘이 번제를 드려줄 것을 기다렸으나 정한 날에 오지 않으므로 백성들이 자신에게서 흩어지자 제사장이 드려야 할 번제를 드려 성직을 침해하였다(9,10).

• 사울의 범죄

① 조급성–사무엘이 올 때까지 기다리지 못함(8,9)

② 하나님보다 적의 위협과 백성의 흩어짐을 더 두려워함(6,8)

③ 제사장 직분을 취함(9)

④ 변명하여 죄를 인정치 않음(12)

사무엘은 사울의 행한 일을 왕으로서의 불법과 하나님의 규례를 어긴 망령된 행동이라고 책망하였다(13).

쉼터 : 사울이 조급했던 이유

우리는 다른 사람들의 부정적인 영향을 받기 쉽다. 또 압력을 받아 성급한 결정을 내린 결과 어려움에 봉착하기도 한다. 지식적으로는 하나님께 제일 먼저 말씀드리고 뜻을 구해야 한다는 것을 알고 있지만 실제로는 그렇게 하지 못하는 경우가 허다하다. 사울도 그랬다. 당시 블레셋과의 전쟁을 앞둔 이스라엘 군사는 제사를 드리려 하고 있었다. 사무엘은 사울에게 자신이 정해진 시간에 도착해 제사를 드릴 것이라고 말했었다. 사울은 잠시 기다렸으나 백성들이 그를 떠나는 바람에 조급해지기 시작했다. 왕은 군사나 정치만을 담당해야 했기 때문이다. 하지만 그는 더 이상 기다리지 못하고 자신이 직접 제사를 드렸다. 그 후 사무엘이 도착했다 이후에 사울은 불순종의 대가를 지불했다.

14장 요나단 승전 *(Jonathan Attacks the Philistines)*

1. 위치 설명 : 14장은 목록 사무엘상의 '무' 에 획순서대로 표시
2. 맥 절: (6절). "요나단이 자기의 무기를 든 소년에게 이르되 우리가 이 할례 받지 않은

자들에게로 건너가자 여호와께서 우리를 위하여 일하실까 하노라 여호와의 구원은 사람이 많고 적음에 달리지 아니하였느니라" ; 맥 보충 절: (15절).

3. 관주구절: "만군의 여호와의 이름 곧 네가 모욕하는 이스라엘 군대와 하나님의 이름으로 네게 가노라"(삼상17:45)

4.찬송 : 믿는 사람들아 군병 같으니, 나는 예수 따라가는, 믿는 사람들아 군병 같으니

• 요나단의 활약

①요나단은 이 전쟁이 할례 없는 자들에 대한 하나님의 성전으로 인식(6절)

②"여호와께서 그들을 이스라엘의 손에 붙이셨느니라"(12절)는 슬로건을 외치면서 병사 몇 명만을 데리고 적진에 뛰어들어 혁혁한 전과를 올림(14~15절)

• 사울의 두 번째 범죄(14 :)

블레셋과의 계속적인 전쟁 중에 야훼께서 이스라엘을 구원하시므로 승리하게 되었다(20~23). 이날에 사울은 곤비한 백성에게 아무 식물이든지 먹지 못하게 하였다. 사울의 이 일시적인 명령은 백성들로 하여금 고통을 당하게 하였다.

• 사울의 범죄

① 하나님께 기도하지 않고 금식을 선포함(24)

② 자신을 위해 온 백성으로 금식케함(24)

③ 하나님께 거짓맹세를 하지 말라 (레19 : 12)는 법을 어김(24)

쉼터 : 요나단

사울의 아들 요나단은 이 전쟁이 할례 없는 자들에 대한 하나님의 성전으로 인식하면서 "여호와께서 그들을 이스라엘의 손에 붙이셨느니라."는 슬로건을 외치면서 병사 몇 명만을 데리고 적진에 뛰어들어 혁혁한 전과를 올림.

15장 사울 불순종 *(The LORD Rebukes Saul)*

1. 위치 설명 : 15장은 목록 사무엘상의 '무' 에 획순서대로 표시
2. 맥 절: (9절). "사울과 백성이 아각과 그의 양과 소의 가장 좋은 것 또는 기름진 것과 어린 양과 모든 좋은 것을 남기고 진멸하기를 즐겨 아니하고 가치 없고 하찮은 것은 진멸하니라" ; 맥 보충 절: (22절).
3. 관주구절: 저 • 축(레26장, 신11,28장, 왕상9장), 요나의 불순종(욘1장)
4. 찬 송 : 예수가 우리를 부르는 소리, 예수 따라가면, 면류관 가지고

■ 사울의 세 번째 범죄(15 :)

사울은 아말렉과의 전투에서 전 소유를 진멸하라는 하나님의 말씀을 듣지 아니하고 아각왕을 살리고 기름지고 좋은 짐승을 남겨둠으로 하나님의 명령을 거역하였다(9).

• 사울의 범죄

① 하나님의 목소리 청종치 않음(19) ② 변명(20,21)
③ 불순종-하나님의 말씀을 버림(24) ④ 하나님보다 백성을 더 두려워함(24)
⑤ 이기적(25) ⑥ 회개치 않음

이 때문에 사무엘은 사울에게 "순종이 제사보다 낫고 듣는 것이 수양의 기름보다 나으니" 라고 책망하였다(22).

쉼터 : 하나님도 후회하실까?

하나님은 변함이 없으시며 완전한 분이다.(삼상15:29). 하나님에게 있어서 후회란 없다(민23:19). 그런데 성경에는 하나님께서 사울을 왕으로 삼으신 것을 후회하셨다(삼상15:11)고 적혀 있다. 여기에서 후회하셨다는 말은 '아주 슬퍼하셨다' 는 뜻으로, 이후에는 하나님이 이전과 다르게 취급하고 행동하셨다는 말이다. 사울이 처음 왕이 될 때와는 달리 하나님 말씀을 어기고 교만해졌기(삼상15:17~23) 때문에 하나님은 사울을 왕으로 임명하셨던 것을 후회하셨다.

16장 다윗 기름부음 *(Samuel Anoints David)*

1. 위치 설명 : 16장은 목록 사무엘상의 '무' 에 획순서대로 표시
2. 맥 절: (13절). "사무엘이 기름 뿔병을 가져다가 그의 형제 중에서 그에게 부었더니 이 날 이후로 다윗이 여호와의 영에게 크게 감동되니라 사무엘이 떠나서 라마로 가니라" ; 맥 보충 절: (7절).
3. 관주구절: 기름부음 받은 사울(삼상9장)
4. 찬 송 : 내 주여 뜻대로, 하나님이 말씀하시기를, 선한 목자되신 우리 주

■ 선택된 다윗(16 :)

기름부음을 받은 다윗은 하나님의 신에 감동하여 골리앗을 죽임으로 사울에게 시기를 받으나 요나단과 깊은 우정을 맺는다.

• 다윗의 기름부음(16 :)

사울이 하나님께 불순종하자 하나님은 그를 버리고 그의 마음에 맞는 다윗을 택하여 기름을 부었다(13). 야훼의 신이 사울에게서 떠나자 악신에 의해 사울은 번뇌를 당하게 되었고 이에 하나님이 함께 한 다윗이 수금을 탐으로써 사울을 제압하고 있는 악신을 쫓아내었다(23). 오늘날 성령이 떠난 사람은 이와 같이 되는 것이다.

쉼터 : 경솔한 맹세의 실례

에서	장자의 명분을 팥죽 한 그릇에 팔기로 맹세함으로써 하나님의 축복을 야곱에게 빼앗김(창25:33)
여호수아	하나님과 상의 없이 기브온 거민과의 화친을 맹세함으로써 하나님의 명령을 거역함(수9:3~15)
입다	자신의 딸을 희생 제물로 바치게 됨(삿11:29~40)
11지파	형제인 베냐민 지파를 존폐의 위기에 빠뜨림(삿21:5~6)
사울	이기적 독선과 외식적 신앙에 기이한 맹세로 자신의 아들 요나단을 죽음

	의 위기에 빠뜨린다(삼상19:6)
다윗	자기 자신에게 죽음을 맹세함(삼하12:5)
헤롯	세례 요한의 목을 베게 됨(마14:7~9)
베드로	인간적인 불안과 공포로 예수님을 모른다고 저주하며 맹세함 (막14:66~72)
유대인	자신들의 기득권과 율법주의의 고수를 위해 바울을 살해하기로 맹세함 (행23:12~14)

17장 다윗과 골리앗 *(David and Goliath)*

1. 위치 설명 : 17장은 목록 사무엘상의 '엘' 에 획순서대로 표시
2. 맥 절: (45절). "다윗이 블레셋 사람에게 이르되 너는 칼과 창과 단창으로 내게 나아오거니와 나는 만군의 여호와의 이름 곧 네가 모욕하는 이스라엘 군대의 하나님의 이름으로 네게 나아가노라" ; 맥 보충 절: (47,49절).
3. 관주구절: "이 전쟁이 너희에게 속한 것이 아니요 하나님께 속한 것이니라"(대하20:15)
4. 찬 송 : 주의 진리 위해 십자가 군기, 내 주는 강한 성이요, 예수의 이름 힘입어서

• 다윗의 신앙고백(17 :)

이스라엘은 또다시 쳐들어 온 블레셋에 의하여 두려워하고 있었고, 거인 골리앗은 이스라엘의 군대를 모욕하며 싸우려고 하고 있었다(10). 이 때문에 골리앗의 도전에 분개한 다윗은 하나님을 의지하고 믿음으로 전장에 나아가 물맷돌로 골리앗을 죽이고 이스라엘을 승리케 하였다(40~51). 그러므로 배후에 역사하는 하나님을 불신하는 자는 실패하지만 하나님을 믿고 의지하는 자는 승리하게 된다.

쉼터 : 다윗의 신앙인격

· 하나님의 이름을 의지(45)
· 승리를 확신(46)
· 전쟁이 하나님께 속함을 앎(47)
· 야훼의 구원하심이 칼과 창에 있지 않음을 앎(47)
· 담대함(48)
· 믿음으로 행함(49)

18장 사울시기1 *(Saul's Jealousy of David)*

1. 위치 설명 : 18장은 목록 사무엘상의 '엘' 에 획순서대로 표시
2. 맥 절 : (7절). "여인들이 뛰놀며 노래하여 이르되 사울이 죽인 자는 천천이요 다윗은 만만이로다 한지라" ; 맥 보충 절: (11절).
3. 관주구절 : 레아와 라헬의 비교(창29:17), 형제가 태속에서 싸움(창25:22)
4. 찬 송 : 나주의 도움 받고자, 이류는 하나 되게, 주 하나님의 사랑은

• 다윗과 요나단의 우정(18 : ~20 :)

다윗의 용맹과 승리로 인해 백성들은 창화하나 사울은 다윗을 대적자로 여기고 시기한다. 그러나 다윗과 요나단은 서로 사랑하여 깊은 우정을 맺는다. 이는 ① 마음과 마음이 서로 연락되고 ②생명같이 서로 사랑하였으며 ③ 더불어 우정의 언약을 맺고 보호를 약속한다(18 : 1~3).

쉼터 : 시기심 해결하기

시기심은 다른 사람이 잘하는 것에 대한 적대적인 마음이다. 다른 사람의 외모, 소유물, 재능 등에 대해 인정하기보다 미워하는 것이다. 아벨을 죽인 가인, 다윗을 시기했던 사울이나 요셉을 팔아넘긴 사울이나 요셉을 팔아넘긴 형제들이 그 대표적인 예이다. 시기심이 생

길 때마다 다음과 같이 해보자 첫째, 그 죄를 고백하라. 둘째, 자신이 지금 누군가를 시기하고 있음을 깨달았다면 그 사람을 위하여 매일 기도하기를 작정하라. 이것은 하나님의 기적 가운데 하나를 체험할 수 있는 기회가 될 것이다. 셋째로, 하나님께 감사하지 못했던 것들의 목록을 작성해봐라. 그리고 하나님께서 베풀어 주신일들에 대하여 얼마나 감사하고 있는지를 고백하라 감사할줄 모르는 것은 시기심으로 인도하는 죄인 것이다.

19장 사울시기2 (다윗 피신) *(Saul Tries to Kill David, David Fled and Escaped)*

1. 위치 설명 : 19장은 목록 사무엘상의 '엘' 에 획순서대로 표시
2. 맥 절 : (1, 18절). "사울이 그의 아들 요나단과 그의 모든 신하에게 다윗을 죽이라 말하였더니 사울의 아들 요나단이 다윗을 심히 좋아하므로" ; 맥 보충 절: (10절).
3. 관주구절 : "자식을 낳게 하라 그렇지 아니하면 죽겠노라"(창30:1)
4. 찬 송 : 만세 반석 열린 곳에, 피난처 있으니, 나의 마음 수신 구름, 내 주여 뜻대로

공식적으로 요나단과 모든 신하에게 다윗을 죽이라고 명령한다. 그러나 죽음을 각오하고 왕명을 어겨가면서 다윗을 숨겨주는 요나단, 더 나아가서 아버지 사울 앞에 나아가 다윗을 변호하여 살해명령을 취소하게 만듦. 또 다윗은 미갈의 도움으로 위기를 모면한다. 증오심에 사로잡혀 벌거벗은 몸으로 누워서 예언하는 사울의 추악한 모습이 있다.

쉼터 : 악신이 들린 사울

하나님의 신으로 충만했던 사울이었지만 하나님께 불순종함으로 심판을 받아 악신의 영향을 받게 되었다. 여기에서 '악신' 은 하나님께서 악인을 벌하시기 위하여 쓰시는 타락한 천사들 중 하나로서 사탄을 의미한다. 악신은 하나님이 허락하시는 범위 안에서만 활동할 수 있는 존재이다.(욥1:6~7,벧전5:8) 악신의 영향으로 사울은 미친 것과 비슷한 정신적 혼란 상태가 되었고, 음악을 통해서나 안정을 얻을 수 있었다. 만일 그때 사울이 죄를 회개하고 하나님께 나아갔다면 악신이 떠났을 것이다.

20장 다윗과 요나단 우정 *(David and Jonathan)*

1 위치 설명 : 20장은 목록 사무엘상의 '엘' 에 획순서대로 표시

2. 맥 절: (17절). "다윗에 대한 요나단의 사랑이 그를 다시 맹세하게 하였으니 이는 자기 생명을 사랑함 같이 그를 사랑함이었더라" ; 맥 보충 절: (42절).

3. 관주구절: "내가 너희를 사랑한 것같이 너희도 서로 사랑하라"(요13:34)

4. 찬 송 : 겸손히 주를 섬길 때, 험한 시험 나그네길, 내 평생 가는 길

요나단은 사울의 의중이 무엇이지 정확하게 파악하여 다윗에게 알리고, 하나님이 요나단과 다윗의 진실함을 증명해주실 것을 기원하며, 여호와께서 다윗의 대적을 치실 것에 대해 기원합니다. 또 그 언약은 첫째 야훼의 인자를 베풀어 요나단으로 하여금 죽지 않게 하고, 둘째 야훼께서 다윗의 대적을 모두 끊을지라도 요나단의 후손을 영영히 끊지 말라는 것이었다(20 : 14,15). 이와 같이 서로 사랑하되 자기의 생명같이 사랑하는 다윗과 요나단의 우정은 오늘날 불신시대에 본이 되고 있다.

쉼터 : 월삭

월삭은 매달 초하루를 의미하는 말로 '새 달'(호5:7), '초하루'(왕하4:23)라고도 불렀다. 목축과 농업을 하던 이스라엘 사람들에게 월삭은 특별한 의미를 지니는 날로 안식일처럼 중요하게 여겨졌다(삼상20:5,18,24). 월삭에는 특별한 희생제사가 드려졌다(민28:11~14) 희생 제사를 드리는 이유는 지난 일개월동안 지은 죄를 용서받고, 하나님의 신실하심과 언약의 영원함을 기리기 위함이었다. 제물 위에 나팔을 불어 기념했으며 노동을 하지 않고 쉬었다.(암8:5)월삭 중 7월 1일이 가장 중요한 날이다. 이날은 안식일로 지켜졌으며 나팔을 불어 기념하고 특별한 의식이 행해졌다(레23:24~25). 포로귀환 후 이날은 신년제 같은 역할을 했다.

21장 놉땅 피신 *(David at Nob)*

1. 위치 설명 : 21장은 목록 사무엘상의 '엘' 에 획순서대로 표시
2. 맥 절: (1절). "다윗이 놉에 가서 제사장 아히멜렉에게 이르니 아히멜렉이 떨며 다윗을 영접하여 그에게 이르되 어찌하여 네가 홀로 있고 함께 하는 자가 아무도 없느냐 하니" ; 맥 보충 절: (10절).
3. 관주구절: "네 형의 노가 풀리기까지 몇 날 동안 그와 함께 거하라"(창27:44)
4. 찬 송 : 나 행한 것 죄뿐이니, 험한 시험 물속에서, 나 어느곳에 있든지

• 다윗은 사울을 피하여 사울왕국을 떠나 놉에서 아히멜렉의 도움으로 골리앗의 칼을 취한 후 가드로 갔으며(21장), 방랑 생활 10여년에 걸친 도피생활은 다윗의 신앙과 인격의 수련시간이다. 다시 말해 이스라엘 왕으로서의 자격을 갖추는 중요한 시기였다. 또 다윗을 중심으로 이스라엘 백성들이 뭉치도록 만드는 시기였다.

쉼터 : 요나단이 왜 도망가는 다윗에게 자비를 베풀어 달라고 했나?

자신의 왕권에 위협을 느낀 사울은 끊임없이 다윗을 죽이려고 했다 그러나 그의 아들 요나단은 다윗을 사랑하며 목숨의 위협을 당하면서까지 다윗을 도와주었다. 또 자기와 자기 후손들에게 자비를 베풀어 달라고 했다. 왜 그런 부탁을 했을 까요 요나단은 하나님이 다윗을 왕으로 삼으실 것을 알았기 때문입니다. 그는 다윗을 왕으로 기름 부으신 하나님의 섭리와 뜻을 겸손히 받아들였던 믿음의 사람입니다. 그래서 그는 다윗을 안전하게 피신하도록 도와주었을 뿐 아니라 후에 왕이 될 때 자신의 후손들에게 자비를 잊지 않도록 간청을 했습니다.

22장 제사장 학살 사건 *(Kill the Priests of the LORD)*

1. 위치 실명 : 22장은 목록 사무엘상의 '엘' 에 획순서대로 표시

2. 맥 절: (18절). "왕이 도엑에게 이르되 너는 돌아가서 제사장들을 죽이라 하매 에돔 사람 도엑이 돌아가서 제사장들을 쳐서 그 날에 세마포 에봇 입은 자 팔십오 명을 죽였고" ; 맥 보충 절: (14절).
3. 관주구절: "그 피를 우리와 우리 자손에게 돌릴지어다. 하거늘"(마27:25)
4. 찬 송 : 내 임금 예수 내 주여, 곤한 내 영원 편히 쉴 곳과, 나 행한 것 죄뿐이니

• 다윗은 다시 아둘람 굴로 피신하였다. 그러나 사울은 다윗을 잡지 못하자 다윗에게 도움을 준 아히멜렉과 제사장들을 모두 죽였다(22 : 11~19). 이때 아히멜렉의 아들 아비아달이 도망하여 다윗에게 피하였다. 신앙이 약해지면 무기를 의지하게 되고 심령이 강퍅해지면 살인도 하게 되는 모습을 볼 수 있다.

쉼터 : 제사장 학살의 동기

끔직한 학살 사건의 동기는 의외로 단순한데 있었다. ①사울의 시기심, ②도엑의 간악성이 그것이다. 이처럼 두 사람의 단순한 심리적 충동으로 엄청난 비극이 연출되었다는 사실은, 인간의 악한 감정과 사고는 반드시 행동으로 표출된다. 행동화한 악이 미치는 영향은 파괴적이며 전체적일 수 밖에 없다는 것을 가르친다.

23장 그일라 구출 *(David Saves Keilah)*

1. 위치 설명 : 23장은 목록 사무엘상의 '엘' 에 획순서대로 표시
2. 맥 절: (5절). ; 맥 보충 절: (2절). (찬송383장)
3. 관주구절: 십자가를 지려 예루살렘으로 가는 중 여리고 소경 고침(마19:29~34)
4. 찬 송 : 환난과 핍박 중에서, 진실하신 주 성령, 주 예수 안에 동서나

• 사울을 피해 도망 다니던 다윗은 그를 괴롭히고 있는 블레셋과의 싸움에서 그일라 거민을 구원하였다. 이는 다윗이 항상 하나님의 뜻을 찾으며 기도하였기에 승리할 수가 있었다. 그러나 다윗은 그일라의 배반으로 십황무지로 갔고 거기서 다시 마온광야로 도

망했다(23장).

쉼터 : 하나님의 사람 다윗과 사람의 왕 사울

다 윗	사 울
하나님이 왕으로 삼음(삼하7:8~16)	사람들이 왕으로 삼음(삼상10:1,11:15)
왕위가 영원히 견고함(삼하7:13)	버림 받음(삼상15:23)
관용을 베품(삼하9장)	다윗을 죽이려함, 잔인해짐(삼상22:18,19)
죄를 지적 받았을 때 회개함(삼하12:13; 시51편)	죄를 지적 받았을 때 변명함(삼상15:10~31
하나님 마음에 합한자(행13:22)	사람의 눈에 보이려 함(삼상15:30)

24장 옷자락 사건 *(david Spares Saul' s Life)*

1. 위치 설명 : 24장은 목록 사무엘상의 '엘' 에 획순서대로 표시
2. 맥 절: (4절). "다윗의 사람들이 이르되 보소서 여호와께서 당신에게 이르시기를 내가 원수를 네 손에 넘기리니 네 생각에 좋은 대로 그에게 행하라 하시더니 이것이 그 날이니이다 하니 다윗이 일어나서 사울의 겉옷 자락을 가만히 베니라 " ; 맥 보충 절: (6절).
3. 관주구절: "여호와의 기름 부음을 받은 자를 치는 것을 여호와께서 금하시나니 너는 그의 머리 곁에 있는 창과 물병을 가지고 가자"(삼상26:11)
4. 찬 송 : 주님의 마음을 본받는 자, 아 하나님의 은혜로, 주님의 마음을 본받는자

• 어느날 다윗은 엔게디의 굴에 있을 때 사울을 해할 수 있었음에도 불구하고 그를 살려주었다. 이는 사울이 야훼의 기름부음 받은 자였기 때문이다(24장)

쉼터 : 아두람 굴의 다윗처럼

다윗은 사울을 피해 베들레헴에서 그리 멀지 않은 굴에 숨어 있었다. 그때 지은 노래가 시편 57,142편이다. 이 시편을 읽어보면 다윗이 그 굴속에서 하나님께 기도하면서 시간을 보

냈음을 알 수 있었다. 다윗에게 있어서 아둘람 굴은 하나님만 바라보며 참된 평안을 맛보는 기도의 골방이었던 것이다. 그리스도인들이 곤고할 때 찾을 곳은 어디일까? 그곳은 휴양지가 아닌 기도의 골방, 바로 하나님과만 단둘이 있을 수 있는 한적하고 고요한 공간이다.

25장 다 • 아 만남 • 사무엘 죽음 *(David, Nabal and Abigail)*

1. 위치 설명 : 25장은 목록 사무엘상의 '엘' 에 획순서대로 표시
2. 맥 절: (1,23절). "사무엘이 죽으매 온 이스라엘 무리가 모여 그를 두고 슬피 울며 라마 그의 집에서 그를 장사한지라 다윗이 일어나 바란 광야로 내려가니라" ; 맥 보충 절: (32절).
3. 관주구절: 만남(예수님 행9장, 부모 삼상, 부부 창24장
4. 찬 송 : 복의 근원 강림하사, 나 형제를 늘 위해, 큰 무리 주를 에워싼 중에

• 이스라엘의 지도자로서 마지막 사사요 선지자요 제사장이었던 사무엘은 죽어 그의 고향 라마에 장사되었다(25 : 1). 다윗은 마온에서 지혜롭게 유혈을 방지한 현명한 여인 아비가일을 아내로 맞이하였다(25장).

쉼터 : 아비가일(내 아버지가 기뻐하신다)

- 난폭하고 어리석은 나발의 지혜로운 아내
- 다윗의 요청을 거절한 나발 대신 음식을 준비하여 다윗을 영접하고, 다윗에게 사죄함으로 남편의 죽음을 면하게 하였다(삼상25:18~35)
- 남편이 죽자 다윗의 청혼으로 다윗의 아내가 되었다(삼상25:39~42)

26장 창과 물병사건 (David Again Spares Saul' s)

1. 위치 설명 : 26장은 목록 사무엘상의 '엘' 에 획순서대로 표시
2. 맥 절: (11절). "내가 손을 들어 여호와의 기름 부음 받은 자를 치는 것을 여호와께서 금하시나니 너는 그의 머리 곁에 있는 창과 물병만 가지고 가자 하고" ; 맥 보충 절: (25절).
3. 관주구절: "감독은 하나님의 청지기로서 책망할 것이 없고 제 고집대로 하지 아니하며 급히 분내지 아니하며"(딛1:7)
4. 찬 송 : 내 영혼이 은총 입어, 어둔 죄악 길에서, 내 맘이 낙심되며

• 다윗은 사울의 마지막 4차 추적을 당하게 된다. 여기에서도 하나님의 도우심으로 또다시 사울을 죽일 수 있었는데도 3차 추적 때와 같이 관용을 베푼다. 이것은 결과적으로 다윗에게 완전한 승리를 가져다 주었다. 왜냐하면 광인 사울로 하여금 자신의 잘못을 자인하게 하였고 더 이상 사울로부터 추적을 받지 않게 되었으며 가장 중요한 하나님의 주권을 침해하지 않고 온전히 세워 드렸기 때문이다.(24:6)

쉼터 : 창과 물병

다윗은 사울과 그의 군사들이 깊이 잠들어 있는 진에 들어갔을 때 사울을 죽이자는 아비새의 말을 듣지 않고 "사울의 머리 곁에서 창과 물병을 가지고 떠나"(삼상26:12)갔다. 다윗은 하나님의 기름부음을 받은 사울을 죽이지 않음을 통해 자신의 무죄함과 자신을 쫓는 사울의 부당함을 알리려 했던 것이다. 팔레스타인 지방은 날씨가 굉장히 건조하고 무더운 곳이라서 금새 갈증을 느낄 수밖에 없었다. 그래서 잠을 잘 때도 물병을 머리맡에 두고 수시로 물을 마셨다고 한다. 전쟁시에는 창과 물병은 필수품이었다.

27장 가드로 피신 *(David Among the Philistines)*

1. 위치 설명 : 27장은 목록 사무엘상의 '엘' 에 획순서대로 표시
2. 맥 절: (2절). "다윗이 일어나 함께 있는 사람 육백 명과 더불어 가드 왕 마옥의 아들 아기스에게로 건너가니라" ; 맥 보충 절: (6절).
3. 관주구절: 피신(실수 창12, 20, 26장, 나오미 룻1장, 선한 사마리아 눅10장)
4. 찬 송 : 선한 목자 되신 우리 주, 나 죄중에 헤매며, 저 장미꽃 위에 이슬

• 약 10여 년간 거듭되는 방랑 생활로 인해 안정이 절실하게 필요했던 다윗은 이제 나그네 생활을 정리하고 블레셋의 시글락에 일시적으로 정착지를 마련하게 된다. 이것은 하나님의 뜻에 어긋난 것이다. 그 이유는 ① 다윗은 이미 선지자 갓으로부터 유다땅에 거주하라는 명령을 받은바 있고(22:5) ② 블레셋 땅은 하나님께서 엄격히 금지하셨던 우상 숭배(신5:7~9)가 성행하던 곳이기 때문이다. 하나님 뜻에 어긋난 행동을 했던 다윗은 다음과 같은 보응을 받게 된다. ① 동족상잔을 하게 될 위기에 놓인다.② 다윗이 거하는 시글락이 아말렉족에 의해 약탈을 당한다.

쉼터 : 성도란!

• 성도들은 하나님의 부르심을 입은 사람들입니다. 그리스도의 대속의 피로 값 주고 산 자들입니다. 성경은 은혜로 구원받는 하나님의 백성들입니다. 따라서 성도들은 그 무엇 하나도 자신의 것이 없습니다. 온전히 우리를 구원하신 하나님의 소유임을 , 성령의 전임을 깨달아야합니다. 그리하여 자신의 몸과 자신의 삶을 온전히 하나님의 영광을 위하여 영광을 위하여 드려야 합니다.

28장 엔돌의 신접 *(Saul and the Witch of Endor)*

1. 위치 설명 : 28장은 목록 사무엘상의 '엘' 에 획순서대로 표시

2. 맥 절 : (7절). "사울이 그의 신하들에게 이르되 나를 위하여 신접한 여인을 찾으라 내가 그리로 가서 그에게 물으리라 하니 그의 신하들이 그에게 이르되 보소서 엔돌에 신접한 여인이 있나이다" ; 맥 보충 절: (15절).

3.관주구절 : 금송아지 숭배(출32:8) 여로보암 금송아지 숭배(왕상12:28,13:1)

4.찬 송 : 너 예수께 조용히 나가, 십자가 군병 되어서, 내가 깊은 곳에서

• 블레셋 사람이 모여 이스라엘을 공격하기 의해 수넴에 진을 치자 사울은 두려워하여 떨었다. 그는 절망하여 하나님께 물었으나 야훼는 사울에게 대답하지 않으셨다. 이것은 이미 하나님께서 사울을 버려 그에게서 떠났기 때문이다. 그러자 사울은 다급하여 신접한 여인을 찾아 도움을 구했으나 오히려 멸망의 선고를 받음으로 더욱 두려워하였다(28장).

다윗의 도피 경로			
1	놉	제사장 촌, 거룩한 떡, 골리앗	칼21:1
2	가드	미친자	21:10
3	압둘라굴	부모와 합함	22:1
4	모압	부모를 맡김, 갓 선지자, 미스바	22:3
5	헤렛수풀	갓 선지자의 권유로 유다에 들어와 머문 곳	22:5
6	그일라	성을 블레셋으로부터 구출	23:1
7	황무지 요새		23:14
8	십황무지	요나단 방문	23:14
9	마온 황무지	셀라하마느곳	23:24
10	엔게디 굴	사울의 옷자락, 사무엘 죽음 소식	23:29
11	바란 광야	마온의 나발과 아비가일	25:1
12	하길라 산	사울의 창, 물병	26:3
13	가 드	아가스에게 시글락 성을 얻음	27:4
14	헤브론	유다 왕으로 즉위	삼하2:1

쉼터 : 주술을 금한 이유

주술이란 초자연적인 존재나 신비한 힘을 빌려서 어떤 일의 결과나 미래의 일을 아는 것이다. 그러나 성경은 분명하게 주술이나 점등을 사용하지 말라고 했는데(레19:31) 주술은 하나님이 아닌 다른 것을 하나님 수준에 올려 놓는 것이므로 우상숭배나 다름없었기 때문이다. 또한 주술은 하나님의 뜻을 인간에게 알리는 방법이 아니었기 때문이다. 그럼 하나님께서는 자신의 뜻을 어떤 방법을 통해 알리셨을까? 성경시대에 하나님은 직접적인 계시나 꿈, 기록된 말씀, 천사 성령을 통해 말씀하셨다.

29장 다윗 견제 *(Achish sends David Back to Ziklag)*

1. 위치 설명 : 29장은 요단강 위쪽에 표시
2. 맥 절 : (4절). "블레셋 사람의 방백들이 그에게 노한지라 블레셋 방백들이 그에게 이르되 이 사람을 돌려보내어 왕이 그에게 정하신 그 처소로 가게 하소서 그는 우리와 함께 싸움에 내려가지 못하리니 그가 전장에서 우리의 대적이 될까 하나이다. 그가 무엇으로 그 주와 다시 화합하리이까 이 사람들의 머리로 하지 아니하겠나이까" ; 맥 보충 절 : (6절).
3. 관주구절 : "다윗이 전에 블레셋 사람과 함께 가서 치려 할 때에"(대상12:19)
4. 찬 송 : 내 구주 예수를 더욱 사랑, 내 주는 강한 성이요, 주의 말씀 듣고서

• 블레셋에 피신했던 다윗은 아기스를 도와 이스라엘과 싸워야 할 처지에 놓이게 되었다. 블레셋 군대가 아벡에 진치고 있을 때, 다윗 일행을 견제하던 블레셋 방백들은 그들을 함께 출정시키지 말도록 아기스에게 강력히 항의 했다. 이러한 하나님의 간섭으로 다윗은 그 전투에서 빠져나올 수 있었다.

쉼터 : 죽은 사무엘의 혼령이 정말 나타나는가?

신접한 여인의 초혼술로 한 노인의 혼령이 나타났다. 사울은 이를 사무엘이라고 믿었다. 이것은 사실일까? 이는 사무엘의 혼령이 아니라 초혼술로 나타난 유령이라고 한다. 이 현상은 사탄의 속

임수이며 악령의 역사로 보는 것이다. 사람은 죽으면 즉시 그 혼이 지상의 세계와 다른 세계로 옮겨지고 지상의 세계와 교통하지 못한다고 보기 때문이다(눅16:19~31,고후5:1)

30장 아말렉 보복9 *(David Destroys the Amalekites)*

1. 위치 설명 : 30장은 요당강 끝 쪽에 표시
2. 맥 절: (1절). "다윗과 그의 사람들이 사흘 만에 시글락에 이른 때에 아말렉 사람들이 이미 네겝과 시글락을 침노하였는데 그들이 시글락을 쳐서 불사르고"
3. 관주구절: "아모리 족속의 죄악"(창15:16), 하만(에3장)
4. 찬 송 : 내 영혼에 햇빛 비치니, 귀하신 주 이름, 주의 말씀 듣고서

• 다윗이 시글락으로 돌아갔을 때 아말렉 사람들의 침입으로 초토화 된 상태였다. 처자식을 잃은 다윗의 부하들은 그 책임을 다윗에게 돌렸다. 하나님의 도우심으로 다윗은 곧장 아말렉을 추격하여 크게 물리쳤고 출전하지 않은 자들에게도 전리품을 함께 나누는 관용을 보여주어, 유다에서 왕으로 등극하게 되는 길을 마련하였다.

쉼터 : 오직 하나님 안에서 어려움을 극복하라!

원 인	다윗이 블레셋으로 피함(27장)
다윗의 태도	에봇을 가져오게 하여 하나님의 뜻을 물음(7, 8절) 하나님의 뜻대로 아말렉을 쫓음
하나님의 인도	애굽 소년을 통해 아말렉을 치게 하심(11~15절) 잃어버린 모든 것과 두 아내를 찾음(16~18절) 많은 것을 탈취함(20절)

31장 사울 죽음 (Saul Takes His Life)

1. 위치 설명 : 31장은 사해 끝 쪽에 표시
2. 맥 절: (4절). "그가 무기를 든 자에게 이르되 네 칼을 빼어 그것으로 나를 찌르라 할례 받지 않은 자들이 와서 나를 찌르고 모욕할까 두려워하노라 하나 무기를 든 자가 심히 두려워하여 감히 행하지 아니하는지라 이에 사울이 자기의 칼을 뽑아서 그 위에 엎드러지매" ; 맥 보충 절: (6절).
3. 관주구절: 비참한 죽임(아합 왕상22:37, 이세벨 왕하(9:33, 가룟유다 마27:5)
4. 찬 송 : 이 세상 끝날 까지, 괴로운 인생길 가는 몸이, 친애한 이 죽으니

• 그리하여 사울은 길보아 전투에서 블레셋에게 크게 패하자 스스로 자결하였고 그의 아들과 모든 사람이 그날 함께 죽었다(31 : 5,6) 사울이 죽음을 당한 이유는 하나님께 범죄하였기 때문이었다. 이에 대하여 28장 7절, 8절과 역대상 10장 13절, 14절에서는 다음과 같이 말씀하고 있다.

• 사울이 죽은 이유

1. 하나님의 말씀을 지키지 아니함(대상10 : 13)
2. 하나님께 묻지 아니함(대상10 : 14)
3. 신접자를 찾음(28 : 7)
4. 신접한 자에게 가르침을 청함(28 : 8)

사울의 죽음으로 이스라엘은 멸망하였다. 사울은 하나님께 기름부음을 받은 자였으나 그의 삶은 하나님을 거역하여 불순종하였기에 그 자신과 가족과 나라 모두에게 비참한 종말을 맞이하게 하였던 것이다.

쉼터 : 사울의 장점과 단점	장점	단점
	준수한 용모(9 : 2)	하나님의 뜻을 거역(20 : 31)
	용맹과 추진력(11 : 7)	분별없는 맹세(14 : 24)
	담대함(13 : 3)	악신 들림(16 : 14)
	겸손(9 : 21)	시기와 교만(18 : 8)
	애국심(11 : 6)	이기적(15 : 9)

⊙ 요약(1 : ~31 :)

사무엘		사 울			다 윗	
특징	사역	특징	사역	배교	특징	시련
· 나실인(1 : 11) · 기도 중에 출생(1 : 20) · 하나님께 소명을 받음 (3 : 4~10)	· 선지자(3 : 20) · 백성을 위한 중보기도(7 : 9) · 제사장 (7 : 9~10) · 사사 (7 : 15, 16) · 왕을 세움 (10 : 1) · 왕들에게 기름부음(10 : 1, 16 : 13) · 선지학교설립 (19 : 20)	· 베냐민 지파 (9 : 1) · 키가 크고 준수함(9 : 2) · 하나님에 의한 선택 (9 : 16) · 사무엘에게 기름을 부음 받음(10 : 1) · 사람에게 합당(11 : 15)	· 이스라엘12 지파를 통합 (11 : 7,8) · 이스라엘의 대적을 물리침(11 : 11)	· 불순종 (15 : 24) · 살인 (22 : 18) · 신접자를 의지(28 : 8) · 자살 (31 : 4)	· 하나님에 의한 선택(16 : 1) · 눈이 빼어나고 얼굴이 아름다움(16 : 12) · 하나님 마음에 합당함(행 13 : 22) · 사무엘에게 기름부음 받음(16 : 13)	· 골리앗을 이김으로 사울에게 미움을 받음(18 : 7~9) · 망명생활 (21 :)

⊙ 교훈 및 적용

1. 하나님은 그 뜻에 순종하는 자에게 복주시고 그를 사용하심을 알고 그 마음에 합한 생활을 하여 복 받는 삶을 살자.
2. 마음의 중심을 보시는 하나님이심을 알고 겸손과 감사의 생활을 하여 더 큰 은혜를 받는 자가 되자.
3. 하나님을 가까이 하는 자는 형통하나 하나님을 멀리하는 자는 실패함을 알고 범사에 하나님을 가까이 하자.

사무엘하(Samuel-2)-24-695 : 이스라엘의 두번째 왕 다윗

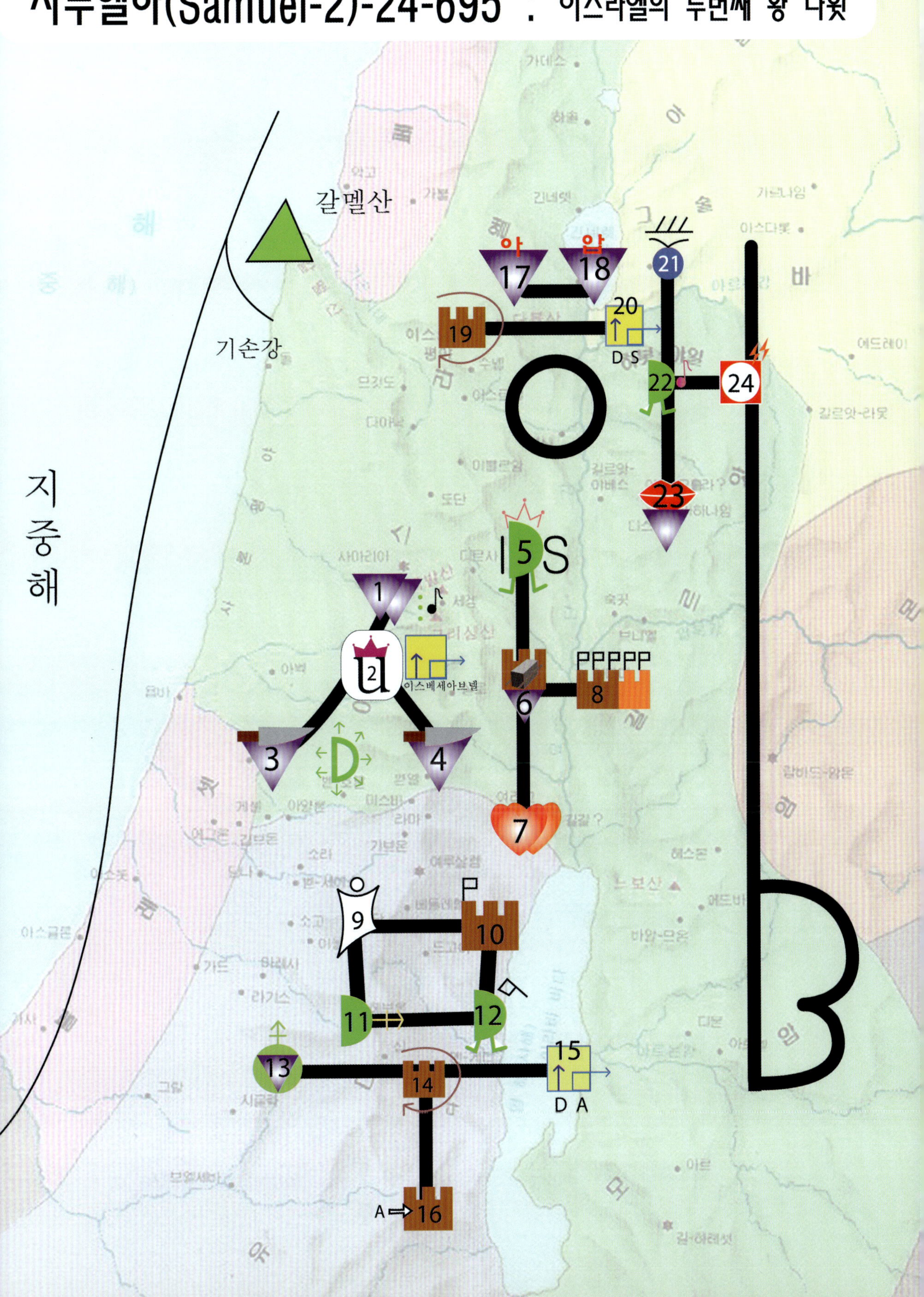

사무엘하(Samuel-2)-24-695 : 이스라엘의 두번째 왕 다윗

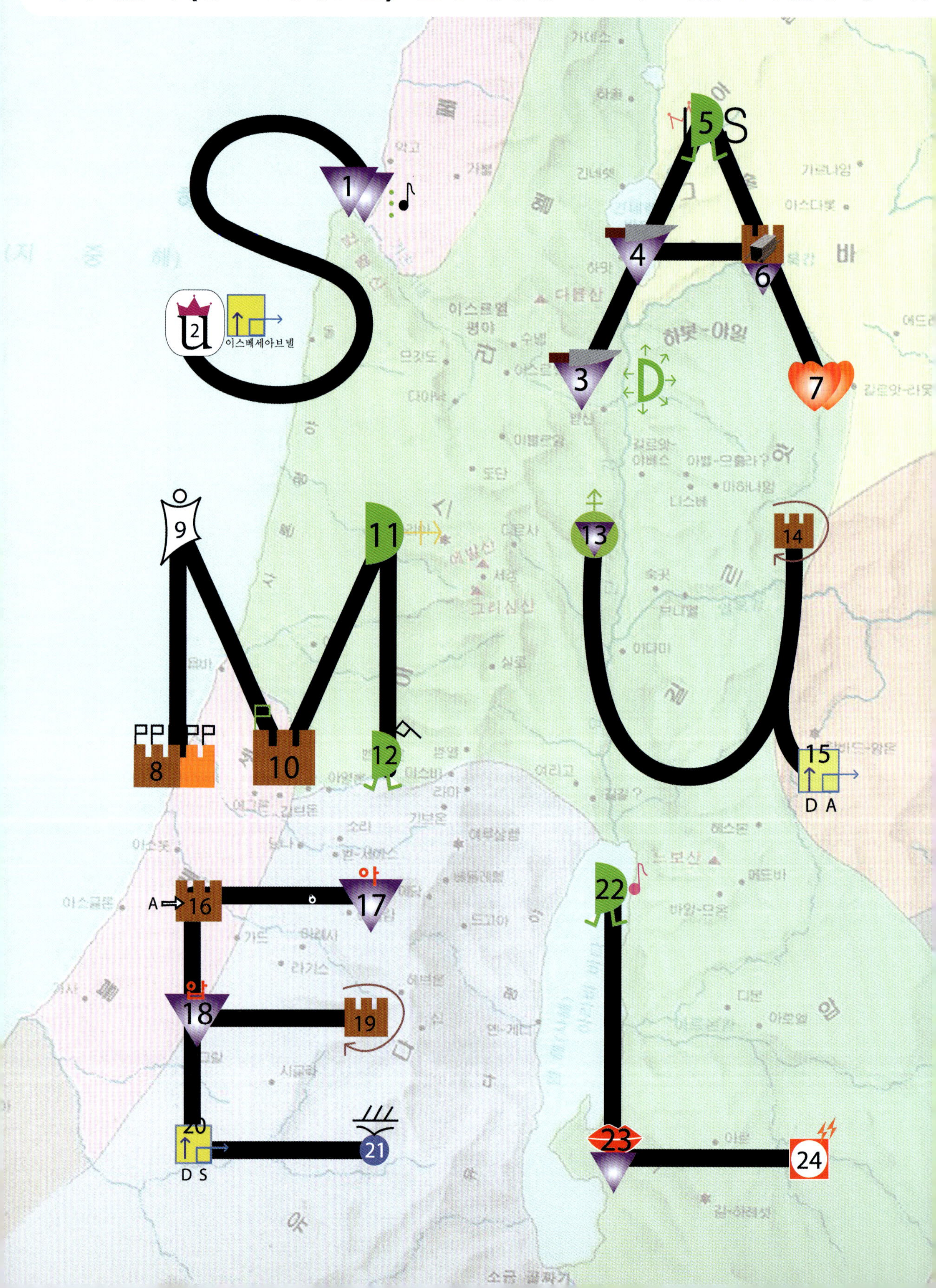

사무엘하

요절 : 여호와께서 그 왕에게 큰 구원을 주시며
기름 부음 받은 자에게 인자를 베푸시어
영원토록 다윗과 그 후손에게로다 하였더라(22:51)

1. 명칭

· 히브리어 성경 : "세무엘"(하나님의 이름 또는 야훼께서 들으심, 삼상 1 : 20)
· 70인역 : "바실레온 β" (왕국기2)
· 영어성경 "2 Samuel"

2. 기록자 : 나단, 갓의 역사 기록(대상29:29)을 종합한 편집자

3. 기록연대 : B.C. 930~900년경(다윗의 통치기간인 40년간의 사건을 기록)

4. 기록의 목적 : 다윗이 이스라엘을 통일왕국으로 확립시켰으며, 하나님의 뜻을 따라 성실과 공의로 다스리는 모습을 기록함으로써 장차 왕으로 오실 그리스도의 통치를 보여주고 있다.

5. 중심사상

1) 하나님의 언약은 다윗의 후손을 통하여 그 왕국을 영원토록 견고하게 하신다(7 : 12~16)
2) 하나님의 선택을 받은 사람의 복은 영원하다(22 : 51).
3) 다윗의 마지막 노래는 장차 이루어질 하나님 나라에 대한 찬양이다(22 : 1~7)

6. 주제 : 순종=축복, 불순종=저주(신명기적 역사관)

7. : 핵심

1) 단어 : 다윗 언약

2) 구절 : 7:12~13, 22:21

3) 장 :11장

8. 사무엘하에서 다윗의 위치

1) 이스라엘의 왕정시대는 사울로부터 시작되었지만 왕국으로서의 국가조직의 체계를 갖춘 것은 다윗부터이다.

2) 하나님의 기름부음을 받은 다윗(2 : 4, 3 : 99, 5 : 3)이 이스라엘의 왕이 되어 통치하는 것은 영원한 통치자이신 메시아의 모형이다.

3) 다윗이 범죄하고 회개하며 또 그 죄로 인하여 고통을 당하는 것은 그도 연약한 인간임을 보여주고 있으나 다윗은 하나님을 의지하고 믿음의 깊은 체험을 한 신앙의 사람이었다.

9. 내용분해 : 24장, 694절

대주제	다 윗 의 번 영		다 윗 의 쇠 퇴	
초점	헤브론	예루살렘	시 련	찬양과 유언
소주제	1. 다윗의 즉위 (1 : ~4 :)	2. 다윗의 치세 (5 : ~10 :)	1. 다윗의 범죄와 고난 (11 : ~20 :)	2. 다윗의 말년 (21 : ~24 :)
내용	1) 다윗의 애가 2) 유다왕 다윗 3) 사울의 집과 다윗의 집	1) 이스라엘왕 다윗 2) 법궤의 이동과 언약 3) 다윗의 승리	1) 다윗의 범죄 2) 다윗의 고난 3) 다윗의 복귀	1) 이스라엘의 기근과 다윗의 찬양 2) 다윗의 유언과 인구조사
신학	역사 속에서 통치하시는 하나님의 주권			

10.주요 사건 연대

다윗의 기름 부음 받음(삼상16:1-13)	사울왕의 죽음 (삼상31:1-6)	다윗의 왕의 등극 (2:1-4)	예루살렘을 정복하고 통일 왕국의 왕이 된 다윗(5:1-10)	다윗과 밧세바의 불륜(11:1-27)
1025	1010	1010	1003	991

BC - ►

990	979	973	970
솔로몬의 출생 (12:24-25)	압살롬의 반란 (15:1-12)	다윗의 인구조사와 하나님의 형벌(24:1-25)	솔로몬의 왕위 계승과 다윗 왕의 죽음 (왕상1:32-53)

11. 남 · 북 39왕 기억법

* 북 이스라엘 19왕

여	로보암	나답	바	아	사	/	엘	라	시므리	오므리	아	합	/
아하시아	여호람	예후	여호아하스	요아스	여로보함2세	스가랴	/	살롬	므나렘	브가히야	베가	호세아	

* 남 유다20왕

르호보암	아	비얌	아	사	여호사밧	/	여	호	람	아	하시야	아달랴	/
요아스	아마샤	웃시야	요담	아하스	히스기야	므나세	/	아몬	요시야	여호아아스	여호야김	여호야긴	시드기야

1장 다윗 애가 *(David' s Hears of Saul' s Death)*

1. 위치 설명 : 1장은 목록 사무엘하의 '사' 에 획순서대로 표시
2. 맥 절: (17절). "다윗이 이 슬픈 노래로 사울과 그의 아들 요나단을 조상하고" ; 맥 보충 절: (12절).
3. 관주구절: 슬픔(수넴여인 아이죽음 왕하4장, 나인성 독자 죽음 눅7장)
4. 찬 송 : 험한 세상 물속에서, 괴로운 인생길 가는 몸이, 양떼를 떠나서

• 다윗의 애가(1 :)

다윗이 아말렉과의 전쟁에서 승리한 후 길보아 전쟁에서 전사한 사울과 요나단의 소식을 들었다(1~4). 이에 다윗은 그들의 죽음을 슬퍼하여 애가를 지어 노래하였다. 이것은 다윗이 사울을 야훼의 기름부음 받은 자로 알고 존중하였기 때문이다. 그러나 그중 특히 요나단에 대해 깊이 애도하였다. 그것은 다윗과 요나단이 서로 생명같이 사랑한 우정 때문이었다. 요나단에 대한 다윗의 사랑은 ① 심히 아름다웠고 ② 여인의 사랑보다 승하였던 것이다.

성경의 주요 노래들

1	모세의 홍해 도하	출15:1~18
2	미리암의 홍해 도하	출15:20~21
3	브앨의 우물물 노래	민21:17~18
4	모세의 유언 노래	신32장
5	드보라의 노래	삿5:12
6	다윗의 언약궤 영접	대상13:8
7	한나의 노래	삼상2장
8	사울과 요나단을 애도한 다윗의 활 노래	삼하1:19~27
9	동정녀 마리아의 노래	눅1:46

쉼터 : 요나단

이스라엘의 초대 왕 사울의 장남 요나단은 이스라엘 왕국의 차기 계승자였으나 하나님의 뜻을 따라 우정과 사랑으로 맹약한 친구 다윗에게 왕좌를 양보했던 신앙 인격자인 동시에 신앙적 통찰력의 소유자였음. 길보아 산 전투에서 블레셋과 싸우다가 사울과 그 형제들과 함께 전사함(삼31:1,2) 길루앗 야베스 거민들이 벧산 성벽에 매어달린 그들의 시체를 거두어 왕실 의식으로 장사 지냄(삼상31:11~13) 다윗이 베냐민 땅 셀라에 있는 기스의 묘로 그 유해를 이전함(삼상21:12~14)

2장 유다(헤브론) 왕 *(David Anointed King Over Judah)*

1. 위치 설명 : 2장은 목록 사무엘하의 '사' 에 획순서대로 표시
2. 맥 절: (4절). "유다 사람들이 와서 거기서 다윗에게 기름을 부어 유다 족속의 왕으로 삼았더라" ; 맥 보충 절: (1절).
3. 관주구절: 칠일 동안 왕이 된 시므리(왕하16:15)
4. 찬 송 : 내 영혼의 그윽히 깊은 데서, 전능왕 오셔서, 주 믿는 사람 일어나

• 유다왕 다윗(2 :)

이스라엘의 신앙적 혼란은 사울의 죽음으로 끝을 맺게 되었고 하나님은 다윗을 통해서 이스라엘의 새로운 역사를 시작하였다. 다윗은 하나님께 기도하여 유다로 올라가 헤브론에서 기름부음을 받아 유다왕(7년 6개월)으로 즉위하였으니(1~4), 이와 같이 다윗은 모든 일을 하나님께 의뢰하였다. 한편 이스라엘에서는 군장 아브넬이 사울의 아들 이스보셋(2년)을 추대하였다(8~11). 이는 아브넬이 충심으로 한 행동이 아니라 이것을 이용하여 자신의 야심을 채우고자 한 것이다.

쉼터 : 다윗이 축복 받은 이유?

인생에서 승리하는 가장 큰 비결은 마음가짐에 있다. 어떤 마음가짐을 가지느냐에 따라 우리 인생이 바뀌게 된다. 다윗은 누구보다 주의 말씀을 주야로 묵상하며 입을 열어 찬양하므로 마음의 생각이 열매를 맺는다. 다윗이 이스라엘 사람들에게 가장 존경받는 인물이 된 것은 불타는 열정이 있기 때문이다.

3장 다윗 번영 • 아브넬 죽음 *(The Prosperity of a David nation, Joab Murders Abner)*

1. 위치 설명 : 3장은 목록 사무엘하의 '사' 에 획순서대로 표시
2. 맥 절: (1,27절). "사울의 집과 다윗의 집 사이에 전쟁이 오래매 다윗은 점점 강하여 가고 사울의 집은 점점 약하여 가니라" ; 맥 보충 절: (2,33절).
3. 관주구절: 복수 극복(하나님 사랑과 이웃 사랑 마22:37~40)
4. 찬 송 : 빛나고 높은 보좌와, 시온의 영광이 빛나는 아침, 오 놀라운 구세주 예수 내주

다윗과 대립하고 있던 마하나임의 사울가는 2단계의 과정을 거쳐 급격히 몰락하게 된다. 그 첫 단계는 요압이 동생 아사헬의 피 때문에 도피성 헤브론에서 사울가의 군장이었던 아브넬의 죽음, 다음단계는 사울의 후계자였던 이스보셋의 죽음이다.

쉼터 : 아브넬(아버지는 등불)

사울과 이스보셋 왕 때 군사령관으로 지냈다. 사울 왕의 첩을 통간하여 이스보셋이 책망하자 이스보셋을 배반하고 다윗 전권에 귀순하였다. 요압의 아우 아사헬을 죽인 이유로 요압에 의해 살해당하였대(삼하3:27)

4장 이스보셋 죽음 *(Ish-Bosheth Murdered)*

1.위치 설명 : 4장은 목록 사무엘하의 '사' 에 획순서대로 표시

2. 맥 절: (6절). "레갑과 그의 형제 바아나가 밀을 가지러 온 체하고 집 가운데로 들어가 서 그의 배를 찌르고 도망하였더라" ; 맥 보충 절: (12절).

3. 관주구절: 목적도 좋고 방법도 좋아야(좋은 나무가 아름다운 열매 마7:17)

4. 찬 송 : 잠시 세상에 내가 살면서, 나 행한 것 죄뿐이니, 내 주 하나님 넓고 큰 은혜

오른팔 아브넬이 사라지자 오판한 레갑과 바아나가 다윗의 신임을 얻어 보려는 생각으로 이스보셋을 암살함. 므비보세(부끄러움을 없에 버리는 자)는 요나단의 아들로 5살 때 유모가 급히 도망가다 떨어뜨려 다리저는 자가 됨

쉼터 : 사울의 집과 다윗의 집

사울의 집	다윗의 집
· 이스보셋이 왕이 되지만 점점 약해져 감(3 : 1)	· 다윗이 왕이 되어 점점 강해져 감(3 : 1)
· 아브넬과 이스보셋 사이에 갈등이 생김(3 : 8~10) · 아브넬이 요압에 의해 살해됨(3 : 27)	· 요압이 미워하나 아브넬은 다윗과 화친하고자 함(3 : 12) · 다윗이 아브넬의 죽음을 애통해 함(3 : 31)
· 이스보셋이 두 군장에 의해 살해됨(4 : 7)	· 다윗이 이스보셋을 살해한 자들을 죽임(4 : 12)

■ 다윗의 치세(5 : ~10 :)

하나님이 함께한 다윗은 모든 전쟁마다 승리하여 이스라엘의 통일왕국을 세우고 공과 의로써 나라를 다스린다.

5장 통일왕 다윗 *(David Becomes King Over Israel)*

1. 위치 설명 : 5장은 목록 사무엘하의 '사' 에 획순서대로 표시

2. 맥 절: (3절). "이에 이스라엘 모든 장로가 헤브론에 이르러 왕에게 나아오매 다윗 왕이 헤브론에서 여호와 앞에 그들과 언약을 맺으매 그들이 다윗에게 기름을 부어 이스라엘 왕으로 삼으니라" ; 맥 보충 절: (10절).

3. 관주구절: 얼마나 울었을까(연단하여 세워 놓으신 하나님의 은혜, 삼상16~39장)

4. 찬 송 : 곧 오소서 임마누엘, 오래동안 기다리던, 이새의 뿌리에서

• 이스라엘왕 다윗(5 :)

다윗이 유다를 다스릴 때에 이스라엘에서는 사울의 아들 이스보셋이 죽었으므로 모든 지파들이 다윗을 추종하여 다윗은 헤브론에서 두 번째 기름 부음을 받아 이스라엘의 모든 지파를 다스리는 왕이 되었다(1~3). 그리하여 그는 수도를 예루살렘으로 옮기고 국토를 확장해 감으로 나라는 점점 강성해져 갔다(6~10). 이것은 하나님께서 다윗과 함께 하셨기 때문이었다. 다윗이 이스라엘 왕으로 30세에 즉위하여 40년 통치함(헤브론 : 유다통치 7년6개월, 예루살렘 : 유다와 이스라엘 통치 33년)

쉼터 : 예루살렘과 새 예루살렘

	예루살렘	새 예루살렘
유사점	하나님께서 임재하여 계심(6:17)	하나님께서 임재하여 계심(계22:5)
	골짜기와 언덕과 성벽으로 둘러싸임(안전성)	크고 높은 성곽으로 이루어짐(안전성,계21:12)
	군사적 요새로 외부와 분리됨	사망과 질병과 애통으로부터 분리되어 있음(계21:4)
	각종 종교 행사가 벌어짐	하나님의 영원한 교통이 이루어짐
	기혼 샘물이 성안으로 흘러 들어옴 (대하32:30)	하나님과 어린양의 보좌로부터 생명수가 흘러넘침(계22:1,2)
차이점	영구하지 못함	영구함
	지상에 있음	천상에 있음
	그림자, 모형	실체

6장 법궤 입성 *(The Ark Brought to Jerusalem)*

1. 위치 설명 : 6장은 목록 사무엘하의 '사' 에 획순서대로 표시

2. 맥 절: (16절). "여호와의 궤가 다윗 성으로 들어올 때에 사울의 딸 미갈이 창으로 내다

보다가 다윗 왕이 여호와 앞에서 뛰놀며 춤추는 것을 보고 심중에 그를 업신여기니라" ; 맥 보충 절: (7절).

3. 관주구절 : 법궤입성(솔로몬 왕상8장, 다윗 대상15장, 솔로몬 대하5장)
4. 찬 송 : 너 예수께 조용히 나가, 시온성과 같은 교회, 시온의 영광이 빛나는 아침

법궤가 약 100년 동안 성막으로부터 떨어져 있었으므로 다윗은 아비나답의 집에서 하나님의 궤를 새 수레에 싣고 여러 가지 악기로 하나님을 찬양하며 예루살렘으로 메고 왔다(1~3). 그러나 나곤의 타작마당에서 웃사가 하나님의 궤에 불경을 범하고 죽음으로 다윗은 두려워하여 오벧에돔의 집에 법궤를 석달을 맡겼다가 다시 그 궤를 예루살렘으로 옮겼다(6 : 11, 12). 그 후 다윗이 하나님을 위하여 성전을 세우려고 하자 하나님은 다윗과 언약을 맺으셨다.

쉼터 : 왜 웃사가 죽었나?

다윗은 아비나답의 집에 있던 법궤를 예루살렘으로 옮겼다. 다윗이 이렇게 한 것은 하나님의 법궤와 함께 있기를 간절히 염원했기 때문이었다. 또한 그는 예루살렘을 군사적 거점과 행정의 중심지로 삼아 이스라엘 백성들을 하나로 모으고 싶었다. 이 과정 중에 법궤 실은 수레를 끌던 소가 날뛰어 법궤가 떨어질 뻔했다. 이를 보고 있던 웃사는 흔들리는 법궤를 손으로 붙들었다. 그런데 이 일로 인해 웃사는 그 자리에서 죽고 말았다. 왜 웃사를 죽이신 걸까? 율법을 모르는 이방인 블레셋 사람들이 이스라엘로 법궤를 운반할 때, 하나님은 진노하시지 않았다. 그러나 이스라엘 백성들의 경우엔 달랐다. 이미 율법을 통해 법궤에 대한 취급법을 알려 주셨기 때문이다. 법궤는 반드시 레위인들이 어깨에 메고 옮겨야 했다. 또 아무나 성물을 만져서는 안되었다(민4:15)

7장 성전 계시 • 다윗 언약 *(God' s Promise to David)*

1. 위치 설명 : 7장은 목록 사무엘하의 '사' 에 획순서대로 표시
2. 맥 절: (4,18,27절). "그 밤에 여호와의 말씀이 나단에게 임하여 이르시되"; 맥 보충 절: (17,22,29절).

3. 관주구절: 약속(대상16~17장

4. 찬 송 : 예수 따라가면, 영원한 문들아 열려라, 교회의 참된 터는

• 성전건축 계획(하나님의 응답)

다윗 : 나는 백향목 궁에 거하거늘 하나님의 궤는 휘장 가운데 있음. 이런 문제로 선지자 나단에게 자문을 구함

⊙ 하나님과 다윗의 언약(7 : 3~17)

① 이스라엘의 주권자로 삼으심(8)
② 어디를 가든지 함께 있음(9)
③ 대적을 멸함(9)
④ 이름을 존귀케 만들어 주심(9)
⑤ 하나님의 집을 건축케 하심(13)
⑥ 하나님의 은총을 거두지 아니함(15)
⑦ 집과 나라와 위가 영원히 보존되고 견고하게 됨(16)

이와 같이 하나님이 다윗에게 복을 언약하신대로 그 나라와 위가 영원하여 다윗의 후손으로 예수 그리스도가 오신 것이다(행13 : 23; 롬1 : 3).

• 다윗의 감사기도

① 주 여호와여 오직 주는 하나님이시며 주의 말씀들이 참되시나이다

② 이제 청하건대 종의 집에 복을 주사 주 앞에서 영원히 있게 하소서 주 여호와께서 말씀하셨사오니 주의 은혜로 종의 집이 영원히 복을 받게 하소서(7:29)

쉼터 : 성경에 나오는 언약

언 약	표 증
여자의 후손이 사탄을 이길 것이다(창3:15)	아기 낳는 고통
다시는 물로 심판을 하지 않겠다(창15:12~21)	무지개
너는 열국의 아버지가 될 것이다(창15:12~21)	풀무, 타는 횃불, 쪼갠 고기
너와 네 후손의 하나님이 되겠다(창17:1~14)	할례
너희가 네 말을 지키면 제사장 나라가 되고 거룩한 백성이 되리라(출19:5~6)	출애굽
네 몸에서 날 자식을 세워 그 나라를 견고케 하리라(삼하7:8~17)	다윗의 가계가 지속되고 다윗의 후손에서 예수님 탄생
예수를 믿는 자는 죄사함과 구원을 받을 것이다(마26:2~28)	예수님의 십자가, 죽음, 부활

8장 군사적 승리 *(David' s Victories)*

1. 위치 설명 : 8장은 목록 사무엘하의 '사' 에 획순서대로 표시
2. 맥 절: (11절). "다윗 왕이 그것도 여호와께 드리되 그가 정복한 모든 나라에서 얻은 은금" ; 맥 보충 절: (15절).
3. 관주구절: 시43편(주의 이름으로 밟으리라). 시138편(군사적 승리)
4. 찬 송 : 내 주는 강한 성이요, 허락하신 새 땅에, 은혜구한 내게 은혜의 주님

다윗이 어디를 가든지 여호와께서 이기게 하심

• 다윗이 쳐서 취한 나라들(8 :)

블레셋	메덱암마를 빼앗음(1)
모 압	다윗의 종이 되어 조공을 바침(2)
소 바	마병과 보병을 사로잡고 금방패와 많은 놋을 빼앗음(3, 7, 8)
다메섹 아람	다윗의 종이 되어 조공을 바침(6)
에 돔	다윗의 종이 됨(14)

쉼터 : 다윗의 치리정신

· 공과 의(8 : 15) : 하나님의 공의로운 말씀으로 다스림
· 성실 (왕상3 : 6) : 충성과 근면으로 성실하게 다스림
· 정직 (왕상3 : 6) : 하나님 앞에서 정직하게 나라를 다스림

9장 므비보셋 밥상 *(Mephibosheth)*

1. 위치 설명 : 9장은 목록 사무엘하의 '무' 에 획순서대로 표시
2. 맥 절: (7절). "다윗이 그에게 이르되 무서워하지 말라 내가 반드시 네 아버지 요나단으로 말미암아 네게 은총을 베풀리라 내가 네 할아버지 사울의 모든 밭을 다 네게 도

로 주겠고 또 너는 항상 내 상에서 떡을 먹을지니라 하니" ; 맥 보충 절: (11절).

3. 관주구절: 약속을 생명같이 지킴(횃불언약 창15장), 약속(민23:19)
4. 찬 송 : 내 맘에 한 노래 있어, 아, 내맘속에,

• 다윗은 사울의 아들 요나단과 약속한 우정을 기억하여(삼상20 : 42) 요나단의 아들 므비보셋에게 호의를 베풀어 사울에게 속했던 재산을 모두 주고 그를 아들같이 후대하였다(9장). 다윗은 요나단과의 깊은 우정을 결코 잊지 않고 요나단의 후손에게 은혜를 베푼 것이다. 이처럼 다윗은 인격과 덕을 갖춘 지도자 였다.

• 사울→ 요나단 →므비보셋→ 미가

쉼터 : 므비보셋에게 은총을 베푼 다윗

"므비보셋은 왕자처럼 왕의 상에서 먹으니라"(11절)말씀처럼 다윗은 신실하게 약속을 수행했다. 다윗은 사랑과 공의로 다스리며 옛 언약을 성취하시고 새 언약을 주신 그리스도의 사역에 대한 예표

10장 암몬 정복 *(David Defeats the Ammonites)*

1. 위치 설명 : 10장은 목록 사무엘하의 '무' 에 획순서대로 표시
2. 맥 절: (14절). "암몬 자손은 아람 사람이 도망함을 보고 그들도 아비새 앞에서 도망하여 성읍으로 들어간지라 요압이 암몬 자손을 떠나 예루살렘으로 돌아가니라 " ; 맥 보충 절: (4절).
3. 관주구절: 모압과 암몬의 기원(창19장)
4. 찬 송 : 십자가 군병 되어서, 주를 앙모하는 자, 여러 해 동안 주 떠나

• 암몬의 나하스가 죽자 다윗은 나하스의 화친으로 인해 그의 아들 하눈에게 조문을 보냈으나 도리어 염탐꾼으로 몰려 모욕(수염 깎고 중돌볼기까지 옷 자름)을 당하고 돌아옴으로 다윗은 요압을 보내어 암몬과 아람연합군을 물리치는 승리를 가져왔다(10 : 13, 14).

쉼터 : 수염이 깎인 다윗의 신하

암몬왕이 죽자 다윗은 조문 사절단을 파견했다(삼하10:2). 그러나 암몬 사람들은 이를 고맙게 여기기는커녕 그들의 수염 절반을 깎고 옷을 엉덩이 바로 아래까지 잘라낸 뒤 다윗에게 돌려보냈다. 이는 암몬왕이 된 하눈의 신하들이 다윗의 신하들을 보고 자기 성을 정탐하러 왔다고 오해했기 때문이었다(삼하10:3). 고대 이스라엘에서는 수염이나 머리털이 권위를 상징한다. 따라서 수염이 깎인다는 것은 노예가 되어서 채찍질 당하는 것과 맞먹을 정도로 큰 모욕을 의미한다. 암몬왕은 실질적으로 선전포고한 것과 같다. 실제로 주변의 군대 33,000명을 모아서 공격했다.

11장 간음 사건 *(David and Bathsheba)*

1. 위치 설명 : 11장은 목록 사무엘하의 '무'에 획순서대로 표시
2. 맥 절: (4절). "다윗이 전령을 보내어 그 여자를 자기에게로 데려오게 하고 그 여자가 그 부정함을 깨끗하게 하였으므로 더불어 동침하매 그 여자가 자기 집으로 돌아가니라" ; 맥 보충 절: (15절).
3. 관주구절: 유혹(유. 다 사건 창38장, 요셉과 보디발의 아내 창39장, 삼손과 드릴라 삿16:16)
4. 찬 송 : 여러 해 동안 주 떠나, 죄 짐을 지고서 떠나거든, 형제여 지체 말라

이제까지 정치적인 면에서 영적인 면에서 군사적인 면에서 승리를 구가해 온 다윗의 생애가 본장의 밧세바 범죄 사건으로 급전 직하되어지는 것이다. 결국 다윗은 선지자 나단의 충고를 듣고 철저히 회개하게 되지만 자신의 범죄가 파생시킨 가정적, 국가적 재난으로 말미암아 큰 어려움을 겪지 않으면 안 되었다.

쉼터 : 다윗의 죄와 그에 따른 징계

지은 죄	받은 징계
밧세바와 동침함(11:2~5)	밧세바 사건으로 인해 낳은
우리아를 적군의 손에 죽게 함(11:14~21)	아이가 죽음(12:14~18)
영적으로 자만하여 인구 조사를 함(24장)	7만 명이 죽음(24장)

12장 나단 책망 (다윗 회개) *(Nathan Rebukes David)*

1. 위치 설명 : 12장은 목록 사무엘하의 '무' 에 획순서대로 표시
2. 맥 절: (7절). "나단이 다윗에게 이르되 당신이 그 사람이라 이스라엘의 하나님 여호와께서 이와 같이 이르시기를 내가 너를 이스라엘 왕으로 기름 붓기 위하여 너를 사울의 손에서 구원하고" ; 맥 보충 절: (13절).
3. 찬 송 : 주님의 뜻을 이르소서, 나 행한 것 죄뿐이니, 나 주의 도움 받고자

전장이 범죄의 장이었다면 본장은 회복은혜의 장이라 할 수 있다. 하나님은 절망의 늪에 완전히 빠져 버린 다윗에게 나단 선지자를 통하여 찾아가셔서 회개할 수 있는 기회와 회복할 수 있는 은혜를 베풀어 주셨다 그러므로 본장의 중심인물은 회개하는 다윗이 아니라 회복시키는 하나님이라 할 수 있다. 참회하는 다윗에게 솔로몬을 주셨다. 죄악 가운데 잉태한 아들을 치셨다. 이것은 죄인을 살리시되 죄악은 철저히 응징하시려는 하나님의 절대적 속성(사랑과 공의)을 반영한 조치였다. 다윗은 본장의 체험을 시51편에 노래하고 있다.

쉼터 : 다윗의 범죄(11 : , 12 :)

(1) 원인(11 :)	① 업무태만 : 전시 중에 피하여 궁에 거함(1)
	② 안일과 게으름 : 저녁때에 침상에서 일어남(2)
	③ 안목의 정욕 : 목욕하는 여인을 바라봄(2)

(2) 범죄(11 :)	① 월권 : 여인을 조사하여 데려옴(4)
	② 육체의 정욕 : 여인과 동침하여 간음함(4)
	③ 은폐 : 우리아를 소환하여 집에서 쉬게 함(6~8)
	④ 살인 : 우리아를 전사케함(17)
(3) 나단의 책망(12 :)	① 가난한 자의 양을 빼앗을 자(4)
	② 불쌍히 여기지 않음(6)
	③ 여호와의 말씀을 업신여김(9)
(4) 회개(12 :)	① 여호와께 죄를 범하였나이다(13)
(5) 결과(12 :)	① 칼이 영영히 떠나지 않음(10)
	② 재화를 일으킴(11)
	③ 백주에 처들이 겁탈당함(11)
	④ 아이가 죽음(14)
	⑤ 여호와의 원수로 크게 훼방할 거리를 얻게 함(14)

13장 암논 강간 *(Amnon and Tamar)*

1. 위치 설명 : 13장은 목록 사무엘하의 '무' 에 획순서대로 표시
2. 맥 절: (32절). "다윗의 형 시므아의 아들 요나답이 아뢰어 이르되 내 주여 젊은 왕자들이 다 죽임을 당한 줄로 생각하지 마옵소서 오직 암논만 죽었으리이다 그가 압살롬의 누이 다말을 욕되게 한 날부터 압살롬이 결심한 것이니이다" ; 맥 보충 절: (14절).
3. 관주구절: 정욕(외모 지상주의 창6장, 말세 사람들 딤후3:1~4
4. 찬 송 : 너 시험을 당해, 어지로운 세상 중에, 세상 모두 사랑 없어

다윗의 범죄로 말미암아 하나님은 징계를 내리시고 그의 가정에는 어려운 문제가 일어난다. 다윗의 아들 압살롬이 자기 누이 다말을 범한 암논을 연회에 초청하여 죽이고 아람 족속 그술왕 달매(외조부)에게 도망가서 3년 피함-다윗이 애통하였음(13 : 37).

쉼터 : 성

암논은 다말을 겁탈한 후 쫓았습니다. 강간범의 심리가 그러하듯 욕구 충족 후 허탈감 때문에 이상한 행동을 했던 것입니다. 이 사건은 음행이 어떤 것인지를 적나라하게 보여줍니다. 암논의 음행은 다윗 가문에 대환난을 가져옵니다. 그것이 골육상잔의 원인이 되었던 것입니다. 또한 이 일로 압살롬이 반역해서 전국가적인 어려움을 일으켰습니다.

14장 압살롬 도피와 귀환 *(Absalom Returns to Jerusalem)*

1. 위치 설명 : 14장은 목록 사무엘하의 '무' 에 획순서대로 표시
2. 맥 절: (23절). "왕이 이르되 그를 그의 집으로 물러가게 하여 내 얼굴을 볼 수 없게 하라 하매 압살롬이 자기 집으로 돌아가고 왕의 얼굴을 보지 못하니라 " ; 맥 보충 절: (33절).
3. 관주구절: "노가 풀리기까지 몇 날 동안만"(창27:44)
4. 찬 송 : 시험 받을 때에, 이 세상의 친구들, 나 주를 멀리 떠났다.

다윗 통치 시대에 있어서 가장 큰 사건이었던 압살롬 반역 사건은 ① 암논 피살 사건 3년 후 압살롬의 귀환 ② 귀환 2년 후 압살롬과 다윗의 화해 ③ 4년 동안 압살롬의 민심 규합을 통한 반역 준비 ④ 헤브론에서 반란 정부 수립 ⑤ 다윗이 마하나임으로 피신함 ⑥ 압살롬이 후세의 모략을 받아들임으로 다윗에게 시간적 여유를 줌 ⑦에브라임 수풀 전투에서 압살롬이 전사함 ⑧ 아이마이스 전투결과 보고 ⑨ 다윗의 환도

쉼터 : 압살롬(평화의 아버지)

다윗과 마아가 사이에서 태어난 셋째 아들이었다. 그는 뛰어난 외모에 명석한 두뇌를 지니고 있었다. 그의 누이 다말이 암논에게 욕을 당하자 잔치를 베풀고 암논을 초대하여 죽였다. 그 후 그는 3년 동안 외조부 그슬의 집에 피난했다가 돌아와 자신의 상속권을 주장했다. 급기야 그는 아버지 다윗을 대적하여 반란을 일으켜 예루살렘을 점령했으나 실패하고 죽었다.

15장 압살롬 반역 *(Absalom's Conspiracy)*

1. 위치 설명 : 15장은 목록 사무엘하의 '무' 에 획순서대로 표시
2. 맥 절: (10절). "이에 압살롬이 정탐을 이스라엘 모든 지파 가운데에 두루 보내 이르기를 너희는 나팔 소리를 듣거든 곧 말하기를 압살롬이 헤브론에서 왕이 되었다 하라 하니라" ; 맥 보충 절: (6절). (찬송405장)
4. 찬 송 : 구주여 광풍이 일어, 나 같은 죄인 살리신, 아 하나님의 은혜로

그 후 요압의 중재로 압살롬을 데려오나 그는 4년 동안 스스로 재판관이 되어 백성들의 마음을 도적하여 헤브론으로 가서 반란을 일으켰다(15 : 7~12). 압살롬이 헤브론에서 왕이 되었고 백성들의 인심이 모두 그에게 돌아갔음을 듣고 후궁 10명을 남겨놓고 벧메르학으로 다윗은 피난길에 나선다(15 : 16~18).

쉼터 : 비유

차이점	나단의 비유(12:1~6)	여인의 비유
유래	하나님(12:1)	요압(3절)
동기	충정	아첨
목적	진리 확증	진리를 흐리게 하기 위해
대상	다윗의 양심	다윗의 감정
결과	유익(12:3)	비극(15:1~18:33)

16장 시므이 저주 • 압살롬 입성 *(David and Ziba)*

1. 위치 설명 : 16장은 목록 사무엘하의 '무' 에 획순서대로 표시
2. 맥 절: (5절). "다윗 왕이 바후림에 이르매 거기서 사울의 친족 한 사람이 나오니 게라의 아들이요 이름은 시므이라 그가 나오면서 계속하여 저주하고" ; 맥 보충 절:

(15절).

3. 관주구절: 삼하15:12, 베냐민 지파는 "물어뜯는 이리라"(창49:27), 사울, 시므이, 모르드개, 바울)
4. 찬 송 : 주 믿는 형제들, 예수 따라가면, 예수가 거느리시니

본장은 다윗의 사기를 꺾어 놓은 장이라 할 수 있다. 즉 기만자요. 물욕에 눈이 어두웠던 시바(므비보세의 하인은 다윗에게 떡 200, 건포도 100송이, 여름 실과 100, 포도주 1 가죽부대 바침으로 므비보셋의 재산을 가로채려함)와 훼방자 시므이(사울의 하인이 다윗 저주, 다윗에게 돌 던지며 티끌 날리며, '피를 흘린자여, 사악한 자여, 가거라, 가거라 사울 족속의 모든 피를 여호와께서 네게 돌리셨다' 라고 악담을 퍼부었다.) 및 배신자이자 악한 모략가인 아이도밸의 도전에 의해 다윗은 유랑 생활의 아픔을 더욱 통감할 수밖에 없었다. 다윗은 이런 와중에서도 하나님께 대한 마음으로부터의 호소를 시3,4,62,63편에 담고 있다.

쉼터 : 뛰어난 모략가 아이도벨(어리석은 형제)

아이도벨의 모략은 실로 대단한 것이었다.(만일 압살롬이 그의 계책을 따랐더라면 다윗은 크게 패배했을 것이다. 그러나 그 뛰어난 묘략도 하나님의 뜻을 역행하는 것일 때는 말할 수 없이 어리석은 것이 되었다. 이는 하나님을 경외하는 것이 지식의 근본이라는 말씀을 되새기게 하며 인간의 지혜가 하나님 앞에서 얼마나 하찮은 것인가를 보여준다.

17장 두 가지 전략 • 아이도벨 죽음 *(Ahithophel' s Death)*

1. 위치 설명 : 17장은 목록 사무엘하의 '하' 에 획순서대로 표시
2. 맥 절: (14,절). "압살롬과 온 이스라엘 사람들이 이르되 아렉 사람 후새의 계략은 아히도벨의 계략보다 낫다 하니 이는 여호와께서 압살롬에게 화를 내리려 하사 아히도벨의 좋은 계략을 물리치라고 명령하셨음이더라 " ; 맥 보충 절: (23절).
3. 관주구절: 하나님은 부친개를 잘 구우신다(저축 민23장, 하만 에7장,)

약속은 생명, 기브온 우호조약(수9장)

4. 찬 송 : 나 행한 것 죄뿐이니, 어려운 일 당할 때, 나 이제 주님의 새 생명 얻은 몸

그리하여 다윗은 친구인 후새의 지혜로 말미암아(17 : 11,12) 압살롬의 손에서 벗어나 요단강을 건너게 되었다. 압살롬은 다윗을 치기위해 아히도벨(압살롬의 패배를 예상하고 고향에 돌아가 자살함)의 모략을 폐하고 후새의 모략을 취하였는데 이는 하나님의 섭리에 의한 것이었다(17 : 14).

쉼터 : 되찾은 므비보셋의 재산

압살롬의 반역으로 다윗의 왕권은 거의 무너지게 되었다. 그리고 다윗을 따르는 충신과 악인들의 왕위 쟁탈전은 더욱 차열하게 되었다. 이때 므비보셋의 종으로서 사울 가의 재산을 관리하던 시바는 므비보셋의 재산을 차지하려고 나쁜 계획을 세웠다. 시바는 다윗에게 사울의 손자 므비보셋이 사울의 옛 왕위를 회복하려고 한다는 거짓 증언을 했다. 다윗은 시바의 이러한 책략에 속아 신중하게 생각하지도 않고 므비보셋의 모든 재산을 시바에게 주었다 그러나 나중에 모든 것이 밝혀져 시바는 재산의 절반을 다시 므비보셋에게 반환하였다(삼하19:26~29).

18장 압살롬 죽음 *(Absalom's Death)*

1. 위치 설명 : 18장은 목록 사무엘하의 '하' 에 획순서대로 표시
2. 맥 절: (14절). "요압이 이르되 나는 너와 같이 지체할 수 없다 하고 손에 작은 창 셋을 가지고 가서 상수리나무 가운데서 아직 살아 있는 압살롬의 심장을 찌르니" ; 맥 보충절: (33절).
3. 관주구절: "무엇으로 심든지 그대로 거두리라"(갈6:7)
4. 찬 송 : 이 세상의 근심된 일이 많고, 이 눈에 아무 증거 아니뵈어도

그러므로 다윗의 죄로 말미암아 그의 아들 암논과 압살롬(암살롬이 노새를 타고 가던 중 상수리나무 가지에 머리 걸림 이때 요압이 창 셋으로 심장을 찔러 죽임), 밧세바가 낳은 아

들(12 : 15)이 죽었고 또 후에 아도니야도 죽었으니 (왕상2 : 25) 이는 다윗이 스스로 행한 일에 대해 사배나 갚아 주어야 한다는 맹세(12 : 6)가 이루어진 것이다.

쉼터 : 아히마아스가 구스 사람보다 앞서 달린 이유

다윗이 압살롬과 전투하였던 마하나임 근처의 지형을 알면 아이마아스가 구스 사람보다 더 빨리 달린 이유를 알 수 있다. 구스 사람은 이디오피아 사람으로 요압 군대의 잘 훈련된 전령관이었을 것이다. 그는 전투지에서 다윗의 병참기지인 미하나임으로 난 지름길을 택했다. 그러나 미하나임은 얍복강 때문에 형성된 가파른 골짜기에 둘러싸인 도성으로, 마하나임으로 가는 길은 바위 길이었다. 아히마아스도 잘 달리는 사람이었다 이미 반란 기간 동안 예루살렘에서 다윗에게 소식을 전했던 훈련된 전령관이었다. 아히마아스는 그 지역의 지형을 더 잘 알고 있었기에 압복강의 평지를 택해 달렸던 것이다 그 결과 아히마이스가 구스사람보다 더 먼저 도착해 반란군을 진입했다는 소식을 전했다(삼하18:28~29)

- 다윗의 복귀(19 :~ 20 :)

19장 다윗 환궁 *(David Return to Jerusalem)*

1. 위치 설명 : 19장은 목록 사무엘하의 '하' 에 획순서대로 표시
2. 맥 절: (15절). "왕이 돌아와 요단에 이르매 유다족속이 왕을 맞아 요단을 건너가게 하려고 길갈로 오니라" ; 맥 보충 절: (11절).
3. 관주구절: "믿음은 바라는 것들의 실상이요"(히11:1)
4. 찬 송 : 나의 갈길 다가도록, 십자가 군병들아, 너 시온아 이 소식 전파하라

다윗이 전쟁에서 승리하자 압살롬을 따르던 백성들은 다시 다윗에게로 돌아왔고 다윗은 예루살렘으로 길 떠날 때 시므이가 유대인과 다윗을 맞으러 오고, 베냐민 지파1000명이 다윗과 함께함, 다윗이 시므이의 죄를 용서하고, 므비보셋은 왕이 돌아올 때 까지 발을 맵시 내지 않고, 수염을 깎지 않고, 옷을 빨지 않고 왕을 기다림. 이스라엘지파와 유다지파가

왕을 서로 모시려고 다툼 (19장).

쉼터 : 바르실래의 겸손

다윗이 곤경에 처했을 때 그를 위로로 환대했던 바르실래에게 다윗이 복귀할 때 예루살렘에 가서 너를 공궤하리라는 다윗의 보답에 고령의 이유로 예루살렘에 가는 것을 정중히 거절함. 참된 선행은 대가나 보상을 바라지 않고 도움이 필요한 자를 위해 순수하게 봉사하는 것이다.

20장 세바 반란 *(Sheba Rebels Against David)*

1. 위치 설명 : 20장은 목록 사무엘하의 '하' 에 획순서대로 표시
2. 맥 절: (1절). "마침 거기에 불량배 하나가 있으니 그의 이름은 세바인데 베냐민 사람 비그리의 아들이었더라 그가 나팔을 불며 이르되 우리는 다윗과 나눌 분깃이 없으며 이새의 아들에게서 받을 유산이 우리에게 없도다 이스라엘아 각각 장막으로 돌아가라 하매" ; 맥 보충 절: (22절).
3. 관주구절: 남북 분열의 경고(경고: 창14장, 출11장)
4. 찬 송 : 충성하라 죽도록, 눈을 들어 하늘 보라, 어지러운 세상 중에

그러나 베냐민 지파의 세바가 선동하고 반란을 일으키자 또다시 이스라엘 사람들은 다윗을 대적한다(20 : 1, 2). 그때 아벨 성읍의 지혜로운 한 여인이 세바를 죽임으로 혼란했던 이스라엘은 평안을 되찾았고(20 : 22) 나라는 안정되었다.

쉼터 : 세바의 반란

다윗이 정치적으로 어려운 시기에 북쪽 열 지파를 선동하여 반란을 일으킨 자가 있었는데 비글리의 아들 세바였다. 그는 지역 패권주의 자로서 남쪽 유다 지파의 다윗과 북부 지파를 이간질 시키면서 한때 득세하였으나, 내부의 경쟁자들로 인하여 실패하고 말았다. 그리고 다윗의 군대장관 요압에 의하여 죽임을 당한다.

21장 기브온 소원(삼년 기근) *(The Gibeonites Avenged)*

1. 위치 설명 : 21장은 목록 사무엘하의 '하' 에 회순서대로 표시
2. 맥 절: (1,6절). "다윗의 시대에 해를 거듭하여 삼 년 기근이 있으므로 다윗이 여호와 앞에 간구하매 여호와께서 이르시되 이는 사울과 피를 흘린 그의 집으로 말미암음이니 그가 기브온 사람을 죽였음이니라 하시니라" ; 맥 보충 절: (9절).
3. 관주구절: 약속은 생명, 기브온 우호조약(수9장)
4. 찬 송 : 저 장미꽃 위에 이슬, 나의 죄를 씻기는, 주의 피로 이룬 샘물

·

이스라엘은 여호수아 시대에 화친을 위해 기브온 사람과 언약을 맺었다 (수 9 : 15). 그런데 사울이 이를 어겨 기브온 사람들을 죽여 피를 흘림으로 인하여 이스라엘이 3년 동안 기근을 당하자(21 : 1,2) 다윗은 기브온인을 살해한 사울의 자손 중 일곱을 저들에게 내어주어 죽게 함으로 기근이 멈추게 되었다(21 : 9).

쉼터 : 사울의 죄가 후손에까지?

사울은 재위 시, 여호수아가 정복 당시에 한 맹세(수9장)를 어기고 기브온 족속, 즉 이스라엘 영토에서 속민으로 살던 그들을 말살하려고 했다. 그 죄 값으로 하나님께서 그 땅에 3년의 기근을 내리셨고, 다윗은 기브온 사람들에게 배상의 방법을 물었다. 그들이 사울의 후손 일곱 명을 처형하라고 요구하자 다윗은 이에 동의하였다. 처형이 끝난 뒤 하나님께서는 기도를 들어 주셨다. 따라서 다윗과 마찬가지로 하나님께서도 이 보복을 승인하신듯하며, 이 행위가 과연 정당하냐하는 윤리적 문제가 남는다. 그 해답은 사울의 이 후손들이 무고했다는 추정을 다시 검토해보는 데 있을 것이다. 여호와께서 그 기근이 "사울과 피를 흘린 그 집으로 인함"이라고 말씀하셨다고 전한다. 과거에 기브온 족속에게 학살을 자행한 당사자들을 단죄한 것은 법적으로도 정당한 조치였으며, 그 땅은 죄를 씻었다.

22장 다윗 노래 *(David' s Song of Praise)*

1. 위치 설명 : 22장은 목록 사무엘하의 '하' 에 획순서대로 표시
2. 맥 절: (1절). "여호와께서 다윗을 모든 원수의 손과 사울의 손에서 구원하신 그 날에 다윗이 이 노래의 말씀으로 여호와께 아뢰어" ; 맥 보충 절: (2~3절).
3. 관주구절: 노래(출15장, 신32장, 삿5장, 삼상2장, 계14장)
4. 찬 송 : 주 예수 이름 높이어, 오 신실하신 주, 주 날개 밑 내가 편안히 쉬네

다윗은 하나님께서 대적의 손에서 구원하신 그 섭리를 찬양하고 있다. 그는 야훼를 반석, 요새, 건지시는 자, 피할 바위, 방패, 구원의 뿔, 망대, 피난처, 구원자로 묘사하여 야훼의 위대하심과 영광을 감사와 기쁨으로 찬양했다(22 : 1~4). 이는 하나님께서 다윗을 위하여 행하신 능력을 통하여 하나님이 어떠한 분이신가를 나타내주고 있다.

쉼터 : 사람에 따라 다르게 대하시는 하나님

다윗의 노래에는 하나님의 거룩하신 속성이 잘 나타나고 있다. 하나님은 사람들을 선악간에 분별하사 공정하게 심판하시는 분이다. 그러므로 하나님을 속이거나 만홀히 여겨서는 안 된다. 오직 그분의 긍휼이 우리를 살려 주고 있다는 것을 안다면 우리는 겸손할 수밖에 없다.

인간 유형	하나님의 대응
자비한 자	주의 자비하심을 나타내심
완전한 자	주의 거스리심을 보이심
교만한 자	주의 완전하심을 보이심
교만한 자	살피사 낮추심

23장 다윗 마지막말 *(The Last Words of David)*

1. 위치 설명 : 23장은 목록 사무엘하의 '하' 에 획순서대로 표시

2. 맥 절: (1절). "이는 다윗의 마지막 말이라 이새의 아들 다윗이 말함이여 높이 세워진 자, 야곱의 하나님께로부터 기름 부음 받은 자, 이스라엘의 노래 잘 하는 자가 말하노라" ; 맥 보충 절: (5절).
3. 관주구절: 유언(창27장, 창49장, 왕상2장, 마28:19~20)
4. 찬 송 : 내 평생 소원 이것뿐, 그 크신 하나님의 사랑, 하나님 사랑은

23장은 하나님께 대한 다윗의 마지막 말이 나온다. 야훼는 의로우신 통치자요 언약의 보존자가 되신다고 표현하였다(23 : 1~7). 그리고 희생적인 37명의 용사들에 대해서도 말하고 있다(23 : 8~39).

쉼터 : 우리들의 인생 그래프

지금까지의 인생여정을 그래프로 그려 보면 어떤 모습일까? 아마 항상 위로만 향하는 일차방정식 그래프는 아닐 것이다. 하나님의 마음에 합한 자라 불렀던 다윗도 위 아래로 왔다 갔다 하는 인생 그래프를 남겼다. 여러 가지 시련이 있지만 능히 이겨낼 힘을 주시고 나아갈 때 상을 주는 분임을 잊지 말자(히11:6)

24장 인구조사 • 재앙 *(David Counts the Fighting Man)*

1. 위치 설명 : 24장은 목록 사무엘하의 '하' 에 획순서대로 표시
2. 맥 절: (1절). "여호와께서 다시 이스라엘을 향하여 진노하사 그들을 치시려고 다윗을 격동시키사 가서 이스라엘과 유다의 인구를 조사하라 하신지라" ; 맥 보충 절: (10절).
3. 찬 송 : 만세반석 열리니, 큰 죄에 빠진 나를, 어두운 내 눈 밝히사,

24장은 다윗이 인구조사를 하고 하나님은 이로 인하여 재앙을 내리신다. 역대상 21장 1절에서는 다윗이 이스라엘과 유다의 인구조사를 하게 된 동기를 말씀하고 있다. "사단이 일어나 이스라엘을 대적하고 다윗을 격동하여 이스라엘을 계수하게 하니라" 다윗은

요압의 권고에도 불구하고 인구조사를 고집하였으니 이로 인하여 하나님은 삼일동안 온역의 재앙을 내린다(24 : 13,14). 그 후 다윗이 번제와 화목제의 희생물을 드리고 기도하매 하나님이 들으시고 재앙이 그치게 되었다(24 : 25).

이처럼 하나님을 의지하고 믿음으로 살 때는 범사가 형통했으나 부강한 나라의 힘을 의지하여 믿음이 약하여지면 하나님은 징계하시는 것이다.

쉼터 : 다윗의 삶

다윗의 승리	다윗의 번영	다윗의 범죄	다윗의 고난		다윗의 말년
1 : ~4 :	5 : ~10 :	11 :, 12 :	13 : ~18 :	19 :, 20	21 : ~24 :
유다를 통치	통일왕국 이스라엘의 통치		압살롬으로 인한 시련	예루살렘으로 복귀	찬양과 유언
헤브론(12지파)	예루살렘(12지파)				
7년반	33년				

⊙ 교훈 및 적용

1. 사랑과 용서의 하나님이심을 알고 범죄했을 때 회개하여 하나님의 은혜를 받자.
2. 하나님이 함께 할 때 승리함을 깨닫고 임마누엘의 믿음을 가지자.
3. 구원자 되시는 하나님께 감사와 찬양으로 영광을 돌리자.

열왕기상(Kings-1)-22-862 : 내분이 일어난 왕국

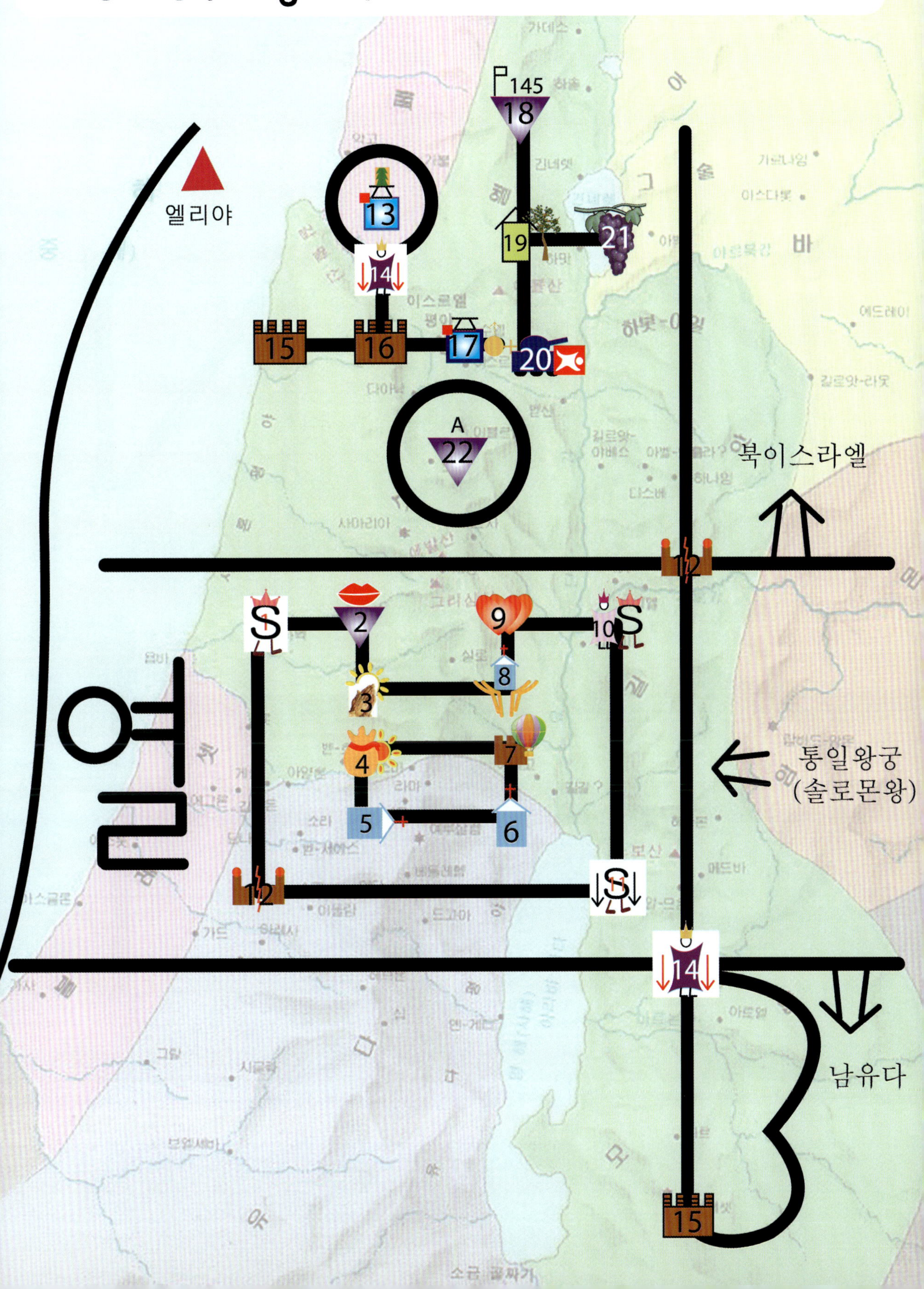

열왕기상(Kings-1)-22-862 : 내분이 일어난 왕국

열 왕 기 상

요절 : 솔로몬이 그 아비 다윗의 왕위에 앉으니 그 나라가 심히 견고하니라(왕상2:12)

1. 명칭

열왕기상하는 원래 한 저자에 의해 기록된 한 권의 책이었다. 그런데 칠십인 역에서 이 책을 '제3왕국기', '제4왕국기 ' 로 나누어 놓았다.(제1, 2왕국기는 사무엘상하이다). 그 후 불가타역에서 ' 왕국기 상하 '로 구분했기 때문에 그 영향으로 열왕기 상하가 되었다.

· 히브리어성경 : "메라킴" (왕들)

· 70인역 : "바실레온 " (왕국기 3)

· 영어성경 : " Kings"

2. 기록자 : 미상(예레미야로 추정)

3. 기록연대 : B.C.561~538년 사이로 추정

4. 기록목적

이스라엘의 흥망성쇠는 백성들과 왕들의 신왕과 불신앙에 따른 결과임을 밝히는데 있으며, 열왕기에 나타난 역사적 사실을 통해 하나님이 어떻게 은혜로운 언약을 이루어 나가셨나를 후손들에게 가르치는데 그 목적이 있다.

5. 중심사상

1) 이 책은 이스라엘의 세부적인 역사의 기록이 아니라 사건을 통해 나타나는 영적인 교훈을 가르치고 있다.

2) 순종하는 자에게 임하는 복과 불순종하는 자가 받는 심판을 선명하게 보여준다(3 : 14).

3) 하나님의 백성은 주변 민족의 종교와 완전한 분리를 유지해야 함을 강조하고 있다(11 : 10).

6. 열왕기상에 나타난 솔로몬의 통치

1) 정치

· 넓은 영토를 보존하기 위해 정략결혼 이용

· 애굽과 동맹하여 게셀 획득(국방상 주요 요충지)

· 두로와 동맹하여 성전건축을 위한 방대한 물량을 공급받음.

2) 경제

· 세금과 공물 : 나라를 12군으로 나누어 받아들임

· 부역 : 가나안 주민들을 동원(이스라엘 사람도 동원시킴)

· 무역 : 무역을 통하여 상당한 수입을 획득

· 외국의 조공 : 백성들의 부담을 덜어주는 수입원

3) 건축

· 성읍을 요새화, 웅장한 성전과 궁전을 건축

성전 : 30,000역군 동원, 7년간 건축, 왕궁 : 13년 공사, 별궁을 만들어 무기저장

7. 내용분해 : 22장, 816절

대주제	통일왕국시대				분열왕국시대		
시대배경	솔로몬 통치(40년)				남북대립의 시대(90년)		
소주제	1. 솔로몬의 통치 (1 : ~4 :)	2. 성전건축 (5 : ~8 :)	3. 솔로몬의황금시대(9 : ,10 :)	4. 솔로몬의 타락 (11 :)	1.분열왕국 (12 : ~16 :)	2.엘리야의사역 (17 : ~19 :)	3.아합의 통치 (20 : ~22 :)
내용	1) 솔로몬의 등극 2) 솔로몬의 왕권확립 3) 솔로몬의 치세	1) 성전건축을 위한 준비 2) 성전건축 3) 선전장식 4) 성전봉헌	1) 하나님의 언약 2) 스바여왕의 방문	1) 타락의 원인 2) 타락의 결과	1) 르보호암의 왕위 계승 2) 여로보암의 통치 3) 유다의 쇠퇴 4) 이스라엘의 쇠퇴	1) 엘리야의 사역 2) 갈멜산에서의 사역 3) 엘리야의 실패	1) 아합과 벤하닷 2) 아합과 나봇의 포도원 3) 아합의 죽음
신학	죄에 대한 하나님의 심판						

8.주요 사건 연대

솔로몬의 왕위 계승과 다윗의 죽음(왕상1:32-2:10)	성전 건축(6:1-38)	솔로몬왕의 죽음과 르호보암의 등극(11:43-12:1)	여로보암의 즉위와 남북의 분열(12:20-33)	아합의 북이스라엘 통치(16:29)
970	966-959	931	931	874
BC --►				
855			853	
엘리야의 갈멜산에서의 영적 전쟁(18:20-40)	엘리사의 소명(19:19-21)		아합 왕의 죽음(22:29-40)	

1장 솔로몬 왕 됨 *(David Makes Solomon King)*

1. 위치 설명 : 1장은 목록 열왕기상의 '열' 에 획순서대로 표시
2. 맥 절: (39절). "제사장 사독이 성막 가운데에서 기름 담은 뿔을 가져다가 솔로몬에게 기름을 부으니 이에 뿔나팔을 불고 모든 백성이 솔로몬 왕은 만세수를 하옵소서 하니라" ; 맥 보충 절: (43절).
3. 관주구절: 삼하8:18, 23:20~23
4. 찬 송 : 인애하신 구세주여, 나 맡은 본분을, 나는 갈 길 모르니, 목소리 높여서

• 솔로몬의 등극(1 : ~4 :)

다윗의 넷째 아들 아도니야는 다윗의 수명이 다함을 보고 요압 장군과 아비아달 제사장을 중심으로 반역을 일으켜 스스로 왕이 됨을 선언하였으나(1 : 9) 왕위는 하나님의 말씀대로 솔로몬에게 돌아갔다. 이때 솔로몬의 등극을 도운 사람들은 브나야 장군, 사독 제사장, 나단 선지자였으며 이런 경건한 인물들을 측근에 둠으로써 솔로몬의 왕위가 출발부터 견고해질 것을 보여주고 있다.

쉼터 : 솔로몬 vs 아도니아

솔로몬을 추대하는 자(다윗에 속한 자)		아도니아에 속한 자	
브나야	대제사장 여호야다의 아들로, 다윗의 충성스런 경호 대장	요압	다윗의 군대 장관이며, 다윗의 조카. 후에 브나야가 처단하였다.
사독	이스라엘의 유일한 제사장 계열이 됨	아비아달	엘리 계열의 마지막 제사장
나단	선지자, 모사	요나단	아비아달의 아들,모사
시므이,레이 다윗의용사들	다윗측의 주력 군대	기마병, 경호병50명	아도니아 후원군

2장 다윗 유언 • 죽음 *(David' s Charge to solomon)*

1. 위치 설명 : 2장은 목록 열왕기상의 '열' 에 획순서대로 표시
2. 맥 절: (1,10절). "다윗이 죽을 날이 임박하매 그의 아들 솔로몬에게 명령하여 이르되"; 맥 보충 절: (8절).
3. 관주구절: 민27:13; 창27:2 "한번 죽는 것은 정한 것이다"(히9:27)
4. 찬 송 : 세상 모든 수고 끝나, 주가 맡긴 모든 역사, 전능의 하나님, 어둠의 권세에서

• 다윗의 유언 솔로몬에게

① 대장부가 되라

② 하나님의 계명과 율법을 지켜라

③ 요압과 시므이 그 백발로 평안히 스올에 내려가지 못하게

• 다윗 죽음 (70세 죽음, 30세 즉위, 40년 통치)

• 솔로몬의 왕권확립(2 :)

솔로몬은 다윗의 유언대로 그를 대적한 원수들과 그를 보좌한 측근들에 대해 지혜롭게 행동했다.

① 아도니야 : 아비삭을 구한 음모로 처단(2 : 12~25)

② 아비아달 : 제사장직을 파면(2 : 27)

③ 요압 : 그 손의 피값으로 처형(2 : 28~35)

④ 시므이 : 왕명을 어김으로 처형(2 : 26~46)

이와 같이 옛 왕조의 문제가 척결되자 솔로몬의 왕권은 확고히 확립되기 시작했다.

쉼터 : 제단의 네 뿔

성막 안에 있는 제단이 어떤 모양이었는지 정확히 알 수는 없다. 하나님께서 모세에게 알려 주신 말씀에 의하면 제단 네 모퉁이 위에 네 개의 뿔을 만들라고 하셨다(출27:1~8). 제단의 네 뿔을 잡는 것은 용서와 보호를 요청하는 행위였다. 도피성으로 피한 사람이 보호받을 수 있는 것처럼 제단의 네 뿔을 잡으면 생명을 보호받을 수 있었다. 그러나 제단 뿔을 잡는다고 다 보호받는 것은 아니었다. 고의적으로 살인한 자는 제단 뿔을 잡더라도 죽임을 당했다(출21:14). 아도니아와 요압은 솔로몬을 두려워하여 생명을 보호받고자 제단 뿔을 잡았던 것이다.(왕상2:28)

3장 지혜를 구함 *(Solomon Asks for Wisdom)*

1. 위치 설명 : 3장은 목록 열왕기상의 '열' 에 획순서대로 표시
2. 맥 절: (5절). "기브온에서 밤에 여호와께서 솔로몬의 꿈에 나타나시니라 하나님이 이르시되 내가 네게 무엇을 줄고 너는 구하라" ; 맥 보충 절: (4절).
3. 관주구절: 올무에 항상 조심하라(왕하13:18)
4. 찬 송 : 어두운 내 눈 밝히사, 내 영혼에 햇빛비치니, 주여 지난밤 내 꿈에

• 솔로몬의 치세(3 : 4 :)

솔로몬이 기브온 산당에서 일천번제를 드리자 야훼께서 솔로몬의 꿈에 나타나시어 "내가 네게 무엇을 줄꼬 너는 구하라" (3 : 5)고 말씀하셨다. 이에 솔로몬은 겸손히 자신은 어리므로 수많은 백성을 다스릴 지혜가 필요함을 간구하였고 하나님은 이 기도에 응답하시어 "네가 만일 네 아비 다윗의 행함 같이 내 길로 행하여 내 법도와 명령을 지키면" (3 :

14) 이라는 조건하에 그가 구하지 않는 부와 영광까지 주셨다. 지혜를 구한 솔로몬의 기도는 하나님의 의를 이루는 합당한 기도였으므로 곧 응답되었고 다른 세상의 모든 것까지 받는 복을 받았다.

쉼터 : 무엇을 줄꼬?

솔로몬은 하나님께 자신의 편안함을 구하지 않고 맡기신 사명을 감당하기 위한 지혜를 구하였다. 이러한 솔로몬의 간구를 하나님은 기뻐하셨다. 그 결과 하나님께서는 다음과 같은 엄청난 축복을 주셨다. "내가 또 너의 구하지 아니한 부와 영광도 네게 주노니 네 평생에 열왕 중에 너와 같은 자가 없을 것이라"(왕상3:13) 규칙적인 기도도 필요하지만 기도의 내용이 무엇인가도 중요하다. "너희는 먼저 그의 나라와 그의 의를 구하라"(마6:33)는 예수님의 말씀을 우리의 기도에 적용해야 한다.

4장 부 • 지혜 *(Solomon' s Daily Provisions)*

1. 위치 설명 : 3장은 목록 열왕기상의 '열' 에 획순서대로 표시
2. 맥 절: (25,절). "솔로몬이 사는 동안에 유다와 이스라엘이 단에서부터 브엘세바에 이르기까지 각기 포도나무 아래와 무화과나무 아래에서 평안히 살았더라 "; 맥 보충 절: (30절).
3. 관주구절: 충성된 사람을 많이 세워라(고전4:2, 딤후2:2)
4. 찬 송 : 공중 나는 새를 보라, 어둔 밤 쉬 되리니, 충성하라 죽도록

1. 전장에서는 하나님께서 솔로몬에게 지혜와 부와 영광을 주겠노라고 약속하셨거니와 본장은 그 약속이 어떻게 성취되었는가를 보여준다. 먼저 솔로몬 왕국을 보다 효율적으로 통치하기 위해 12구획으로 나누었으며 직속 중앙 기구로서 9부를 두었다. 당시 백성들 모두가 태평성대를 이루었다.

쉼터 : 솔로몬의 공격

장 점	학 문	저 서	기 타
· 하나님께 지혜를 구함 (3 :9) · 성전건축(6 : 1) · 성전봉헌(8 : 20) · 인재등용(4 : 2)	· 식물학자(4 : 33) · 동물학자(4 : 3	· 아가서(초창기) · 잠언(청년기)3,000개 · 시편(청년기)1,005개 · 전도서(말년)	· 무역가 · 행정가 · 건축가

5장 성전건축 준비 *(Preparations for Building the Temple)*

1. 위치 설명 : 5장은 목록 열왕기상의 '열' 에 획순서대로 표시
2. 맥 절: (6절). " 당신은 명령을 내려 나를 위하여 레바논에서 백향목을 베어내게 하소서 내 종과 당신의 종이 함께 할 것이요 또 내가 당신의 모든 말씀대로 당신의 종의 삯을 당신에게 드리리이다 당신도 알거니와 우리 중에는 시돈 사람처럼 벌목을 잘하는 자가 없나이다 " ; 맥 보충 절: (5절).
3. 관주구절: 성령에 이끌려 즐거운, 기쁨, 감동, 자원하여 건축해야한다(출35장)
4. 찬 송 : 내 맘에 한 노래 있어, 교회의 참된 터는, 시온성과 같은 교회

• 성전건축을 위한 준비(5 :)

다윗은 그가 군인으로써 많은 피를 흘렸다는 이유로 성전을 지을 수 없음을 알고 모든 성전건축의 재료를 준비하여 평강의 왕인 솔로몬에게 넘겨주었다(5 : 5).

건축자제 : 백향목, 잣나무, 돌 등

성전의 구조는 하나님이 다윗에게 보여주셨고 (대상28 : 19) 다윗은 솔로몬에게 그 모형을 알려주었으며, 그 모형대로 성전이 건축 되었다. 이로써 이스라엘의 성막은 영구한 성전에 정착하게 되었다.

쉼터 : 돌 뜨기

성전 건축에는 잘 다듬어진 돌들이 많이 필요했다. 그래서 고도로 숙련된 석수들이 필요했다. 석수들은 필요한 돌을 얻기 위해 바위에 구멍을 뚫고 그 구멍에 나무 쐐기를 박고 이 쐐기에 물을 부어 나무 쐐기 들이 물을 빨아들여 돌을 쪼갰으며, 석수들은 쪼개진 바위를 필요한 만큼 다듬어 사용했다(왕상5:13~18). 솔로몬은 성전 건축에 필요한 돌을 예루살렘 북쪽 유다 산악 지역의 채석장에서 가져다가 사용하게 했다.

6장 성전 건축 완성 *(Solomon Builds the Temple)*

1. 위치 설명 : 6장은 목록 열왕기상의 '열' 에 획순서대로 표시
2. 맥 절: (1절). "이스라엘 자손이 애굽 땅에서 나온 지 사백팔십 년이요 솔로몬이 이스라엘 왕이 된 지 사 년 시브월 곧 둘째 달에 솔로몬이 여호와를 위하여 성전 건축하기를 시작하였더라" ; 맥 보충 절: (7절).
3. 관주구절: 지상의 성전 건축은 하늘의 건축의 예표이다(하늘에 있는 모형 히8:5)
4. 찬 송 : 내 주의 나라와, 천지 주관하는 주님, 아름다운 시온성아

- 성전건축(6 :)

성전 건축의 준비가 모두 갖추어지자 이제 본격적으로 건축 작업이 시작되었다. 본장은 성전의 외부 건물 공사와 내부 장식 공사를 각각 나누어 설명했으며, 그 중간에 하나님의 위로와 권면의 말씀을 삽입하였다. 성전은 성막크기의 2배였으며 성막보다 정교하여 낭실(6 : 2)과 창문과 (6 : 4) 골방 (6 : 5)을 만들었다.

쉼터 : 솔로몬 성전 건축

하나님께서 다윗의 아들 솔로몬으로 하여금 '그가 내 이름을 위하여 전을 건축하게 할 것' 이라고 말씀하셨다. 그리고 마침내 솔로몬은 재위 11년에 부왕 다윗이 준비한 건축 자재와 히람왕의 도움으로 7년에 걸쳐 성전 건축을 완성하였다. 이외에도 솔로몬은 성을 건축하고 이스라엘을 국제적 중심 국가로 만들었다.

7장 왕궁 건축 *(Solomon Builds His Palace)*

1. 위치 설명 : 7장은 목록 열왕기상의 '열' 에 획순서대로 표시
2. 맥 절: (1절)." 솔로몬이 자기의 왕궁을 십삼 년 동안 건축하여 그 전부를 준공하니라"
   ; 맥 보충 절: (2절).
3. 관주구절: 장막의 집이...영원한 집이 우리에게 있는 줄 아나니(고후5:1)
4. 찬 송 : 시온의 영광이 빛나는 아침, 사철에 봄바람 불어 있고, 주의 말씀 듣고서

• 성전장식(7 :)

솔로몬은 유능한 기술자 히람을 두로에게 데려와 놋기둥과 놋대야, 촛대, 떡상, 놋제단을 만들어 사용하게 하였으며 언약궤는 다시 만들지 못하고 시내산에서 만든 것을 그대로 새로운 성전에 들였다.

• 언약궤의 상징

① 야훼의 거룩함을 상징(삼상6 : 19~21)

② 하나님의 임재를 상징(출25 : 22)

③ 신약시대의 천국을 상징(계11 : 19)

쉼터 : 막대한 양의 금이 솔로몬에게 진짜로 있었을까?

솔로몬의 세입금은 금25톤이었다.(금666달란트,10:14). 성전을 장식하고, 기물들을 장식하는데 훨씬 더 많은 금이 들었고, 방패, 잔을 만드는데 따로 많은 금이 들어갔다. 그럼 그 많은 금은 어디로 갔나? 애굽왕 시삭이 이스라엘을 함락하여 (주전 925년) 모든 금을 약탈해 갔다.

8장 법궤 입성, 성전 봉헌 *(The Brought to the Temple, The Dedication of the Temple)*

1. 위치 설명 : 8장은 목록 열왕기상의 '열' 에 획순서대로 표시
2. 맥 절: (6,13,23절)."제사장들이 여호와의 인약궤를 자기의 처소로 메어 들였으니 곤

성전의 내소인 지성소 그룹들의 날개 아래라". "내가 참으로 주를 위하여 계실 성전을 건축하였사오니 주께서 영원히 계실 처소로소이다 하고" ; 맥 보충 절: (9절).

3. 관주구절: 왕상6:27, 창22장

4. 찬 송 : 저 하늘나라는, 주 사랑하는 자 다 찬송할 때에, 나그네와 같은 내가

• 성전 봉헌(8 :)

성전봉헌은 에다님 월 7월 절기 즉 장막절을 앞두고 거행되었다. 언약궤는 가장 깊숙한 지성소에 보관 되었으며(8 : 6) 언약궤가 안치될 때 하나님의 영광이 전에 가득찼다(8 : 11). 이 영광은 하나님 임재의 상징이며 나가서 하나님이 기꺼이 성전을 인정하고 흡족해하신 표적이었으나 훗날 에스겔은 그 영광이 떠나가는 것을 보았다(겔8 : ~11 :). 축제는 14일간 계속되었으며(8 : 65), 첫 주간은 희생 제사를 드리고 금식하며 공식적 의식을 행하였으나 둘째 주에는 백성들이 장막으로 돌아가 야훼 안에서 즐거워하였다.

오늘날 성도의 육신은 바로 하나님의 성령이 거하는 성전이다. 우리가 성령으로 충만할 때 하나님의 영광이 나타남을 명심하자.

쉼터 : 솔로몬의 기도 내용

왕실에 대한 기도 – "다윗에게 약속하신 대로 다윗왕국을 영원케 하옵소서(왕상8:22~26)

왕과 백성을 위한 기도 – "성전을 향하여 기도할 때 들어 주소서"(왕상8:27~32)

맹세에 대한 기도 – '악한 자와 의로운 자의 행위를 갚아 주소서(왕상8:31~32)

전쟁에 패할 때를 위한 기도 – "백성의 죄를 사하시고 이 땅으로 돌아오게 하소서"(왕상8:33~34)

죄로 인해 비 오지 않을 때의 기도 – "선한 길을 가르쳐 주시며 비를 내려 주옵소서"(왕상8:35~36)

기근, 온역에 대한 기도 – "재앙을 깨닫고 기도할 때 들어 주소서"(왕상8:37~40)

이방인을 위한 기도 – "만민이 하나님을 알고 경외하게 하옵소서"(왕상8:41~43)

출전을 위한 기도 – "전쟁에서 이기도록 도와주소서"(왕상8:44~45)

포로를 위한 기도 – "포로지에서 은혜를 입게 하소서"(왕상*;46~51)

하나님은 다시 솔로몬에게 나타나 다윗과의 언약을 재확인하고 온힘을 다하여 마음을 지키고 말씀에 순종할 것을 상기시키셨다.

9장 언약 • 번영 *(The Lord Appears to Solomon)*

1. 위치 설명 : 9장은 목록 열왕기상의 '열' 에 획순서대로 표시
2. 맥 절: (2,19절). "여호와께서 전에 기브온에서 나타나심 같이 다시 솔로몬에게 나타나사"."자기에게 있는 모든 국고성과 병거성들과 마병의 성들을 건축하고 솔로몬이 또 예루살렘과 레바논과 그가 다스리는 온 땅에 건축하고자 하던 것을 다 건축하였는데" ; 맥 보충 절: (17절).
3. 관주구절: 왕상3:5; 시10:17,철저하게 말씀에 순종하라(레26장, 신7,11,28장)
4. 찬 송 : 나의 영원하신 기업, 어둠의 권세에서, 오 놀라운 구세주 예수 내 주

- 솔로몬 20년 만에 역사 마치고 두로왕 히람에게 갈릴리 땅 성읍 20개를 줌
- 솔로몬이 가나안 7족속을 노예로 역군 삼고 이스라엘 자손은 군사로 삼음
- 솔로몬이 해마다 3번씩 번제와 감사제를 드림
- 홍해 엘롯 근처에 있는 에시온 게벨에서 배 제작-오빌에서 금 운반
- 하나님의 언약(9 :)

하나님은 다윗과의 언약을 다시 확인시켜 주셨고, 하나님의 약속대로 나라가 강성하여져 도시는 요새화되고(19) 두로와 애굽의 동맹 관계로 국력은 강해졌으며 무역을 통하여 부강해졌다.

쉼터 : 솔로몬의 미래를 대비하는 기도

솔로몬의 이 기도는 인간이 당할 모든 사항을 위한 기도로 오늘날 성도들에게 기도의 모범이 된다. 현재 뿐 아니라 미래의 일어날 일을 위해서도 기도하였다. 우리도 솔로몬의 기도를 본받아 어려움을 당하거나 닥칠 고난을 예비하기 위해 항상 기도해야 한다.(8 : 22~53절)

10장 부 • 명성 • 스바여왕 방문 *(The Queen of Sheba Visits Solomon, Splendor)*

1. 위치 설명 : 10장은 목록 열왕기상의 '열' 에 획순서대로 표시
2. 맥 절: (1,2절). "스바의 여왕이 여호와의 이름으로 말미암은 솔로몬의 명성을 듣고 와서 어려운 문제로 그를 시험하고자 하여" "예루살렘에 이르니 수행하는 자가 심히 많고 향품과 심히 많은 금과 보석을 낙타에 실었더라 그가 솔로몬에게 나아와 자기 마음에 있는 것을 다 말하매" ; 맥 보충 절: (6절).
3. 관주구절: 9:28; 삼하8:7, 솔로몬의 지혜를 들으러 마12:42: 눅11:31.
4. 찬 송 : 내 영혼에 햇빛비치니, 내 모든 시험 무거운 짐을, 세상 모두 사랑 없어

• 스바 여왕의 방문(10 : 1~10)

솔로몬의 통상무역이 지중해 전역과 인도까지 확대되고 그의 명성이 세상에 퍼지자 스바 여왕이 신복들과 함께 예루살렘을 방문하여 정치적으로는 무역동맹을 맺는 한편 그녀 자신은 사사로운 교제로 솔로몬을 시험하여 그의 지혜를 겨루어 보았으나 솔로몬의 지혜와 부가 소문보다 더함을 확인한 후 그에게 압도당한 채 본국으로 돌아갔다(10 : 3~13). 이같이 이방인의 눈에도 솔로몬의 지혜와 영화는 하나님께로부터 온 것으로 비춰었다.

쉼터 : 솔로몬 시대의 무역

솔로몬은 팔레스타인을 통과하는 중요한 무역 통로를 장악하고 있었다. 그 덕분에 솔로몬의 국고가 크게 부하였다. 에돔과 엘락 만에서의 솔로몬의 통치는 솔로몬으로 하여금 남부 아라비아와 동부 아프리카 땅에 접근할 수 있도록 해주었는데 이러한 곳으로부터 고대의 가장 귀중한 사치품들이 흘러 들어왔다.(9장26절~10장29절)

11장 솔로몬 타락 *(Solomon's Wives)*

1. 위치 설명 : 11장은 목록 열왕기상의 '열' 에 획순서대로 표시
2. 맥 절: (3,4,5절). "왕은 후궁이 칠백 명이요 첩이 삼백 명이라 그의 여인들이 왕의 마

음을 돌아서게 하였더라" "솔로몬의 나이가 많을 때에 그의 여인들이 그의 마음을 돌려 다른 신들을 따르게 하였으므로 왕의 마음이 그의 아버지 다윗의 마음과 같지 아니하여 그의 하나님 여호와 앞에 온전하지 못하였으니" "이는 시돈 사람의 여신 아스다롯을 따르고 암몬 사람의 가증한 밀곰을 따름이라" ; 맥 보충 절: (14,23절).

3. 관주구절: 삼하3;2~5

4. 찬 송 : 어느 민족 누구게나, 세상의 헛된 신을 버리고, 너 주의 사람아

■ 솔로몬의 타락

솔로몬은 부와 권세가 절정에 이르자 하나님의 은혜를 자신의 쾌락으로 사용함으로써 마침내 타락하게 되었다.

1) 타락의 원인(11 : 1~8)

하나님이 금하신 수많은 이방 여인과의 결혼은 솔로몬을 타락시키는 근본 원인이 되었다. 하나님은 신명기 17장에 명하시기를 왕이 된 자는 아내를 많이 두어서 미혹되지 말 것을 명했으나 그 명령을 어김으로 이방 여인과 함께 들어온 우상은 이스라엘 전체를 타락시켰다(11 : 5). 또한 물질적 풍요와 번영은 솔로몬을 더욱 타락으로 부추기는 요인이 되었다. 지나친 풍요와 번영은 인간에게 안전과 평화를 주기보다 타락과 무질서를 불러오기 쉬우며 솔로몬 역시 이 범주에서 벗어나지 못했다.

2)타락의 결과(11 : 9~43)

솔로몬이 말씀을 떠나 타락하자 하나님은 에돔사람 하닷을 일으켜 그의 적이 되게 하시고(11 : 14) 또 엘리아다의 아들 르손을 일으켜 솔로몬을 대적하게 하였다(11 : 23). 그래도 끝내 악한 길에서 돌이키지 않자 선지자 아히야를 통하여 나라가 분열되어 그의 심복인 여로보암이 열 지파를 통치할 왕이 될 것을 예언하였다(11 : 31). 이 소식을 들은 솔로몬은 여로보암을 죽이려는 폭군으로 변하나(11 : 40) 하나님의 예정은 착오 없이 진행되어 솔로몬이 죽은 후 열 지파는 다윗 왕조에서 분리되어 여로보암에게 속하게 되었다. 하나님의 말씀은 인간의 역사를 통하여 어김없이 이루어짐을 성경은 증명해 주고 있다.

쉼터 : 솔로몬의 통치 (1 : ~11 :)

	등극(1 : ~4 :)	초기(5 : ~8 :)	중기(9:,10:)	말기(11 :)
내용	·다윗을 이어 왕이 됨 ·정치적 불순 요인제거 ·통치를 위해 지혜를 구함 ·인재등용, 탁월한 정치력 발휘	·등극 4년부터 성전건축 ·히람의 도움으로 성전건축 ·성전봉헌	·명성이 퍼짐	·영적 도덕적으로 타락 ·원수를 죽이려함
영적상태	·순종하는 자세	·주의 사역에 열심	·하나님과 세상을 함께 섬김	·하나님에게서 마음이 떠남
하나님과의 관계	·하나님이 기뻐하심	·놀라운 번영으로 복주심	· 하나님이 경고를 보내심	· 나라가 심복에게 넘어감

◉ 교훈 및 적용

1. 지혜로운 솔로몬이 하나님 말씀을 떠나자 오히려 우매한 자가 되어 무서운 징계를 받게 된 사실을 명심하자.
2. 하나님 뜻에 합한 기도는 언제나 응답됨을 알자.

12장 왕국 분열(르호보암 · 여로보암) *(Israel Rebels Against Rehoboam)*

1. 위치 설명 : 12장은 목록 열왕기상의 '열' 에 획순서대로 표시
2. 맥 절: (1,15절). "르호보암이 세겜으로 갔으니 이는 온 이스라엘이 그를 왕으로 삼고자 하여 세겜에 이르렀음이더라 ". "왕이 이같이 백성의 말을 듣지 아니하였으니 이 일은 여호와께로 말미암아 난 것이라 여호와께서 전에 실로 사람 아히야로 느밧의 아들 여로보암에게 하신 말씀을 이루게 하심이더라" ; 맥 보충 절: (28절).
3. 관주구절: 분열은 자신들의 이기적인 만족 추구 때문임과 동시에 일어난 사건(요일 2:16) 이 같은 길에서 네가 돌아서라(딤후3:5)
4. 찬 송 : 나 주의 도움 받고자, 돌아와 돌아와, 거친 세상에서 실패하거든

1) 르호보암의 왕위계승(12 : 1~19)

르호보암이 온 이스라엘의 왕위에 오르자 백성들은 그들이 짊어진 고된 고역과 멍에를 가볍게 해줄 것을 요청했다. 이에 대한 답변으로 르호보암이 지혜로운 노인들의 조언을 따르지 않고 경험 없는 젊은이들의 조언을 따라 백성들의 요청을 거절하자(12 : 13, 14) 모인 무리가 분노하여 "우리가 다윗과 무슨 관계가 있느뇨. 이새의 아들에게 업이 없도다." 라고 하면서 떠나갔다. 이런 결과는 이미 작정된 하나님의 섭리로 아히야로 하신 말씀을 이루신 것이다(12 : 15)

2) 여로보암의 통치(12 : 20~33)

여로보암은 선지자 아히야(왕상 11 : 26~40)의 예언에 따라 이스라엘의 새 왕으로 추대되어 정치적 능력을 발휘했으나 벧엘과 단에 금송아지와 산당을 세움으로써 악에 대한 영원한 상징의 오점을 남겼다(12 : 28~32). 최초의 금송아지 우상은 아론의 시내산에서 만든 것으로 지도자 모세를 대신했으며 여로보암의 금송아지 우상은 야훼를 대신한 것이었다. 이러한 우상은 이스라엘 민족을 혼합종교로 이끌어가는 죄를 짓게 했다.

여로보암이 이러한 죄를 짓게 된 주된 원인은 그가 통치하는 이스라엘이 유다에서 완전히 분리되기를 원했고 같은 문화, 같은 민족을 분리시키는 정책으로 벧엘과 단에 산당을 세움으로 북이스라엘 백성들의 마음에 향수를 일으키는 예루살렘 성전을 잊게 하려는 것이었다.

쉼터 : 왕국이 분열되다

북방 지파들은 다윗왕의 통치를 유다지파의 군주정도로 생각하였다. 솔로몬의 아들 르호보암은 이스라엘을 양보하는 길만이 통일 왕국을 유지할 수 있다는 실정을 파악하지 못했다. 그래서 북방지파들이 반란을 일으켰을 때, 르호보암은 이를 진압할 힘이 없었다.

13장 선지자의 예언 *(The Man of God From Judah)*

1. 위치 설명 : 13장은 목록 열왕기상의 '왕' 에 획순서대로 표시
2. 맥 절: (1절). "보라 그 때에 하나님의 사람이 여호와의 말씀으로 말미암아 유다에서부

터 벧엘에 이르니 마침 여로보암이 제단 곁에 서서 분향하는지라"; 맥 보충 절: (19절).

3. 관주구절: 왕하23:15~20

4. 찬 송 : 왕의 명령 전달할 사자여, 자비한 주께서 부르시네, 주께로 한 걸음씩

여러보암이 자기 마음대로 정한 절기를 지키기 위해 벧엘에 올라갔을 때 발생한 사건에 관한 기록이다.(13) 특히 본문에 기록된 두 선지자의 행적은 매우 의미심장하다.

①파수꾼의 바른 자세에 대하여 : 하나님께서는 우상숭배에 대한 당신의 노여움을 알리기 위해 여로보암에게 유다의 한 선지자를 파견하셨다 이선지자는 목숨을 건 사명을 수행하고 돌아가던 중 한 늙은 선지자의 거짓에 속아서 하나님의 명령을 거역하였고 그로 인해 죽음을 당한다. 여기서 우리는, 파수꾼에게서 요구하는 가장 필수적인 자세가 바로 '전적 순종' 임을 깨달을 수 있다.

또한 하나님의 사명을 받은 자는 천사를 가장한 사단의 궤사를 능히 분별할 수 있어야 하겠으며 남에게 전파한 후에 도리어 버림받지 않도록 자신을 쳐 복종시켜야 한다.

②신앙의 결단에 대하여 : 벧엘 선지자가 유다에서 파견된 선지자를 한사코 초대하고자 한 것은 자신의 우유부단한 처사를 합리화 하기 위함이었다. 여로보암의 종교 정책에 반대하여 수많은 사람들이 남방으로의 탈출을 감행하는데 소위 선지자가 우상 숭배의 본거지인 벧엘에 남아 침묵하고 있음은 우상숭배에 동참한거나 마찬가지이다.

쉼터 : 젊은 선지자의 죽음은 공의로운 심판이었을까?

본문의 젊은 선지자는 무슨 이유든 간에 하나님께 고의로 불순종하는 것이 잘못이고 형벌을 받게 된다는 원칙에 입각하여 여로보암에게 심판의 전갈을 전했다. 이 선지자는 북쪽에 가 있는 동안 먹지도 마시지도 말라는 하나님의 당부를 받았다. 하지만 이스라엘의 늙은 선지자가 자기 집에서 먹으면 하나님께서 괜찮게 여기실 것이라고 말하자, 젊은 선지자는 하나님께서 마음을 돌리셨다는 말을 받아들였다. 유다로부터 온 하나님의 사람은 북쪽사람들이 하고 있던 바로 그 일을 한 셈이다. 북쪽사람들은 단지 사람의 말에 입각하여 종교적 혁신을 받아들였던 것이다. 유다로부터 온 선지자의 죽음은 공의로운 심판이다.

14장 여로보암 경고 *(Ahijah's Prophecy Against Jeroboam)*

1. 위치 설명 : 14장은 목록 열왕기상의 '왕' 에 획순서대로 표시
2. 맥 절: (1절). "그 때에 여로보암의 아들 아비야가 병든지라" ; 맥 보충 절: (25절).
3. 관주구절: 왕상11:40
4. 찬 송 : 겸손히 주를 섬길 때, 보아라 즐거운 우리집, 죄짐에 눌린 사람은

여로보암의 그릇된 태도는 대략 두 가지로 분석된다.

① 하나님에 대하여 무지하였다. 그는 사람의 중심을 꿰뚫어 보시는 하나님을 알지 못하고서 다만 선지자의 눈만 속이면 되는 것으로 생각했다. 치유의 능력이 하나님께 있음을 깨닫지 못하였다.

② 병의 원인은 생각하지 않고 그 결과에만 집착하였다. 이와는 대조적인 참 선지자 아히야의 담대한 신앙이 부각되었다. 여로보암의 회유책이나 위협에 굴하지 않고 꿋꿋이 자신의 위치를 지켰다.

쉼터 : 여로보암의 죄

죄	목 적	징 계
벧엘과 단에 금송아지를 만듦(12:26~30) 레위지파가 아닌 사람들을 제사장으로 세움(12:31). 절기를 바꿈(12:32,33)	백성들을 예루살렘에 못 가게 하기 위해서 (12:27)	개인적 : 손가락을 다치고 도망(13:4) 가정적 : 아들이 죽음(14:17) 국가적 : 하나님께서 이스라엘을 버리심 (14:16). 남북전쟁을 일으킴(14:30; 15:6~7)

15장 아비얌 · 아사 · 나답 · 바아사, *Abijah, Asa, Nadab, Baasha*

1. 위치 설명 : 15장은 목록 열왕기상의 '왕' 에 획순서대로 표시
2. 맥 절: (3,11,34절). "아비얌이 그의 아버지가 이미 행한 모든 죄를 행하고 그의 마음이

그의 조상 다윗의 마음과 같지 아니하여 그의 하나님 여호와 앞에 온전하지 못하였으나". "아사가 그의 조상 다윗 같이 여호와 보시기에 정직하게 행하여". "바아사가 여호와 보시기에 악을 행하되 여로보암의 길로 행하며 그가 이스라엘에게 범하게 한 그 죄 중에 행하였더라" ; 맥 보충 절: (4,5,12,17절).

3. 관주구절: 시119,80, 대하14:2

4. 찬 송 : 캄캄한 밤 사나운 바람 불 때, 어두운 후에 빛이 오면, 엄동 설한 지나가면

왕	왕조	통치 기간	통 치	비 고	성경
르호보암	다윗왕조	17년	· 산당과 우상과 아세라 목상을 세움 · 백성이 타락, 남색하는 자가 있었음	· 악한 왕 · 애굽왕 시삭의 공격을 받아 성전보물과 금방패를 모두 빼앗김	왕상 14 : 21~31
아비얌		3년	· 그의 부친의 모든 악행을 그대로 행한 악한 왕	· 사는 날 동안 여로보암과 전쟁	왕상 15 : 1~8
아사		41년	· 하나님 보시기에 정직히 행한 왕 · 우상과 남색하는 자를 추방 · 우상을 만든 태후 마아가를 폐위	· 벤하닷과 동맹 · 하나님을 신뢰하지 못함 · 성전곳간의 금, 은을 몰수 · 산당을 남겨둠	왕상 15 : 9~24
바아사	바아사 왕조	24년	· 왕위를 찬탈하여 왕이 됨 · 이스라엘을 범죄로 이끌어감	· 선지자 예후가 그의 멸망을 예언 (16 : 3)	왕상 16 : 8~14

쉼터 : 우리 인생이 엄청난 내기라는 것을 이해하지 못하면 당신은?

- 하나님을 영접하지 않는 것과 거부하는 것이 결국은 동일하며, 하나님이 존재한다는 쪽에 인생을 걸 수밖에 없다는 것을 깨닫지 못할 것이다.
- 아직 시간이 많다고 내기를 연기하다가 결국 세월만 낭비하게 될 것이다
- 하나님이 존재한다는 쪽에 인생을 걸지 않아 다른 사람에게도 하나님이 존재한다는 쪽에 걸지 말라고 부추길 것이요 그럼으로써 그들을 곁길로 인도하게 된다.

16 엘라(북) · 시므리(북) · 오므리(북) · 아합(북)

(Elah, Zimri, Omri and Ahab Kings of Israel)

1. 위치 설명 : 16장은 목록 열왕기상의 '왕' 에 획순서대로 표시
2. 맥 절: (8,10,21,29절). "유다의 아사 왕 제이십육년에 바아사의 아들 엘라가 디르사에서 이스라엘의 왕이 되어 이 년 동안 그 왕위에 있으니라". "시므리가 들어가서 그를 쳐 죽이고 그를 대신하여 왕이 되니 곧 유다의 아사 왕 제이십칠년이라". "그 때에 이스라엘 백성이 둘로 나뉘어 그 절반은 기낫의 아들 디브니를 따라 그를 왕으로 삼으려 하고 그 절반은 오므리를 따랐더니". " 유다의 아사 왕 제삼십팔년에 오므리의 아들 아합이 이스라엘의 왕이 되니라 오므리의 아들 아합이 사마리아에서 이십이 년 동안 이스라엘을 다스리니라" ; 맥 보충 절: (9,12,24,30절).
3. 관주구절: 맡은 자의 구할 것은 충성이니라(고전4:2)
4. 찬 송 : 너희 죄 흉악하나, 주여 나의 병든 몸을, 네 병든 손 내밀어라,

- 이스라엘의 쇠퇴(15 : 25~16 : 34)

이스라엘을 다스린 여섯 왕은 모두가 악한 왕들이었다.

왕	왕조	통치기간	통 치	비 고	성경
나답	여로보암 왕조	2년	· 하나님 보시기에 악을 행한 왕 · 바아사의 손에 죽음	· 바사아사의 번역 · 여로보암 집에 멸망함	15 : 25~28
바아사	바아사 왕조	24년	· 왕위를 찬탈하여 왕이 됨 · 이스라엘을 범죄로 이끌어감	· 선지자 예후가 그의 멸망을 예언(16:3)	15 : 27 ~16:7
엘라	바아사 왕조	2년	· 방탕한 왕 · 술에 취해 있을 때 시므리 장군이 살해	· 시므리가 왕위에 오를 때 바아사의 집뿐 아니라 친구들까지 멸절시킴	16 : 8~14
시므리	시므리 왕조	7일	· 백성들이 그를 배척하고 오므리를 왕으로 삼음	· 가장 짧은 기간동안 왕좌에 오름 · 스스로 궁에 불을 놓고 자결	16 : 15~20
오므리	오므리 왕조	12년	· 백성들이 추대에 의해 왕위에 오름 · 수도를 "디르사"에서 사마리아로 옮김	· 악을 행하되 모든 사람들보다 더욱 악했음 · 그의 악은 하나님의 노를 격발시킴	16 : 21~28
아합	오므리 왕조	22년	· 이전의 모든 사람보다 더욱 악한 왕 · 시돈 왕의 딸 이세벨과 결혼 · 바알 산당을 세움 · 여리고 성을 다시 건설	· 히엘이 여리고 성을 건축할 때 두 아들을 잃음 (수6 : 26참조)	16 : 29~34

쉼터 : 오므리(북 이스라엘, 새로운 왕조의 탄생)

시므리가 다르사에서 반란을 일으키자 오므리는 그곳으로 달려가 반란을 진압하고, 이스라엘의 왕이 되었다. 오므리는 나라를 평정하고 아람의 침입에 대비하였다. 그는 해안 도로 가까이 전략 요충지에 사마리아를 건축한 후, 그곳을 도읍지로 정하여 훌륭하고 강력한 이스라엘의 성읍으로 만들었다.

17장 그릿 시냇가 · 시돈 엘리야 *(Elijah Fed by Ravens, The Window at Zarephath)*

1. 위치 설명 : 17장은 목록 열왕기상의 '왕' 에 획순서대로 표시
2. 맥 절: (3,9절). "너는 여기서 떠나 동쪽으로 가서 요단 앞 그릿 시냇가에 숨고". " 너는 일어나 시돈에 속한 사르밧으로 가서 거기 머물라 내가 그 곳 과부에게 명령하여 네게 음식을 주게 하였느니라" ; 맥 보충 절: (5,10절).
3. 관주구절: 램36:19,26
4. 찬 송 : 어려운 일 당할 때, 주 없이 살 수 없네, 큰 무리 주를 에워싼 중에

• 엘리야의 사역(17 :)

엘리야는 악한왕 아합과 우상숭배로 타락한 이스라엘을 향해 수년간 가뭄이 계속될 것을 예언한 후 하나님의 사역을 불갈은 정열과 불굴의 정신으로 수행했던 위대한 선지자였다.

① 엘리야는 길르앗의 디셉 사람으로 광야에서 거친 낙타 옷에 가죽 띠를 띠고 생활한 사람으로 신약의 세례 요한의 모형이었다.

② 17장은 하나님의 기적이 많이 나타난 장이다. 엘리야에게 까마귀를 통해 음식을 공급해 준 하나님은(17 : 6) 탐욕스런 까마귀가 사람에게 음식을 물어다 준 사실을 통해 하나님은 동물의 본능까지 지배하시는 분임을 보여주었으며 사르밧 과부를 통해 주의 종이 공궤 받은 사실은 하나님께서 세상의 가장 약하고 미천한 자들을 통해 존귀와 영광을 드러내심을 가르쳐 주셨다(17 : 11). 그 외에도 사르밧 과부의 기름통과 밀가루 통이 다하지

않은 것과(17 : 16) 죽은 사르밧 과부의 아들을 살려주신 사건은(7 : 22) 하나님 마음에 합당한 사람들은 어떤 상황이나 조건에 관계없이 하나님께서 책임져 주시고 보살펴 주신다는 것을 보여 주고 있다.

쉼터 : 엘리야(이스라엘의 선지자)

엘리야는 이세벨이 풍요의 신이라 여긴 바알을 극진하게 숭배하던 아합 왕 때 활동하였다. 엘리야가 아합 왕에게 극심한 가뭄이 있을 것이라고 예언한, 3년 동안 비 한방울 내리지 않는 가뭄이 계속된다. 그는 목초지를 찾아 나선 아합 왕 앞에 나아가 참 하나님이 누구인지 가늠할 대결 펼치기를 제안하였다. 그래서 엘리야는 450명의 바알 선지자와 400명의 아세라 선지자들과 단신의 몸으로 두려워하지 않고 당당하게 대결하여 승리하였다. 아하시아가 왕이 되었을 때까지 활동하다가 엘리야도 에녹과 같이 죽지 않고 하늘로 들려 올라갔다(왕하2:11)

18장 갈멜산 전투승리 *(Elijah on Mount Carmel)*

1. 위치 설명 : 18장은 목록 열왕기상의 '왕' 에 획순서대로 표시
2. 맥 절: (20절). "아합이 이에 이스라엘의 모든 자손에게로 사람을 보내 선지자들을 갈멜 산으로 모으니라" ; 맥 보충 절: (38절).
3. 관주구절: 대하21:26
4. 찬 송 : 너 예수께 조용히 나가, 십자가 군병들아, 기쁜 소리 들리니

엘리야는 백성들이 하나님과 우상을 겸하여 섬기는 것을 책망하면서 참 하나님을 증거하기 위해 갈멜산에서 바알선지자들과 대결하였다. 방법은 똑같이 준비한 두 제단에 하늘의 불을 내리게 하는 것이며, 이것으로 참신을 구별하였다.

· 대결

① 바알선지자들은 하루 종일 소리 지르며 기도하였고 응답이 없자 몸을 상하게 하여 피를 흘리면서 광란상태에 빠졌으나 불을 내리지 않았다.

② 엘리야의 차례가 되자 그는 하나님의 단을 수축하고 주위에 도랑을 파고 번제물과 나

무에 열두 통 물을 부어 도랑을 물로 채웠다(18 : 33~35). 그리고 기도하기를 "하나님 여호와여 주께서 이스라엘 중에서 하나님이 되심과 내가 주의 종이 됨과 내가 주의 말씀대로 이 모든 일을 행하는 것을 오늘날 알게 하옵소서." 하자 하늘에서 불이 내려 주위의 모든 것을 다 태웠다. 이러한 하나님의 능력을 눈으로 목격한 백성들은 그들 스스로 "여호와 그는 하나님이시로다"라는 고백을 하게 되었다(18 : 36~39).

쉼터 : 엘리야와 사르밧 과부

① 백성들을 통해 엘리야를 먹이기보다 이방 여인인 사르밧 과부를 통해 공궤했다.

② 이방인을 통해 이스라엘 백성들을 질투케 하심으로 회개를 유도하신다.(눅4:24~27)

③ 종국에는 이방인들도 하나님의 은혜에 동참하게 된다(행11장)는 사실을 시사한다.

19장 호렙산 언약 엘리야 *(Elijah Flees to Horeb)*

1. 위치 설명 : 19장은 목록 열왕기상의 '왕' 에 획순서대로 표시
2. 맥 절: (8절). "이에 일어나 먹고 마시고 그 음식물의 힘을 의지하여 사십 주 사십 야를 가서 하나님의 산 호렙에 이르니라" ; 맥 보충 절: (9절).
3. 관주구절: 대상11:15
4. 찬 송 : 저 장미꽃 위에 이슬, 저 높은 곳을 향하여, 네 맘과 정성을 다하여서

• 엘리야의 실패(19 :)

아합이 이세벨에게 일어난 일을 고하자 이세벨이 엘리야를 죽이려 하였다. 이를 안 엘리야는 광야로 도망가 깊은 고뇌와 절망과 허탈 속에서 죽기를 구했다. 천사의 보살핌을 받은 후 40일간의 도보여행으로 호렙산에 이르러 힘써 하나님을 찾았을 때 산을 가르는 바람 속에도 땅을 뒤흔드는 지진 속에서도 모든 것을 녹이는 불속에서도 야훼의 응답은 없었고(19 : 11,12) 오히려 모든 것이 지난 적막 속에 세미한 응답의 음성이 있었다. "엘리야야 네가 어찌하여 여기 있느냐" (19 : 13)는 하나님의 음성을 믿음을 잃고 두려워하는 엘리야를 힐책하는 한편 두 번째 사역을 그에게 주심으로 하나님께 봉사할 또 다른 기회

를 주셨다.

· 엘리야의 두 번째 사역

① 하사엘에게 기름 부어 아람왕이 되게 함(19 : 15)

② 님시의 아들 예후에게 기름 부어 이스라엘 왕이 되게 함(19 : 16)

③ 엘리사에게 기름 부어 그의 후계자로 삼음(19 : 16)

④ 바알에게 무릎 꿇지 않고 입 맞추지 않은 7,000인 남기겠다(19:18)

쉼터 : 연약한 인간

그렇게 강한 엘리야가 이세벨의 보복을 피해 도피하는 절망적인 모습을 보여준다.(1~4) 하나님의 종이라도 연약한 인간의 성정을 가진 사람임을 보여준다. 하나님의 일을 위해 열심을 가지려 할 때 사단의 방해 공작은 더 극심하다. 그래도 바알에게 무릎을 꿇지 아니한 사람 칠천을 남겨 두었다 하셨다.

20장 아합 실수 *(A prophet condemns Ahab)*

1. 위치 설명 : 20장은 목록 열왕기상의 '왕' 에 획순서대로 표시
2. 맥 절: (1절). "아람의 벤하닷 왕이 그의 군대를 다 모으니 왕 삼십이 명이 그와 함께 있고 또 말과 병거들이 있더라 이에 올라가서 사마리아를 에워싸고 그 곳을 치며" ; 맥 보충 절: (13절).
3. 관주구절: 왕상15:18, 왕상18:36
4. 찬 송 : 십자가 군병 되어서, 내 주는 강한 성이요, 비바람이 칠 때와

• 아합의 통치(20 :)

아합은 이스라엘 역대왕 중 가장 악한 왕으로서 이방인 아내 이세벨의 사주를 받으면서 바알숭배를 정착시킴으로 하나님께로 혹독한 심판을 받은 왕이었다.

• 아합과 벤하닷(20 : 1~43)

아람왕 벤하닷과 아합왕의 두 차례 전쟁에서 군대의 강세와 관계없이 하나님의 도우심으로 이스라엘이 승리하자 궁지에 몰린 벤하닷이 아합에게 자비를 구하여 놓임을 받았다(20 : 34). 그러자 하나님이 선지자를 보내어 멸하기를 작정한 벤하닷을 놓아준 아합에게 그가 대신 멸망할 것을 행동으로 보여주었다.

쉼터 : 아합

북이스라엘 7대왕이며 우상숭배와 탐욕을 가장 많이 보인 악한 왕이었다. 바알을 숭배하는 이세벨과 정략결혼을 함으로써 이스라엘에 바알 숭배가 가득 퍼지게 하였다.(왕상16:32~33) 갈멜 산 대결로 참 신이 하나님을 알게 되었으나 여전히 하나님 말씀에 순종하지 않고 악을 행하였다. 조상의 유업인 나봇의 포도원을 탐내 이세벨의 계략으로 나봇을 죽이고 나봇의 포도원을 빼앗았다. 이 때문에 죽음에 대한 예언을 듣기도 했지만 회개함으로 재앙을 아들의 시대로 넘기시겠다는 하나님의 약속을 받았다. 마가야와 엘리야의 예언대로 그 피를 개들이 핥는 비참한 종말을 맞이했다.(왕상22:29~38) .

21장 나봇 포도원 *(Naboth' s Vineyard)*

1. 위치 설명 : 21장은 목록 열왕기상의 '왕' 에 획순서대로 표시
2. 맥 절: (1절). "그 후에 이 일이 있으니라 이스르엘 사람 나봇에게 이스르엘에 포도원이 있어 사마리아의 왕 아합의 왕궁에서 가깝더니" ; 맥 보충 절: (2절).
3. 관주구절: 민36:7
4. 찬 송 : 어둠의 권세에서, 캄캄한 밤 사나운 바람 불 때,

• 아합과 나봇의 포도원(21 :)

아합은 이웃의 포도원을 탐내어 악한 음모를 꾸며 나봇을 돌로 쳐 죽이고 포도원을 빼앗았다(21 : 13). 하나님은 엘리야를 보내어 아합 집안의 무서운 파멸을 예고하자 왕이 야훼 앞에서 겸비함을 보임으로 형벌의 시간을 연장시키셨다. 그러나 그의 형벌은 연장되었을 뿐 사함을 받지 못한 채 훗날 그의 죽음과 그의 집안에 내려진 재앙으로 나봇의 피

값을 치렀다(22 : 38).

쉼터 : 누구의 말을 들을 것인가?

아람과의 전쟁을 앞두고 여호사밧이 아합에게 하나님의 뜻이 무엇인지를 물어보자고 제안한 것은 매우 신앙적인 행동이다. 하지만 이 제안을 받아들이는 아합의 태도는 지극히 불신앙적이다. 물론 겉으로 보면 아합은 여호사밧의 제안에 충실히 응했다고 할 수 있다. 즉 그는 400인 가량의 선지자들을 소집해 하나님의 뜻을 물었을 뿐만 아니라 여호와의 선지자 미가야에게 물었을 뿐만 아니라 여호와의 선지자를 불러 그로 하여금 예언을 하게 했던 것이다. 그러나 실제적으로 보면, 아합은 전혀 하나님의 뜻을 묻지 않았다. 즉 그는 전쟁에서 승리의 목적에서 자기의 부합되는 말만 들었다. 그래서 우상을 섬기던 거짓 선지자들이 '거짓말하는 영'을 받아 '길한' 예언을 하자 싫어했던 것이다. 그것은 한마디로 불신앙적 태도였다. 결국 그는 전쟁에 나가 죽고 말았다.

22장 여호사밧 · 아합 죽음

(Ahab Killed at Ramoth Gilead, Jehoshaphat King of Judah)

1. 위치 설명 : 22장은 목록 열왕기상의 '왕'에 획순서대로 표시
2. 맥 절: (2절). "셋째 해에 유다의 여호사밧 왕이 이스라엘의 왕에게 내려가매" ; 맥 보충 절: (40절).
3. 관주구절: 대하 18:2
4. 찬 송 : 주의 음성을 내가 들으니, 예수 앞에 나오면, 내가 깊은 곳에서

아합의 죽음(22 :)

아합과 유다왕 여호사밧은 동맹을 맺고 아람과의 전쟁을 선지자에게 묻기 위해 미가야를 불렀다. 미가야는 이 전쟁이 패할 것을 예언하였고(22 : 18) 아합은 미가야의 예언 그대로 전사하였으며 피에 젖은 마차는 연못에 씻기워 개들이 핥음으로써 하나님의 약속이 성취되었다.

유다왕 여호사밧은 우상숭배와 남색 하는 자를 추방하고 나라를 부강 시켰으나 하나님이 원치 않는 악한 아합과의 교제로 말미암아 그의 다음 세대가 칼의 숙청을 당하는 비극의 결과를 낳았다.

쉼터 : 모세와 엘리야의 공통점

일어난 일들	모세	엘리야
호렙산에서 하나님을 만남	출3:1~4:17	왕상19:8~18
하나님이 불을 통해 자신을 나타내심	출13:21;19:18;24:17	왕상18:38
기적적으로 음식을 공급해 주심	출16장	왕하1:10
기적을 통해 하나님의 능력을 보여주심	출7~12장	왕상18:30~39
여호와가 하나님이심을 강조하심	신6:4	왕상18:37~39
후계자를 세움	신31:7~8	왕하2:12~14
장사지낸 묘를 알 수 없음	신34:6~7	왕하2:11~12
후계자 대에 가서야 요단 강을 건너게됨	수3:14~17	왕하2:13~14
변화산 사건에서 예수님께 나타남	마17:3	마17:3

선지자 일람표

	이름	뜻	예언대상	사역자	연대(B.C)	중요사건	유다왕	이스라엘 왕	성경
포로전 선지자	요나	비둘기	니느웨	이방	840~800	B.C.721 북이스라엘 멸망	웃시야	여로보암2세	왕하14:25
	요엘	여호와 하나님	유다	유다	840~758		웃시야	여로보암2세	행2:16
	아모스	무거운 짐	북이스라엘	북이스라엘	810~758		웃시야	여로보암2세	암1:1
	호세아	여호와는 구원	북 이스라엘	북 이스라엘	784~725	B.C.607 앗수르 멸망	웃시야, 요단,아하스, 히스기야	여로보암 2세,호세아	롬9:25
	이사야	여호와의 구원	동시대	유다	756~698		웃시야-므낫세		왕하20:1
	나훔	위안, 위로자	니느웨	유다, 이방	700~645	B.C.586 유다 멸망	히스기야 왕 말년		나1:1

	이름	뜻	예언대상	사역자	연대(B.C)	중요사건	유다왕	이스라엘 왕	성경
포로전 선지자	미가	누가 여호와와 같은가	북이스라엘, 유다	유다	696~646	B.C.586 유다 멸망	요담.아하스, 히스기야	호세아, 베가	렘26:18
	스바냐	여호와가 숨기시다	유다	유다	640~609		요시야		습1:1
	하박국	껴앉는자	유다	유다	609~600	B.C.537 바벨론 멸망	여호아하스		합1:1
포로시대 선지자	예레미야	여호와가 숨기신다	유다	유다	628~586		요시야 종노릇 할 때		단
	다니엘	하나님은 나의 심판자	바벨론	유다	605~534			이스라엘이 종노릇 할 때	9:2
	에스겔	하나님이 강하게 하신다	바벨론 포로	유다	595~572		시드기야왕 종노릇 할 때		마24:15
	오바댜	여호와의 종	에돔	유다	588~584	B.C. 520 ~ 516 성전 재건	느브갓네살 왕에게 멸망 할 때		겔1:3
	오바댜	여호와의 종	에돔	유다	588~584		느브갓네살 왕에게 멸망 할 때		겔1:3
귀환후 선지자	학개	나의 절기	포로귀환	유다	586~684		바벨론에서 돌아오는 때		
	스가랴	여호와가 기억하신다	백성	유다	520~517		귀환하는 때		
	말라기	나의 사자		유다	420~397		귀환 하는 때		

⊙ 요약 (12 : ~22 :)

<table>
<tr><th></th><th>남유다</th><th colspan="2">북이스라엘</th></tr>
<tr><td>첫왕 / 지파</td><td>르호보암 / 유다와 베냐민</td><td colspan="2">여로보암지파 / 나머지 10지파</td></tr>
<tr><td>수도 / 왕조</td><td>예루살렘 / 단일왕조(다윗왕조)</td><td colspan="2">세겜 / 4번 바뀜</td></tr>
<tr><td>통치한 왕</td><td>① 르보호암 : 무능한 왕
② 아비얌 : 약한 왕
③ 아사 : 종교적 부흥운동
④ 여호사밧 : 능력 있는 왕
(외교정책에 성공)</td><td>① 여로보암
② 나답
③ 바사
④ 엘라
⑤ 시므리
⑥ 오므리
⑦ 아합</td><td>엘리야의 사역
① 바알선지자와의 대결
② 사역의 성공과 좌절
③ 계속되는 하나님의 사역</td></tr>
</table>

⦿ 교훈 및 적용

1. 우상숭배는 우리 신앙생활에 무서운 독소임을 명심하자.
2. 물질적 부요는 하나님이 주시는 복임에 틀림없으나 그것을 잘못 사용할 때 영혼을 부패시키는 요소가 됨을 명심하자.

열왕기하(Kings-2)-25-719 : 포로로 잡힌 왕국들

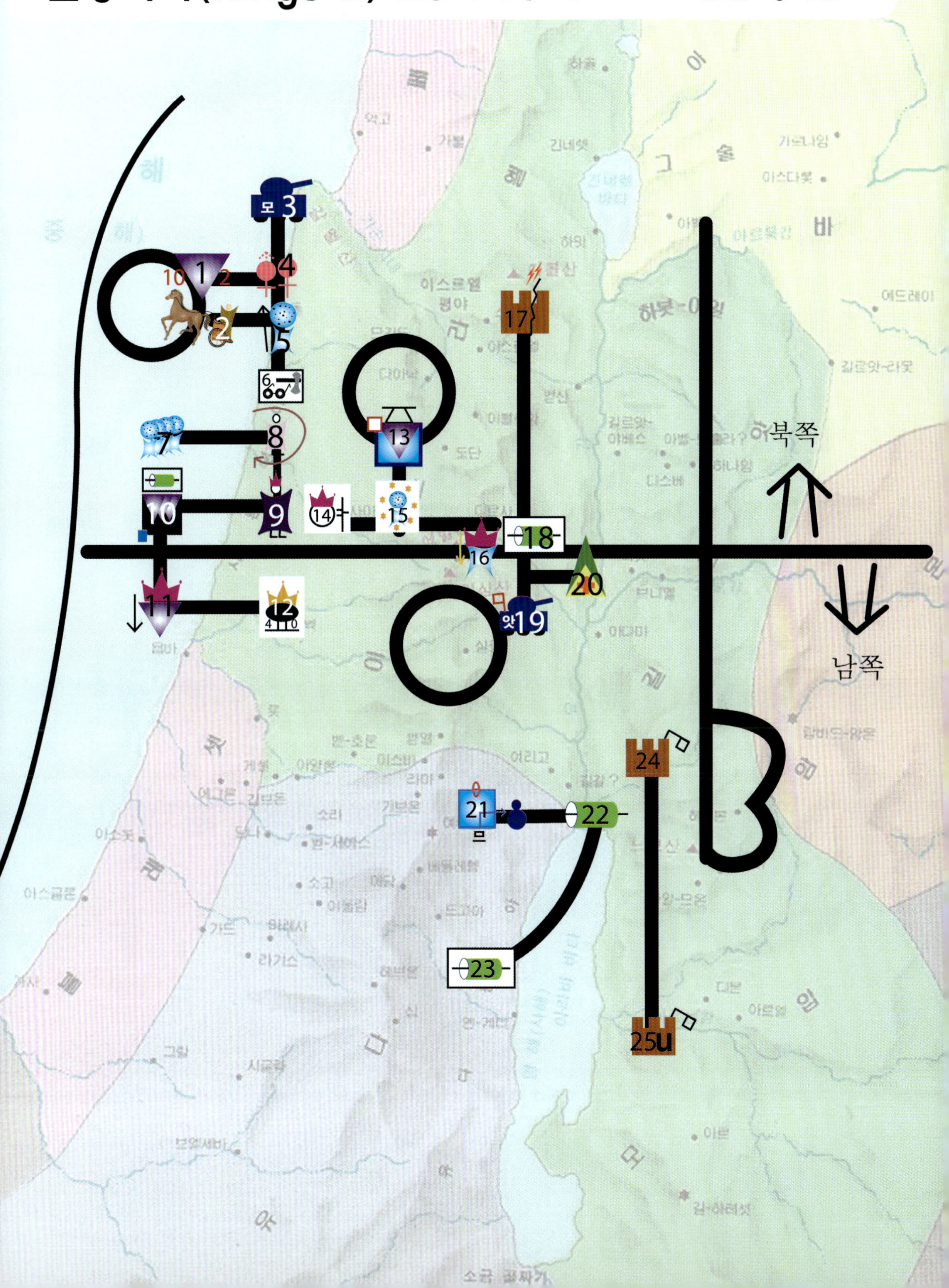

열왕기하(Kings-2)-25-719 : 포로로 잡힌 왕국들

열 왕 기 하

**요절 : 여호와께서 가라사대 내가 이스라엘을 물리친 것 같이
유다도 내 앞에서 물리치며 내가 택한 이 성 예루살렘과 내 이름을 거기 두리라 한
이 성전을 버리리라 하셨더라(왕하23:27)**

1. 명칭

· 히브리어 성경 : "메라킴" (왕들)
· 70인역 : "바실레온" (왕국기4)
· 영어성경 : "Kings"

2. 기록자 : 미상(예레미야로 추정)

3. 기록연대 : B.C.561~538년 사이로 추정

4. 기록목적

하나님에 대한 의도적인 불순종으로 인해 포로로 끌려가는 이스라엘 왕조의 결과를 우리에게 경고해 주며 패망한 이스라엘은 거울삼아 우리로 하여금 말씀과 진리에 거하도록 격려하는 데 기록 목적이 있다.

5. 중심사상

1) 나라를 다스리는 왕들과 그들이 통치하는 백성들을 통해 인간의 실패를 보게 한다.
2) 하나님이 세울 선지자들을 통해 신적인 것을 보게 한다.

6. 열왕기 상권과 하권의 비교

열왕기상의 시작	열왕기하의 시작
· 분열되는 왕국	· 포로가 된 왕국
· 영광 중에 건설된 왕국	· 수치로 얼룩진 왕국
· 순종에 대한 밝은 전망으로 시작	· 불순종에 대한 비극적 심판으로 끝남
· 하나님을 저버린 왕들	· 왕들을 저버린 하나님

7. 내용분해 : 25장, 719절

대주제	엘리사에 대하여		이스라엘과 유다의 왕들		유다의 마지막 시기		
시대배경	엘리사의 사역		예후 → 이스라엘 멸망		이스라엘 멸망 → 유다의 멸망		
소주제	1. 엘리사의 사적사역 (1 : ~6:7)	2. 엘리사의 공적 사역 (6 : 8~8)	1. 이스라엘과 유다의 통치 (9 : ~16:)	2. 이스라엘의 멸망(17 :)	1. 히스기야의 개혁(18 : ~21:)	2. 요시야의 개혁 (22 : , 23:)	3. 유다의 패망 (24 : , 25:)
내용	1)엘리야의 승천 2)엘리사의 기적들	1)아람침략의 방비 2)사마리아의 참상 3)하사엘의 반란	1)예후의 혁명 2)요아스의 40년 통치 3)라사랴의 통치	1)이스라엘의 패배 2)멸망의 원인 3)멸망 후 사마리아	1)히스기야의 종교개혁 2)히스기야의 굴욕 3)히스기야의 간구	1)요시야의 성전수리 2)요시야의 개혁	1)왕위의 폐위 2)백성들의 추방
신학	죄에 대한 하나님의 심판						

8. 주요 사건 연대

엘리사의 선택과 엘리야의 승천 (왕하2:1–11)	아합 왕의 죽음 (1:1)	예후의 반란과 종교 개혁(9:1–10:31)	엘리사의 죽음 (13:14–21)	북이스라엘의 마지막 왕 호세아 즉위 (17:1–6)
	853	841	797	732

BC --→

722	710	627	586
앗수르에의한 북이스라엘의 멸망(18:9–12)	남유다의 히스기 왕 등극과 종교 개혁(18:1–4)	요시야 왕의 성전수리와 율법책 발견 및 개혁(22:3–13)	바벨론에 의한 남유다의 멸망(25:1–26)

1장 50부장 참살 *(The Lord's Judgement on Ahaziah)*

1. 위치 설명 : 1장은 목록 열왕기하의 '열' 에 획순서대로 표시
2. 맥 절: (10절). "엘리야가 오십부장에게 대답하여 가로되 내가 만일 하나님의 사람이면 불이 하늘에서 내려와서 너와 너의 50인을 사를지로다 하매 불이 곧 하늘에서 내려와서 저와 그50인을 살랐더라" ; 맥 보충 절: (16절).
3. 관주구절: 상하8:2, 왕하3:5
4. 찬 송 : 귀하신 주여 날 붙드사, 불길 같은 성령이여, 주여 나의 병든 몸을

아하시야가 난간에 떨어져 병들매(2절), 이것은 회개의 마지막의 기회이다. 왕이 다시 오십부장을 보내는 것은 (11절)하나님의 사람과 정면대결이다. 이와 같이 하나님을 대적하는 것은 아버지 아합과 어머니 이세벨의 교육의 영향에서 온 교육의 부재이다. 그는 하나님을 버렸고, 우상을 찾았고, 엘리야를 죽이려고 까지 하였다. 이것이 하나님께 대적 행위이다. 결국 바알을 섬기다가 병상에서 죽었다.

쉼터 : 엘리야의 사명

- 엘리야가 이에 가니라(4절), 이는 죽는다는 말을 전하려고 가는 것(말씀 맡은 자 임무)
- 반드시 죽으리라 하셨다(16절), 끝까지 말씀을 맡은 엘리야의 사명을 볼 수 있다.

2장 엘리야 승천 *(Elijah Taken Up to Heaven)*

1. 위치 설명 : 2장은 목록 열왕기하의 '열' 에 획순서대로 표시
2. 맥 절: (1,2,4,7절). "여호와께서 회오리 바람으로 엘리야를 하늘로 올리고자 하실 때에 엘리야가 엘리사와 더불어 길갈에서 나가더니". "엘리야가 엘리사에게 이르되 청하건대 너는 여기 머물라 여호와께서 나를 벧엘로 보내시느니라. 하니 엘리사가 이르되 여호와께서 살아 계심과 당신의 영혼이 살아 있음을 두고 맹세하노니 내가

당신을 떠나지 아니하겠나이다. 하는지라 이에 두 사람이 벧엘로 내려가니". "엘리야가 그에게 이르되 엘리사야 청하건대 너는 여기 머물라 여호와께서 나를 여리고로 보내시느니라. 엘리사가 이르되 여호와께서 살아 계심과 당신의 영혼이 살아 있음을 두고 맹세하노니 내가 당신을 떠나지 아니하겠나이다. 하니라 그들이 여리고에 이르매". "선지자의 제자 오십 명이 가서 멀리 서서 바라보매 그 두 사람이 요단가에 서 있더니" ; 맥 보충 절: (9절).

3. 관주구절: 출17:32, 민14장, 롬8:39
4. 찬 송 : 나의 사랑하는 책, 어디든지 예수 나를 이끌면, 은혜 구한 네게 은혜의 주님

엘리야가 승천하기 전 길갈에서부터 벧엘, 여리고, 요단등의 생도들을 방문하기 위해 순회할 때 엘리사는 끝까지 스승을 따랐다. 엘리야가 불말과 불병거로 승천할 때 엘리사는 스승의 갑절의 영감을 구했고 구한 것을 받았다. 갑절의 영감을 얻은 엘리사는 세상의 모든 것을 얻은 선지자로서 일생을 살 수 있었다. 엘리사는 스승에게 어려운 것을 구하였으되 땅의 거짓을 구하지 않고 하늘의 것을 구함으로 자신은 물론 세상에 큰 유익을 줄 수 있었다.

겉옷으로 요단강을 가르며 시작된 엘리사의 사역은 선지 생도들의 새로운 지도자로서, 또한 하나님 백성의 영적 지도자로서 엘리야의 사역과 대조를 이루며 죄악으로 어두웠던 그 시대에 구원의 빛을 비추어 주었다.

그리스도의 모형

1. 왕통(7장)-아달랴가 다윗의 왕통을 무너뜨리려 하였으나 보존
2. 엘리야(1,2장)-그리스도의 승천(행1:9)
3. 요단강물(5:14)-보혈로 죄를 씻음 예표(엡1:7, 히9:12)
4. 회리바람(2:11)-승천 예표(행1:8), 성도의 들림(살전4:17)

쉼터 : 엘리야의 승천은 사실

엘리야가 엘리사와 말을 하며 길을 걷다가 갑자기 불수레와 불말이 나타나 회리바람과 함께 사라져 버리는 사건이 발생했다(11절). 엘리야의 승천을 의심한 엘리사의 생도들은 그의 시체라도 찾자고 엘리사에게 간청하였다. 생도들은 용사 50명을 보내 3일 동안 찾았지만 엘리야의 시체는 찾지 못했다. 엘리야의 승천은 엘리야 자신이 승천에 대해 말한 것과 엘리사의 증언, 선지자 생도들의 보고에서 사실임을 알게 된다. 에녹도 죽지 않고 승천했으며(창5:24) 예수님도 부활하여 하늘로 올라가셨다.(눅24:50~53)

3장 여호람 왕(북), 악함 *(Joram become King of Israel)*

1. 위치 설명 : 3장은 목록 열왕기하의 '열' 에 획순서대로 표시
2. 맥 절: (2절). "그가 여호와 보시기에 악을 행하였으나 그의 부모와 같이 하지는 아니하였으니 이는 그가 그의 아버지가 만든 바알의 주상을 없이하였음이라" ; 맥 보충 절: (3절).
3. 관주구절: 왕하10:18
4. 찬 송 : 주 믿는 사람 일어나, 군기를 손에 높이 들고, 행군 나팔 소리로

엘리사는 엘리야의 후계자로 인정된 이후 공식적으로 활동하기 시작한다.(11절 이하). 그리고 예언 활동의 정치적 배경은 모압이 이스라엘을 배반하여 이스라엘 연합군이 그들과 대항하는 사건을 중심으로 하고 있다. 또한 그가 활동을 시작했을 당시의 시대적 배경으로 여호람의 즉위와 그의 행적에 관한 사항이 간단하게 서술되어 있다. 국력이 쇠약해졌고 민심이 좋지 않았을 때 첫 사역지인 전장으로 향했다.

쉼터 : 엘리사의 기적과 유사한 사건

엘리사의 기적	기적의 재료	유사한 사건
넘치는 기름을 받은 과부(왕하4:1~7)	기름	엘리야가 사르밧 과부에게 행했던 기적(왕상17:8~16)
아들을 얻은 수넴 여인(왕하4:8~37)	생명	죽은 사람을 살리신 예수님의 사역
독을 해독한 이적(왕하4:38~41)	가루	독사에 물렸지만 아무렇지도 않은 사울(행28:1~6)
보리떡 20개의 이적(왕하4:42~44)	떡과 채소	예수님의 오병이어(마14:13~21)
나아만의 문둥병 고친 기적(왕하5:1~19)	물	예수님이 문둥병 고치신 것(마8:2~4)
떠오른 도끼의 기적(왕하6:1~7)	나뭇가지	나뭇가지로 쓴물을 단물로 변한 것(출15:25)
장님이 된 아람 군대(왕하6:18~19)	기도	바울이 박수 엘루마의 눈을 잠시 멀게 함(행13:11)

4장 두 여인(사르밧 과부, 수넴 여인)

(The Widow' s oil, The Shunammite' s Son Restored to Life)

1. 위치 설명 : 4장은 목록 열왕기하의 '열' 에 획순서대로 표시
2. 맥 절: (4,8절). "너는 네 두 아들과 함께 들어가서 문을 닫고 그 모든 그릇에 기름을 부어서 차는 대로 옮겨 놓으라 하니라". "하루는 엘리사가 수넴에 이르렀더니 거기에 한 귀한 여인이 그를 간권하여 음식을 먹게 하였으므로 엘리사가 그 곳을 지날 때마다 음식을 먹으러 그리로 들어갔더라" ; 맥 보충 절: (7,17절).
3. 관주구절: 왕상12:22,
4. 찬 송 : 주의 약속하신 말씀위에서, 내모든 시험 무거운 짐을, 세상 모든 풍파 너를 흔들어

엘리사도 그의 선지자적 권위를 왕으로부터도 인정받게 되었다. 이렇게 된 연휴에야 이스라엘 각 족속, 각 개인을 찾아다니면서 그의 사역을 시작했다. 본문에는 그는 한 개인의 고통을 긍휼이 여기며 그를 도와줌. 또 기적을 베풀어줌.

엘리사를 극진히 대접했던 수넴 여인의 가정에 유일한 독자가 죽었는데 하나님의 이적으로 살아났음을 기록하고 있다.

쉼터 : 선지자가 아버지라?	때때로 선지자들의 생도들은 아들이라고 불렀고, 선생님은 아버지라고 불렀다.(2:12;^;21) 선지학교는 선지자 사무엘이 설립한 것으로 추정된다. 학교는 벧엘과 라마, 여리고, 길갈 외에도 여러 지역에 설립되어 있다.

5장 나아만 장군 나병 *(Naaman Healed of Leprosy)*

1. 위치 설명 : 5장은 목록 열왕기하의 '열' 에 획순서대로 표시
2. 맥 절: (1절). "아람 왕의 군대 장관 나아만은 그의 주인 앞에서 크고 존귀한 자니 이는 여호와께서 전에 그에게 아람을 구원하게 하셨음이라 그는 큰 용사이나 나병환자더라" ; 맥 보충 절: (10절).
3. 관주구절: 요9:7
4. 찬 송 : 주여 나의 병든 몸을, 큰 무리 주를 에워싼 중에, 네 병든 손 내밀라고

엘리사가 아람왕의 군대장관 나아만의 나병을 치유해 준 내용이다. 엘리사의 푸대접에도 불구하고 신복들의 권고를 받아들여 그의 말대로 순복한 것은 예수님도 칭찬하신 겸손한 행위였다. 한편 엘리사의 종 게하시가 거짓말로 나아만의 사례품을 착복했다가 나병에 걸린 것은 탐심을 경계하도록 해준다.

쉼터 : 엘리사의 대표적 기적과 그 의미

기적의 내용	성경	기적의 방법	기적의 의미
여리고 물의 질을 변화시킴	2 : 19~22	소금을 넣음	기도응답에 대한 모범
조롱하는 젊은이들이 곰들에게 찢김	2 : 24	저주함	경솔함에 대한 견책
과부의 그릇에 채워진 기름	4 : 1~7	순종함	물질의 복으로 구원
수넴 여인의 아들을 살림	4 : 32~37	기도로	주의 종을 섬긴 자에 대한 하나님의 보상
들 외의 독을 제거	4 : 39~41	가루를 넣음	하나님의 말씀은 우리의 죄를 씻어 주심
20개의 떡으로 100명을 먹임	4 : 42~44	명령으로	필요를 채우시는 선하신 하나님
나아만의 문둥병을 고침	5 : 10~14	요단강에서 목욕	믿음과 순종의 중요성을 보여줌
도끼가 물위에 떠오름	6 : 6	나뭇가지를 던짐	자신의 마음을 지키는 것의 중요성을 가르침

위와 같이 엘리사가 행한 기적들은 신약에서 예수님이 행하신 기적과 흡사함을 보여주고 있다.

(1) 예수님 모형으로서의 엘리사

죽은 아들로 인해 슬퍼하는 과부와 문둥병자의 치료와 히스기야 왕의 죽을병에 대한 구원은 예수님의 모형으로서 엘리사의 사역에 잘 드러나 있다.

(2) 엘리사 사역의 특징

스승인 엘리야가 대중적인 사역을 하였다면 엘리사는 개인적인 사역자로 그를 필요로 하는 사람과 함께 생활했으며 엘리야가 하나님의 율법과 심판을 강조했다면 엘리사는 하나님의 은혜와 사랑을 강하게 나타낸 선지자로서 스승보다 갑절의 기적을 이룬 탁월한 하나님의 종이었다.

6장 불말 · 불병거 *(The Hills Full of horses and Chariots of fire)*

1. 위치 설명 : 6장은 목록 열왕기하의 '열' 에 획순서대로 표시
2. 맥 절: (14절). "왕이 이에 말과 병거와 많은 군사를 보내매 그들이 밤에 가서 그 성읍을 에워쌌더라" ; 맥 보충 절: (16절).
3. 관주구절: 왕상20:1
4. 찬 송 : 주 예수 이름 높이어, 이 기쁜 소식을, 내 모든 시험 무거운 짐을

• 엘리사의 공적사역(6 : 8~8 :)

엘리사의 사역이 사사로이 개인적으로 이루어졌으나 6장과 8장 사이에서는 민족을 위하여 공식적으로 이루어졌다.

• 아람 침략의 방비(6 : 8~23)

여러번 이스라엘 침공에 실패한 아람왕은 비밀누설이 엘리사에 있음을 알고 도단성을 포위하나(6 : 14) 엘리사는 두려워하는 게하시의 눈을 열어 산에 가득한 불말과 불병거를 보여줌으로써, 이 전쟁이 하나님에게 속한 전쟁임을 보여주었다. 엘리사가 적군의 눈을

어둡게 하여 적들을 사마리아 성에 유인한 후, 은혜를 베풀어 돌려보내어 이방에 하나님의 영광을 드러냈다. 이러한 하나님은 우리의 피난처이시며 힘이시므로(시46 : 1) 그의 말씀에 순종한다면 하나님의 백성은 결코 두려워할 필요가 없다.

쉼터 : 도끼가 떠오르다니

선지자의 생도 중 한사람이 엘리사와 생도들이 거할 집을 짓기 위해 나무를 베다가 도끼를 물에 빠뜨렸다. 빌린 도낀데 ! 어쩔 줄 모르는 생도를 위해 엘리사가 나섰다. 그는 도끼가 빠진 물에 나뭇가지를 베어 던졌다. 그러자 그 자리에서 도끼가 물 표면으로 떠올랐다. 성경에는 분명히 엘리사가 도끼를 물위로 떠오르게 했음을 알 수 있었다(7) 어떻게 쇠로 만든 무거운 도끼가 물에 뜰 수 있는 것일까? 이것은 과학적으로 설명할 수 없다.

7장 네명의 문둥이(북) *(Four Man with Leprosy)*

1. 위치 설명 : 7장은 목록 열왕기하의 '열' 에 획순서대로 표시
2. 맥 절: (3절)."성문 어귀에 나병환자 네 사람이 있더니 그 친구에게 서로 말하되 우리가 어찌하여 여기 앉아서 죽기를 기다리랴" ; 맥 보충 절: (9절).
3. 관주구절: 요14:6
4. 찬 송 : 나 주의 도움 받고자, 나는 갈길 모르니, 너 시온아 이 소식 전파하라

• 사마리아의 참상

아람왕 벤하닷이 올라와 사마리아를 포위하자 성내는 심한 기근으로 시달렸다. 혹독한 기근으로 어린아이를 잡아먹는 참상까지 벌어지자(6 : 28) 더 이상 왕권도 모성애조차도 존재할 수 없는 상태가 되었다. 이때에 하나님은 그의 백성의 문제해결을 위한 무기로 단지 시끄러운 소음과 4명의 문둥병자를 사용하셨다.

① 시끄러운 말 병거 소리에 적군이 재물과 식량을 버려둔 채 도망가게 하고

② 죽기로 작정하고 적진에 간 4명의 문둥병자는 이 소식을 왕궁에 전해 구원받게 하셨다.

이 사건은 하나님의 전능하심과 함께 복음이 무엇인가를 보여주고 있다(7 : 9). 복음의 소식을 마치 사마리아성 사람들이 기쁜 소식에 달려 나감 같이 구원의 길로 인도하며 불신앙의 사람들은 그 발아래 밟혀 죽음을 분명히 보여주고 있다.

쉼터 : 하루 아침에 정상 회복

적군의 포위로 인해 기근에 시달린 사마리아 성이 하루아침에 정상적으로 회복되리라는 예언은 그야말로 '복음' 이었다. 사마리아 성의 형편은 배가 고파서 서로 자식을 삶아먹을 정도로 죄악에 달해 있었다. 이러한 때에 엘리사가 물가는 정상이 될 것이라고 예언하였다.

8장 수넴여인땅 찾음 여호람왕(남) · 아하시아왕(남),

(The Shunammite' s Land Restored, Jehoram King of Judah, Ahaziah King of Judah)

1. 위치 설명 : 8장은 목록 열왕기하의 '열' 에 획순서대로 표시
2. 맥 절: (3,16,25절). "칠 년이 다하매 여인이 블레셋 사람들의 땅에서 돌아와 자기 집과 전토를 위하여 호소하려 하여 왕에게 나아갔더라" . "이스라엘의 왕 아합의 아들 요람 제오년에 여호사밧이 유다의 왕이었을 때에 유다의 왕 여호사밧의 아들 여호람이 왕이 되니라". "이스라엘의 왕 아합의 아들 요람 제십이년에 유다 왕 여호람의 아들 아하시야가 왕이 되니" ; 맥 보충 절: (6절).
3. 관주구절: 느5:12
4. 찬 송 : 내 주여 뜻대로, 의롭게 사는 이 그 누구인가, 하나님 사랑은

• 하사엘의 반란(8 : 7~15)

엘리사가 다메섹에 갔을 때 아람왕 벤하닷이 병들어 낫기를 구하여 약대 40마리에 귀한 예물을 실어 선지자에게 보냈다. 엘리사는 이를 수행한 하사엘을 보고 그 심중의 악한 계획과 장차 이스라엘에게 저지를 그의 만행을 내다보고 울면서 장차 벤하닷이 죽을 것과 또한 하사엘이 아람왕이 될 것을 예언했고 그 예언은 하사엘이 젖은 이불로 벤하닷을 질식시켜 죽임으로 이루어졌다. 인간의 과도한 야망은 포악한 범죄자를 만들고 목적달성

을 위한 야망의 방법은 선할 수가 없음을 보여주고 있다.

쉼터 : 엘리사의 생애와 그의 사역

출 신	사밧의 아들, 요단동편 아벨므홀라 출신
신 분	농부, 상당한 재산가, 독신자였음
외 모	대머리(고대 셈족에게는 드문 현상), 지팡이를 짚고 다님
소 명	밭에서 일할 때(왕상 19 : 19,20), 부르심에 곧 결심
사역기간	50년(여호람, 예후, 여호아하스, 요아스 때)
사 역	· 엘리야보다 갑절의 기적을 나타냄
	· 국내뿐 아니라 모든 나라 백성이 생활문제로 찾아옴(왕하5 : 9)
	· 가장 높은 사람을 찾아 갈 수 있는 권위를 지님
	· 선지 생도들을 위해 이적을 행함(왕하4 :38~44)
신약과의 관계	예수 그리스도의 모형 : 사랑과 은혜의 사역의 상징

⦿ 교훈 및 적용

1. 엘리사와 같이 이 시대를 이끌어가는 성도의 삶을 살자.
2. 사르밧 과부가 가진 것을 모두 주의 종에게 드렸을 때 가뭄에서 구원받은 사실을 기억하자.
3. 엘리사가 나아만의 값진 선물을 거절한 것은 물질을 초월한 참 신앙의 귀중함을 보여주는 것이다.

9장 예후 왕 *(Jehu Anointed King of Israel)*

1. 위치 설명 : 9장은 목록 열왕기하의 '열' 에 획순서대로 표시
2. 맥 절: (6절). "왕이 그 여인에게 물으매 여인이 설명한지라 왕이 그를 위하여 한 관리를 임명하여 이르되 이 여인에게 속한 모든 것과 이 땅에서 떠날 때부터 이제까지 그의 밭의 소출을 다 돌려주라 하였더라" ; 맥 보충 절: (13절).

3. 관주구절: 마21:7,8

4. 찬 송 : 내 주는 강한 성이요, 구주께서 부르되, 자비한 주께서 부르되

(1) 혁명 원인

오랫동안 하나님 말씀에 불순종한 이스라엘을 심판하기 위해 하나님은 예후에게 기름부어 그를 왕으로 세웠다(9 : 6).

(2) 혁명 과정

자기의 사명이 무엇인지를 안 예후는 하나님이 정한 심판의 시간에 요람왕과 아하시야왕을 죽이고(9 : 14~29)차례로 왕의 어머니 이세벨을 죽였다(9 : 30~37).

쉼터 : 예후의 반란

선지자들의 후원을 받은 예후의 강력한 쿠테타는 오므리 왕조의 종말을 초래하였다. 동시에 이 반란은 유다 왕 아하시아를 죽게 만들었다. 두로 왕의 딸 이세벨의 살해당함으로 이스라엘과 두로와의 밀접한 유대관계도 종말에 이르게 되었다.

10장 예후개혁(바알숭배자 죽임) *(Ministers of baal Killed)*

1. 위치 설명 : 10장은 목록 열왕기하의 '열' 에 획순서대로 표시
2. 맥 절: (7절). "편지가 그들에게 이르매 그들이 왕자 칠십 명을 붙잡아 죽이고 그들의 머리를 광주리에 담아 이스르엘 예후에게로 보내니라" ; 맥 보충 절: (17절).
3. 관주구절: 삿9:5
4. 찬 송 : 주 믿는 사람 일어나, 변찬는 주님의 사랑과, 나 행한 것 죄뿐이니

• 아합의 70명 아들과 (10 : 1~17) 바알 숭배자들과 (10 : 18~28) 아합의 남은 가족 모두를 진멸 시켰다.

요람의 시체는 나봇의 땅에 던져졌는데 이것은 엘리야의 예언이 성취되었음을 보여준다(왕상21 : 19). 성경은 이와 같이 하나님의 말씀이 성취되는 과정을 기록하여 그의 신실

하심을 증거하고 있다.

• 혁명 결과

예후가 야훼 일에 열성이었던 것은 사실이나 그의 혁명은 폭력과 피흘림으로 치우쳐 야훼께 영광을 돌리기보다 오히려 아합의 집을 도륙하는데 더 마음을 썼음을 보여준다. 그 예로 무고한 아하시야의 사촌 42명을 죽였고(10 : 14) 아합의 남은 가족을 진멸한 것으로 알 수 있다. 뿐만 아니라 예후는 타인의 외적 죄를 진멸시켰으면서도 진작 자신을 바알숭배에서 떠나지 않았다. 이런 점에서 보아 예후의 혁명과 우상 파괴운동은 야훼를 위해 열심하기 보다 단지 자신의 왕권 확립을 위한 정치적 목적에서 이루어졌음을 보여준다. 이에 대해 하나님은 예후 왕조가 4대까지 이어질 것을 말씀하셨고 이 말씀은 여호아하스(13 : 1), 요아스(13 : 9), 여로보암 2세(14 : 23), 스가랴(15 : 8)가 이스라엘 왕이 됨으로 성취되었다.

쉼터 : 예후의 기름 부음

아합과 이세벨의 죄악에 대한 하나님의 심판을 대항했던 예후는 엘리사가 보낸 선지자 생도 가운데 하나에 의해 기름 부음을 받았다. 예후에 대한 기름부음은 이미 오래전(15~17년전) 엘리야에게 명령된 것이었다. "너는 이제 나가서 하사엘에게 기름을 부어 아람왕을 삼고 님시의 손자 예후에게 기름을 부어 이스라엘 왕을 삼고 또 사밧의 아들 엘리사에게 기름을 부어 너를 대신하는 선지자가 되게 하라"(왕상19:15~16) 이 세 가지는 그 시대 문자적으로 성취되지 않았다.

11장 아달랴 왕(남), 극악함, 6년 통치 *(Athaliah and Joash)*

1. 위치 설명 : 11장은 목록 열왕기하의 '열' 에 획순서대로 표시
2. 맥 절: (14절). "보매 왕이 규례대로 단 위에 섰고 장관들과 나팔수가 왕의 곁에 모셔 섰으며 온 백성이 즐거워하여 나팔을 부는지라 아달랴가 옷을 찢으며 외치되 반역이로다 빈역이로다 하매" ; 맥 보충 절: (16절).

3. 관주구절: 창9:6

4. 찬 송 : 믿는 사람들아 군병 같으니, 면류관 가지고, 여호와 하나님

(1) 아달랴의 횡포(11 : 1~16) : 아하시야가 므깃도에서 죽은 것을 알고 그의 모친 아달랴는 왕가의 씨를 진멸하여 정권을 잡은 후 우상숭배를 합법화하고 다윗혈통을 멸절시키려 시도했다. 이런 소행을 통해 아달랴의 권세욕과 가증한 우상숭배가 얼마나 사악한 것인지 그녀 스스로가 보여주었다.

(2) 요아스의 등극(11:17~12:21) : 제사장 여호야다의 주도로 아달랴는 처형되고(11 : 20)

쉼터 : 아달랴(여호와는 찬송된다)

아합과 이세벨의 딸로 사마리아에서 자랐고 바알을 열심히 숭배했다.(왕하8:18) 유다왕 여호람과 결혼해 아하시야를 낳았다. 아들 아하시야가 죽자 피신한 손자 요아스를 제외한 왕의 일가족을 모두 죽였다. 자신이 왕위에 올라 6년간 다스렸다.(왕하11:1~3) 그는 유다의 유일한 여왕이었으며 즉위 7년 되던 해 제사장 여호야다에 의해 살해되었다.

12장 요아스 왕(남), 선함, 7세 왕위에 오름, 40년 통치

(Joash Repairs the Temple)

1. 위치 설명 : 12장은 목록 열왕기하의 '열' 에 획순서대로 표시
2. 맥 절: (1절). "예후의 제칠년에 요아스가 왕이 되어 예루살렘에서 사십 년간 통치하니라 그의 어머니의 이름은 시비아라 브엘세바 사람이더라" ; 맥 보충 절: (2절).
3. 관주구절: 아벨의 피…사가랴의 피까지…의로운 피가 다 너희에게 돌아가리라(마23:35, 눅11:51)
4. 찬 송 : 내 주의 나라와, 귀하신 주님 계신 곳, 시온성과 같은 교회

유일한 생존자 요아스가 왕위로 올랐다. 7세의 어린 요아스는 여호야다의 교훈을 받는

동안 야훼 보시기에 의로웠으며 종교개혁도 실시하였다.

종교개혁의 내용 : 제사장들에게 성전수리를 명했으나 일이 진행되지 않자 연보궤를 만들어 자금을 모은 후 실제 일하는 자에게 지급하여 추진시켰다(12 : 9~15).

• 요아스의 말년

여호야다가 죽자 요아스는 야훼를 버리고 우상을 섬겼다(대하24 : 17,18). 이에 대한 심판으로 하사엘이 침공해오자 그는 야훼의 뜻을 묻지 않고 하나님 전의 보물을 다 내어주었다(12 : 18). 그는 이로 인해 신하의 손에 죽임을 당하는 비참한 인생을 마쳤고 그 아들 아마샤가 대신 왕이 되었다.

쉼터 : 요아스의 성전 수리

요아스는 여호야다의 지도 아래 선한 정치를 했다. 그는 아달랴의 통치 때에 부서진 성전을 수리하고자 했다. 처음엔 명령을 내려서 강제적으로 성전 수리비를 모금하여 성전을 고치려고 했지만(대하24:5)수리비를 별로 걷지 못했기 때문이다.

요아스 왕은 대제사장과 제사장을 불러서 이번에 궤를 마련하여 백성이 직접 돈을 넣도록 했고 이렇게 해서 많은 돈을 모금 할 수 있었다. 이 돈을 지출할 때는 원래의 목적인 성전 수리 외에는 사용하지 않았으며 후에 수리가 끝나고 나서야 남은 돈을 다른 일에 사용했다(대하24:14)

13장 여호아하스(북) · 요아스(북) *(Jehoahaz, Jehoash Kings of Israel)*

1. 위치 설명 : 13장은 목록 열왕기하의 '왕' 에 획순서대로 표시
2. 맥 절: (1,10절). "유다의 왕 아하시야의 아들 요아스의 제이십삼 년에 예후의 아들 여호아하스가 사마리아에서 이스라엘 왕이 되어 십칠 년간 다스리며". "유다의 왕 요아스의 제삼십칠 년에 여호아하스의 아들 요아스가 사마리아에서 이스라엘 왕이 되어 십육 년간 다스리며" ; 맥 보충 절: (2,11절).
3. 관주구설: 왕상12:26~33,

4.찬 송 : 눈을 들어 산을 보니, 너의 죄 흉악하나. 양 아흔 아홉 마리는

• 유다왕 요아스 당시에 북왕국에서 일어난 사건들이다. 이스라엘 왕 여호아하스는 통치 기간 내내 아람의 계속적인 침략을 당하였다. 다음으로 여호아하스의 아들 요아스는 우상숭배 중에서도 선지자 엘리사를 극진히 대접했다. 이에 하나님은 그에게 아람을 정복한 것은 아니지만 잃어버린 영토를 되찾게 해 주셨다.

쉼터 : 이스라엘의 보낸 구원자

예후의 아들 여호아하스는 하나님 보시기에 악을 행한 왕이었다(왕하13:2) 이 때문에 그는 하나님의 징계를 받아 아람왕에게 심한 학대를 받았으나 그가 하나님께 회개하여 도움을 구하자 하나님은 이스라엘을 구원할 사람을 보내 주셨다. 엘리사의 예언을 듣고 여호아하스의 아들 요아스가 아람을 쳐서 승리했기 때문이다.(왕하13:14~19,25)

14장 아마샤 왕 (남), · 여로보암 왕2세(북)

(Amaziah King of Judah, Jeroboam Ⅱ King of Israel)

1. 위치 설명 : 14장은 목록 열왕기하의 '왕' 에 획순서대로 표시
2. 맥 절: (1,23절). "이스라엘의 왕 여호아하스의 아들 요아스 제이년에 유다의 왕 요아스의 아들 아마샤가 왕이 되니". " 유다의 왕 요아스의 아들 아마샤 제십오년에 이스라엘의 왕 요아스의 아들 여로보암이 사마리아에서 왕이 되어 사십일 년간 다스렸으며" ; 맥 보충 절: (6,24절).
3. 관주구절: 호1;1, 암1:1
4. 찬 송 : 여러 해 동안 주 떠나, 양 떼를 떠나서, 나 행한 것으로

• 유다왕 아마샤는 초기에 하나님 앞에서 비교적 정직히 행한 탓에 나라를 안정시켰다. 하지만 말년에는 북왕국을 치려는 교만을 보이며 실정을 거듭하였다. 한편, 요아스의 아들 여로보암2세는 역사상 북왕국을 가장 부강하게 만든 인물이다. 그러나 번영을 누릴수록 왕

들과 백성들은 보다 교만해져 죄악을 일삼았다.

쉼터 : 아버지의 죄가 자녀에게도 미칠까?

아마샤는 왕이 된 후 아버지를 죽였던 신복들을 죽였지만 자녀들은 죽이지 않았다.(왕하 14:5~6). 이것은 이방인들의 관습을 따르지 않은 것이었다. 당시에 한 사람이 죄를 지었다면 당사자뿐만 아니라 그 가족도 처벌하는 연대처형법이 있었다. 예를 들면 여리고 성을 정복할 때 그 가족 모두가 죽임을 당했다.(수7:24~25) 비록 한 개인의 죄일지라도 그 죄는 간접적으로 사회 환경에 영향을 주기 때문에 결국 개인의 죄는 그 사회의 죄에 대한 책임이 있었기 때문이다. 그러나 하나님은 각자의 죄에 대해 자신이 책임을 지고 죄 값을 치르게 하셨다. 그래서 선한 왕 아마샤는 아비로 인하여 자녀를 죽이지 말라는 하나님의 법(신24:16)을 철저히 지켰던 것이다(왕하14:6)

15장 웃시야 · 요담 · 스가랴 · 살롬 · 므나헴 · 브가히야 · 배가

(Azariah, Zechariah, Shallum, Menahem King of Israel)

1. 위치 설명 : 15장은 목록 열왕기하의 '왕'에 획순서대로 표시
2. 맥 절: (1,8,17,32절). "이스라엘 왕 여로보암 제이십칠년에 유다 왕 아마샤의 아들 아사랴가 왕이 되니". "유다의 왕 아사랴의 제삼십팔년에 여로보암의 아들 스가랴가 사마리아에서 여섯 달 동안 이스라엘을 다스리며". "유다 왕 아사랴 제삼십구년에 가디의 아들 므나헴이 이스라엘 왕이 되어 사마리아에서 십 년간 다스리며". "유다의 왕 아사랴 제오십년에 므나헴의 아들 브가히야가 사마리아에서 이스라엘 왕이 되어 이 년간 다스리며"
3. 관주구절: 왕하14:29, 왕상15:1,8,13
4. 찬 송 : 나의 사랑하는 책, 양 떼를 떠나서, 큰 죄에 빠진 날 위해

• 아사랴의 통치(15 : 1~7)

아사랴는 선한 아마샤를 이어 그의 건전한 지도력 아래 나라를 새로운 생활과 번영으로

이끌어갔다. 그의 정책은 다음과 같다.

① 하나님 보시기에 정직했고(15 : 3)

② 군사적으로 큰 업적을 이루어 블레셋과 아라비아를 크게 이겼으며(대하26 : 6)

③ 대규모의 건설, 특히 관개분야를 발전시켰다. 그가 52년간 유다에서 통치하는 동안 이스라엘은 왕이 일곱 번 바뀌었고 북이스라엘이 멸망으로 치닫고 있을 때 매우 강한 통치력으로 유다를 이끌어 유다의 전성기를 구가했다. 그러나 그가 성전에서 향을 피우는 교만으로 문둥병을 얻어 별궁에서 격리된 삶을 살아야 했던 불행은 그가 죽은 후에도 묘실에서 장사되지 못하는 치욕을 남겼다(대하26 : 23). 사울이 사무엘 대신 제사를 드리다가 왕위에서 폐함을 당한(삼상13 : 13) 똑같은 죄를 아사랴 왕이 되풀이하고 있음을 볼 수 있다. 교만은 패망의 선봉이며 넘어짐의 앞잡이란 하나님의 말씀에 대한 본을 보여 주고 있다.

쉼터 : 병든 엘리사는 요아스 왕에게 왜 "화살로 땅을 치라"고 했을까?

엘리사는 병문안 하러 온 북이스라엘 왕 요아스에게 창을 열고 화살을 동편을 향해 쏘라고 했다. 동편으로 활을 쏘는 것은 당시 이스라엘 동쪽에 위치해 있던 아람에 대한 하나님의 선전포고를 상징하는 행위였다. 또한 엘리사는 화살을 취해 땅을 치라는 이상한 명령도 내렸다. 이에 대해 요아스가 화살로 땅을 세 번만 치고 말자 엘리사는 화를 내며 아람사람들을 완전히 멸망시키지 못하고 세 번만 치게 될 것이라고 예언했다(왕하13:19~10). 그럼 과연 땅을 치는 것은 어떤 의미였을까? 먼저 이 행위는 화살로 직접 땅이나 마룻바닥을 치라는 말이거나 창문에서 땅을 향해 쏘라는 의미로 해석된다. 어느 편이든 간에 땅을 친다는 것은 아람을 쳐서 이길 것에 대한 상징적 행위로, 요아스에게 확신을 주기 위한 것이었다. 요하스는 세 번 땅을 쳤는데, 엘리사는 요아스의 행동에 믿음이 적다고 화를 냈다. 아마도 엘리사는 요하스가 땅을 더 여러번 쳤다면 아람은 완전히 이겼을 것이라고 생각했던 것 같다(왕하13:18~19)

16장 아하스 왕(남), 악함 *(Ahaz King of Judah)*

1. 위치 설명 : 16장은 목록 열왕기하의 '왕' 에 획순서대로 표시
2. 맥 절: (1절). "르말랴의 아들 베가 제십칠년에 유다의 왕 요담의 아들 아하스가 왕이

되니" ; 맥 보충 절: (2절).

3. 관주구절: 대하28:1
4. 찬 송 : 여러 해 동안 주 떠나, 날마다 주와 버성겨, 아버지여 이 죄인을

아하스는 유다의 가장 악한 왕이었다. 그는 금송아지와 바알, 몰록을 섬기며 성전을 폐쇄하고 하나님께 드리는 제사를 금하였고, 새로운 산당을 건립하는 등의 죄악을 범하였다. 그리고 정치적으로는 이사야 선지자의 권고를 무시하고 앗수르를 의지하였다. 이 같은 타락상은 북왕국과 다를 바 없다.

쉼터 : 구약 성경에 언급된 '마샬'(비유)

비유, 속담, 격언, 수수께끼, 천상적인 의미를 지닌 세상의 이야기란 뜻을 함축하기도 했다.

① 속담의 용례 : "너희가 이스라엘 땅에 대한 속담에 이르기를 아비가 신 포도를 먹었으므로 아들의 이가 시리다 함은 어찜이뇨"(겔18:2,3)

② 다른 대상을 풍자하거나 조소하기위해 : (사14:3~4)

③ 수수께끼로 사용된 용례 (겔17:2)

④ 이야기식의 교훈 또는 풍유적 비유로 쓰인 용례(겔24:2~5)

17장 호세아 왕(북 왕국 멸망) *(Hoshea Last King of Israel)*

1. 위치 설명 : 17장은 목록 열왕기하의 '왕' 에 획순서대로 표시
2. 맥 절: (1절). "유다의 왕 아하스 제십이년에 엘라의 아들 호세아가 사마리아에서 이스라엘 왕이 되어 구 년간 다스리며" ; 맥 보충 절: (2절).
3. 관주구절: 왕하 15:30
4. 찬 송 : 큰 죄에 빠진 나를, 나 행한 것 죄뿐이니, 우리는 주님을 늘 배반하나

• 이스라엘의 멸망(17 :)

호세아는 베가를 반역하고 암살한 후 이스라엘의 왕이 되어 앗수르에 조공을 바치며 왕

조를 유지하다가 통치 9년 만에 앗수르의 살민에셀에게 완전히 멸망당했다.

1) 이스라엘의 패배(17 : 1~6)

앗수르의 살만에셀이 호세아를 쳐서 이스라엘을 속국으로 삼은 1년간 호세아는 조공을 바쳤으나, 이를 벗어나려 애굽에 도움을 청한 외교정책이 드러나 3년간 대치 끝에 나라를 빼앗기고 백성들은 앗수르의 포로가 되어 영원히 돌아오지 못했다.

2) 멸망의 원인(17 : 7~23)

이스라엘의 멸망 원인은 외부적인 요인에 의한 것이 아니라 하나님께 저지른 죄악의 결과였다. 이 죄는 금송아지 숭배의 죄로 초대왕 여로보암에 의해 이스라엘 백성에게 저질러진 죄다.

① 하나님을 잊고 다른 신을 경외하고(17 : 7)

② 공개적으로 하나님을 반역하고 산당을 세우고 우상을 섬겼으며(17 : 11, 12)

③ 목을 굳게 하여 하나님과의 언약과 말씀을 버리고(17 : 14, 15)

④ 일월성신과 바알을 숭배하며(17 : 16)

⑤ 자녀를 불 가운데로 지나게 하며 복술과 사술을 행하게 하였다(17 : 17).

이런 깊은 죄에 대해 하나님은 선지자를 통하여 심판이 임할 것을 경고하였으나 이스라엘은 그 기회를 놓치고 말았다.

3) 멸망 후 사마리아 (17 : 24~41)

앗수르 왕은 이스라엘을 포로로 잡아간 대신 바벨론, 구다, 아와, 하맛, 스발와임 사람들을 사마리아에 이주시켰다. 야훼를 모르는 경건치 못한 이들을 하나님이 재앙으로 치시자 앗수르 왕은 포로중 제사장 하나를 벧엘에 보내 하나님을 경외하도록 가르쳤다(17 : 28). 그러나 그들은 하나님과 그들의 신을 겸하여 섬김으로써 이스라엘 전역에 종교적 혼잡을 가져왔고 계속 율법과 계명을 저버린 채 영적 타락을 거듭했다.

쉼터 : 이스라엘 멸망의 원인들

1. 하나님 말씀을 듣지 않았다. 목을 곧게 하고 하나님을 믿지 않았다(왕하17:14).
2. 여호와의 율례, 언약, 경계하신 말씀을 버렸다(왕하17:15)
3. 허무한 것과 이방 사람들의 풍속을 본받았다(왕하17;15)

4. 우상을 만들고-두 송아지 현상, 아세라 목상, 해와 달과 별을 숭배했고 바알신을 섬겼다 (왕하 17:16)

5. 자녀를 불 가운데로 지나게 해서 제사를 드렸다(왕하17:17)

6. 복술을 행하고 악행을 저질렀다(왕하17:17).

18장 히스기야 왕 개혁(남),선함 *(Hezekiah King of Judah)*

1. 위치 설명 : 18장은 목록 열왕기하의 '왕' 에 획순서대로 표시
2. 맥 절: (1절). "이스라엘의 왕 엘라의 아들 호세아 제삼년에 유다 왕 아하스의 아들 히스기야가 왕이 되니" ; 맥 보충 절: (3절).
3. 관주구절: 왕하20:3
4. 찬 송 : 시온의 영광이 빛나는 아침, 하나님이 말씀 하시기를, 저 장미꽃위에 이슬

1) 히스기야의 종교개혁(18 : 1~8)

히스기야가 왕위에 오르자 그는 먼저 그 땅에서 우상숭배의 죄를 제거하기 시작했다(18 : 4).

① 여러 산당을 제하고

② 주상과 아세라 목상을 찍어버리고

③ 모세가 만든 놋뱀을 부수고 느후스단이라 일컬었다.

이러한 개혁은 불행하게도 백성들의 마음을 온전히 돌리지 못하고 다만 표면적인 변화만을 가져왔었다.

2) 히스기야의 굴복(18 : 9~37)

유다가 조공을 거부하자 이를 구실삼아 산헤립이 공격해 왔을 때 히스기야는 하나님을 의지하는 대신 여지없이 적군의 위협에 굴복하여 평소에 바친 조공에 상응하는 막대한 액수를 성전에서 취하여 바쳤고 위기를 모면한 얼마 후 재침공을 받게 되었다.

쉼터 : 하나님과 우상의 차이

우상이란 하나님 이외의 섬기는 대상을 가리킨다. 인간은 자신의 연약함과 유한성 때문에, 영원에 대한 갈망과 심적 안정을 얻기 위해 우상을 만들었다. 고대 이스라엘의 주변 국가들에게서도 우상 숭배가 만연했었고 이스라엘에서도 지속되었다.

① 존재적 차이 : 여호와 하나님께서는 스스로 계시며 세상 만물을 다스리시고 지금도 통치하시며 영원한 주재자이시다.(출3:14;왕상8:27;욥5:9) 우상은 하나님의 피조물의 변형된 형태 그 이상일 수 없다는 것이다.

② 능력의 차이 : 하나님은 전능하신 분이다. 그러나 우상은 사단의 도구로서 유한한 능력을 가질 뿐이다.

19장 히스기야 승리(기도) *(Hezekiah's Prayer)*

1. 위치 설명 : 19장은 목록 열왕기하의 '왕' 에 획순서대로 표시
2. 맥 절: (1절). "히스기야 왕이 듣고 그 옷을 찢고 굵은 베를 두르고 여호와의 전에 들어가서" ; 맥 보충 절: (2절).
3. 관주구절: 사1:1
4. 찬 송 : 인애하신 구세주여, 어려운 일 당할 때, 내가 환난 당할 때에

• 산헤립의 침공으로 나라가 위기에 처했을 때(19 : 1~37)

히스기야는 할례 받지 않은 이방인이 참람한 말로 하나님을 대적하는 산헤립의 글을 성전에 펼쳐 놓고 믿음의 기도를 드렸다.

① 창조주 하나님의 이름을 부르며(19 : 15)

② 산헤립의 교만 방자한 말을 들으시기를 바라며(19 : 16~18)

③ 만군의 주께서 유다를 구원해 줄 것을 구하였다.

히스기야가 위기에 처하여 믿는 마음으로 하나님께 나가 입술로 전능하신 하나님을 고백하고 하나님의 인격에 자신의 고통으로 호소하며 탄식하는 모습에서 우리는 기도의 모본을 찾아 볼 수 있다.

이 기도는 응답이 되어 바로 그날 밤 산헤립의 주력부대 185,000명이 천사에 의해 죽고 (19 : 35) 산헤립은 그의 아들에 의해 피살되었다(19 : 37).

쉼터 : 약속은 성취됨

앗수르로부터 하나님이 능욕을 당하고 예루살렘이 위기를 당하자 히스기야는 자신이 아무 일도 할 수 없음을 깨닫게 되었다 그래서 이사야에게 겸손히 기도를 요청했으며 자신도 기도하였다. 하나님께서는 이사야를 통하여 앗수르를 멸망시키심으로 스스로 영광을 받으시겠다고 약속해 주셨다.

20장 히스기야 병 *(Hezekiah's Illness)*

1. 위치 설명 : 20장은 목록 열왕기하의 '왕' 에 획순서대로 표시
2. 맥 절: (1절). "그 때에 히스기야가 병들어 죽게 되매 아모스의 아들 선지자 이사야가 그에게 나아와서 그에게 이르되 여호와의 말씀이 너는 집을 정리하라 네가 죽고 살지 못하리라 하셨나이다" ; 맥 보충 절: (5절).
3. 관주구절: 사38:1~22
4. 찬 송 : 주여 나의 병든 몸을, 아 하나님의 은혜로, 죄에서 자유를 얻게 함은

• 히스기야가 죽을 병에 들었을 때(20 : 1~11)

히스기야가 병이 들어 죽게 되자 이사야는 그에게 죽음을 준비하라는 하나님의 말씀을 전해 주었다(20 : 1).죽음을 앞에 두게 된 히스기야는 주위를 물리치고 낯을 벽으로 향하고 자신의 선한 행위를 기억해 달라면서 심히 통곡하며 기도했다. 이 기도의 응답이 즉시 임하여 그의 생명은 15년 더 연장되며 그 징표로 해의 그림자가 10도 뒤로 물러가는 기적을 보여 주셨다. 이와 같은 역사적 사건은 성도들의 기도가 바로 하나님의 복을 실어오는 통로임을 말해주고 있다.

쉼터 : 기도응답을 통한 전쟁 승리와 사례

성경 본문	중심 인물	전쟁 상대국	특기 사항
삿7~7:25	기드온과300용사	미디안	이스라엘의 회개 기도
삿10:6~16	입다	블레셋	여호와의 영이 임함
삼상7:3~11	사무엘	블레셋	큰 우레가 침
왕하6:8~19	엘리사	아람	적군이 장님이 됨
대하14:9~15	아사	구스	아사의 기도
대하20:1~30	여호사밧	암몬 연합군	자중지란이 일어남
대하32:16~23	히스기야	앗수르 산헤립	천사의 공격으로 전멸

21장 므낫세와 아몬 우상 섬김 *(Manasseh King of Judah, Amon)*

1. 위치 설명 : 21장은 목록 열왕기하의 '기' 에 획순서대로 표시
2. 맥 절: (1절). "므낫세가 왕이 될 때에 나이가 십이 세라 예루살렘에서 오십오 년간 다스리니라 그의 어머니의 이름은 헵시바더라" ; 맥 보충 절: (2절).
3. 관주구절: 대하33:1
4. 찬 송 : 큰 죄에 빠진 날 위해, 나 행한 것 죄뿐이니, 나 행한 것으로,

므낫세와 아몬이 우상 숭배에 몰두하고 백성들을 배교의 길로 인도한 것은 하나님이 이미 선언하신 유다 멸망이 돌이킬 수 없는 것임을 시사한다. 지금까지 유다가 존속할 수 있었던 이유는 돌이킬 구원을 얻기를 바라시는 하나님의 오래 참으심 때문이다. 하지만 계속된 유다의 배교 행위는 결국 멸망의 도화선이 되고 말았다.

쉼터 : 이스라엘의 멸망을 예언한 선지자들	북 이스라엘의 멸망	아히야(왕상14:15~16) 아모스(암7:17) 호세아(호1:6,9:16) 이사야(사28장)	남유다의 멸망	이사야(사1:10~17);8:5~8) 미가(미(4:9~10) 하바국(합1:5~11) 예레미야(21:8~10) 스바냐(습1:1~18)

22장 요시야 율법책 *(The Book of the Low Found)*

1. 위치 설명 : 22장은 목록 열왕기하의 '기' 에 획순서대로 표시
2. 맥 절: (8절). "대제사장 힐기야가 서기관 사반에게 이르되 내가 여호와의 성전에서 율법책을 발견하였노라 하고 힐기야가 그 책을 사반에게 주니 사반이 읽으니라" ; 맥 보충 절: (11절).
3. 관주구절: 신31:24
4. 찬 송 : 주 날 불러 이르소서, 주의 주실 화평, 나의 영원하신 기업

히스기야의 경건한 본보기에도 불구하고 그 아들 므낫세는 55년 동안 악정으로 나라를 파멸로 몰아갔고 그 뒤를 이은 아몬 역시 반역자의 손에 죽고 어린 요시야가 8세에 등극하여 의로운 통치로 나라를 이끌어 갔다.

• 요시야의 성전수리(22 : 1~20)

요시야가 성숙한 나이가 되자 참된 예배의 회복을 위해 새로운 개혁을 시도했다. 퇴락한 성전을 수리하던 중 율법책을 발견하고 하나님 말씀에 준행치 않은 죄를 자복하고 회개했다(22 : 11). 왕과 그 고문들은 새로운 개혁시도에 열심이었으나 백성들은 진정으로 따르지 않았으며 여전히 마음은 우상숭배에 머물러 있었다.

쉼터 : 옷을 찢은 요시야왕

성경에서 옷을 찢는다는 것은 보통 슬픔, 분노, 고통을 표현하는 행위였다. 특별히 하나님을 떠났던 사람이 회개하는 모습이다. 성경에 옷을 찢은 사람들은 많이 있었다. 르우벤(창37:29), 여호수아(수7:6), 욥(욥1:20), 엘리사(왕하2:12), 요시야 왕(왕하22:11).

23장 요시야 종교개혁 여호아하스 *(Josiah Renews the Covenant)*

1. 위치 설명 : 23장은 목록 열왕기하의 '기' 에 획순서대로 표시

2. 맥 절: (3절). "왕이 단 위에 서서 여호와 앞에서 언약을 세우되 마음을 다하고 뜻을 다하여 여호와께 순종하고 그의 계명과 법도와 율례를 지켜 이 책에 기록된 이 언약의 말씀을 이루게 하리라 하매 백성이 다 그 언약을 따르기로 하니라" ; 맥 보충 절: (2절).

3. 관주구절: 왕하11:14,17

4. 찬 송 : 주의 말씀 받은 그날, 십자가를 내가 지고, 날 빛보다 더 밝은 천당

• 요시야의 개혁(23 : 1~29)

요시야는 하나님의 말씀에 대해 나라의 장로들과 상의하여 대대적인 개혁을 아래와 같이 실시하였다.

① 아세라상을 태워 가루로 만들어 버리고(23 : 6)
② 도벳을 더럽혀 쓰레기 장으로 만들고(23 : 10)
③ 멸망산의 아스다롯, 그모스, 밀곰의 산당을 더럽혔고(23 : 13)
④ 여러보암이 세운 벧엘과 단의 산당을 헐어 버렸다(13 : 15).

그리고 사사 시대 이후 한번도 지킨 적이 없는 유월절도 회복하였다. 그러나 뿌리까지 썩은 백성에 대한 하나님의 진노는 돌이키지 않으셨고(23 : 26) 결국 요시야는 애굽왕 바로느고에게 죽고(23 : 29)그 아들 여호아하스는 애굽의 볼모로 잡혀갔다.

쉼터 : 요시야가 타파한 우상들	
• 바알과 아세라를 위해 만든 것들(왕하23:4)	• 그모스(왕하23:13)
• 일월성시를 위해 만든 것들(왕하23:4)	• 밀곰(왕하23:13)
• 미동의 집(왕하23:7)	• 벧엘의 금송아지(왕하23:15)
• 이방신을 섬기던 산당(왕하23:8)	• 드라빔(왕하23:24)
• 몰록의 상(왕하23:10)	• 신접한 자, 무당들(왕하23:24)
• 아스다롯(왕하23:13)	

24장 여호야김 · 여호야긴 · 시드기야왕(남) *(Jehoiakim, Jehoiachin, Zedekiah Kings)*

1. 위치 설명 : 24장은 목록 열왕기하의 '기' 에 획순서대로 표시
2. 맥 절: (6절). "여호야김이 그의 조상들과 함께 자매 그의 아들 여호야긴이 대신하여 왕이 되니라" ; 맥 보충 절: (9절).
3. 관주구절: 왕하21:2~7
4. 찬 송 : 주 은혜를 받으려, 나 행한 것으로, 큰 죄에 빠진 나를

마침내 하나님의 심판이 시작되어 유다가 바벨론의 1,2차 침공을 당해 멸망의 길에 들어선다. 여호야김 이후에 왕이 된 여호야긴을 포로로 잡아간 바벨론은 여호야긴의 숙부 시드기야를 유다왕으로 임명하였다. 그러나 그 역시 우상숭배 죄악을 되풀이 하였을 뿐 아니라 예레미야 선지자의 충고를 무시하고 친 애굽 정책을 폈다.

25장 예루살렘 함락(유다 멸망) *(The Fall of Jerusalem)*

1. 위치 설명 : 25장은 목록 열왕기하의 '기' 에 획순서대로 표시
2. 맥 절: (8절). "바벨론 왕 느부갓네살의 열아홉째 해 오월 칠일에 바벨론 왕의 신복 시위대장 느부사라단이 예루살렘에 이르러" ; 맥 보충 절: (9~11절).
3. 관주구절: 렘52:12
4. 찬 송 : 아버지여 이 죄인을, 너 근심 걱정 말아라, 비 바람이 칠 때와

예루살렘은 18개월간 바벨론의 공격을 받고 무너졌다. 거룩한 성은 파괴되고(25 : 9) 왕의 보좌는 짓밟혔으며 성전은 불타 버리고 백성들은 포로로 추방당하고(25 : 11) 일부는 여러 나라 중에 흩어지게 되었다. 이로써 선민으로 자처했던 이스라엘은 열방의 웃음거리가 되었고 성전에 임재하신 하나님이 민족을 보호해 주리라 믿었던 소망은 사라지고 오히려 예루살렘은 70년간 폐허가 된 채 그들의 죄에 대한 혹독한 값을 치르게 하였다.

쉼터 : 이스라엘과 유다의 왕들(O:좋았다, △:대부분 좋았다, X:나빴다)

이스라엘(북왕국)				유다(남왕국)			
	이름	통치기간	성격		이름	통치기간	성격
1	여로보암	22년	X	1	르호보암	17년	X
2	나답	2년	X	2	아비얌	3년	X
3	바아사	24년	X	3	아사	41년	O
4	엘라	2년	X	4	여호사밧	25년	O
5	시므리	7일	X	5	여호람	8년	X
6	오므리	12일	XX	6	아하시야	1년	X
7	아합	22년	XXX	7	아달랴	6년	XXX
8	아하시야	2년	X	8	요아스	40년	△
9	여호람(요람)	12년	X	9	아마샤	29년	△
10	예후	28년	X	10	웃시야(아사랴)	52년	O
11	여호아하스	17년	X	11	요람	16년	O
12	요아스	16년	X	12	아하스	16년	X
13	여로보암2세	41년	X	13	히스기야	29년	OO
14	스가랴	6개월	X	14	므낫세	55년	XXX
15	살룸	1개월	X	15	아몬	2년	XXX
16	므나헴	10년	X	16	요시야	31년	OO
17	브가히야	2년	X	17	여호아하스	3개월	X
18	베가	20년	X	18	여호야김	11년	XXX
19	호세아	9년	X	19	여호야긴	3개월	X
				20	시드기야	11년	X

〈남북 왕조의 비교표〉

왕국	첫왕	마지막왕	왕 수	멸망시킨 나라	왕국의 기간
유다	르호보암	시드기야	20	바벨론(느부갓네살왕)	931~586년
이스라엘	여로보암	호세아	19	앗수르(살만에셀)	931~722년

통일 왕국시대 선지자들

이름	관련 내용	관련 성구	관련 왕
사무엘	사울과 다윗에게 기름 부어 왕을 세움	삼상10:1, 16:12	사울
나단	다윗의 간음을 책망함	삼하 12:1~12	다윗
갓	다윗의 인구 조사를 책망함	삼하24:11	다윗
아히야	여로보암에게 북왕국 세울 것을 예언	왕상11:29~39	솔로몬
잇도	솔로몬의 행적을 기록함	대하9:29	솔로몬

남 유다 왕국의 선지자들

잇도	솔로몬의 행적을 기록함	대하9:29	솔로몬
스마야	여로보암에게 도전하는 르호보암의 막음	대하11:1~	르호보암
아사랴	아사에게 하나님과의 언약 이행 촉구	대하15:1~	아사
하나니	아람과 외교하는 아사를 책망함	대하16:7~9	아사
예후	아합과 동맹한 여호사밧을 책망함	대하19:1~	여호사밧
야하시엘	모압, 암몬, 전쟁에서의 승전 예언	대하20:14~17	여호사밧
엘리에셀	아하시야와 교제하는 여호사밧 책망	대하20:14~17	여호사밧
엘리야	유다 여호람에게 탈상자 예언	대하21:11~15	여호람
오바댜	에돔의 멸망을 예언	옵1:18여호람	
스가랴	요하스와 신하들의 우상 숭배를 책망	대하24:20	요아스
요엘	성령의 강림을 예언	욜2:28	요아스, 아마샤
이사야	메시야의 탄생과 사역을 예언	사49장~53장	웃시야,요담,아하스,히스기야
미가	베들레헴에 메시야가 탄생할 것을 예언	미5:2	웃시야, 요담, 아하스, 히스기야
나훔	앗수르의 멸망을 예언함	나2:8~13	므낫세, 아몬, 요시야
하바국	바벨론의 멸망을 예언함	합2:4~7	요시야
여두둔	요시야왕을 도와 유월절을 지킴	대하35~15	요시야
훌다	유다의 멸망을 예언한 여선지	왕하22:15~20	요시야
스바냐	여호와의 날을 예언	습1:14~16	므낫세, 아몬, 요시야
예레미야	시드기야에게 유다의 멸망을 예언	렘34:2~5	요시야,여호아하스,여호야긴,시드기야
에스겔	유다의 멸망 예언	겔12:8~16	시드기야
다니엘	이스라엘 및 열국에 하나님 주권 선포	단7:1~12:13	여호야김, 여호야긴, 시드기야

북 왕국 선지자들

무명	요시야 출생 예고(여로보암 제단 예조)	왕상13:3	여로보암
아히야	여로보암 왕가의 멸망을 예언	왕상14:6~16	여로보암
예후	바아사의 우상 숭배와 악행을 책망	왕상16:7	바아사
엘리야	아합 왕가의 멸망을 예언	왕상21:20~26	아합
미가야	아합의 죽음을 예언	왕상22:19~28	아합
엘리사	아합왕가의 멸망을 예언	왕하9:6~10	아합, 아하시야, 여호람, 예후, 여호아하스, 요아스
호세아	이방을 의존하는 이스라엘을 책망	호7:8~16	여로보암2, 스가랴, 살롬, 므나헴, 브가히야, 베가, 호세아
아모스	이스라엘에 대한 심판과 회복을 예언	암9:1~15	여로보암2, 스가랴, 살룸, 므나헴, 브가히야
요나	이스라엘의 부흥을 예언	대하14:25	여로보암2
오뎃	베가에서 유다인 포로 석방을 촉구	대하28:9~13	베가

포로시대 선지자들

에스겔	유다의 회복을 예언	겔12:8~16)	바벨론에서
예레미야	예루살렘 회복과 바벨론 멸망 예언	렘50:1~5	요시야, 여호아하스, 여호야김, 여호야긴, 시드기야
다니엘	4왕국(바벨론, 바사, 헬라, 로마)과 70주	단7:1~12:13	바벨론에서

귀환시대 선지자들

학개	메시야 임재의 예언	학2:6~9
스가랴	메시야 임재와 하나님 나라 도래 예언	슥12:1~14:21
말라기	메시야 임재의 예언	말3:1~4:6

바벨론에 포로로 끌려간 역사

	피정복자			정복왕	관련 사실
북	1차	베가	왕하15:29	다글랏빌레셀Ⅲ	포로자의 수난 유배지 미상 B.C733~732
	2차	호세아	왕하17:5~6	살만에셀 V 사르곤Ⅱ	남자만 약 27,290명이 끌려감 B.C.724~722
남	?	므낫세	대하33:11	앗수르	바벨론에 끌려가 회개한 후 귀환
	1차	여호야김	왕하24:1,대하36:6, 렘52:28,단1:3~7	느브갓네살	다니엘, 사드락, 메사, 아벳느고를 비롯한 유다 왕족과 귀족들, 총 3023인, 성전의 기구 일부 B.C.605
	2차	여호야긴	대하36:10, 왕하 24:10~17, 렘25:30	느브갓네살	왕, 누후스다, 에스겔, 신하들, 내시들, 방백들, 1만군사, 기술자들, 백성들, 총832명, 성전보물들, 왕국보물들 B.C.597
	3차	시드기야	대하36:20, 왕하 25:1~25, 렘25:9~30	느브갓네살	왕, 왕자들, 빈천한 하층민을 제외한 모든 백성, 총 745명, 성전 놋기구들, 왕과 백성의 보물들 B.C.586
	?	남은 자	렘25:28~30	느브갓네살	남은 자 4,600명 잡혀감 B.C. 582

⊙ 구약을 연대순으로 읽으려면

왕하8:22→옵바댜, 왕하12:3→요엘, 왕하13:6→호세아

왕하14:14→아모수, 왕하14:24→요나, 왕하15:5→이사야

왕하15:35→미가, 왕하19:37→나훔

왕하 23:27→스바냐, 예레미야, 왕하23:35→하바국

왕하25:30→예레미야 애가, 다니엘, 에스겔, 에스라, 역대상 • 하

에스라7:28→느헤미야. 에스라 끝→말라기

⊙ 교훈 및 적용

1. 이스라엘 민족은 보이는 우상에 걸려 넘어졌으나 우리는 무형의 우상에 조심하자.
2. 회개하지 않는 비참한 말로를 성경을 통해 배우자.
3. 참된 복은 하나님과 올바른 관계를 맺을 때 얻게 됨을 명심하자.

목록 아이콘 해설 (사무엘상, 사무엘하, 열왕기상, 열왕기하)

사무엘상	사울의 옷자락	압살롬 입성 (시므이 저주)	아사왕의 즉위	아하스의 자세와범죄
서원기도 (사무엘출생)	사무엘 죽음 (디아만남)	아이도벨의 자살	시므라,오므리	이스라엘멸망
한나의찬송 (엘리 두 아들타락)	창과물병	압살롬의 전사	엘리야와사롯바 과부	히스기야개혁
소명	가드로 피신	예루살렘 귀환	갈멜산 전투승리	앗수르 전쟁
법궤를빼앗김 (엘리죽음)	신접한 여인에게 묻는 사울	세바의 반역	로뎀나무 (피신)	히스기야 생명연장
법궤와 다곤	다윗 견제	서원 위반의죄 (3년기근)	아합의실수 (전쟁)	므낫세와아몬 우상섬김
법궤 돌아옴	아말렉을 물리친 다윗	다윗노래	아합의 포도원탐욕	요시야의 율법책
미스바 회개	사울죽음	용감한 3용사 (다윗의유언)	아합전사	요시야의 종교개혁
백성들이 왕을 요구함	**사무엘하**	인구조사 (재앙)	**열왕기하**	예루살렘 멸망
왕으로 선택된 사울	다윗의애가	**열왕기상**	50부장 참살	유다왕국 멸망
사울에게 기름부음	유다왕 아브넬의 반역	솔로몬의즉위	엘리야의 승천	
암몬전쟁 사울즉위	아브넬의 피살	다윗의유언 (별세)	모압전쟁	
사무엘 고별설교	이스보셋 피살	지혜구함	두여인 (사르밧과,수넴여인)	
사울의 번제	통일 이스라엘왕 다윗	솔로몬의 부 지혜	나아만장군의 나병	
요나단 승전	법궤입성 (웃사의 죽음)	성전건축 준비	아람군대,소경,도끼 (불말과불병거)	
사울의 불순종	다윗언약	성전건축	네문둥병자	
다윗 기름부음	군사적승리	궁건축과 기구	수넴여인 (7년흉년)	
다윗과 골리아	므비보셋	성전봉헌식	예후왕	
시기1	암몬정복	언약	예후개혁 (바알숭배자 죽음)	
다윗피신	다윗타락	스바여왕과 솔로몬의영망	아달야왕의 피살	
다윗과 요나단의우정	나단책망	솔로몬타락	요아스왕 (40년통치)	
높땅 도피	암논강간	왕국분열	엘리사죽음	
제사장 학살사건	압살롬의 귀환	선지자의예언	아마샤	
그일라 구출	압살롬 반역	여로보암의 악	아사라의문둥병	

역대상(Chronicle-1)-29-941 : 다윗왕때의 두드러진 사건들

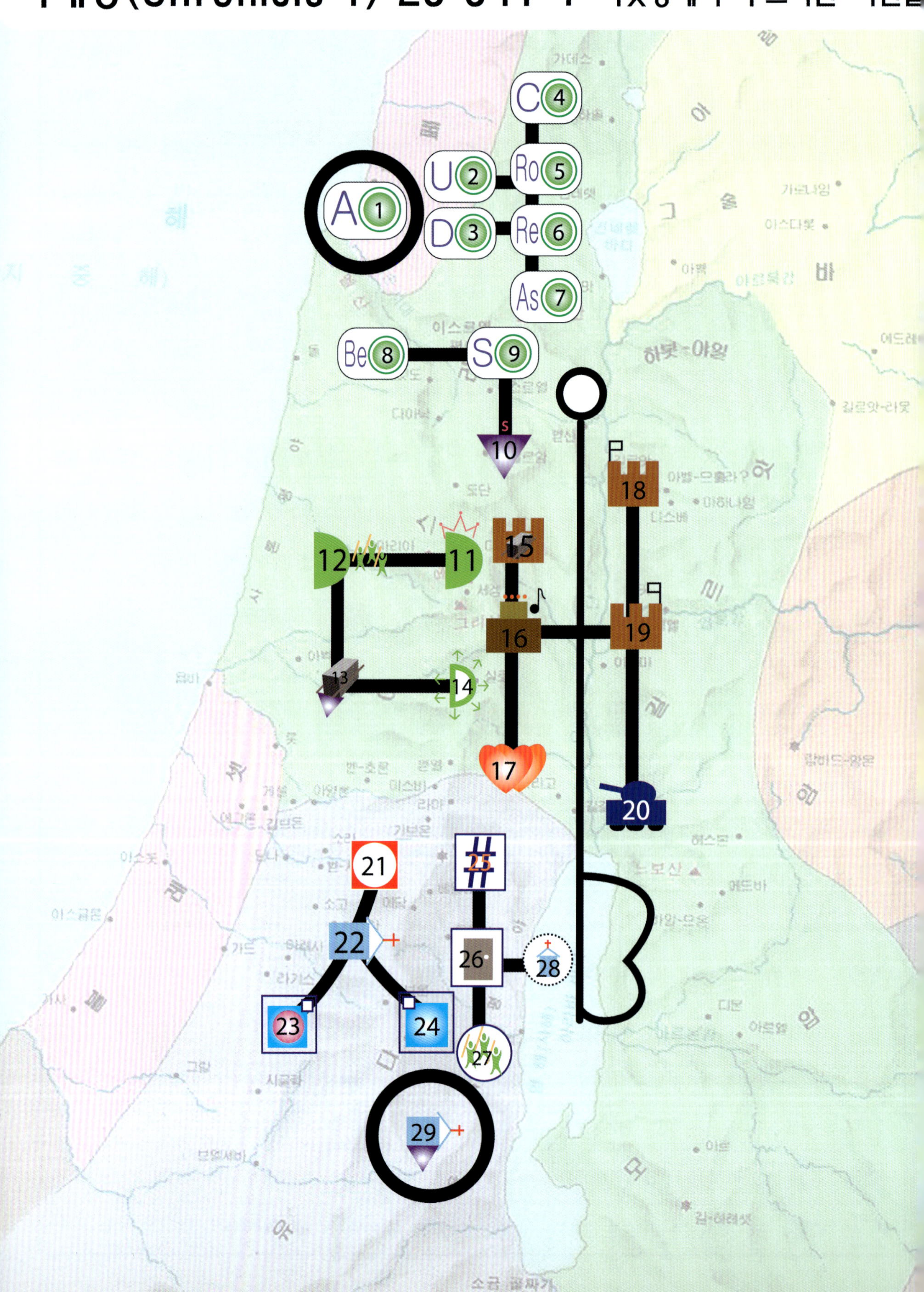

역 대 상

요절 : 그런즉 너는 삼갈지어다.
여호와께서 너를 택하여 성소의 전을 건축하게 하셨으니 힘써 행할지니라(대상28:10)

1. 명칭

· 히브리어 성경 : "디브레 하야밈" (각 시대의 사건들)

· 70인역 : "파랄레 이포메논" (생략된 부분들)

· 영어성경 : "I chronicles"

2. 기록자 : 미상(에스라로 추정)

3. 기록연대 : B.C. 500년경

4. 기록목적

바벨론 포로 이후 귀환한 이스라엘의 공동체에 유다의 역사를 재해석함으로 역사의 의미를 새롭게 하고자 하였으며, 다윗 왕조와의 언약의 유효성과 신성국가로서의 참된 영광을 상기시킴으로 현실의 역경을 이겨 나가도록 격려하기 위한 목적으로 기록하였다.

5. 중심사상

1) 하나님이 명령하신 대로 전을 건축한다(28 : 6).

2) 다윗 왕조는 하나님이 영원히 보존하신다(17 : 14).

3) 하나님께서 우리 삶의 중심을 차지하실 때 형통함을 얻는다(16 : 4).

6. 역대기의 신학사상

	열 왕 기	역 대 기
관점	선지자적(심판)	제사장적(소망)
내용	정치와 전쟁중심	예배중심, 성전예배중심
왕권	남 북왕조의 비참한 운명	다윗왕조의 지속
나라	이스라엘과 유다	유다
강조점	도덕	구속
결론	인간이 역사를 지배	하나님이 역사를 지배

7. 내용분해 : 29장, 941절

대주제	지파시대			통일왕국시대		
초점	아담에서 다윗왕까지의 계보			다윗의 통치		
소주제	1. 원시시대 (아담~아브라함) (1 :)	2. 족장시대 (아브라함~야곱) (2 : ~8 :)	3. 왕정시대 (야곱~사울) (9 : 10 ;)	1. 다윗의 통치 (11 : ~16 :)	2. 다윗의 정치적 업적 (17 : ~27 :)	3. 다윗의 임종 (28 : 29 ;)
내용	1) 아담에서 아브라함까지 2) 아브라함의 자손 3) 에서의 자손	1) 야곱에서 다윗까지 2) 다윗에서 포로기까지 3) 야곱의 아들들	1) 예루살렘 주민들 2) 사울의 죽음	1) 다윗의 등극 2) 법궤의 이동 3) 다윗과 백성들의 감사제사	1) 다윗의 성전 건축소망 2) 다윗의 정복사업 3) 다윗의 인구조사 4) 성전 건축준비 5) 레위인의 직무	1) 다윗의 유언 2) 다윗의 마지막 유언
신학	선택받은 민족의 역사					

8. 주요 사건 연대

솔로몬의 왕위 계승 (대상29:22)	성전건축 (3:1-7:10)	솔로몬 왕의 죽음과 르호보암의 등극 (9:29-10:1)	여로보암의 반란과 남북의 분열(10:16-19)	앗수르에 의해 북이스라엘의 멸망 (왕하18:9-12)
970	966-959	931	931	722

BC --►

710	627	586	538
남유다의 히스기야 왕 등극과 종교 개혁 (29:1-29)	요시야 왕의 성전 수리와 율법책 발견 및 개혁 (34:1-33)	바벨론에 의한 남유다의 멸망과 바벨론 유수 (36:11-21)	바사 왕 고레스의 포로 석방에 대한 포고령 (36:22-23)

1장 아담 족보 *(Adam's Line)*

1. 위치 설명 : 1장은 목록 역대상의 '역' 에 획순서대로 표시
2. 맥 절: (1~27절). ; 맥 보충 절: (34절).
3. 관주구절: 창3:6, 12:3
4. 찬 송 : 주 하나님 지으신 모든 세계, 주여 우리 무리를, 이새의 뿌리에서

• 원시시대(1 :)

역대기 기록 당시 이스라엘은 긴 포로 생활로 인하여 그들의 족보와 여호와의 신앙을 잃어가고 있었기 때문에 저자는 조상의 내력과 뿌리를 되찾기 위해 1장에 아담에서 아브라함까지 20대에 대한 족보를 기록하고 있다.

1) 아담에서 아브라함까지 (1 : 1~27)

① 바벨론 포로에서 돌아온 유대 민족에게 아담에서부터 아브라함까지의 족보는 대단히 중요한 것이었다. 그들의 제사장 계보조차 분별할 수 없었던 그때에 아담의 자손이며 아브라함의 자손이며 다윗의 자손이란 증거의 족보는 그들에게 신앙의 뿌리를 다시 찾게 하는 의미를 주었다.

② 1절에서 27절까지의 역사는 2,000년의 역사다. 아담은 전 인류의 조상으로서 하나님과의 계약을 깨뜨려 모든 인간을 비참하게 만든 조상이었으나(창3 : 6) 아브라함은 성도들의 조상으로서 하나님과 은혜의 계약을 맺음으로 영적 이스라엘을 복의 근원이 되게 한 믿음의 조상이다(창12 : 3).

2) 아브라함의 자손(1 : 28~34)

(1) 이스마엘(1 : 29~31)

이스마엘은 아브라함이 불신앙으로 낳은 아들로 아브라함의 불신앙을 대변하는 자다. 그는 여종의 자손으로 쫓겨난 자임에도 불구하고 하나님께서는 그를 버리지 않고 고난 가운데 지켜 주심으로(창21 : 8~21)의인의 불신앙으로 인한 실수까지도 책임져 주심을

보여주었다.

(2) 미디안 족속(1 : 32,33)

미디안 족속은 아브라함과 그의 첩 그두라에게서 난 자손들이다. 이들은 메시아의 계보에서 떨어져 나간 자들이며 이삭과 분리된 자들이다(창25 : 6), 그두라의 후손 중에 미디안 족속이 가장 두드러진 족속으로 모든 가계를 대표하는 이름이 되었다.

(3) 이삭(1 : 34)

이삭은 하나님께서 약속하신 신앙의 아들이다. 이삭이 모리아 산에서 제물로 바쳐질 때 묵묵히 순종했던 모습에서 그리스도의 모습을 발견할 수 있다. 이삭이 야곱을 낳음으로 메시아의 계보는 확실하게 드러났다.

3) 에서의 자손(1 : 35~54)

에서는 하나님의 복을 거절한 불신앙의 사람이다. 장자의 명분을 팔아먹은 그의 모습에서 하나님의 복을 거절한 패역함과 영원히 하나님을 대적하는 대적자가 된 것을 볼 수 있다. 하나님은 에서의 아들 아말렉족속을 사람에서부터 동물에 이르기까지 진멸시키라고 사울왕에게 명령하셨다(삼상15 : 3)

쉼터 : 족보

어떤 사람의 조상이나 후손들의 이름을 기록한 것을 족보(계보)라고 한다. 성경에는 창세기, 신명기, 역대기, 에스라, 느헤미야, 마태복음, 누가복음에 족보가 나온다. 족보의 기록 형태는 두 가지로 나타나는데 '누가 누구의 아버지' 라는 식의 상향식 족보 형태와 '누구는 누구의 아들' 이라는 하향식 족보 형태가 있다.

■ 족장시대(2 : ~8 :)

2장에서 8장까지는 이스라엘의 열두 아들들이 열두 지파를 이룬 족보를 기록하고 있다. 육신적으로 르우벤이 장자임에도 불구하고 열두 지파의 첫째로 유다가 기록된 것은 장차 유다지파가 왕통을 이어가며 그 후손 가운데서 메시아가 탄생할 것을 암시하고 있다.

2장 유다 족보 *(To Hezron's Sons)*

1. 위치 설명 : 2장은 목록 역대상의 '역' 에 획순서대로 표시
2. 맥 절: (3절). "유다의 아들은 에르와 오난과 셀라니 이 세 사람은 가나안 사람 수아의 딸이 유다에게 낳아 준 자요 유다의 맏아들 에르는 여호와 보시기에 악하였으므로 여호와께서 죽이셨고" ; 맥 보충 절: (1~55절).
3. 관주구절: "혈통으로나 육정으로나 사람의 뜻으로 되는 것이 아니라 오직 믿음으로.."(요 1:12,13)
4. 찬 송 : 아름다운 시온성아

■ 야곱에서 다윗까지(2 : 1~55)

• 유다의 가족

유다의 족보는 2장에서 4장에 걸쳐 기록되어 있다. 이 같은 비중은 이스라엘 민족의 역사에 있어 유다 자손이 차지하는 영향력과 역사적 중요성을 말해준다.

• 유다 가문의 불명예

· 아들 에르와 오난의 죄악 : 하나님 채찍에 죽임을 당함(2 : 3)

· 며느리 다말 : 시아버지와의 근친상간의 죄(2 : 4)

· 아갈(아간) : 금지된 물건을 훔쳐 이스라엘을 괴롭게 한 자(2 : 7)

이와 같은 사람들은 아무리 명예로운 가문에 속해 있다 할지라도 죄의 결국은 사망임을 가르쳐 준다.

쉼터 : 족보2

• 아담부터 노아까지의 족보(창5:; 대상1:)	• 롯의 족보(창19:37~38)
• 가인의 족보(창4:17~22)	• 나홀의 족보(창22:20~24)
• 노아의 족보(창10장, 대상1장)	• 에서의 후손들(창36장)
• 셈부터 아브라함까지의 족보(창11장, 대상1장)	• 야곱의 후손들(창46장, 민26장)
• 그두라와 아브라함 후손들의 족보(창25장, 대상1장)	• 예수님의 족보(마1장, 눅3장)

3장 다윗 족보 *(The Sons of David)*

1. 위치 설명 : 3장은 목록 역대상의 '역' 에 획순서대로 표시
2. 맥 절: (1~9절). ; 맥 보충 절: (10~16절).
3. 관주구절: 삼하12:24, 22:6~12
4. 찬 송 : 내 갈길 멀고 밤은 깊은 데, 이 새의 뿌리에서, 예수께서 오실 때에

• 다윗의 아들들(3 : 1~9)

3장은 다윗 계보에 대한 특별한 기록들이다. 다윗에게는 많은 아들들(19명)이 있었으나 그 중 솔로몬이 후계자가 되었다. 솔로몬은 다윗이 불법적으로 취한 밧세바가 낳은 서자였으나(삼하12 : 24) 그의 중심을 선히 보았기 때문에 그로 왕위를 잇게 하였고 또한 성전을 짓도록 특전을 베푸셨다(삼하22 : 6~12). 이 택함은 솔로몬이 의로워서가 아니라 택함 그 자체가 하나님의 주권이며 의지임을 알게 해 준다.

다윗의 아들들

낳은 곳	아들 이름	모친
헤브론(6명)	압논, 다니엘, 압살롬, 아도니아,	정실부인들
	스바댜, 이드르암	
예루살렘(4)	시므아, 소밥, 나단, 솔로몬	밧수아(밧세바)
그 외(9명)	입할, 엘라사마, 엘리벨렛, 노가	
	네벡, 야비야 엘리사마, 엘랴다, 엘리벨렛	

• 다윗의 아들 나단의 아들들은 범인으로서 메시아의 조상이 되었고 그 가계 누가복음 3장에 기록되었으며, 솔로몬의 아들들은 왕으로서 메시아의 조상이 되어 마태복음 1장에 기록되었다.

• 솔로몬의 뒤를 이은 유다의 후손들(3 : 10~16)

남유다의 왕 르호보암에서 17대 여호아하스왕에 이르기까지 왕위는 다윗의 직계 손으로

이어졌다. 이러한 복은 생전에 다윗의 경건한 생활에 대한 하나님의 보상이었으며 또한 언약을 이루시는 하나님의 신실하심이 역사를 통하여 나타난 것이다. 그러나 유다가 포로가 될 무렵 다윗 왕조의 17대 여호아하스에서 그의 형제인 18대 여호야김으로 이전되는 등 다윗 가문의 영광이 기울어짐을 보여 주었다(왕하23 : 34). 그 후 포로귀환 때 스룹바벨이 민족 지도자가 된 것은 "다윗의 집"이 어느 정도 회복되었음을 보여 주었다(스3 : 8).

쉼터 : 역대기와 열왕기의 차이점(연대기적 서술이란 점에서 비슷하다.)

열왕기	역대기
이스라엘과 유다 왕국의 역사를 모두 기록한 것	유다왕국을 중심으로 기록한 것
두 나라 왕들에 대해 객관적으로 기록하고	성전제사와 다윗을 기준으로 하여
왕들을 모세의 율법의 평가	왕들을 평가하고 있다
역사가 하나님의 주관됨을 보여준다.	역사를 통해 하나님의 영광이 드러남을 보여준다.

4장 남쪽지파(유다, 시므온) *(Other Clans of Judah)*

1. 위치 설명 : 4장은 목록 역대상의 '역' 에 획순서대로 표시
2. 맥 절: (2~23, 24~43절).
3. 관주구절: 창38장
4. 찬 송 : 주여 우리 무리를, 인류는 하나 되게, 눈을 들어 하늘 보라

쉼터 : 내기를 이기려면 결정하기 전에 반드시 유념해야 할 점이 네 가지 있다.

1. 창조: 하나님께서는 우리와 교제를 누리시고자 우리를 창조하셨다. 하나님께서는 우리가 세상에서 풍성한 삶을 살기를 바라시며 천국에서 영생을 얻기를 바라신다(요3:16; 10:10)
2. 분리: 그러나 우리는 죄를 범하여 하나님으로부터 분리되었고, 그 결과 내세의 소망을 갖지 못하고 영원히 하나님으로부터 분리되는 운명에 처했다(롬3:23; 6:23).
3. 부르심: 하나님과 화해하여 세상에서 의미 있는 삶을 살고 천국에서 영원히 살 수 있는 자리를 회복할 수 있는 유일한 길은 예수님뿐이다. 예수님은 우리 죄를 용서해 주시기

위해 죽으셨고 죽은 자 가운데서 부활 하시고 우리에게 새 생명을 주셨다(롬5:8)

4. 회복 : 우리가 예수님을 믿고 그분을 삶에 영접할 때 그리고 그분을 위해 살기로 결단할 때에 죄를 용서받고 영생을 얻을 것이다(요1:1,12; 엡2:8,9)

5장 동쪽지파(2지파 반 족보) *(Reuben, Gad, The Half-Tribe of Manasseh)*

1. 위치 설명 : 5장은 목록 역대상의 '역' 에 획순서대로 표시
2. 맥 절: (1~10, 11~22, 23~26절).
3. 관주구절: 창25장
4. 찬 송 : 내 평생 가는 길, 오래 동안 모두 죄 가운데 빠져, 저 북방 얼음산과

쉼터 : 영적 건강을 위해

조심해야 할 것	장려해야 할 것
해로운 매체	예배(개인예배와 공예배)
해로운 관계	성장(지식, 성품, 사역의 성자)
해로운 행동	영향력(전도와 인간적인 애정)
해로운 태도	

6장 레위지파 *(Levi)*

1. 위치 설명 : 6장은 목록 역대상의 '역' 에 획순서대로 표시
2. 맥 절: (1~81절).
3. 관주구절: 대상6
4. 찬 송 : 찬송하는 소리 있어, 날 대속하신 예수께, 주의 주실 화평

- 레위의 아들 중 대제사장 아론의 계보를 언급한다(6:1~15)
- 레위의 아들 중 아론의 계보 이외의 족보를 소개한다(6:16~30)
  이는 아들이 대제사장 반열에 들어가지 못했지만 그들의 역할도 결코 무시될 수 없기 때문이다
- 성전에서 찬양하는 계보이다(6:31~48)

쉼터 : 믿음을 이해 못하면?

- 절반의 순종만으로도 느긋하게 신앙생활을 할 수 있으며, 하나님께서 당신에게 원하시고 또 당신이 스스로에게 원하는 깊은 영적 체험을 할 수 있을 거라고 생각할 것이다.
- 신자로서 반드시 수행해야 하는 어려운 일들을 수행할 힘과 어려운 시기를 이겨낼 힘을 얻지 못할 것이다.
- 신자로서 매우 실망스러운 삶을 살게 될 것이다.

7장 북쪽지파(5지파 반 족보) *(Issachar, Benjamin, Naphtali, Manasseh, Ephaim, Asher)*

1. 위치 설명 : 7장은 목록 역대상의 '역' 에 획순서대로 표시
2. 맥 절: (1~5, 6~12, 13~19, 20~29, 30~40절).
3. 관주구절: 창46장, 민26장
4. 찬 송 : 오 놀라운 구세주, 오 신실하신 주, 사철에 봄바람 불어있고

쉼터 : 영적 올무란?

- 지성의 위협이 올무이다.
- 영적 낙심이 올무이다.
- 영적인 고갈이 올무이다.
- 물질주의가 올무이다.
- 죄를 갖고 노는 것이 올무이다.

8장 베냐민지파 *(The Genealogy of Saul the Benjamite)*

1. 위치 설명 : 8장은 목록 역대상의 '역' 에 획순서대로 표시
2. 맥 절: (1~40절).
3. 관주구절: 민26:38, 대상7:6~12
4. 찬 송 : 구주와 함께 나 죽었으니, 주여 우리 무리를, 십자가 그늘 밑에

베냐민 지파가 다시 소개된다. 본장은 두 단락으로 구별된다. 첫 단락은 (1~28절)에는 왕정체제 이전의 베냐민 지파 족장들이 언급되어 있다. 둘째 단락은 (29~40절)은 베냐민 지파였던 사울왕가의 계보를 소개한다. 베냐민 지파를 자세히 언급한 이유는 귀환 이후 그들의 비중이 유다 지파 다음으로 컸기 때문이다.

■ 야곱의 아들들(4 : ~8 :)

지파	이름의 뜻	이름의 뜻	비 고
유다 4 : 1~23	찬송함	가장 번창하고 영광스러운 지파이며 많은 민족 지도자를 배출 했으며 메시아가 탄생함	· 첫 사사 옷니엘 · 영원한 이스라엘의 주권자
시므온 4 : 24~43	들으심	함 자손이 그들 지역을 빼앗아 정착, 각 지역에 흩어졌으나 번창함	· 가장 미약한 지파 · 디나 사건으로 야곱의 저주를 받은 지파(창34)
르우벤 5 : 1~10	보라 아들이다	뛰어난 가문이나 인물이 나타나지 않았음 요단동편에 거주	· 근친상간의 죄로 장자 명분을 박탈당함
갓 5 : 11~22	행운	요단동편 땅에 거함	· 유다왕 요람과 이스라엘 왕 여로보암 2세 때 족보에 기록되었음
므낫세 5 : 23~26	잊어 버림	므낫세 지파에 용력이 유명한 족장들이 많았으나 요단 동편에 거한 지파들은 간음하듯 이방신을 섬김	· 요단동편의 세 지파 모두 앗수르의 포로로 잡혀감
레위 6 : 1~81	연합	이스라엘 종교 교육에 중요한 책임을 담당 기업을 받지 못하고 도피성과 다른 지파 구역에서 기거함	· 성가대 지휘자 헤만을 도운 수해? 아삽, 에단
잇사갈 7 : 1~5	보상	근면하고 번창한 지파로 용맹스런 용사가 많았음	스불론, 단 지파는 족보에서 삭제(이유 불명)

베냐민 7 : 6~12	기쁨의 아들	사울을 배출, 수는 작으나 모두가 큰 용사들이었음. 끝까지 다윗지파를 지지함	· 그들의 호전적인 기질은 역사에 많은 오점들을 남겼음
납달리 7 : 13~19	나의 경쟁	훌륭한 인물이 없었음	· 다양한 재능으로(웅변, 노래) 하나님을 영화롭게 함(창49 : 21)
에브라임 7 : 20~29	창성함	가드와 블레셋이 에브라임 가문에 큰 재앙을 가져옴(아들들이 죽임을 당함)	· 민족 지도자 여호수아 배출
아셀 7 : 20~29	기쁨	지도적인 인물배출이 없었음 450년간의 사사 시대에 아셀지파만 사사가 없었음	· 이들의 전문직업은 농사였음(창49 : 20)
단 7 : 20~29	공평함	12지파 중 가장 작은 지파, 분배받은 땅으로 기업을 가꾸어 나가기 힘들자 북방으로 이주	· 북방이주 후 단 지파는 완전히 흩어짐

쉼터 : 기도 요건

제1요건: 요건이 없음	제2요건:일반적인 요건	제3요건 : 구체적인 요건
"구하라 그러면 너희에게 주실 것이요 (마7:7)	"너희가 내 안에 거하고 내 말이 너희 안에 거하면 무엇이든지 원하는 대로 구하라 그리하면 이루리라"(요15:7).	"오직 믿음으로 구하고 조금도 의심하지 말라"(약1:6) "내가 내 마음에 죄악을 품으면 주께서 듣지 아니하시리라"(시66:18) "구하여도 받지 못함은 정욕으로 쓰려고 잘못 구함이니라"(약4:3)

쉼터 : 다윗은 왜 찬양대를 뽑았을까?

다윗은 오벧에돔의 집에서 언약궤를 가져온 후 레위 지파에게 전문적으로 찬양하는 일을 맡겼다.(대상6:31~32). 그들은 성전이 세워질 때까지 성막 앞에서 찬송하는 일을 하였고 후에는 솔로몬이 성전을 세우자 성전에서 찬송하는 일을 계속하였다(대하5:12~13). 찬양은 하나님의 백성이라면 누구나 다 해야 하는 일이었기 때문이다. "이 백성은 내가 나를 위하여 지었나니 나의 찬송을 부르게 하려 함이니라"(사43:21). 이미 이스라엘 백성들은 노래와 춤과 악기를 사용해서 하나님을 찬양했었다.(출15:20; 삼하6:5) 다윗 역시 찬양의 대가였다. 그런데 왜 다윗은 특별한 사람을 뽑아서 찬양하는 일을 맡겼는가? 다윗은 무엇보다 찬양하는 일이 중요함을 알았기 때문이다.(대상9:33)또한 하나님을 찬양하는 전문성과 질적인 향상을 이루고 싶었던 것이다.

9장 포로 귀환족보 *(The People in Jerusalem)*

1. 위치 설명 : 9장은 목록 역대상의 '역' 에 획순서대로 표시
2. 맥 절: (1~44절).
3. 관주구절: 스2:59
4. 찬 송 : 주의 주실 화평, 멀리 멀리 갔더니, 험한 시험 물속에서

• 예루살렘 주민들(9 :)

바벨론 석방 후에도 대부분 유대인들은 그곳에서 머물러 있었으나 성령에 감동받은 소수의 사람들은 다시 돌아와 폐허가 된 예루살렘을 재건하면서 그들의 재능대로 성전 일에 봉사하였다. 봉사한 사람과 봉사한 내용은 아래와 같다.

· 예루살렘에 거주한 자들 : 유다와 베냐민 자손(1~9)
· 돌아온 이유 : 하나님 영광을 회복하는 일에 동참하기 위해(14~16)
· 하나님 일에 수종든 자들 : 1,760명
· 성전 동편 문지기 수행 : 레위 지파의 살룸, 악굽, 달몬, 아히만(17,18)
· 성전 기명 관리자 : 레위 지파(28~32)
· 성전 찬송을 맡은 자 : 레위의 족장들(33, 34)

쉼터 : 직업 선택의 원칙

역대상 9장에는 포로생활로 돌아온 이스라엘 사람들이 자신에게 맡겨진 직분을 감당하는 이야기가 나온다. 이외에도 성경은 직업에 대해 자세하게 말하고 있지는 않으나, 우리가 생각하는 기본적인 원칙들을 제시하고 있다. 직업을 통해서 우리는 하나님을 영화롭게 해야 하며(고전10:31), 하나님 나라를 이루는 일을 해야 한다.(마6:33). 또한 하나님께서 우리에게 주신 능력과 달란트를 이용하여 다른 사람을 섬겨야 한다. "각각 은사를 받은 대로 하나님의 각양 은혜를 맡은 선한 청지기 같이 서로 봉사하라"(벧전4:10). 직업을 선택하는 것은 단순히 일자리를 구한다거나 돈을 모으는 것 이상의 의미가 있다. 직업은 여러분이 발견한 자신의 관심과 재능과 기술을 발휘하며, 이 세상에서 하나님과 다른 사람을 섬기는 통로로 활용되어야 하기 때문이다.

10장 사울 자살 *(Saul Takes His Life)*

1. 위치 설명 : 10장은 목록 역대상의 '역' 에 획순서대로 표시
2. 맥 절: (1절). "블레셋 사람들과 이스라엘이 싸우더니 이스라엘 사람들이 블레셋 사람들 앞에서 도망하다가 길보아 산에서 죽임을 당하여 엎드러지니라" ; 맥 보충 절: (4절).
3. 관주구절: 상하21:8
4. 찬 송 : 아 하나님의 은혜로, 후일에 생명 그칠 때, 나 행한 것 죄 뿐이니

• 사울의 죽음(10 :)

길보아 산의 대 격전은 이스라엘 뿐 아니라 사울왕가의 몰락을 가져왔다. 이 전쟁의 참패로 왕위를 이어갈 왕자들을 다 잃었으며 사울 자신은 스스로 목숨을 끊는 참혹한 최후를 맞아 갑옷은 아스다롯의 묘에, 그 머리는 다곤묘에 다는 치욕을 남겼다. 이같이 처참한 최후는 그가 그동안 지어온 죄에 대한 대가였다.

쉼터 : 사울의 죄와 하나님의 징계

사울의 죄	성경	하나님의 징벌	성경
다윗에게 창을 던짐	삼상18 : 11	적의 화살에 상처 입음	대상10 : 3
도엑에게 제사장을 죽이도록 명령	삼상22 : 18	병사에게 자기를 찌르도록 명령	대상10 : 4
하나님이 명하신 아말렉을 죽이지 않음	삼상15 : 15	부하가 그의 명령을 거절	대상10 : 4
제사장 아히멜렉을 죽임	삼상22 : 18	자신을 죽인 살인자	대상10 : 5

11장 다윗 왕 *(David Becomes King Over Israel)*

1. 위치 설명 : 11장은 목록 역대상의 '대' 에 획순서대로 표시
2. 맥 절: (3절). "이에 이스라엘의 모든 장로가 헤브론에 있는 왕에게로 나아가니 헤브

론에서 다윗이 그들과 여호와 앞에 언약을 맺으매 그들이 다윗에게 기름을 부어 이스라엘의 왕으로 삼으니 여호와께서 사무엘을 통하여 전하신 말씀대로 되었더라" ; 맥 보충 절: (9절).

3. 관주구절: 삼상18:5
4. 찬 송 : 나의 갈길 다가도록, 나의 죄를 정케 하사, 나 이제 주님의 새 생명 얻은 몸

• 다윗의 등극(11 :)

다윗이 전 이스라엘의 왕이 되기까지 오랜 세월 사울에게 쫓기는 방랑생활을 하지 않으면 안되었다. 사울은 다윗에 대한 질투와 왕위에 대한 두려움 때문에 다윗의 생명을 노렸으나 하나님은 오히려 그의 악을 사용하시어 다윗을 한 나라의 훌륭한 지도자로 훈련시키셨으며 세 번씩이나 왕으로 기름을 붓게 하심으로 점진적으로 이스라엘 전역의 왕으로 확고한 자리를 다져가게 하셨다.

(1) 다윗의 기름부음

① 목동 때 사무엘이 기름부음(삼상 16 : 1) ② 헤브론에서 유다 장로들이 기름부음(삼하 2 : 4) ③ 전 이스라엘 장로들이 기름부음(삼하 5 : 3)

(2) 시온성 점령

다윗이 스루야의 아들 요압을 시켜 여부스를 정복하고 그 수도를 점령한 것은 정치적으로 중요한 의미를 갖는다. 왜냐하면 시온성은 이스라엘의 심장부에 위치해 있어 나라를 통치하기에 좋은 위치였다. 또한 종교적으로는 예배의 중앙 집중화정책을 통해 백성의 마음을 하나로 뭉칠 수 있는 중요한 요충지이며 천연의 난공불락의 요새지였기 때문이다. 다윗이 수도를 시온성(예루살렘)에 옮긴 후 점차 그 세력이 강해졌다. 그가 이처럼 강해질 수 있었던 것은 그의 탁월한 정치적 능력뿐 아니라 하나님이 그와 함께 하셨기 때문이다(11 : 9).

쉼터 : 다윗이 위대한 왕이 된 이유

① 만군의 여호와가 함께 하심(11 : 9)–하나님과의 관계
② 목숨을 아끼지 않는 용사들이 있었다(11 : 15)–인간관계
③ 사람을 모으게 하는 역량이 있었다(12 : 22)–자신과의 관계

12장 다윗의 용사들 *(Warriors Join David)*

1. 위치 설명 : 12장은 목록 역대상의 '대' 에 획순서대로 표시
2. 맥 절: (3절). "그 우두머리는 아히에셀이요 다음은 요아스이니 기브아 사람 스마아의 두 아들이요 또 아스마웻 의 아들 여시엘과 벨렛과 또 브라가와 아나돗 사람 예후와" ; 맥 보충 절: (9~13절).
3. 관주구절: 삼상27:2
4. 찬 송 : 나는 예수 따라가면, 주의 진리 위해 십자가군기, 십자가 군병들아

• 다윗의 군대(12 :)

다윗이 망명 생활할 때 그를 따랐던 600인의 용사들은 다윗이 왕이 되는데 지대한 역할을 했다. 다윗이 강성하게 됨은 하나님이 함께 해주신 것 외에 충성을 아끼지 않았던 유능한 장군들이 그의 배후에 있었기 때문이다.

다윗의 즉위 과정과 왕정체제 수립에 있어 그들을 도왔던 사람을 열거한다. 다윗에게 충성한 자들의 명단인 1~7절은 사울이 죽기 전부터 다윗왕정의 정통성이 인정되고 있음을 보여준다. 한편 38~40절은 하나님의 통치를 받는 다윗왕국이 수립됨으로써, 이스라엘 백성들이 진정한 만족과 기쁨을 누리게 된 사실을 증거 한다.

쉼터 : 다윗을 도왔던 사람들은 누구인가?

다윗 주변에는 그를 도우며 따르는 사람들이 많이 있었다, 그들은 다윗이 승리하고 왕위에 오른 것을 보며 함께 기뻐했다(대상12:38~40), 성경은 다윗을 도왔던 이들을 '용사;(대상11:10)' 라고 표현했다. 이들은 어떤 사람들인가? 다윗이 사울을 피해서 아둘라굴에 도망했을 때 400여명의 사람들이 모였다. 이들은 '환난 당한 모든 자와 빚진 자와 마음이 원통한 자' (삼상22:2)였다. 더 이상 잃을 것도, 더 이상 낮아질 곳도 없었던 그들은 다윗과 동고동락하기로 결심한 사람들이다.

13장 법궤운반 • 웃사 죽음 *(Bringing Back the Ark, Uzzah Died)*

1. 위치 설명 : 13장은 목록 역대상의 '대' 에 획순서대로 표시
2. 맥 절 : (3,9절). "우리가 우리 하나님의 궤를 우리에게로 옮겨오자 사울 때에는 우리가 궤 앞에서 묻지 아니하였느니라 하매". " 기돈의 타작 마당에 이르러서는 소들이 뛰므로 웃사가 손을 펴서 궤를 붙들었더니" ; 맥 보충 절: (5,10절).
3. 관주구절 : 삼상6장
4. 찬 송 : 오 놀라운 구세주, 너 성결키 위해, 귀하신 주님 계신 곳

• 법궤의 이동(13 :)

다윗은 예루살렘을 중심으로 강한 신앙공동체를 형성하여 단합된 민족을 이끌어 나가기를 바랐다. 그러기 위해서는 하나님 임재의 상징인 법궤를 예루살렘으로 옮겨놔야 했다(13 : 3).

• 다윗의 실수

다윗은 열성을 다해 백성들과 함께 춤추며, 노래하며, 기쁜 마음으로 법궤를 옮겨오고자 하였으나(13 : 8)하나님이 명한 율례를 따르지 않고 법궤를 수레에 싣는 실수를 범함으로 말미암아 웃사의 생명을 잃는 비극을 초래했다. 이러한 실수의 근본적인 요인은 법궤를 옮기려 했던 목적이 신앙심 보다는 오히려 법궤를 정치적으로 이용하려 했던 다윗의 불신앙에 있었다.

쉼터 : 하나님의 일은 하나님의 방법대로

웃사의 죽음은 신성 모독적 행위로 말미암은 것처럼 보이나 실상은 언약궤를 운반할 때 반드시 준수 하도록 되어 있는 율법의 조항을 무시한 채로 일이 추진되었던 것이다. 이처럼 신앙적인 동기에서 시작된 일이라 할지라도, 무슨 방법으로 사용해도 상관이 없는 것이 아니라 하나님의 일에는 반드시 하나님의 방법이 요구된다.

14장 다윗 명성 *(David' s House and Family)*

1. 위치 설명 : 14장은 목록 역대상의 '대' 에 회순서대로 표시
2. 맥 절 : (17절). "다윗의 명성이 온 세상에 퍼졌고 여호와께서 모든 이방 민족으로 그를 두려워하게 하셨더라"
3. 관주구절 :
4. 찬 송 : 내 주는 강한 성이요, 주 믿는 사람 일어나, 뜻 없이 무릎 꿇는

하나님의 복으로 다윗 왕국이 더욱 강성해져 가는 모습이 소개되는 내용이다. 두로왕 히람이 다윗의 왕국을 건축하기 위한 물자와 기술자들을 보낸 것이나 다윗의 자녀들이 더욱 많아진 사실, 혹은 다윗군대가 블레셋을 격파한 일 등 모두가 그것을 입증하는 표시였다. 한편, 본장을 전후해 언약궤의 이전 상황이 언급된다.

쉼터 : 우리의 기도, 하나님의 인도

우리는 하나님의 인도를 구하는 최고의 방법을 지나칠 때가 많다. 그것은 기도로 하나님께 도움을 구하는 것이다. 다윗은 블레셋 사람이 쳐들어왔다는 소리를 듣자 하나님의 인도를 구하는 기도를 했다(대상14:10). 하나님은 인도를 구하는 다윗에게 신실하게 응답해 주셨다. 어려운 사항에 처할 때 하나님의 지혜를 구하기보다는 자신의 판단대로 행하여 더 큰 곤경에 빠지는 수가 있다. 그럼 왜 많은 크리스천들이 중요한 결정을 할 때 하나님의 도움과 인도하심을 구하지 않는 것일까요? 그것은 이미 자기가 최선의 방법을 안다고 생각하기 때문이다.

15장 법궤 입성 *(The Brought to Jerusalem)*

1. 위치 설명 : 15장은 목록 역대상의 '대' 에 회순서대로 표시
2. 맥 절: (2절). "다윗이 이르되 레위 사람 외에는 하나님의 궤를 멜 수 없나니 이는 여호와께서 그들을 택하사 여호와의 궤를 메고 영원히 그를 섬기게 하셨음이라 하고"

; 맥 보충 절: (16,17절).

3. 관주구절 : 민4:15

4. 찬 송 : 아름다운 시온성아, 사랑의 하늘 아버지, 아름다운 시온 성아

• 예루살렘으로 옮겨진 법궤(15 :) 다윗은 두로왕 히람의 도움으로 백향목 궁궐을 지은 후(14 : 1)처음 법궤 운반의 실패를 교훈 삼아서 아래와 같이 시정하여 행하였다.

· 하나님이 명하신 규례대로(15 : 2)

· 모든 악기를 동원하고(15 : 16)

· 찬양대를 형성하고(15 : 17)

· 레위인들이 법궤를 어깨에 메고 운반하도록 하였다. 이 행렬은 장엄하고 기쁨과 영광이 넘치는 행렬로 이스라엘의 모든 장로와 군대의 천부장들이 참가한 행렬이었다. 이와 반대로 미갈은 방관자로서 왕궁의 창에서 내려보며 춤추는 다윗을 업신여기다 다윗으로부터 다시는 잉태할 수 없는 저주를 받고 영원히 하나님께 버림받는 자가 되었다.

쉼터 : 다윗은 언제 법궤를 예루살렘으로 가져왔나요?

역대상 15장과 사무엘하 5,6장의 기록과 다르다.

• 사무엘하 : 예루살렘 정복 ☞ 블레셋 격파 ☞ 오벧에돔의 집 ☞ 예루살렘으로 법궤이송

• 역대기 : 오벧에돔 ☞ 예루살렘 수도 삼음 ☞ 블레셋 격파 ☞ 예루살렘으로 법궤 이송

이 같은 불일치는 역대기 기자가 자신의 역사관에 기초하여 의도적으로 사건을 재편성한 데서 발생한 것이다. 다윗이 왕이 된 후 가장 관심을 쏟은 것은 법궤의 이동이다. 이는 하나님께 충성심이 표현 된 것이다.

16장 감사 찬송 *(David's Psalm of Thanks)*

1. 위치 설명 : 16장은 목록 역대상의 '대' 에 획순서대로 표시

2. 맥 절 : (7절). "그 날에 다윗이 아삽과 그의 형제를 세워 먼저 여호와께 감사하게 하

여 이르기를" ; 맥 보충 절: (11절).

3. 관주구절 : 창12:1~3

4. 찬 송 : 세상 풍파 너를 흔들어, 성도여 다함께, 찬송으로 보답할 수 없는

• 다윗의 감사기도(16 : 7~36) 다윗은 법궤를 자막 속에 두고 번제와 화목제를 드리고 백성들을 축복한 후 다음과 같이 기도하였다.

① 그는 먼저 하나님께 감사드리고 : 신앙의 모본(16 : 7)

② 하나님의 능력과 그 얼굴을 항상 구할 것과 : 하나님을 의지하는 자의 복(16 : 11)

③ 하나님의 영원하신 언약을 기억해 주실 것과 : 복의 근원(창12 : 1~3)

④ 끝으로 하나님을 찬양하였다 : 구원받은 성도의 생활(16 : 35)

다윗의 기도는 여호와께 감사로 시작하여 하나님을 송축함으로 끝을 맺는다. 다윗의 기도와 같이 성도의 삶은 어떠한 환경에 처한다 할지라도 감사와 찬양이 드려질 때 더욱 성숙한 신앙으로 자라갈 수 있다.

쉼터 : '나의 선지자'는 누구를 말하는가?

다윗은 언약궤를 예루살렘에 안치하고 아삽과 그 형제를 세워 하나님께 감사하게 하였다. 그때의 찬송 속에 "나의 선지자를 상하게 하지 말라"는 표현이 나온다. 앞 절에 "나의 기름을 부은자" 라는 표현이 있다. 여기서 선지자는 아브라함을 가리킨다. 이 표현은 아비멜렉이 사라를 취하려 할 때 하신 하나님의 말씀으로(창20:1~7) 1차적인 의미는 아브라함을 가리키나 더 나아가 이방 나라에 대해 선지자요 제사장 역할을 해야 할 이스라엘을 가리킨다고 본다. 그리고 예수 안에 성도들을 말한다고 하겠다(벧전2:9)

17장 다윗언약 *(God's Promise to David)*

1. 위치 설명 : 17장은 목록 역대상의 '대'에 획순서대로 표시
2. 맥 절: (4절). "가서 내 종 다윗에게 말하기를 여호와의 말씀이 너는 내가 거할 집을 건축하지 말라" ; 맥 보충 설: (5설).

3. 관주구절: 삼하7:6

4. 찬 송 : 큰 영광 중에 계신 주, 주의 확실한 말씀 듣고, 하나님 사랑은

1) 다윗의 성전건축 소망(17 : 1~27)

(1) 다윗이 성전을 건축하려한 목적은 그가 왕궁에 살면서 법궤를 둔 장막과 비교해 볼 때 하나님께 송구스러웠으며(17 : 1), 또한 그는 언제나 하나님 전에 대한 사랑을 가지고 있어, 법궤를 위해 아름다운 전을 건축하기 소원했다. 그러나 하나님은 이를 허락하지 않으셨다.

(2) 하나님은 나단선지를 통해 성전건축을 허락하지 않는 이유를 밝혀 주셨는데 그 이유는 다음과 같다(17 : 4~6)

① 성막을 통해서 이스라엘을 인도하는 데 지장이 없었고

② 다윗은 군인으로 피를 많이 흘렸으며(22 : 8, 28 : 3)

③ 대신 평강의 왕인 솔로몬이 지을 것이라 말씀하셨다.

다윗의 선한 계획은 당대에 이룰 수 없었지만 하나님이 택한 그의 아들 솔로몬을 통해 이루게 되었다.

쉼터 : 하나님의 약속

하나님은 사람들과 여러 번 언약을 맺으셨다(창3:15, 9장, 15장, 17장, 출34장, 신5장, 수24장, 삼하7:8~17, 렘31:31등). 여러 언약 가운데 특별히 역대상 17장에는 하나님이 다윗과 언약을 맺으신 것을 볼 수 있다. 그 내용은 다윗 나라를 견고하게 하실 것이며(대상17:11) 다윗 후손이 하나님의 집을 건축할 것이라는 약속이었다.(대상17:12,14) 이 약속을 받은 다윗은 감사 기도를 드렸다.

18장 이방정복 *(David' s Victories)*

1. 위치 설명 : 18장은 목록 역대상의 '대' 에 획순서대로 표시

2. 맥 절: (1~13절). ; 맥 보충 절: (14절).

3. 관주구절: 삼하8:2
4. 찬 송 : 마귀들과 싸울지라, 주의 사랑 비칠 때에, 십자가 군병 되어서

• 다윗의 정복사업(18 : 1~20 :)

다윗은 주변의 4대국인 블레셋, 모압, 소바, 아람을 정복하였다. 그의 나라가 든든히 설 수 있고 계속 확장되어 나갔던 것은 하나님이 그와 함께 하셨기 때문이며, 하나님이 그와 함께 하시는 한 다윗에게는 적이 없었다.

• 블레셋, 모압, 소바, 아람정복 : 18장

쉼터 : 아비새 (나의 아버지는 이새)

다윗의 군대 장관으로 용맹스런 용사였다. 다윗이 사울을 피해 도망 다닐 때 십 광야동굴에서 자고 있는 사울과 다윗을 저주하는 시므이를 죽이려고 하였으나 다윗의 반대로 죽이지 못했다. 블레셋 전쟁에서 다윗을 죽이려는 블레셋장수 이스비브놉을 죽여 다윗의 생명을 구했다(삼하21:15~17)

19장 암몬 아람 정복 *(The Battle Against the Ammonites)*

1. 위치 설명 : 19장은 목록 역대상의 '대'에 획순서대로 표시
2. 맥 절: (18절). "아람 사람이 이스라엘 앞에서 도망한지라 다윗이 아람 병거 칠천 대의 군사와 보병 사만 명을 죽이고 또 군대 지휘관 소박을 죽이매" ; 맥 보충 절: (19절).
3. 관주구절:
4. 찬 송 : 주 예수여 은혜를, 주 예수 우리 구하려, 행군 나팔 소리로

본장은 사무엘하 10~12장과 동일한 기록이지만, 바세바 사건은 제외되어 있다. 역대기 기자는 이스라엘 역사를 하나님 언약의 성취사로 나타내기 원했으므로 외부적인 정복사업에 초점을 맞추었던 것이다. 본장의 전쟁은 이스라엘의 승리로 끝날 수 밖에 없었다. 왜나하면 이 전쟁에서의 승리는 하나님의 인약이 성취되는 과정이기 때문이다.

• 암몬, 아람 정복 : 19장

쉼터 : 면류관

면류관은 대제사장, 왕, 왕후, 대신, 경기에서 우승한 사람 등이 썼던 것을 말한다. 대제사장은 금패를 둘러 글씨를 새긴 관을 썼고(출29:6) 다윗은 금 한달란트(약30kg)나 나가는 암몬 왕의 면류관을 빼앗아 썼다. 예수님도 조롱을 받으며 가시면류관을 쓰셨다.(마27:29) 성경에는 면류관을 다양한 비유로 쓰셨다. '공의는 면류관과 같다' (욥29:14). '어진 아내는 지아비의 면류관' (잠12:4), '백발은 영화의 면류관' (잠16:31), '손자는 노인의 면류관' (잠17:6)"의의 면류관 '(딤후4:8), ' 생명의 면류관 '(계2:10) 등

20장 암몬정복 *(The Capture of Rabbah)*

1. 위치 설명 : 20장은 목록 역대상의 '대' 에 획순서대로 표시
2. 맥 절: (1절). "해가 바뀌어 왕들이 출전할 때가 되매 요압이 그 군대를 거느리고 나가서 암몬 자손의 땅을 격파하고 들어가 랍바를 에워싸고 다윗은 예루살렘에 그대로 있더니 요압이 랍바를 쳐서 함락시키매" ; 맥 보충 절: (8절).
3. 관주구절: 삼하11:1
4. 찬 송 : 주 사랑 안에 살면, 인애하신 구세주여, 큰 죄에 빠진 날 위해

3절까지는 19장을 이어 이스라엘 군대가 마침내 암몬의 랍비성을 함락시킨 내용이다. 4절 이하는 블레셋과의 전쟁에서 혁혁한 전과를 올렸던 다윗의 용사들의 업적을 소개한다. 이 기록은 어떠한 강한 대적이라도 물리칠 수 있다는 사실을 교훈적으로 보여준다.

쉼터 : 제사장적 관점에서 역사를 서술해 가는 역대기

사무엘상•하 및 열왕기상•하를 역대기와 비교해보면 동일한 사건을 다른 각도에서 해석하는 것을 종종 볼 수 있다. 이는 역사서를 기록하는 관점이 서로 다르기 때문이다. 사무엘상•하 및 열왕기상•하의 기자는 신명기적 관점, 곧 하나님의 계명을 지키면 저주를 받는다는 시각에서

역사를 서술하고 있다. 특히 이스라엘의 왕조 역사를 이런 관점에서 상세히 기록하고 있다. 반면에 역대기의 기자는 제사장직 관점에서 이스라엘의 역사를 기록했다. 곧, 이스라엘의 신앙이 어떤 역사적 과정을 통해서 형성 되어 가는가에 집중하고 있다. 그래서 역대기는 성전의 형성과 예배에 대한 내용을 중심적으로 다루고 있다.

21장 인구 조사 (David Numbers the Fighting Man)

1. 위치 설명 : 21장은 목록 역대상의 '상' 에 획순서대로 표시
2. 맥 절: (1절). "사탄이 일어나 이스라엘을 대적하고 다윗을 충동하여 이스라엘을 계수하게 하니라" ; 맥 보충 절: (2절).
3. 관주구절: 삼하24:1~25
4. 찬 송 : 인애하신 구세주여, 큰 죄에 빠진 날 위해, 천부여 의지 없어서

• 다윗의 인구조사(21장)

나라가 확장되고 안정되자 다윗은 요압에게 이스라엘의 인구조사를 실시하도록 명했다. 한 나라의 인구조사가 죄 될 것이 없지만 다윗의 인구조사는 그 배후에 그의 계속적인 성공에 대한 교만과 전쟁 때 하나님을 의지하기보다 그의 군대를 의지하려는 불신앙의 죄가 숨어 있었다.

• 인구조사 결과 이스라엘에서 110만, 유다에서 47만으로 총 157만의 군인수가 계수된 반면 다윗은 죄의 대가로 하나님의 제시한 세 가지 징벌 중 온역을 택하여 백성 중 7만 명이 죽임을 당했다.

쉼터 : 인구조사의 죄와 밧세바와의 죄 사이의 대조 점

인구조사의 죄	밧세바와의 죄
영적인 죄	육적인 죄
고의적이고 계획적인 죄	순간적이고 시각적인 죄
온 민족 위에 내려진 재앙	가문과 기족에 내린 재앙

22장 건축 준비 (Preparations for the Temple)

1. 위치 설명 : 22장은 목록 역대상의 '상' 에 획순서대로 표시
2. 맥 절 : (2절). "다윗이 명령하여 이스라엘 땅에 거류하는 이방 사람을 모으고 석수를 시켜 하나님의 성전을 건축할 돌을 다듬게 하고" ; 맥 보충 절 : (6절).
3. 관주구절 : 왕상5:17
4. 찬 송 : 네 맘과 정성을 다하여서, 어려운 일 당할 때, 시온성과 같은 교회

■ 성전 건축 준비(22 :)

인구조사에 대한 징벌이 있은 후 하나님은 은혜를 내리시어 성전 터를 오르난의 타작마당으로 제시해 주셨고(21 : 18), 다윗은 새 힘을 얻어 건축에 필요한 모든 재료를 준비했다. 그가 준비한 내용은 다음과 같다.

· 이스라엘 땅에 거주하는 이방인 기술자를 모으고(22 : 2)
· 석수로 돌을 다듬고(22 : 2)
· 시돈과 두로에서 백향목을 실어왔으며(22 : 4)
· 솔로몬에게 성전 건축을 부탁하고(22 : 6)
· 방백들에게 솔로몬을 돕도록 위탁하였다(22 : 17~19).

이처럼 심혈을 기울여 성전을 지어야 할 이유를 22장 18절에서 잘 설명해 주고 있다. 하나님께서 사면으로 평강을 주셨고 가나안 거민들을 다윗에게 복종시키게 하신 그 은혜를 생각하고 마음과 정성을 다하여 건축할 것을 방백들에게 당부하였다.

쉼터 : 백향목

백향목은 침엽수 속의 일종으로 24~30m높이까지 자라며, 내구력이 강한 백향목은 여러곳에 유용하게 사용되었다. 백향목은 연기가 없고 재가 거의 발생하지 않기 때문에 고급 연료가 되었다. 백향목 기름으로 알려진 향기로운 진액은 옷이나 양피지를 위한 방부제로 사용되었다. 비록 그 상징적인 의미가 명확히 밝혀지지는 않았으나, 백향목이 문둥병자의 정결 예식에도 사용되었으며,(레14:4,6,49~52) 시체로 인한 부정을 정결케 할 때도 사용되었다. 무엇보다 건축 자재로(왕상7:1~8) 사용되었다.

23장 레위 직무 *(The Levites)*

1. 위치 설명 : 23장은 목록 역대상의 '상' 에 획순서대로 표시
2. 맥 절 : (4,5절). "그 중의 이만 사천 명은 여호와의 성전의 일을 보살피는 자요 육천 명은 관원과 재판관이요". "사천 명은 문지기요 사천 명은 그가 여호와께 찬송을 드리기 위하여 만든 악기로 찬송하는 자들이라" ; 맥 보충 절 : (6절).
3. 관주구절 : 대상 26:29
4. 찬 송 : 어둔 밤 쉬 되리니, 네 맘과 정성을 다하여서, 십자가를 질 수 있나

다윗은 솔로몬을 후계자로 지명하고 정치적으로나 종교적으로 솔로몬을 보좌할 기구를 정비하여(23 : 1~6)확고한 솔로몬왕조의 기초를 확립시켰다.

성전을 위한 다윗의 준비는 신정국 이스라엘의 통치체제와 제사의 관한 모든 내용을 정비하는 데에까지 미쳤다. 구체적으로 계수된 레위인들의 수효(2~5절)와 레위 가계96~23절) 및 그들의 직무 등이 언급되어있다.

쉼터 : 레위 자손의 직무 구분과 인원 수

여호와의 전 사무를 보살피는 자	24,000	유사와 재판관	6,000
문지기	4,000	찬송하는자	4,000

24장 제사장 24반열 *(The Divisions of Priests)*

1. 위치 설명 : 24장은 목록 역대상의 '상' 에 획순서대로 표시
2. 맥 절 : (19절). "이와 같은 직무에 따라 여호와의 성전에 들어가서 그의 아버지 아론을 도왔으니 이는 이스라엘의 하나님 여호와께서 명하신 규례더라" ; 맥 보충 절 : (2절).
3. 관주구절 : 레10:2
4. 찬 송 : 충성하라 죽도록, 내 평생 소원 이것뿐, 충성하라 죽도록

① 아론 자손의 제사장을 24반열로 나누어 순서에 따라 제사장직을 수행하게 함(24 : 1~19)

② 레위인을 24반열로 나누어 제사장을 돕게 함(24 : 20~31)

쉼터 : 하나님 안에서의 평등주의

레위 자손의 주요 기능들이 좀더 구체적으로 나타내어 묘사되었다. 성전 경내와 부속물을 관리하는 일, 제물을 만드는 일, 찬양대 및 정기적인 제사를 드리는 일 등이 그들의 직무였다. 이 모든 일들은 아론의 대제사장적 직무 수행을 돕는데 필요한 역할이었다. 그러나 그들의 봉사는, 그 자체로서의 의미보다는 오히려 속죄 사역의 중보자인 대제사장을 보좌하는데 그 초점이 있다. 이들도 아론 자손처럼 제비 뽑혔다는 사실을 특별히 언급하고 있다. 제비를 뽑아 직책을 맡긴다는 기록은 요행주의나 기회 편승주의를 가리키는 것이 아니라, 하나님의 주권하의 평등주의를 시사하는 것이다.

25장 찬양대 24반열 *(The Singers)*

1. 위치 설명 : 25장은 목록 역대상의 '상' 에 획순서대로 표시
2. 맥 절 : (1절). "다윗이 군대 지휘관들과 더불어 아삽과 헤만과 여두둔의 자손 중에서 구별하여 섬기게 하되 수금과 비파와 제금을 잡아 1)신령한 노래를 하게 하였으니 그 직무대로 일하는 자의 수효는 이러하니라" ; 맥 보충 절 : (2,3절).
3. 관주구절 : 레10:2
4. 찬 송 : 찬양하라 복되신 구세주 예수, 성령이여 우리 찬송 부를 때에, 영광을 받으신 만유의 주여

레위족속 중 찬양대를 담당할 아삽과 헤만과 여두둔의 자손 중 스물 네가지 직무를 제비뽑았다. 직무마다 12명씩 참여하였으므로, 찬양대의 총인원은 288명이었다. 본서 기자가 제사장과 레위인들을 언급한 후에 찬양대를 조직한 사실은 찬양의 제사적 의미를 암시하려는 의도로 보여준다.

찬양대를 세워 사바는 노래로 여두둔은 수금으로, 헤만은 나팔로 찬양대를 주장하게 함(25 : 1~4)

쉼터 : 수금, 비파

수금은 현악기로, 성경에 제일 먼저 기록된 악기이다.(창4:21). 성전 음악에서 중요하게 사용된 이 악기는 레위인들이 주로 사용했으며, 아름다우며 즐겁고 정숙한 소리를 냈다. 그래서 바벨론 포로로 잡혀간 한 포로는 수금을 버드나무에 걸어 놓은채 하나님을 찬양하던 때를 기억하며 울었다. 비파 역시 현악기로 대체로 수금과 함께 연주 되었다. 미쉬나에 따르면 비파는 숫양의 큰창자로 만들었으며, 수금보다 더 강한 소리를 낸다.

26장 문지기 24반열 *(The Gatekeepers)*

1. 위치 설명 : 26장은 목록 역대상의 '상' 에 회순서대로 표시
2. 맥 절 : (1~18절). ; 맥 보충 절 : (20~절).
3. 관주구절 : 상하18:26
4. 찬 송 : 강물같이 흐르는 기쁨, 예수 따라가면, 하나님이 말씀하시기를

성전 출입을 통제하는 성전 문지기들, 성전 창고를 관리할 레위인들, 재판이나 행정등과 같이 성전 봉사직 외의 직무를 담당할 레위인들 등이 임명되었다.

쉼터 : 오벧에돔의 가문

주목할 만한 사실은 언약궤를 3달 동안 모시고 있었던 적이 있는(13:13,14) 오벧에돔의 가문이 전체 성전 문지기의 3분의2를 차지하게 되었다는 점이다. 물론 이것은 하나님께서 오벧에돔의 집에 복을 베풀어 주신 결과이기는 하지만(삼하6:1), 동시에 언약궤를 정성으로 그동안 수고를 하였던 오벧에돔의 봉사를 높이 평가하게 된 다윗으로서는, 그의 가문을 배려한 것 같다.

27장 행정과 군대조직 *(Army Divisions)*

1. 위치 설명 : 27장은 목록 역대상의 '상' 에 획순서대로 표시
2. 맥 절 : (1~23절). ; 맥 보충 절 : (25~34절).
3. 관주구절 : 대상21:7
4. 찬 송 : 마귀들과 싸울지라, 어둔 밤 쉬 되리니, 삼천리 반도 금수강산

본장은 먼저 군대 조직이 정비되어 본격적으로 편성된 사실을 보여준다. 이어 이스라엘 각 지파를 통솔할 지도자들과 다윗왕의 재정 담당자를 비롯한 참모진 등의 내각 구성을 소개하고 있다. 이로써, 다윗은 종교, 군사와 행정 등의 모든 측면에서 온전한 체계를 갖추었다. 군대를 12반열로 조직하고 정치 분담을 재조정하여(27 : 32~34) 솔로몬을 위한 만반의 준비를 갖추었다.

쉼터 : 사독(의로운)

사독은 아비아달과 아이멜렉과 함께 제사장이었다.(삼하8:17), 사독은 다윗의 변함없는 충성자였다. 다윗이 자기 아들 압살롬의 반란을 피하여 도망갈 때 사독은 법궤를 메고 다윗을 따라가려고 하였다. 그러나 다윗은 자신이 예루살렘에 돌아올 것을 믿었기 때문에 법궤를 갖다 놓으라고 했다.(삼하15:24~29), 그 후에도 아도니아의 반역에 가담치 않고 솔로몬에게 기름을 부어 왕을 삼았다.(왕상1:8~26). 이로 인해 대제사장 계열이 사독의 계열로 제한 되었다.

28장 건축 당부 *(David' s Plans for the Temple)*

1. 위치 설명 : 28장은 목록 역대상의 '상' 에 획순서대로 표시
2. 맥 절 : (2절). "이에 다윗 왕이 일어서서 이르되 나의 형제들, 나의 백성들아 내 말을 들으라 나는 여호와의 언약궤 곧 우리 하나님의 발판을 봉안할 성전을 건축할 마음이 있어서 건축할 재료를 준비하였으나" ; 맥 보충 절 : (20절).

3.관주구절 : 삼하7:2

4.찬 송 : 예수 따라가면, 내 주의 나라와, 내 주 예수 주신 은혜,

• 다윗의 임종(28 : ,29 :)

다윗은 자신의 임종을 앞에 두고 이스라엘을 총회로 모아 그가 남긴 성전건축사업을 부탁하고 솔로몬을 왕위에 양도한 후 자신의 생명을 끝마쳤다.

• 다윗의 유언(28 :)

다윗은 솔로몬에게 통치자로서 올바른 신앙지식과 믿음을 전수하고자 유언할 때 하나님이 장자가 아닌 솔로몬을 택하여 나라 위에 앉히고 성전을 짓게 하였으니 하나님의 계명과 규례를 힘써 지켜 준행하며 다윗이 다스린 것같이 나라를 영원히 견고히 하라고 당부하였다(28 : 7).

쉼터 : 성전 건축을 위한 다윗의 준비

• 성전 건축할 돌(대상22:2)	• 석수, 목수, 온갖 일에 익숙한 사람 (대상22:7~8)
• 못으로 사용할 철과 놋(대상22:3)	• 성전 봉사를 할 제사장 직무배정(대상23:2~26)
• 시돈과 두로에서 백향목을 가져옴(대상22:4)	• 성전의 설계도(대상28:11~19)
• 금 십만 달란트, 은 일만 달란트(대상22:14)	• 성전을 꾸밀 각종 보석(대상29:2)

29장 건축 예물, 다윗죽음 *(Gifts for Building the Temple)*

1. 위치 설명 : 29장은 목록 역대상의 '상' 에 회순서대로 표시
2. 맥 절 : (6절). "이에 모든 가문의 지도자들과 이스라엘 모든 지파의 지도자들과 천부장과 백부장과 왕의 사무관이 다 즐거이 드리되" ; 맥 보충 절 : (9절).
3. 관주구절 : 대상27:1
4. 찬 송 : 다 감사드리세, 내게 있는 모든 것이, 다 감사드리세

• 다윗의 마지막 기도(29 :)

다윗은 자신의 금, 은과 백성들이 가진 보석을 하나님 전을 위해 성심으로 드린 후 벅찬 기쁨과 감사함으로 아래와 같은 내용은 기도를 드렸다.

① 이스라엘 하나님께 영광을 돌리고(29 : 10)

② 성전 건축하는 일에 기쁨으로 봉헌할 수 있게 해주심을 감사드렸으며(29 : 12)

③ 또한 자신이 하나님께 진실되이 행하였음을 호소하였고(29 : 17)

④ 백성과 솔로몬이 전을 건축할 수 있도록 간구하였다(29 : 19).

다윗의 출발은 심히 미약했으나 가장 위대한 삶을 산 사람이었다. 그는 이새의 아들로서 장자의 축복에서 제외되었고 하나님으로부터는 성전건축의 요청을 거절당했으나 (22 : 8) 조금도 불평이나 원망함이 없이 성실히 자신의 위치에서 최선을 다했으며 자신의 신앙을 지켜 나갔다. 그 결과 한가문의 장자로서는 거절당했을지라도 이스라엘 역사상 가장 위대한 왕이 되었고 성전건축의 요청은 거절당했어도 성전건축의 기초를 닦은 가장 위대한 하나님의 종으로서 삶을 살았던 것이다.

쉼터 : 영적 교제의 장소

다윗은 자신의 모든 보물을 바쳐 성전 건축을 위해 마지막 열정을 쏟는다. 백성들이 지위고하를 막론하고 즐거운 마음으로 예물을 하나님께 바치며 기뻐한다. 성전 건축에 백성들의 동참을 유도하는 것은 자신이 준비한 것이 부족해서가 아니라, 하나님의 성전이 결코 다윗왕가의 전유물이 될 수 없고, 온 이스라엘 백성 전체를 위한 영적 교제의 장소라는 것을 강조하기 위해서이다.

⊙ 교훈 및 적용

1. 아담을 조상으로 온 인류는 한 형제자매가 됨을 알자.
2. 에서의 장자 명분보다 그리스도의 신부가 되는 성도의 명분이 더 복되고 귀한 것임을 명심하자.
3. 다윗이 마지막을 잘 준비한 것 같이 우리도 주님이 오실 때를 위해 영적 육적 준비를 잘하자.

역대상(Chronicle-1)-29-941 : 다윗왕때의 두드러진 사건들

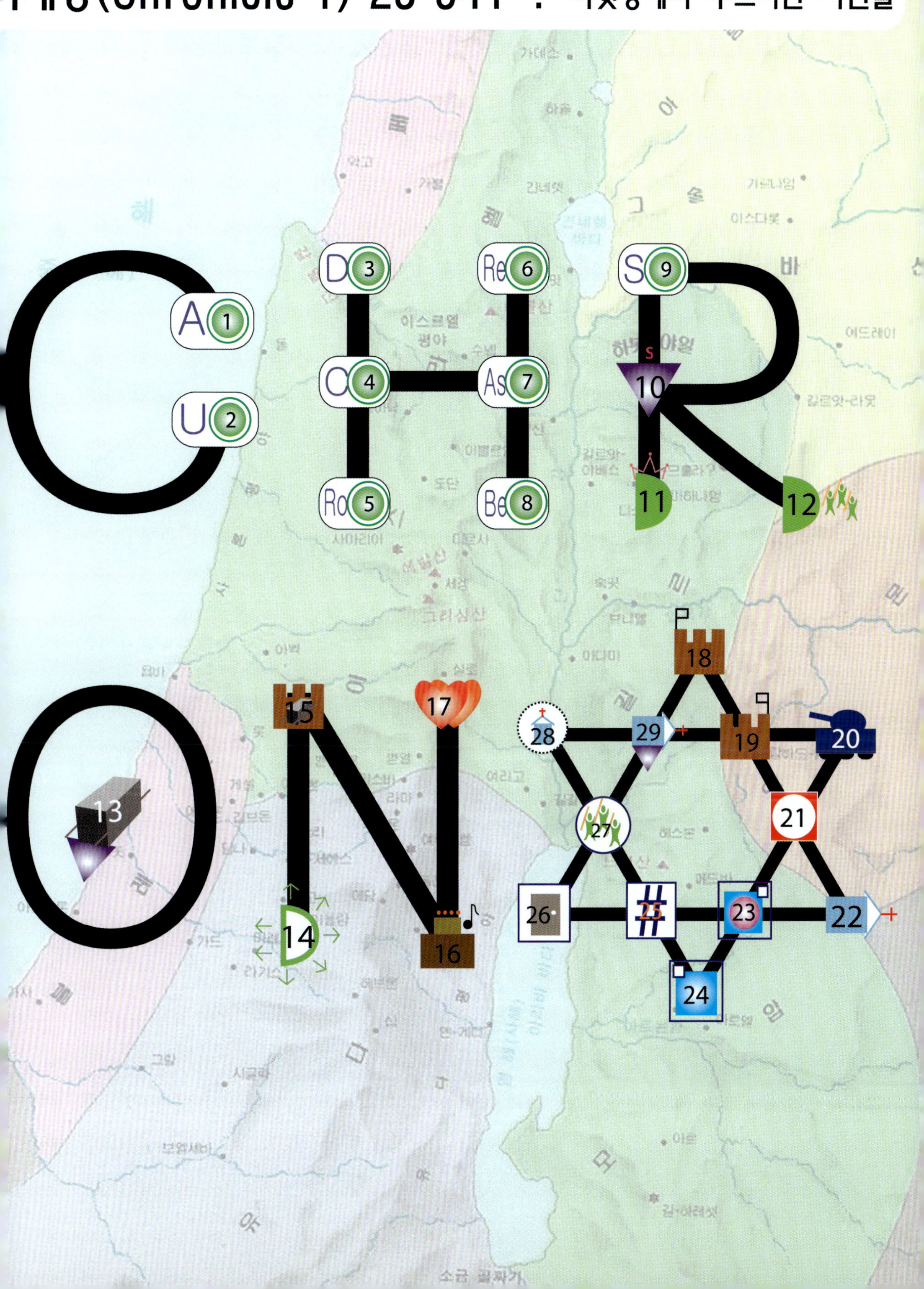

역대하(Chronicle-2)-36-822 : 솔로몬왕과 그의 계승자.

역대하(Chronicle-2)-36-822 : 솔로몬왕과 그의 계승자들

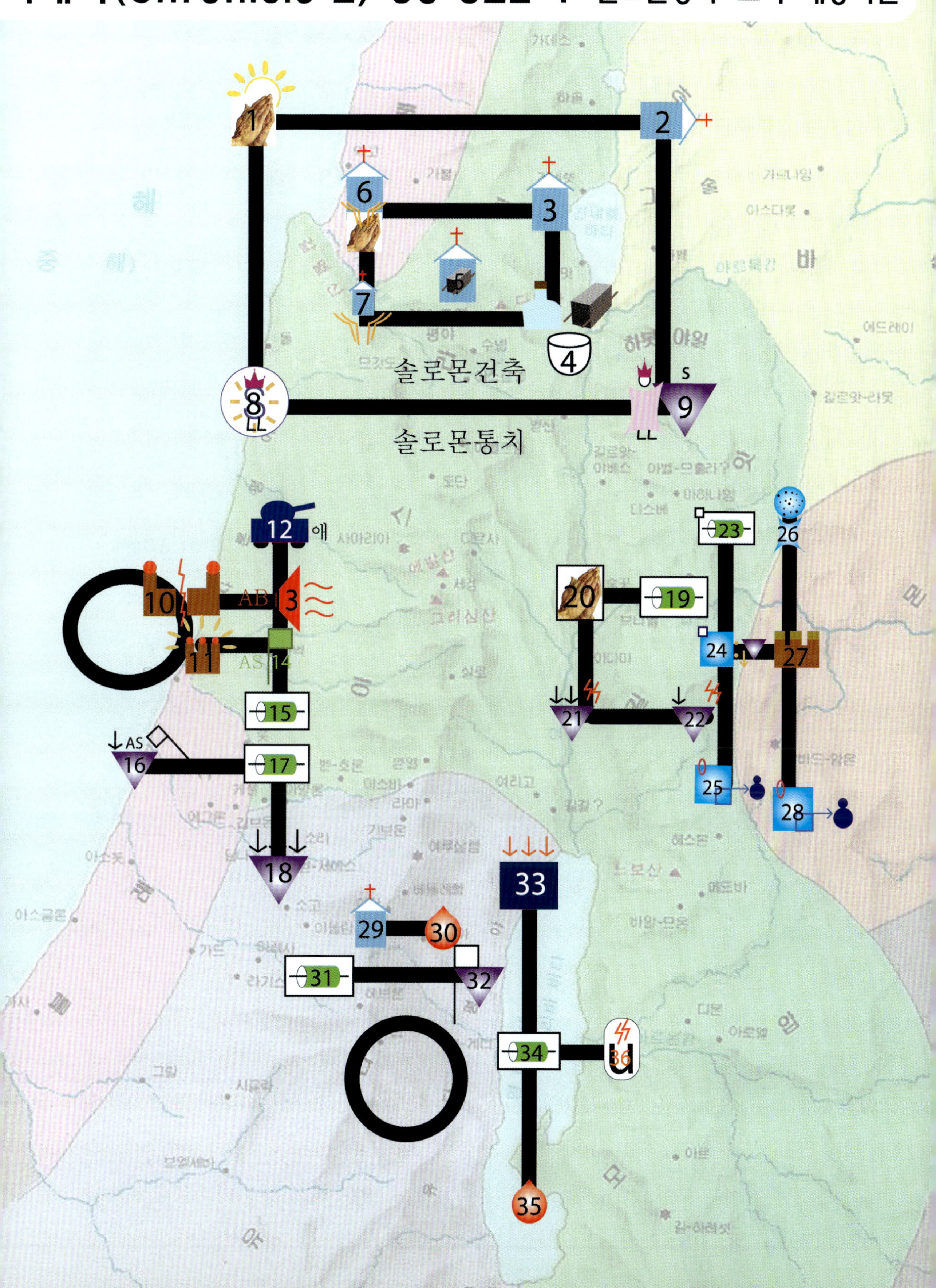

목록 아이콘 해설 (역대상, 역대하)

역대상				역대하			
	아담족보 (유다까지)		제사장 직무		지혜		요아스 제사장 대립
	유다족보		찬양대 직무		건축준비		아마샤 우상숭배
	다윗족보		문지기 직무		성전건축		웃시야
	시브온족보		군대조직 왕실 직무분담		성전비품		요단
	르우벤족보		건축당부		법궤 성전으로		아하스
	레위족보		솔로몬의 등극 건축예물,다윗죽음		봉헌기도		성전증건 (히스기야)
	아셀족보				성전봉헌식		유월절
	베냐민족보				솔로몬 번영		종교개혁
	사울가의족보				스바여왕 솔로몬죽음		히스기야승리,죽음
	사울죽음				왕국분열		므낫세, 아몬
	다윗왕				왕국강성		요시야 종교개혁
	용사들				애굽침입		요시야 유월절
	웃사죽음				아비야왕 연설		남유다 멸망
	다윗세력증가				아사왕 승리		
	법궤입성				아사종교개혁		
	다윗의 감사찬양				하나님 책망 (아사죽음)		
	언약				개혁운동		
	초기승전				아합죽음		
	후기승전				여호사밧2차개혁		
	암몬전쟁				여호사밧 기도		
	인구조사				여호람		
	건축준비				아하시야		
	레위계수, 직무				요아스통치		

역 대 하

요절 : 내 이름으로 일컫는 내 백성이 그 악한 길에서 떠나 스스로 겸비하고 기도하여 내 얼굴을 구하면 내가 하늘에서 듣고 그 죄를 사하고 그 땅을 고칠지라(대하7:14)

1. 명칭

· 히브리어 성경 : "디브레 하야임" (각 시대의 사건들)

· 70인역 : "파랄레 이포메논" (생략된 부분들)

· 영어성경 : "Ⅱ chronicles"

2. 기록자 : 미상(에스라로 추정)

3. 기록연대 : B.C.450~400년 사이이다

4. 기록목적

모세 율법을 상기하고 성전 중심의 종교 생활을 회복하기 위하여 쓰여졌으며 특히 유다 백성의 배교와 성전예배의 타락으로 인해 이스라엘의 비극이 시작되었음을 보여주기 위한 목적으로 기록하였다.

5. 중심사상

1) 왕국이 분열된 후 하나님은 다윗 왕조인 유다를 지켜 주셨다(11 : 16.17).

2) 다윗 왕조가 그들의 죄 값으로 무너졌으나 무너진 가운데서도 하나님은 회복의 길을 예비해 두셨다(36 : 21).

3) 이스라엘 민족은 다시 고국에 돌아와 예언자들을 통하여 정화되고 그들의 성전을 다시 재건한다(36 : 23).

6. 열왕기와 역대기의 비교

역대기는 아담에서부터 시작하여 유다의 멸망에 이르는 웅대한 히브리 민족의 역사서이다. 1장에서 9장까지 기록된 족보는 역사서의 서곡 부분이며 그 이후 다윗의 빛나는 통치로 시작되는 유다의 영광은 솔로몬에 이르러 절정을 이룬다. 이들 유다의 열왕들은 거의 모두가 악한 왕들이었으며, 그들의 불신앙으로 백성들을 타락시켰다. 그러나 히스기야와 요시야의 통치로 서광의 빛을 잠깐 보였으나 끝내는 파멸을 면치 못하여, 예루살렘은 파괴되고 성전은 불타 버리고 말았다.

역대기는 이러한 유다 왕국에 소망을 주기 위하여 쓰여진 것이다. 이 책 속에는 뚜렷한 세 가지 신학적 사상이 들어있었다. 첫째, 인간의 삶은 하나님이 명하신 도덕적 질서의 통치 아래 있다는 것이며, 둘째, 살아가는 데 있어 바른 형식의 예배를 드리는 것보다 더 중요한 것이 없다는 것이며, 셋째, 하나님의 계시의 말씀은 과거 뿐 아니라 현재에도 임하는 살아있는 말씀이라는 것이다.

이러한 사상은 흐름을 알지 못하고 역대기를 읽는다면 사무엘과 열왕기에의 반복되는 내용으로 무미건조한 책이라 느껴질 것이다.

7. 내용분해 : 36장, 822절

대주제	성전의 건축			성전의 몰락		
초점	솔로몬의 통치			유다왕들의 통치		
소주제	1. 솔로몬의 등극(1 :)	2. 솔로몬의 성전 (2 : ~7:)	3. 솔로몬의 영화 (8 : ~9 :)	1. 왕국분열 (10 : ~12 :)	1. 왕국 분열 (10 : ~12 :)	3. 포로시기 (36:17~23)
내용	1) 지혜를 구한 기도 2) 솔로몬의 부귀	1) 성전건축 2) 성전봉헌	1) 솔로몬의 통치 2) 스바여왕의 방문 3) 솔로몬의 명성	1) 왕국분열의 요인 2) 르호보암의 통치	1) 르호보암에서 여호사밧까지 2) 여호람에서히스기야까지 3) 므낫세에서 요시야까지 4) 여호아하스에서 시드기야 까지	1) 예루살렘 함락 2) 이스라엘의 회복
신학	선택받은 민족의 역사					

8. 주요 사건 연대

솔로몬의 왕위 계승 (대상29:22)	성전건축 (3:1-7:10)	솔로몬 왕의 죽음과 르호보암의 등극 (9:29-10:1)	여로보암의 반란과 남북의 분열(10:16-19)	앗수르에 의해 북이스라엘의 멸망 (왕하18:9-12)
970	966-959	931	931	722

BC --►

710	627	586	538
남유다의 히스기야 왕 등극과 종교 개혁 (29:1-29)	요시야 왕의 성전 수리와 율법책 발견 및 개혁 (34:1-33)	바벨론에 의한 남유다의 멸망과 바벨론 유수 (36:11-21)	바사 왕 고레스의 포로 석방에 대한 포고령 (36:22-23)

1장 솔로몬 기도(지혜) *(Solomon Asks for Wisdom)*

1. 위치 설명 : 1~9장까지는 솔로몬 통치 장이므로 1장은 솔로몬 궁 'ㅁ' 안에 순서대로 표시
2. 맥 절 : (6절). "여호와 앞 곧 회막 앞에 있는 놋 제단에 솔로몬이 이르러 그 위에 천 마리 희생으로 번제를 드렸더라" ; 맥 보충 절 : (12절).
3. 관주구절 : 마12:42; 대하9:22
4. 찬 송 ; 내 영혼이 은총 입어, 내 주여 뜻대로, 은혜 구한 내게 은혜의 주님

1. 솔로몬의 등극(1 :)

솔로몬이 왕위에 오른 후 기브온 산당에 가서 일천번제를 드린 후 나라의 통치를 감당할 수 있도록 하나님께 지혜를 구했다.

1) 지혜를 구한 기도

왕위에 오른 솔로몬은 왕으로서 사명을 잘 감당하고 백성들에게 선의의 피해를 끼치지 않고 통치할 수 있도록 하나님께 지혜를 구했다. 솔로몬의 자세가 하나님 앞에 바로 서자 그에게 사람으로서는 측량할 수 없는 지혜와 복을 내려 주셨다. 하나님이 복을 내려주신 근거는 아래와 같다.

① 솔로몬은 먼저 1천번의 희생 제사를 드렸다(1 : 6). (하나님을 바라는 솔로몬의 신앙 자세)

② 천부장, 백부장, 재판관등 모든 이스라엘백성과 함께 제사드렸다(1 : 2). (기도가 열납 되도록 영적 힘을 모음)

이와같은 솔로몬에게 하나님은 "네게 무엇을 줄꼬 너는 구하라"고 하셨고 솔로몬은 많은 백성을 다스릴 지혜와 지식을 간구했으며 하나님은 이에 대해 두 가지로 응답하셨다.

· 지혜와 지식을 주고

· 부와 재물과 존영도 주되 이러한 복은 솔로몬 전후의 어느 왕에게도 없을 것이라 하셨다(1 : 12). 솔로몬은 초기에 이와 같이 영적 충만함과 바른 신앙으로 통치를 시작하였으나 시간의 흐름에 따라 육적으로 타락하여 하나님이 주신 가장 큰 복을 가장 쓸모없는 세상 것으로 타락시켰다. 그러나 하나님은 이런 타락을 통하여 세상의 지혜나 부귀나 권력 등이 시든 꽃과 같이 덧없음을 인생들에게 보여 주셨다.

2) 솔로몬의 부귀

(1) 솔로몬의 병력

① 병거 : 1400승- 애굽병거 600승(출14: 7)에 비교하면 큰 규모다.

② 마병 : 12,000명을 보유하여 병거성과 예루살렘에 배치

(2) 솔로몬의 재력

① 금과 은을 돌같이 흔하게 사용(왕궁의 화려함을 짐작할 수 있다)

② 백향목을 뽕나무같이 흔히 사용(귀한 물자가 풍부함을 알 수 있다)

쉼터 : 지혜

고대에서부터 지혜는 모든 사람들이 선망하던 대상이다. 때로 그것은 오랜 경험에 의해 얻어지는 것이라고 생각되기도 했고, 또는 지식의 축적에서 비롯된다고 여겨지기도 했다. 대부분의 사람들은 신으로부터 주어지는 지혜가 참 지혜라고 한다. 두 가지로 구분 된다 ① 일반 대중 : 기능공이나 숙련공은 지혜를 소유한 사람들로 이해되었다.

② 통치자들 : 일반적으로 통치자들을 지혜로운 사람들이라 한다.

③ 선지자들 : 이들은 참된 지혜는 하나님으로부터 주어진다고 알리고 있다.

2장 성전건축 준비 *(Preparations for Building the Temple)*

1. 위치 설명 : 2장은 솔로몬 궁 'ㅁ' 안에 순서대로 표시
2. 맥 절 : (1절). "솔로몬이 여호와의 이름을 위하여 성전을 건축하고 자기 왕위를 위하여 궁궐 건축하기를 결심하니라" ; 맥 보충 절 : (18절).
3. 관주구절 : 대하2:18
4. 찬 송 : 어둔 밤 쉬 되리니, 피난처 있으니, 그 크신 하나님의 사랑

■ 솔로몬의 성전

솔로몬이 지은 성전은 역사상 가장 값비싸고 찬란한 것으로서 7년 동안 걸쳐 완성되었다. 성전건축 당시 솔로몬의 태도에서 그의 참된 신앙을 엿볼 수 있다. "하늘과 하늘들의 하늘이라도 주를 용납지 못하겠거든 내가 누구관대 어찌 능히 위하여 전을 건축하리요 그 앞에 분향하려 할 따름이니이다"(2 : 6)라는 신앙고백 속에 그의 겸손과 감격과 하나님 중심의 신앙상태가 잘 드러나 있다.

솔로몬은 성전건축 준비를 위해 두로왕 히람에게 기술자와 재목을 요청했고 이 요청에 히람은 적극적으로 도와줄 것을 약속하였다. 이리하여 하나님 성전은 유대인과 이방인이 협력하여 최고의 기술자와 최고의 값진 재료로 건축되었다.

쉼터 : 두로왕 히람

① 다윗 왕권의 신정적 권위를 인정
② 성전 건축이 하나님의 명령임을 인정
③ 공장을 보내기로 약속
④ 일꾼들의 생계 부탁
⑤ 건축 자재를 보내기로 약속

3장 성전 건축 시작 *(Solomon Builds the Temple)*

1. 위치 설명 : 4상은 솔로몬 궁 안에 성전 'ㅁ' 안에 표시

2. 맥 절 : (1절). "솔로몬이 하나님의 전을 위하여 놓은 지대는 이러하니 옛날에 쓰던 자로 길이가 육십 1)규빗이요 너비가 이십 규빗이며" ; 맥 보충 절 : (2절).
3. 관주구절 : 왕상6:1
4. 찬 송 : 주의 말씀 듣고서, 허락하신 새 땅에, 시온성과 같은 교회

• 성전 건축착수(3 :)

성전의 외부크기는 길이가 60규빗, 너비삭 20규빗, 높이가 120규빗으로 성막 크기의 2배였고 지성소는 높이와 길이가 넓이가 각각 20규빗 규격의 정6면체다. 이 모든 규모와 양식은 하나님의 계시에 따라 설계되었다.

쉼터 : 솔로몬의 성전 터

성전은 이삭을 제물로 바쳤던(창22:2)모리아 산에 세워졌다(대하3:1). 이곳은 오르난이 타작마당으로 사용한 곳이기도 했다. 특별히 이 장소는 다윗이 인구 조사의 죄를 범해 징계를 받을 때 하나님의 지시로 제사를 드렸던 곳이다, 다윗이 금 육백 세겔을 주고 산 장소이다. 그 후 예루살렘 성전이 세워졌던 곳은 성전 산이라고 부르는데, 현재 이곳에는 '바위의 돔' 이라는 이슬람교 사원이 자리 잡고 있다.

4장 성전 기구 *(The Temple's Furnishings)*

1. 위치 설명 : 4장은 솔로몬 궁 안에 성전 'ㅁ' 안에 표시
2. 맥 절 : (1,5,6절). "솔로몬이 또 놋으로 제단을 만들었으니 길이가 이십 규빗이요 너비가 이십 규빗이요 높이가 십 규빗이며" " 바다의 두께는 한 손 너비만 하고 그 둘레는 잔 둘레와 같이 백합화의 모양으로 만들었으니 그 바다에는 삼천 밧을 담겠으며" "또 물두멍 열 개를 만들어 다섯 개는 오른쪽에 두고 다섯 개는 왼쪽에 두어 씻게 하되 번제에 속한 물건을 거기서 씻게 하였으며 그 바다는 제사장들이 씻기 위한 것이더라" ; 맥 보충 절 : (19~22절).
3. 관주구절 : 출25:30

4. 찬 송 : 내 주의 나라와, 하나님의 진리등대, 값비싼 향유를 주께 드린

- 그 외의 기둥들(4 :)

① 두 기둥 : 야긴과 보아스(3 : 17)

② 놋단 : 가로, 세로 20규빗 높이 10규빗의 크기(4 : 1)

③ 놋바다 : 거대한 놋대야(제사장의 수족을 씻음) 용량 3천밧(4 : 5)

④ 물두멍 : 10개(제물 씻는 곳) (4 : 6)

솔로몬은 금 등대와 등잔 그리고 진설병 상들을 다시 만들었다(4 : 19~22). 기구를 만든 재료는 대부분 금과 놋이었는데 금 그릇은 금보다 귀한 믿음으로 하나님의 영광을 드러내야 할 성도의 본분을 말해주고 놋 기구는 놋같이 강한 힘을 가지고 죄를 이기며 나가야 할 성도의 생활을 나타내주고 있다.

쉼터 : 물건은 만든 자의 뜻에 따라

성전에서는 그 용도에 따라 재료를 달리하여 다양하게 쓰여 진 사실을 알 수 있다. 신약의 교회에서도 마찬 가지이다. 귀히 쓰는 그릇도 있고 천히 쓰는 그릇도 있고 용도 여부는 그릇 자체에 의해서 결정되는 것처럼 보일지라도 근본적으로 사용하는 자의 권한에 속한 것이다. 그러므로 주인의 쓰임에 합당한 여부, 곧 판단 기준은 재료의 종류나 모양에 따른 것이 아니라 깨끗함의 여부에 의해서 결정되는 것이다.(딤후2:20) 그러나 그것보다 그릇을 만드신 분의 뜻이 무엇인가를 알아야한다. 그리고 깨끗한 정도의 여하에 따라 쓸모 있게 되기도 하고 쓸모없이 버려지기도 한다.

5장 법궤 성전으로 *(The Ark Brought to the Temple)*

1. 위치 설명 : 5장은 솔로몬 궁 안에 성전 안에 법궤위치에 표시
2. 맥 절 : (6절). "솔로몬 왕과 그 앞에 모인 모든 이스라엘 회중이 궤 앞에서 양과 소로 제사를 드렸으니 그 수가 많아 기록할 수도 없고 셀 수도 없었더라" ; 맥 보충 절 : (14절).

3. 관주구절 : 슥2:12

4. 찬 송 : 주 예수 내 맘에 들어와, 달고 오묘한 그 말씀, 나의 영원하신 기업

① 셀 수 없이 많은 양과 소가 번제로 드려졌고(5 : 6)

② 아삽과 헤만과 여두둔이 이끄는 찬양대의 찬양이 울려 퍼졌으며(5 : 12, 13)

③ 법궤가 지성소에 안치될 때 하나님의 영광이 전에 가득찼었다(5 : 14).

이같이 봉헌 예식이 무르익을 때 솔로몬은 무릎을 꿇고 하늘을 향해 손을 펴고 봉헌기도를 드렸다. 기도의 첫째는, 다윗 왕권을 위한 기도로(14~17)다윗 왕조를 영원히 보존해 주실 것과 둘째는, 제사장적 기도로(18~42)백성들의 기도를 열납해 줄 것을 간구하였다. 하나님은 그 기도의 응답으로 하늘에서 불을 내려 응답하셨으며 다시 꿈에 나타나시어 말씀으로 다음과 같이 약속하셨다.

쉼터 : 구름

구름은 하나님의 임재를 나타낸다. 특히 구름이 가득 찬 현상은 이스라엘의 광야생활 중 성막을 완성시켰을 때도 등장한다. 구름이 가득 한 것은 하나님의 임재를 나타내며, 곧 이 세상을 통치하기 위하여 좌정하실 보좌로 인정하고 열납 하시는 표시이다. 하나님의 임재가 가시적 상징인 구름으로 성전에 가득했다는 사실은 언약의 하나님이 그곳에 임재해 계시다는 의미이다.

6장 봉헌기도 *(Solomon's Prayer of Dedication)*

1. 위치 설명 : 6장은 솔로몬 궁 안에 성전 'ㅁ' 에 표시

2. 맥 절 : (13절). "솔로몬이 일찍이 놋으로 대를 만들었으니 길이가 다섯 규빗이요 너비가 다섯 규빗이요 높이가 세 규빗이라 뜰 가운데에 두었더니 그가 그 위에 서서 이스라엘의 모든 회중 앞에서 무릎을 꿇고 하늘을 향하여 손을 펴고" ; 맥 보충 절 : (19절).

3. 관주구절 : 느8:4

4. 찬 송 : 내 주의 나라와, 시온의 영광이 빛나는 아침, 시온성과 같은 교회,

본장에서 솔로몬은 성전 건축을 완성하게 하신 하나님의 은혜를 찬양하고 봉헌 기도를 드린다. 솔로몬의 찬양은 성전 완공과 동시에 하나님의 임재를 확인한데서 비롯되었다.

한편, 장장 30절에 걸친 솔로몬의 봉헌 기도는 왕상8:22~53에 언급된 것과 일치하고 있다.

쉼터 : 모세의 회막과 솔로몬의 성전

회 막	성 전
장・45규빗, 광・15규빗, 고・15규빗	장・90규빗, 광・30규빗, 고・45규빗
낭실이 없다.	성소 앞에 낭실이 있다(왕상6:2,3) 길이20규빗
지성소에는 언약궤만 두었다.	지성소 내실 안에 궤(대하5:7,8)와 궤 위에 두 그룹을 두었다(왕상6:23~28)
창의 통로가 없었다.	성소 안에 붙박이 교창이 있었다(왕상 6:23~28)
성소와 지성소를 분리하는 휘장이 있었다.	휘장(대하3:14)과 두 방을 분리하는 문이 있었다(왕상6:21~32)

7장 성전 봉헌식 *(The Dedication of the Temple)*

1. 위치 설명 : 7장은 솔로몬 궁 안에 성전 'ㅁ' 에 표시
2. 맥 절 : (1절). "솔로몬이 기도를 마치매 불이 하늘에서부터 내려와서 그 번제물과 제물들을 사르고 여호와의 영광이 그 성전에 가득하니" ; 맥 보충 절 : (8).
3. 관주구절 : 왕상8:66절
4. 찬 송 : 찬양하라 복되신 구세주 예수, 네 맘과 정성을 다하여서, 영광을 받으신 만유의 주여

① 곤경에 처할 때 악에서 떠나 겸비하여 기도하면 다시 회복시켜 주실 것을 약속해 주셨고(7:13,14)

② 솔로몬 성전에 기도하는 집으로 승인하셨으며(7 : 15, 16)

③ 하나님의 규례와 율례를 지키면 다윗의 왕권 보전이 영원할 것을 약속하셨다(7 : 17, 18).

솔로몬과 같이 하나님 앞에 온전히 헌신하고 나아갈 때 우리가 드리는 구체적인 기도에 하나님은 말씀으로 응답해 주신다.

쉼터 : 우리를 변화 시키시는 예배

하나님께서는 예배를 통해서 영광을 받으시며(시50:23)
하나님의 영광을 보여 주십니다(대하5:13~14)
그리고 예배는 하나님을 기쁘시게 하는 것입니다(요4:23)
또한 예배는 그리스도인들을 깨끗하게 합니다.(시24:3~4)

8장 솔로몬 번영 *(Solomon's Other Activities)*

1. 위치 설명 : 8장은 솔로몬 궁 'ㅁ' 에 표시
2. 맥 절 : (3, 6, 8, 10, 13, 14절).
3. 관주구절 : 왕상9:17,18
4. 찬 송 : 내 영혼에 햇빛 비치니, 나 가난복지 귀한 성에 들어가려면, 주를 앙모하는자

• 솔로몬의 영화(8 : ~ 9 :)

솔로몬은 20년에 걸쳐 성전과 왕궁을 건설하고 주변의 영토를 확장하고 성읍을 건축하여 국방을 튼튼히 해나가면서 다윗 왕조 최고의 황금기를 이룩하였다.

• 솔로몬의 통치(8 :)

솔로몬의 전과 왕궁의 건축은 20년에 걸쳐 모든 것이 완성되었다. 건축이 완성되자 그는 국방을 견고히 하고 내적으로 종교정책을 수립하고 노동제도를 재정비하여 국가의 체제를 돈독히 하였다.

〈솔로몬의 치세〉

정책	사업	결과	성경
국방정책	하맛소바를 취함	북방 위협을 방비	8 : 3
	국고성을 건축	유사시를 대비, 물자저축	8 : 6
노동정책	가나안족속 인력사용	노예를 역군으로 삼음	8 : 8
	이스라엘 백성 등용	군대장관의 두목을 삼음	8 : 10
종교정책	모세의 율법을 준수	3대 절기지킴	8 : 13
	다윗의 정규를 지킴	성직자 임명	8 : 14

백성들의 마음이 하나님을 향하도록 종교정책을 수립한 것은 솔로몬 통치의 초기에 있어 가장 적절하고 중요한 정책으로 평가된다.

쉼터 : 성전 안에 하나님이 계실까?

우리는 가끔 교회 건물에 대해 지나치게 중요성을 부여하거나 이와는 정반대로 지나치게 소홀히 하는 경우도 있다. 교회를 구약의 성전과 똑같이 볼 수 있을까? 솔로몬은 성전이란 제한된 장소 안에 하나님을 수용할 수 없음을 알았기 때문에(대하6:18) 성전은 기도하는 장소일 뿐 그 이상도 그 이하로도 생각하지 않았다. 그럼에도 그는 성전을 하나님께 제사드림으로 죄 사함을 받는 곳이며 하나님의 말씀이 선포되는 곳이며 그래서 성전은 하나님을 위해 세워진 신성한 장소라고 생각했던 것이다.

9장 스바여왕 · 솔로몬 죽음 *(The Queen of Sheba Visits Solomon)*

1. 위치 설명 : 9장은 솔로몬 궁 'ㅁ' 에 표시
2. 맥 절 : (8절). "당신의 하나님 여호와를 송축할지로다 하나님이 당신을 기뻐하시고 그 자리에 올리사 당신의 하나님 여호와를 위하여 왕이 되게 하셨도다 당신의 하나님이 이스라엘을 사랑하사 영원히 견고하게 하시려고 당신을 세워 그들의 왕으로 삼아 정의와 공의를 행하게 하셨도다 하고"

3. 관주구절 : 대상28:5

4. 찬 송 : 내 맘에 한 노래있어, 천성을 향해 가는 성도들아, 나의 갈길 다가도록

1)스바 여왕의 방문(9 :)

스바 여왕이 솔로몬의 지혜에 대한 소문을 듣고 먼길을 찾아온 것은 솔로몬의 지혜를 듣고자 한 목적뿐만 아니라 양국간의 외교수립과 통상 협상을 위해 찾아왔다. 그러나 솔로몬의 지혜를 듣고 하나님이 주신 솔로몬의 지혜와 견줄 자가 없음을 깨닫자 "당신의 하나님 여호와를 송축할지로다"(9 : 8)라고 하나님을 찬양하고 솔로몬의 지혜를 언제나 들을 수 있는 그의 신하들이 "복되도다"라고 탄복한 후 많은 예물을 드린후 본국으로 돌아갔다. 스바 여왕은 솔로몬의 지혜에 감복했으나 우리는 솔로몬에게 지혜를 주신 하나님의 지혜를 들을 수 있는 성경을 가지고 있으니 이는 참으로 놀라운 복이 아닐 수 없다.

2) 솔로몬의 명성(9 : 13~28)

솔로몬의 명성은 열국으로 퍼져 나갔다.

① 그의 금방패(9 : 15, 16)와 금보좌(9 : 17)와 왕궁에서 쓰던 금그릇은 부의 극치를 말해주고(9 : 20)

② 그의 재산과 지혜는 천하 열왕보다 컸으며(9 : 22)

③ 그의 통치 영역은 천하의 조공을 받는 위력을 가졌으며(9 : 24)

④ 그의 강력한 군사력은 유브라데강에서 애굽 변경까지 확장되었다(9 : 26).

솔로몬은 당대에 전무후무한 부귀영화를 누린 왕이었지만 죽을 때에는 하나님 영광이 떠난 우매한 자처럼 인간의 부귀영화가 다 헛되어 바람을 잡으려는 것이며 해 아래서 무익한 것이라 고백하였다(전2 : 9~11). 하나님의 지혜를 탕진한 솔로몬은 풀의 꽃과 같이 그 영광이 모두 시들어 사라졌지만 하나님의 말씀을 먹고 자라는 영혼은 영원한 소망 가운데 하늘의 기업을 바라보며 살아갈 수 있음을 우리에게 가르쳐준다.

쉼터 : 당신의 하나님 여호와를 송축할지로다.

"당신의 하나님 여호와를 송축할지로다"라는 스바여왕의 고백은 깊은 감동과 깨달음 가운데 나온 말이다. 그 내용인즉 이스라엘이 하나님과 관계를 맺은 언약 백성 즉 하나님의 백성임

을 기꺼이 인정하고 찬양한 것이다. 역대기 저자는 스바 여왕의 고백을 통하여 이스라엘의 왕위가 곧 하나님의 보좌임을 확정하고 있다. 솔로몬을 하나님의 왕국을 통치할 대리자로 세운 만큼, 하나님의 친정체제와 비슷한 권세와 능력을 부여하신 것이다. 따라서 하나님의 온전한 신정 정치를 예견하고 있다.

※ 솔로몬이 죽자 120년간 계속되던 이스라엘 왕조는 솔로몬의 후계자인 르호보암의 실정으로 남북으로 분열된다.

10장 왕국분열 *(Israel Rebels Against Rehoboam)*

1. 위치 설명 : 10장은 역대하의 목록에 따라 '역' 에 획 순서대로 표시
2. 맥 절 : (17절). "그러나 유다 성읍들에 사는 이스라엘 자손들에게는 르호보암이 그들의 왕이 되었더라" ; 맥 보충 절 : (14절).
3. 관주구절 :
4. 찬 송 : 거친 세상에서 실패했거든, 어두운 후에 빛이 오면, 그 누가 나의 괴롬 알면

• 왕국 분열의 요인(10 :)

솔로몬이 죽은 후 이스라엘 백성은 르호보암을 왕으로 추대하면서 솔로몬의 학정을 개선해 줄 것을 요구했다(10 : 4). 이 같은 요구는 충분히 받아들일 수 있음에도 불구하고 그는 미련하게 노인들의 충고를 외면하고 젊은이의 충고를 받아들여 "내 부친은 채찍으로 너희를 징치하였으나 나는 전갈로 하리라(10 : 14)"는 학정 쪽을 택함으로 열 지파는 다윗 가문의 통치하에서 벗어났다.

이와 같은 르호보암의 어리석은 선택은 이미 하나님의 예정 속에서 이루어진 것이다. 하나님 보시기에 악했던 솔로몬의 행위는 악을 심었고 심고 거두는 법칙대로(갈6 : 7) 그의 아들 르호보암은 악한 열매를 거두게 된 것이다.

쉼터 : 노인의 지혜를 구하라

르호보암은 백성들의 짐을 덜어 주라는 노인의 충고를 버리고, 오히려 짐을 더욱 무겁게 하라는 동년배의 말을 받아들임으로써 백성들의 반감을 사게 되었다. 이것은 "너는 센머리 앞에 일어서고 노인의 얼굴을 공경하며 네 하나님을 경외하라"(레19:32)는 말씀에도 어긋난 행위였다. 하나님께서는 노인에게 신령한 권위와 지혜를 부여하셨기 때문에 족장들은 만년에 이르러 그 자손들을 축복할 수 있었고, 자손들은 조상의 축복을 통하여 하나님의 복을 받을 수 있었다. 뿐만 아니라 하나님께서는 시내 광야에서도 70인의 장로들을 세워서 모세를 도와 백성들을 다스리게 하셨다.

11장 왕국 강성 *(Rehoboam Fortifies Judah)*

1. 위치 설명 : 11장은 역대하의 목록에 따라 '역' 에 획 순서대로 표시
2. 맥 절 : (11절). "르호보암이 그 방비하는 성읍들을 더욱 견고하게 하고 지휘관들을 그 가운데에 두고 양식과 기름과 포도주를 저축하고" ; 맥 보충 절 : (17절).
3. 관주구절 : 대하12:1
4. 찬 송 : 어느 민족 누구게나, 내 주는 강한 성이요, 내가 매일 기쁘게

르호보암의 통치 3년 동안은 강력한 왕권을 가지고 예루살렘을 중심으로 모든 성읍을 견고케 하고(11 : 11)양식과 기름과 포도주를 저축하고 각성마다 무기를 저장하여 나라의 안정을 이루어 나갔다(11 : 12). 종교적으로는 북 이스라엘에서 직분을 박탈당한 레위인들이 내려와 르호보암을 도왔고 르호보암은 말씀에 순종하여 강성해지는 복을 받았다(11 : 17). 나라가 강성해지자 그 강성함으로 교만해진 르호보암은 율법을 버리는 죄를 범했다. 하나님은 그 죄의 징벌로 애굽의 침공을 받아 바로의 속국이 되게 하셨다.

쉼터 : 숫염소를 섬기다니!

고대 이집트인들은 태양, 달, 별, 등 천체뿐만 아니라 나일강과 심지어 각종 동물 형상까지 도 신으로 섬겼다. 이집트에서 노예살이를 했던 이스라엘 백성들은 이런 이방 종교의 영향에서 완전히 벗어날 수는 없었다. 레위기17:7절에 보면" 음란히 섬기던 숫염소에게 제사하지 말라"고 경고하고 있다. 북 왕국 이스라엘의 첫 왕이 된 여로보암 역시 숫염소를 숭배했다.(대하11:15) 에스겔 선지자는 이러한 행위로 인하여 이스라엘이 하나님의 심판을 받았다고 말했다(겔23:49)

12장 시삭 침공 *(Shishak Attacks Jerusalem)*

1. 위치 설명 : 12장은 역대하의 목록에 따라 '역'에 획 순서대로 표시
2. 맥 절 : (8절). "그러나 그들이 시삭의 종이 되어 나를 섬기는 것과 세상 나라들을 섬기는 것이 어떠한지 알게 되리라 하셨더라" ; 맥 보충 절 : (5절).
3. 관주구절 :
4. 찬 송 : 시험 받을 때에, 태산을 넘어 험곡에 가도, 이 몸의 소망 무엔가

11장에 이어 르호보암의 통치를 기록하고 있는데, 성격상 전장과는 대조가 된다. 전장은 하나님의 예언에 순종한 르호보암이 받은 축복을 주로 묘사하였으나, 본장은 하나님의 율법을 떠남으로 받은 징계를 부각시키고 있다. 시삭 침공의 원인이 바로 르호보암과 온 유다 백성들이 하나님의 명령을 저버렸기 때문이라는 사실을 거듭 강조함

쉼터 : 르호보암(백성이 널리 퍼진다)

솔로몬을 이어 왕이 되었으나 무거운 세금과 강제 노역에 대한 백성들의 건의를 받아들이지 않아 나라가 북이스라엘과 남 유다로 분열되는 비극을 맛보았다. 이스라엘을 원상태로 회복하려는 계획을 포기할 정도로 하나님께 순종하고 이스라엘로부터 레위 족속과 제사장을 받아들이는 선정을 베풀기도 하였다. 하나님의 말씀에 순종한 3년 동안 경제적, 군사적으로 강한 나라를 세웠다. 그러나 이방 여인들과 결혼하여 우상 숭배하는 악을 행하여 애굽 왕 시삭의 침입을 받았다. 17년간 남 유다를 다스렸다.

13장 아비야 연설 *(Abijah King of Judah)*

1. 위치 설명 : 13장은 역대하의 목록에 따라 '역' 에 획 순서대로 표시
2. 맥 절 : (1절). "여로보암 왕 열여덟째 해에 아비야가 유다의 왕이 되고" ; 맥 보충 절 : (18절).
3. 관주구절 : 왕상15:1
4. 찬 송 : 내 주는 강한 성이요, 천성을 향해 가는 성도들아, 주는 나를 기르시는 목자여

유다의 제2대 왕이 된 아비야의 통치를 기술하고 있는 본장은 유다와 이스라엘 사이에 발발 하였던 전쟁을 중점으로 설명하고 있다. 북이스라엘 백성들을 설득하기 위해 연설한 내용은 온 유다 왕국이야말로 다윗 왕권을 계승한 전통왕조라고 강조한다. 아울러 그는 북이스라엘 왕국에 관련되어 있는 우상 숭배를 강력히 비판함으로써, 당면한 전쟁을 여호와 신앙과 우상 종교의 대결로 부각시킨다. 후반부는 아비야 역시 솔로몬과 르호보암처럼 많은 아내를 두었다.

쉼터 : 아비야(여호와는 나의 아버지)

형들이 있었지만 르호보암을 이어 남 유다의 2대 왕이 되었다. 그가 죄를 범했음에도 하나님은 다윗과의 언약을 생각하여 아비야를 지켜주셨다. 사는 날 동안 여로보암과 전쟁을 했으며 하나님의 도움으로 북 이스라엘을 쳐서 이긴 적도 있다.

14장 아사왕 승리 *(Asa King of Judah)*

1. 위치 설명 : 14장은 역대하의 목록에 따라 '역' 에 획 순서대로 표시
2. 맥 절 : (3,4절). "이방 제단과 산당을 없애고 주상을 깨뜨리며 아세라 상을 찍고" " 유다 사람에게 명하여 그 조상들의 하나님 여호와를 찾게 하며 그의 율법과 명령을 행하게 하고" ; 맥 보충 절 : (5절).

3. 관주구절 : 출34:13

4. 찬 송 : 세상의 헛된 신을 버리고, 나 맡은 본분은, 나는 예수 따라가면

■ 아사의 업적

• 르호보암이 지은 무서운 죄들을 없이 하였다.

① 이방 우상과 산당을 없애고(14 : 3)

② 백성들을 하나님의 율법과 명령에 따르도록 하였으며(14 : 4)

③ 모든 성읍의 산당과 태양상을 헐어버렸다(14 : 5)

쉼터 : 100만 대군을 무찌른 아사왕

아사의 선정과 종교 개혁에도 불구하고 구스 사람 세라가 이끄는 백만 대군이 침입하였다. 이것은 유다 백성들의 신앙을 연단시키기 위한 하나님의 시험이었다. 엄청난 적군 앞에서 오직 하나님을 의지함으로 위대한 승리를 거둘 수 있었다.

15장 아사 종교개혁 *(Asa's Reform)*

1. 위치 설명 : 15장은 역대하의 목록에 따라 '역'에 획 순서대로 표시

2. 맥 절 : (8절). "아사가 이 말 곧 선지자 오뎃의 예언을 듣고 마음을 강하게 하여 가증한 물건들을 유다와 베냐민 온 땅에서 없애고 또 에브라임 산지에서 빼앗은 성읍들에서도 없애고 또 여호와의 낭실 앞에 있는 여호와의 제단을 재건하고" ; 맥 보충 절 : (12절).

3. 관주구절 : 왕상15:12

4. 찬 송 : 네 맘과 정성을 다하여서, 오 놀라운 구세주,

• 하나님의 사람 아사랴의 예언을 듣고 개혁운동을 시행하였다.

① 유다와 베냐민에 남아있는 우상을 제거하고(15 : 8)

② 여호와의 단을 중수하였으며(15 : 8)

③ 백성들을 예루살렘에 모으고 일심으로 여호와를 찾기로 언약하였다(15 : 12).

결과 : 이때부터 아사왕 35년까지 전쟁이 없었다.

쉼터 : 강하게 하라 손이 약하지 않게 하라

하나님께서는 선지자 아사랴를 통하여 아사왕 유다 백성들에게 진심으로 여호와를 찾고, 종교 개혁을 강력하게 추진하라고 격려하신다. 사실상 백성들의 마음이 여호와를 떠나 우상을 향하였고, 율법이 폐해진 지 이미 오래된 때에 백성들의 마음을 다시 여호와께 향하게 한다는 것은 매우 어려운 일이다. 그러나 아사는 여호와의 명령을 따라서 우상을 제하고 여호와의 단을 다시 세움으로서 백성들의 마음을 돌이키게 하였다. 하나님께서 이러한 아사의 순종에 대하여 평강과 형통으로 보답해 주셨다.

16장 하나니 책망(아사죽음) *(Asa' s Last Years)*

1. 위치 설명 : 16장은 역대하의 목록에 따라 '역' 에 획 순서대로 표시
2. 맥 절 : (9절). "여호와의 눈은 온 땅을 두루 감찰하사 전심으로 자기에게 향하는 자들을 위하여 능력을 베푸시나니 이 일은 왕이 망령되이 행하였은즉 이 후부터는 왕에게 전쟁이 있으리이다 하매" ; 맥 보충 절 : (10절).
3. 관주구절 : 슥4:10
4. 찬 송 : 우리는 주님을 늘 배반하나, 너 예수께 조용히 나가, 뜻없이 무릎 꿇는

• 아사의 실책

이스라엘왕 바아사가 유다를 치자 아사는 하나님을 의지하지 않고 아람왕에게 도움을 청하면서 성전과 왕궁의 보물을 그에게 보냈다. 이러한 아사의 실책을 선견자 하나니가 책망하자 그는 하나님의 사람을 옥에 가두는 불순종의 죄를 더하였다.

결과 : 아람왕의 도움을 구한 때부터 유다는 하나님의 도움을 받지 못하게 되었으며 그 후로부터 전쟁의 소요가 계속되었다(16 : 7). 인간은 하나님을 떠나는 순간부터 그 값을 치르게 됨을 유다의 역사를 통하여 알 수 있다.

쉼터 : 아사왕이 왜 병들어 죽었나?

유다 왕 아사는 하나님 보시기에 선을 행하여 이방 제단과 신당을 없이하고 주상을 훼파하여 아세라 상을 찍고 여호와의 단을 중수하였다. 그러므로 하나님께서는 구스와의 전쟁에서 승리케 하시며 그가 통치하기 시작한 후 35년까지는 전쟁이 없게 하셨다. 그는 온전히 하나님을 섬겼지만, 평안을 누리는 가운데 교만해졌다. 이스라엘 왕 바아사가 유다를 치러 올라오자 기도하여 하나님을 의지하지 않고 아람와 벤하닷에게 뇌물을 보내어 동맹을 요청하였다. 그러자 선지자 하나니는 하나님의 능력을 의지하지 않고 인간적인 방법을 사용한 아사의 교만과 불신앙을 책망하였다. 아사가 왕이 된 지 39년에 병이 들어 죽게 된 것도 이런 사건을 배경으로 하고 있다.

17장 개혁운동(여호사밧 왕) *(Jehoshapat King of Judah)*

1. 위치 설명 : 17장은 역대하의 목록에 따라 '역' 에 획 순서대로 표시
2. 맥 절 : (4절). "오직 그의 아버지의 하나님께 구하며 그의 계명을 행하고 이스라엘의 행위를 따르지 아니하였음이라" ; 맥 보충 절 : (5절).
3. 관주구절 : 왕상10:25
4. 찬 송 : 주를 앙모 하는자, 예수 따라가면, 나의 갈길 다가도록

선조 다윗을 본받아, 유다 왕국에 개혁 운동을 일으킴으로써 하나님의 축복을 누렸다. 여호사밧은 선지자 아사랴가 부친 아사에게 훈계한 내용을 실행하려고 노력했다. 방백들과 레위인들과 제사장들의 대표를 뽑아 전국을 순회하면서 하나님의 율법을 백성들에게 강론하여 영적 부흥 운동을 일으켰다.

아사의 뒤를 이은 여호사밧은 일선지방에 강력한 수비대를 배치하여 국방을 튼튼히 하고 종교적으로 야훼의 율례를 적극적으로 가르치고 준행하였다(17 : 4). 그가 하나님과 동행함으로 나라는 견고해지고 백성들은 그를 존경하여 많은 예물을 드림으로 그는 큰 부귀와 영광을 누리게 되었다(17 : 5).

쉼터 : 애매하게 감옥에 갇혔던 사람들

- 요셉 : 요셉은 보디발 아내의 유혹을 피했지만 결국 성폭행하려 했다는 모함을 당해 감옥에 갇힌다. 이것은 하나님의 계획 중 하나이다(창39:7~23)
- 삼손 : 들릴라의 요청에 못 이겨 자신의 힘의 비결을 이야기 하고 말았다. 하나님께서 원수를 갚도록 도와주실 때까지 삼손은 감옥에 갇혀 있었다(삿16:21~31)
- 미가야 : 아합이 전쟁에서 질 것이라고 예언해서 감옥에 갇혔다.(왕상16:7~10)
- 하나니 : 아람왕을 의지했던 아사 왕을 책망해서 감옥에 갇혔다(대하16:7~10)
- 예레미야 : 시드기야 왕에게 예루살렘이 갈대아 인에 의해 함락 될 것임을 예언했고 이로 인해 구덩이에 던져졌다(렘37:~38장)

18장 아합 죽음 *(Micaiah Prophesies Against Ahab)*

1. 위치 설명 : 18장은 역대하의 목록에 따라 '역' 에 획 순서대로 표시
2. 맥 절 : (34절). "이 날의 전쟁이 맹렬하였으므로 이스라엘 왕이 병거에서 겨우 지탱하며 저녁 때까지 아람 사람을 막다가 해가 질 즈음에 죽었더라" ; 맥 보충 절: 33
3. 관주구절 : 대하22:5
4. 찬 송 : 주님의 마음을 본 받는자, 너 시험을 당해, 어느 민족 누구게나

즉위 초기에 선정으로 일괄했던 여호사밧은 그의 통치 행적 중 일대 오점으로 남을 만한 실수를 범하게 되는데, 그것은 아합과 결혼동맹을 맺었다는 것이다. 아합은 여호사밧에게 아람을 공격할 것을 제의하였다. 여호사밧은 하나님의 뜻을 알아보고 싶었다. 하지만 진실을 전했던 미가야는 옥에 갇히고 거짓 선지자들의 조언이 채택되었다 결국 연합군은 아람에게 패하였으며, 아합은 전사하고 여호사밧은 하나님의 도우심으로 피신하였다.

쉼터 : 선지자들은 왕에게 어떤 영향을 주었는가?

하나님은 선지자들을 통해 나라의 통치자들에게 말씀하셨다. 하나님의 선지자들은 어떤 것도 두려워 하지 않고 하나님의 말씀을 그대로 선포함으로써 왕들과 백성들을 영적으로 인도하였다. 다윗이나 히스기야와 같은 훌륭한 왕들은 선지자의 도움을 기꺼이 받아들였고, 그들과 긴밀한 관계를 유지하였다. 그러나 악한 왕들은 선지자들의 메시지를 무시하거나 그들을 학대하였다.

19장 여호사밧 개혁 *(Jehoshaphat Appoints Judges)*

1. 위치 설명 : 19장은 역대하의 목록에 따라 '대' 에 획 순서대로 표시
2. 맥 절 : (5절). "또 유다 온 나라의 견고한 성읍에 재판관을 세우되 성읍마다 있게 하고" ; 맥 보충 절 : (11절).
3. 관주구절:
4. 찬 송 : 십자가 군병 되어서, 날마다 주와 버성겨, 나 맡은 본분은

• 찬양대를 앞세운 전쟁

여호사밧이 나라를 개혁하고 재판제도를 확립하며(19 : 5) 종교정책을 잘 수행했음에도 불구하고 모압과 마온의 연합군이 쳐들어왔다. 이때 여호사밧은 백성을 금식시키고 기도했다.

쉼터 :하나님은 목적을 이루기 위해서 거짓말을 사용하셨는가?

그렇지 않다! 자세히 살펴보면, 아합 왕은 이미 전쟁에 깊이 빠져있었다. '거짓말 하는 영' 이 아합을 억지로 조종해서 그로 하여금 전쟁을 택하도록 꾄 것이 아니었다. 뿐만 아니라 하나님은 참된 선지자 미가야를 통해 아합의 전사 사실과 심지어 악한 영에 관한 사실도 모두 알렸다. 그러므로 왕은 선택하면 된다. 하나님께서 거짓말로 아합을 유혹한 것이 아니었다. 하나님은 언제나 진실만을 말씀하신다. 다만 아합왕의 경우처럼, 자기욕심에 끌린 사람이 스스로 거짓에 속아서 악한 선택을 할 뿐이다.

20장 여호사밧 기도 *(Jehoshaphat Resolved to inquire of the LORD)*

1. 위치 설명 : 20장은 역대하의 목록에 따라 '대' 에 획 순서대로 표시
2. 맥 절 : (6,7,9절). ; 맥 보충 절 : (15절).
3. 관주구절 : 단4:17
4. 찬 송 : 내 주는 강한 성이요, 나 주의 도움 받고자, 부름 받아 나선 이 몸

① 기도의 내용(20 : 6~13)

· 주님밖에 하늘에 계신 하나님이 없사옵나이다.(20 : 6) : 하나님의 주권인정

· 하나님은 우리를 택하시고 이 땅의 거민을 쫓아내셨나이다(20 : 7) : 이스라엘과 하나님의 언약관계를 제시

· 이 땅을 아브라함 자손에게 주셨나이다(20 : 7) : 땅에 대한 권한 제시

· 주의 이름을 위해 성소를 건축하고 환난 때 부르짖은즉 구원하시리라 하였나이다(20 : 9) : 하나님이 자신들과 함께 하는 표징. 우리에게 주신 기업에 대해 대적이 우리를 쫓아내려 하나이다(20 : 11)라고 적들의 불의를 탄원하면서 여호사밧은 하나님을 자기편으로 삼으려 하였다.

② 하나님의 응답

이 기도의 응답으로 하나님의 신이 야하시엘에게 임하셔서 "큰 무리로 인하여 두려워하거나 놀라지 말라 이 전쟁이 너희에게 속한 것이 아니요 하나님께 속한 것이니라(20 : 15)" 고 예언함으로 모든 병사들에게 용기를 주었다.

③ 결과

응답받은 여호사밧은 찬양대를 군대 앞에 세워 찬양하며 행진하게 하였을 때 하나님의 능력이 임하여 적군들은 그들 스스로 살육하여 자멸하게 되었다(20 : 33).

여호사밧 군대처럼 찬양으로 승리한 군대는 역사상 없었으며, 이를 통해 전쟁은 하나님께 속한 것임을 보여주었다.

쉼터 : 어떻게 하나님의 영에 감동된 자의 말을 알 수 있는가?

하나님의 영에 감동된 참된 예언은 언제나 그것의 온전한 성취로 입증된다.(신18:21~22). 거짓 선지자들도 때로는 어떤 일에 한두 번 정도는 정확하게 추측하여 예언 할 수 있다. 하지만 오래지 않아 하나님은 거짓선지자들의 예언을 좌절시킬 것이기 때문에, 그들의 예언은 이내 거짓임이 판명된다. 우리는 성경말씀에 비추어, 그리고 성령님의 인도하심으로 참된 선지자와 거짓선지자를 분별 할 수 있다.

21장 여호람 *(Jehoram King of Judah)*

1. 위치 설명 : 21장은 역대하의 목록에 따라 '대' 에 획 순서대로 표시
2. 맥 절 : (1절). "여호사밧이 그의 조상들과 함께 누우매 그의 조상들과 함께 다윗 성에 장사되고 그의 아들 여호람이 대신하여 왕이 되니라" ; 맥 보충 절 : (2절).
3. 관주구절 : 왕상22:50
4. 찬 송 : 너 시험을 당해, 어려운 일 당할 때, 울어도 못하네

여호람은 신실했던 부친과는 판이한 사람이다. 그는 자신의 형제와 신실한 방백들을 처형시켰다. 유다전역에 신당을 세워 백성들에게 우상숭배를 강요했다 여호람의 이같은 타락과 악정은 선왕 여호사밧이 맺은 아합과의 연혼으로 거슬러 올라간다. 바알의 광신도 아달랴의 영향을 받은 것 이라고 할 수 있다. 살인자요, 우상숭배자이며 박해자인 여호람과 더불어 부패했던 유대인들은 하나님의 진노를 받아 진멸되어야 마땅하다. 물론 하나님께서는 여러 가지 방법으로 징계를 내리셨다.

쉼터 : 왜 '산당' 은 끈질기게 하나님의 백성들 가운데 자리 잡고 있었나?

본래 산당은 가나안 사람들이 우상을 섬기던 장소였다. 그래서 하나님은 가나안 땅의 우상들뿐만 아니라, 그들의 산당들까지 폐할 것을 명하셨다.(신 12:2). 하지만 블레셋 사람들 때문에 제사드릴 유일한 장소가 없어진 이스라엘 사람들은 산당에서 하나님께 제사를 드

렸고, 하나님도 한때 산당제사를 받아들였다.(왕상2:3-5). 이후로 산당은 성전 못지않게 하나님께 제사 드리는 장소로 뿌리 깊게 인식되어, 여러 번의 종교 개혁에도 불구하고 철거되지 않고, 하나님의 백성들 가운데서 '또 다른 제사의 장소로' 자리 잡고 있었다.

22장 아하시야 *(Ahaziah King of Judah)*

1. 위치 설명 : 22장은 역대하의 목록에 따라 '대' 에 획 순서대로 표시
2. 맥 절 : (1절). "예루살렘 주민이 여호람의 막내아들 아하시야에게 왕위를 계승하게 하였으니 이는 전에 아라비아 사람들과 함께 와서 진을 치던 부대가 그의 모든 형들을 죽였음이라. 그러므로 유다 왕 여호람의 아들 아하시야가 왕이 되었더라 " ; 맥 보충절 : (4절).
3. 관주구절 : 대하21:16,17
4. 찬 송 : 나 행한 것으로, 나 행한 것 죄뿐이니, 여러 해 동안 주 떠나

부친 여호람의 악습을 답습했고 어머니 사주를 받아 바알 숭배에 빠졌다. 아하시야라는 이름도 따지고 보면, 북 이스라엘 왕 아하시야를 본 딴 것이었다. 1년이라는 극히 짧은 기간 밖에 유다왕국을 다스리지 못했음에도 불구하고, 그처럼 사악한 왕으로 평가받게 된 것은 , 하나님을 떠난 인간들이 악을 행하기에 얼마나 재빠른 지를 단적으로 보여주는 좋은 실례라 할 수 있다.

쉼터 : 아하시야의 어머니인 아달랴는 왜 왕족을 몰살시켰는가?(22:10)

그녀는 정치적 영향력을 계속 행사하길 원했다. 그녀의 손자들 중 누구라도 왕이 된다면, 그녀는 정치 무대에서 물러나야만 했다. 하지만 왕위 계승자들이 모두 사라진다면, 그녀는 자신이 권력을 잡을 수 있다고 판단했다.

23장 아달랴/요아스통치 *(Ahaziah King of Judah, Athaliah and Joash)*

1. 위치 설명 : 23장은 역대하의 목록에 따라 '대' 에 획 순서대로 표시
2. 맥 절 : (11절). "무리가 왕자를 인도해 내어 면류관을 씌우며 율법책을 주고 세워 왕으로 삼을세 여호야다와 그의 아들들이 그에게 기름을 붓고 이르기를 왕이여 만세수를 누리소서 하니라" ; 맥 보충 절 : (15절).
3. 관주구절 : 신13:6~9
4. 찬 송 : 찬양하라 복되신 구세주 예수, 오랫동안 모두 죄 가운데 빠져, 주 예수 내 맘에 들어와

남편 여호람과 아들 아하시야를 악의 길로 조종하던 아달랴이다. 아하시야의 예기치 못한 죽음으로 유다왕국의 정권을 손아귀에 넣은 그녀는, 우선 다윗왕가의 씨를 말리기 위해 피비린내 나는 대학살극을 벌렸다. 하나님께서는 비극의 소용돌이 속에서도, 한 여인(요아스의 고모)의 손을 통해 다윗의 씨가 보존되도록 섭리하셨다.

아달랴의 폭정으로 겨우 혼자 살아남은 요아스는 제사장 여호야다의 보살핌으로 왕위에 올랐다. 왕위에 올랐을 때 그의 나이 겨우 7세였고 이로 꺼질 뻔한 다윗의 등불이 다시 회복되었다(23 : 20).

쉼터 : 왜 성전 안에 무기들이 보관되어 있었나?

성전 안에 보관된 무기들은 전쟁에서 노략한 것들이다. 즉, 이스라엘 군대가 전쟁에서 승리하여 적군의 무기들을 노략했을 경우, 승리를 가져다주신 하나님께 찬송과 영광을 돌리기 위해 무기들을 성전에 봉헌했고, 그것들은 성전 공간에 전시되었다.

24장 요아스 제사장대립 *(Joash Repairs the Temple, The Wickedness of Joash)*

1. 위치 설명 : 24장은 역대하의 목록에 따라 '대' 에 획 순서대로 표시
2. 맥 절 : (21절). "무리가 함께 꾀하고 왕의 명령을 따라 그를 여호와의 전 뜰 안에서

돌로 쳐죽였더라" ; 맥 보충 절 : (18절).

3. 관주구절 : 느9:26

4. 찬 송 : 내 주의 나라와, 겸손히 주를 섬길 때, 예수가 함께 계시니

① 요아스의 선정과 타락(24 :)

제사장 여호야다는 깊은 경륜을 가지고 어린 왕 요아스에게 그가 살아있는 동안 하나님을 섬기는 일과 바른 왕도를 걷도록 가르쳐 주었다. 그러나 그가 고령으로 죽자 요아스는 아첨하는 무리는 좇아 하나님 전을 버리고 우상을 섬기는 죄를 범하였다(24 : 18). 이 배교를 향해 책망하는 여호야다의 아들 스가랴를 성전 뜰에서 돌로 쳐 죽임으로(24 : 21) 은인의 아들을 죽이는 배은망덕한 죄를 범하였다.

② 하나님의 응징

스가랴가 죽으면서 한 "여호와는 감찰하시고 신원하여 주옵소서(24 : 22)" 라는 말을 하나님이 들으시고 아람군대를 보내어 전쟁에서 대패하게 하신 후 전투에서 부상당한 요아스를 신하의 손에 죽게 하였다(24 : 25). 이로써 요아스는 영으로 시작하여 육으로 타락한 자가 되었다. 하나님은 하나님과 함께 동행할 때 형통한 복을 주시고 하나님을 버릴 때 심판의 고난을 보내주심을 이스라엘 역사를 통하여 보여 주셨다.

기록자가 40년에 걸친 요아스의 통치 행적 중에서 성전 수축을 상세하게 다루고 있는 이유는, 바벨론에서 돌아와서 성전 재건을 눈앞에 두고 있는 귀환자들을 격려하기 위해서였다.

쉼터 : 어떻게 요아스는 여호야다가 죽자 그렇게 빨리 하나님을 떠나갈 수 있었나?

요야스를 바른 길로 지도하던 여호야다가 죽자, 그전에 아달랴의 집권 시 바알숭배 정책 아래서 권력을 누렸던 유다방백들이 요아스에게 적극적으로 다가와 아부함으로써 그를 우상 숭배의 잘못된 길로 꾀었기 때문이다.

25장 아마샤 우상숭배 *(Amaziah King of Judah)*

1. 위치 설명 : 25장은 역대하의 목록에 따라 '대'에 획 순서대로 표시
2. 맥 절 : (14절). "아마샤가 에돔 사람들을 죽이고 돌아올 때에 세일 자손의 신들을 가져와서 자기의 신으로 세우고 그것들 앞에 경배하며 분향한지라" ; 맥 보충 절 : (16절).
3. 관주구절 : 삼상2:25
4. 찬 송 : 십자가 군병들아, 주 하나님의 사랑은, 고통의 멍에 벗으려고

그 역시 부친 요아스처럼 시작은 좋았으나 나중엔 비참한 삶을 살았다. 부친 요아스를 살해한 자들은 처벌함에 있어서 율법을 준수했다. 북 이스라엘 용병을 고용했다가 선지자의 충고에 순종하여 그들을 돌려보내고 오직 하나님을 의지하여 승리한 사실을 소개하고 있다.

쉼터 : 그 당시 용병들은 어떻게 고용되었나?

유다 왕 아마샤의 경우에 은 100 달란트로 10만 명의 용사를 고용할 수 있었다 그렇다면 1 달란트는 통화의 기본 단위인 은 1세겔의 1500배로서, 대략 노동자 6,000일의 품삯. 즉 은 1 세겔은 노동자 4일치의 품삯이었다. 이렇게 계산 한다면, 용사 1명당 6일치의 품삯, 곧 한 세겔 반의 값으로 고용했다는 계산이 나온다. 한편, 이렇게 고용된 용사들은 음식과 필요품을 공급받을 수 있었고, 특별히 전쟁에서 이길 경우에 각자 전리품을 챙길 수 있었다.

26장 웃시야 *(Uzziah King of Judah)*

1. 위치 설명 : 26장은 역대하의 목록에 따라 '대'에 획 순서대로 표시
2. 맥 절 : (6~8, 10, 13, 14절). ; 맥 보충 절 : (21절).
3. 관주구절 : 대하21:16
4. 찬 송 : 겸손히 주를 섬길 때, 주 하나님 늘 믿는 자, 내 영혼에 햇빛 비치니

■ 웃시야(26 : 1)

16세에 왕위에 오른 경건한 왕 웃시야는 그가 야훼에게 도움을 구하는 동안은 형통한 사람이었다. 웃시야의 업적은 다음과 같다.

· 외교적으로 인접 국가를 징벌하여 명성을 얻고(26 : 6~8)

· 경제적으로는 농업진흥 정책을 펼쳐 국가를 부유하게 했으며(26 : 10)

· 군사적으로 막강한 군대를 조직하고 병기를 비축했다(26 : 13, 14).

그러나 웃시야는 이렇게 하나님의 기이한 도우심을 얻어 강성해지자 교만하여져 더 이상 하나님을 의지하지 않고 오히려 망령되이 제사장 대신 성전의 분향을 했고 이 죄로 즉시 문둥병에 걸려(26 : 21)죽는 날까지 별궁에 격리되어 살게 되었다.

쉼터 : 훈련 잘 받은 웃시야 왜 실패했나?

웃시야는 훈련을 잘 받았을 뿐 아니라 은사와 기도가 충만한 사람이었다. 군사, 건축, 농업적인 기술도 가지고 있었고, 조직적인 능력도 갖춘 훌륭한 행정가였다. 하지만 그의 인생은 실패한 인생이었다. 왜 실패했을까?

1) 그는 사람을 의지했다(대하26:5) 스가랴 선지자의 가르침을 받으며 하나님을 찾는 동안에는 형통했지만 스가랴가 떠나고 없자 사람을 의지하여 그는 타락해 버렸다.

2) 그는 기도의 특권을 게을리 했다."저가 여호와를 구할 때는 형통케 하셨더라"(대하26:5)는 말을 통해 그가 여호와를 구하지 않는 날이 있었다는 말이다.

3) 제사장만 할 수 있는 분향하는 일을 하려고 했다. 제사를 집행하려고 하자 제사장을 나가라고 했다. 웃시야가 제사를 집행하려하자 제사장들이 막으면서 성소에서 나가라고 말했다. 그러나 그는 오히려 화를 냈다. 바로 그때에 그의 이마에 문둥병이 생겼다.

27장 요담 *(Jotham King of Judah)*

1. 위치 설명 : 27장은 역대하의 목록에 따라 '대' 에 획 순서대로 표시
2. 맥 절 : (1절). "요담이 왕위에 오를 때에 나이가 이십오 세라 예루살렘에서 십육 년 동안 다스리니라. 그의 어머니의 이름은 여루사요 사독의 딸이더라" ; 맥 보충 절 : (2절).

3.관주구절 : 왕하15:32~35
4.찬 송 : 너 하나님께 이끌리어, 시온성과 같은 교회, 태산을 넘어 험곡에 가도

요담의 통치에 대한 평가는 긍정적이다. 그는 16년 동안 통치했으나 약 10년가량은 웃시야의 섭정 기간이었다. 본장은 건축사업을 상세히 다루고 있다.

쉼터 : 왕이 성전에 들어갈 수 있나?

그렇다. 제사장의 고유한 업무를 침범하거나 혹은 제사장만이 들어갈 수 있는 지역을 범하는 일이 아니라면 , 왕도 얼마든지 성전에 들어가서 하나님께 제사를 드릴 수 있다. 하지만 유다왕 요담은 부왕 웃시아가 성전의 일로 나병에 걸린 사실을 익히 알고 자신을 극도로 조심하여 성전에 들어가는 일을 삼가하였다.

28장 아하스 *(Ahaz King of Judah)*

1. 위치 설명 : 28장은 역대하의 목록에 따라 '대' 에 획 순서대로 표시
2. 맥 절 : (1절). "아하스가 왕위에 오를 때에 나이가 이십 세라 예루살렘에서 십육 년 동안 다스렸으나 그의 조상 다윗과 같지 아니하여 여호와 보시기에 정직하게 행하지 아니하고" ; 맥 보충 절 : (2절).
3. 관주구절 : 왕하16:2~4
4. 찬 송 : 이 세상은 요란하나, 영광스럽도다 참된 평화는, 어느 민족 누구게나

아하스는 재위 초기부터 인신 제사를 드리는 등 가증스러운 우상 숭배에 열을 올렸다. 이에 하나님은 아람과 이스라엘로 하여금 유다를 치게 하였다.

쉼터 : 누구든지 하나님의 뜻을 행함에 있어 더 나아갈 수 있는가?

그럴 수 없다. 하나님의 뜻은 완벽하기 때문에, 그보다 더 나아가는 것은 죄다. 왜냐하면 거기엔 인간적인 욕망이나 수단이 개입되었기 때문이다. 일례로, 유다가 범죄했을 때 하

나님은 그들을 이스라엘의 손에 넘겼다. 그래서 이스라엘이 유다를 이기는 것은 하나님의 뜻이었다. 그러나 그것에 더 나아가 그들을 잔혹하게 죽이고 노예로 삼는 것은 하나님의 뜻을 이루는 데서 멈추어야 한다.

29장 성전증건 *(Hezekiah Purifies the Temple)*

1. 위치 설명 : 29장은 역대하의 목록에 따라 '하'에 획 순서대로 표시
2. 맥 절 : (3,15절). "첫째 해 첫째 달에 여호와의 전 문들을 열고 수리하고" "그들이 그 들의 형제들을 모아 성결하게 하고 들어가서 왕이 여호와의 말씀대로 명령한 것을 따라 여호와의 전을 깨끗하게 할새" ; 맥 보충 절 : (21,30절).
3. 관주구절 : 대하28:24
4. 찬 송 : 나의 영원하신 기업, 시온성과 같은 교회, 하나님이 말씀하시기를

히스기야가 성전을 정화시킨 치적에 대한 기록이다. 그는 즉위하자마자 정화를 단행했다 팔일 동안 성전을 정화하고 정돈한 후에 히스기야는 대제사장을 명하여 온 이스라엘을 위하여 속죄 죄를 드리기로 했다. 그리고 이어서 번제를 드린 후에 온 백성으로 하여금 번제물을 자발적으로 바치게 했다.

쉼터 : 제사장들과 레위인들은 그들 자신을 어떻게 성결하게 했는가?

레위기에 규정된 성결예법에 따라 자신들을 성결하게 했을 것이다. 즉, 율법의 규정에 따라 몸을 씻고 의복을 빨았으며, 거룩한 기름을 바르고 희생 제물의 피를 뿌리는 등 정결의식을 행해야 했다.

30장 히스기야의 유월절 *(Hezekiah Celebrates the Passover)*

1. 위치 설명 : 30장은 역대하의 목록에 따라 '하'에 획 순서대로 표시

2. 맥 절 : (1절). "히스기야가 온 이스라엘과 유다에 사람을 보내고 또 에브라임과 므낫세에 편지를 보내어 예루살렘 여호와의 전에 와서 이스라엘 하나님 여호와를 위하여 유월절을 지키라 하니라" ; 맥 보충 절 : (15절).
3. 관주구절 : 레23:6
4. 찬 송 : 여호와 하나님, 구주를 생각만 해도, 유월절 때가 이르매

히스기야의 주도로 말미암아 대대적인 유월절 행사가 거행되었다. 이 행사가 각별한 의미를 지녔던 것은 남북 왕국 분열 이후 남북 왕국 전체를 포함한 온 이스라엘이 유월절을 지키게 되었기 때문이다. 히스기야의 종교 개혁과 때를 맞추어 단행된 이 행사는 매우 커다란 역사적 의미를 갖고 있다.

쉼터 : 무엇이 기도를 하늘에 이르게 하는가?

기도 소리가 하늘에 이르렀다는 표현은, 하나님께서 기도를 기쁘게 받아들이셨다는 의미이다. 히스기야 왕의 종교 개혁 속에 준수된 유월절 제사를 통해 제사장들의 축복 기도가 하늘에 이르렀다는 것은, 하나님께서 히스기야 왕의 종교개혁을 합당하게 여기고 인정했음을 의미한다. 이처럼 하나님의 뜻과 목적에 부합되는 일을 행하면서 하나님께 기도드릴 때 그 기도는 온전히 하늘에 이르게 된다. 반면, 하나님의 뜻에 어긋나는 일을 하면서 자신의 이기적인 목적을 위해 기도한다면, 그 기도는 하늘에 이르지 못하고 허공 속에 사라지고 말 것이다.

31장 종교개혁 *(Contributions For Worship)*

1. 위치 설명 : 31장은 역대하의 목록에 따라 '하' 에 획 순서대로 표시
2. 맥 절 : (1절). "이 모든 일이 끝나매 거기에 있는 이스라엘 무리가 나가서 유다 여러 성읍에 이르러 주상들을 깨뜨리며 아세라 목상들을 찍으며 유다와 베냐민과 에브라임과 므낫세 온 땅에서 산당들과 제단들을 제거하여 없애고 이스라엘 모든 자손이 각각 자기들의 본성 기업으로 돌아갔더라" ; 맥 보충 절 : (2절).
3. 관주구절 : 왕하18:4

4. 찬 송 : 영광을 받으실 만유의 주여, 너 성결키 위해, 내 주를 가까이 하게함은

히스기야는 제사장직과 레위인들의 기능을 다시 회복시키는 일에 혼신의 노력을 기울였다. 그런데 그들이 맡은 바 역할을 잘 감당하기 위해서는 안정된 생활의 보장이 절실히 요청된다. 이에 히스기야는 온 백성에게 십일조를 바치도록 명령하였고, 그렇게 하여 거둔 십일조는 넘치도록 풍부하였다.

쉼터 : 기도와 일 어떤 것부터 할까?

문제에 직면 했을 때 기도부터 해야 할까? 아니면 일부터 해야 할까? 히스기야 왕은 앗수르 왕 산헤립의 침략을 당했을 때 이 두 가지를 병행해서 현명하게 대처했다. 위기에 직면한 그는 간절히 기도하면서 실제적으로 위기를 극복할 수 있는 방안을 생각해 실행했다. 그래서 그는 기혼 샘의 윗 샘물을 막아 저장했다. 이것은 예루살렘 성이 포위당할 경우 적들에게는 식수가 공급되지 않으면서도 자신들은 견딜 수 있도록 한 것이다. 문제에 직면했을 때 기도와 일중 어떤 것에 더 치중하는가? 히스기야는 둘 다 선택하였다. 믿음과 지식을 총동원한 가운데 오직 한분 예수님을 바라보자.

32장 히스기야 승리 *(Sennacherib Threatens Jerusalem)*

1. 위치 설명 : 32장은 역대하의 목록에 따라 '하' 에 획 순서대로 표시
2. 맥 절 : (21절). "여호와께서 한 천사를 보내어 앗수르 왕의 진영에서 모든 큰 용사와 대장과 지휘관들을 멸하신지라 앗수르 왕이 낯이 뜨거워 그의 고국으로 돌아갔더니 그의 신의 전에 들어갔을 때에 그의 몸에서 난 자들이 거기서 칼로 죽였더라" ; 맥 보충 절 : (33절).
3. 관주구절 : 왕하19:35
4. 찬 송 : 천성을 향해가는 성도들아, 내 주는 강한 성이요, 주를 앙모하는 자

히스기야의 종교개혁과 업적

성경	29장 성전정화운동	30장 유월절 절기회복	31장 제사제도 개혁	32장 히스기야의 승리
내용	· 성전 문들을 열고 수리(3) · 레위인을 성결케함(15) · 성전제사 회복(21) · 예배제도 개혁(30)	· 유월절 준수 명령(1) · 우상의 제단과 향단 제거(14) · 유월절 절기를 지킴(15)	· 우상을 파괴, 산당을 제거(1) · 제사장과 레위인의 반차를 회복(2) · 성전 봉사자에게 규정된 보수를 지불(19)	· 앗수르왕 산헤립의 침공(1) · 이사야와 함께 부르짖어 기도(20) · 하나님이 한 천사를 보내 앗수르를 진멸시킴(21)
결과	충만한 영의 복(36)	유다 온 백성이 하나님께 영광을 돌림(27)	형통의 복(21)	전쟁에서 구원(22)

히스기야는 대대적인 종교개혁을 단행하여 백성과 자신이 영적 복을 받았을 뿐 아니라 불치의 병으로 죽게 되었을 때에도 기도로 생명을 15년 더 연장시킨 유다의 3대 성군 중의 한 사람이다.

쉼터 : 히스기야의 지하터널

히스기야는 예루살렘 성 밑으로 지하수로를 파서 기혼 샘물을 끌어 들였다(왕하20:20). 왜 히스기야는 지하터널을 파는 어려운 작업을 감행했을까?

1. 전쟁 때에도 예루살렘 성안에 식수를 원활히 공급받기 위해서였다(대하32:30).
2. 기혼 샘물의 근원을 막아 외국 군대가 식수를 공급받는 것을 막기 위해서이다(32:3~4)
3. 건기 때에도 백성들에게 식수를 충분히 공급하기 위해서였다.

지하수로의 길이가 약500m 정도 되며 높이60~150m,넓이60cm정도로 S자형을 이루고 있다.

33장 므낫세 · 아몬 *(Manasseh King of Judah)*

1. 위치 설명 : 33장은 역대하의 목록에 따라 '하' 에 획 순서대로 표시
2. 맥 절 : (1~9절) ; 맥 보충 절 : (14~17절).
3. 관수수절 : 대하4:9

4. 찬 송 : 세상의 헛된 신을 버리고, 나 주를 멀리 떠났다, 너 시험을 당해

경건한 히스기야와는 달리 그 아들 므낫세는 12살에 왕위에 올라 55년간 통치하면서 유다에 갖은 죄악을 가득차게 한 악한 왕이었다(33 : 1~9). 그가 징계를 받아 앗수르에 포로로 끌려가 환난을 당하자 그때에 죄를 깨닫고 회개하여 하나님께 돌아왔다. 본국에 돌아온 그는 뒤늦게 열성을 다해 종교개혁운동(33 : 14~17)을 시작했다. 그러나 그의 뒤를 이은 아몬은 이미 죄악에 깊이 빠져 버린 왕으로 므낫세와 같이 죄에서 돌이키지 못한 채 악을 행하다가 즉위 2년 반 만에 신복의 손에 죽임을 당하게 됐다(33 : 24).

쉼터 : 앗수르 군대를 멸한 천사는 어떤 존재인가?

여호와 하나님을 조롱하고 비웃은 앗수르 군대에게 공의의 심판을 가하기 위해 여호와 하나님에 의해 보내진 특별한 천사이다. 이 여호와의 천사는 일찍이 이스라엘의 출애굽 때에는 애굽의 초태생을 모두 멸했으며(출12:29), 다윗왕의 교만한 마음으로 인구 조사를 실시했을 때는 그 징벌로 단시간에 7만명을 죽였다.(삼하24:15). 그리고 이번에는 예루살렘을 앗수르 왕 산헤립의 손에서 구출하기 위해 하루 밤에 185,000명을 죽였다.

34장 요시야 종교개혁 *(Josiah's Reforms)*

1. 위치 설명 : 34장은 역대하의 목록에 따라 '하'에 획 순서대로 표시
2. 맥 절 : (3절). "아직도 어렸을 때 곧 왕위에 있은 지 팔 년에 그의 조상 다윗의 하나님을 비로소 찾고 제 십이년에 유다와 예루살렘을 비로소 정결하게 하여 그 산당들과 아세라 목상들과 아로새긴 우상들과 부어 만든 우상들을 제거하여 버리매" ; 맥 보충 절 : (29~31절).
3. 관주구절 : 왕하11:14
4. 찬 송 : 시온성과 같은 교회, 이 죄인을 완전케 하옵시며, 큰 죄에 빠진 날 위해

므낫세와 아몬의 악정으로 나라가 급격히 몰락하여 갈 때 요시야는 불과 8세의 나이로

왕위에 올랐다. 유다왕국은 그를 통해 멸망을 향해 치닫는 상황에서 다시 과거의 영화를 되찾을 수 있으리라는 희망을 가졌다. 그는 야훼 보시기에 정직하였고 즉위한지 12년부터 성전을 수리하였다(34 : 3). 성전을 수리할 때 율법 책이 발견 되었고 율법 책 발견과 함께 철저한 개혁을 아래와 같이 단행하였다.

· 모든 백성을 소집하여(34 : 29)

· 하나님의 언약 책을 읽어주었고(34 : 30)

· 하나님과 언약을 세웠다(34 : 31).

· 언약의 내용 : "마음을 다하고 성품을 다하여 여호와를 순종하고 그 계명과 법도와 율례를 지켜 이 책에 기록된 언약의 말씀을 이루리라" (34 : 31)

이와 같이 요시야는 완벽하게 신앙 개혁을 수행했으나 백성들은 요시야와는 달리 중심으로 개혁을 받아들이지 못하고 요시야가 애굽과의 전쟁에서 전사하자 다시 우상에게로 돌아가 자멸의 길을 자초하였다.

쉼터 : '다윗의 길' 이란 어떤 길인가?

'하나님의 마음에 합한 사람'(행13:22)이라는 평가를 받은, 다윗이 살아온 길을 말한다. 비록 다윗이 한때 음란한 마음으로 부하 장수의 아내와 불륜을 저지르고, 교만한 마음으로 인구조사를 실시하기도 했지만, 선지자로부터 잘못을 지적받았을 때 눈물로써 철저하게 회개함으로써, 하나님께 더욱 헌신된 삶을 살았다. 무엇보다도 다윗은 일평생 하나님만을 의지했고, 절대로 이방 우상들에게 눈길조차 주지 않았다. 이처럼 우상을 멀리하고, 오직 하나님께 충성된 삶을 살아온 것이 '다윗의 길' 이다.

35장 요시야 유월절 (Josiah Celebrates the Passover)

1. 위치 설명 : 35장은 역대하의 목록에 따라 '하' 에 획 순서대로 표시
2. 맥 절 : (1절). "요시야가 예루살렘에서 여호와께 유월절을 지켜 첫째 달 열넷째 날에 유월절 어린 양을 잡으니라" ; 맥 보충 절 : (36,37절).
3. 관주구절 : 출12:6

4. 찬 송 : 오 놀라운 구세주, 성부의 어린 양이, 유월절 때가 이르매

히스기야의 사후에 또다시 흐지부지되어 버린 것으로 유월절 행사를 다시 준비했다. 또한 율법의 규례에 따라 엄숙히 준비함으로써, 선지자 사무엘 시대 이래로 가장 훌륭한 유월절을 지키게 되는 결과를 가져왔다.

쉼터 : 유월절을 지킬 때 '유월절 양'을 꼭 잡아야 했는가?

그렇다 유월절을 지킬 때 유월절 양의 피는 절대적으로 요구되었다. 맨 처음 유월절 때, 이스라엘 백성들은 유월절 양을 잡아 그 피로써 때문의 좌우 기둥과 안방에 발랐다. 그 이유는, 그날 밤에 애굽의 모든 초태생을 멸하는 여호와의 천사가 대문에 발라져 있는 유월절 양의 피를 보면 '그냥 넘어 간다'고 약속했기 때문이다. 이처럼 유월절의 유래는 유월절 양의 피와 더불어 시작되었기 때문에, 유월절 준수에 있어서 유월절 양은 반드시 필요했다. 한편, 구속사적으로 볼 때 유월절 양은 죄인들을 구원하기 위해 십자가 위에서 피 흘리신 예수 그리스도를 상징한다.

36장 여호아하스 · 여호야김 · 여호야긴 · 시드기야

(Jehoahaz, Jehoakim, Jehoiachin, Zedekiah)

1. 위치 설명 : 36장은 역대하의 목록에 따라 '하'에 획 순서대로 표시
2. 맥 절 : (21절). "이에 토지가 황폐하여 땅이 안식년을 누림 같이 안식하여 칠십 년을 지냈으니 여호와께서 예레미야의 입으로 하신 말씀이 이루어졌더라" ; 맥 보충 절 : (3, 4, 8, 10절).
3. 관주구절 : 렘25:11, 12
4. 찬 송 : 주 날개 밑 내가 편안히 쉬네, 내 맘이 낙심되며, 예루살렘 금성아

요시야가 죽자 그가 시도했던 찬란한 종교적 개혁은 힘없이 붕괴되고 유다는 급격히 그들 자신을 멸망으로 몰아갔다. 요시야 이후의 4명 왕들은 모두 한결같이 악을 행함으로 멸

망을 가속화 시켰다.

(1) 여호아하스 : 악을 행하다 즉위 3개월 만에 애굽의 느고에게 볼모로 잡혀갔다(36 : 4).

(2) 여호야김 : 느고는 여호아하스의 동생 엘리야김을 허수아비 왕으로 세우고 애굽을 섬기게 하였다. 애굽을 섬기기 위해 여호야김은 바벨론을 배반하게 되었고 이 배반으로 바벨론의 침공을 받아 그는 느부갓네살의 포로가 되었다.

(3) 여호야긴 : 18세로 왕위에 오른 여호야긴 역시 야훼 보시기에 악을 행함으로 즉위 100일 만에 바벨론 왕이 그를 폐위시켜 포로로 잡아가고 그의 숙부인 시드기야를 왕으로 임명했다(36 : 10).

• 포로시기(36 :)

여호야김이 바벨론에 포로로 끌려간 후에도 하나님은 계속 선지자를 통해 유다를 경고했으나 백성이 돌이키지 않음을 보시고 예루살렘이 완전히 폐허가 되도록 심판을 내리셨다.

1) 예루살렘 함락

성이 함락되자 유다 백성은 남, 여 구별 없이 갈대아인들에게 살육당하고 성전과 왕궁의 보물들은 송두리째 약탈당했다. 칼을 피한 자들은 포로로 끌려갔고 땅은 70년간 황폐하여져 70년간 안식년을 누렸으며 유대인이 다시 돌아올 때까지 주인 없이 방치되었다(36 : 21). 이는 야훼께서 예레미야를 통하여 하신 말씀을 그대로 이루신 것이다(렘 25 : 11, 12).

2) 이스라엘의 회복

유다 왕궁이 포로로 잡혀 갔어도 이 백성을 향한 하나님의 사랑은 변함없었다. 하나님은 바사왕 고레스를 종으로 삼아 이스라엘의 구원의 길을 열어 주셨다. 고레스는 조서를 내려 포로귀환을 명하였고 성전을 다시 건축하도록 허락하였다(36 : 23). 유다가 포로로 잡혀간 후 그 땅에 거민이 없이 황폐하게 하신 것은 70년 후 유다의 회복을 이루기 위한 하나님의 계획이었다.

쉼터 : 어째서 이방 왕인 고레스가 예루살렘에 성전이 건축되기를 바라는가?

일찍이 이사야 선지자가 예언한 대로(사44:28). 하나님께서 고레스를 선택하여 이스라엘을 회복을 위한 하나님의 도구로 사용하셨기 때문이다(사45:1~5). 그래서 하나님은 고레스의 마음을 감동시켰고, 그로 하여금 유다 백성들을 예루살렘으로 돌려보내는 귀환 조서를 선포하게 했으며, 더불어 포로 귀환 민들이 성전 건축을 취하게 하셨다(스1:1~11)

⊙ 요약(1 : ~36 :)

1. 열왕기의 마지막은 완전파멸로 끝이 나지만 역대기의 마지막은 구원의 빛을 제시해 주고 있다(36 : 23).
2. 이스라엘이 비록 반복되는 패역한 죄에 빠졌을지라도 하나님의 사랑은 변함없음을 보여 주고 있다.
3. 이스라엘을 완전히 회복시키려는 하나님의 뜻은 장차 메시아가 오실 구원의 날에 집중되어 있다.
4. 죄악이 관영한 세상에서 고통과 핍박을 받는 성도들을 하나님은 정확한 시기에 구원해 주신다는 약속을 보여주고 있다.

⊙ 교훈 및 적용

1. 솔로몬이 매일매일 규례를 따라 번제를 드린 것 같이 성도들은 날마다 자신을 하나님께 드려 헌신의 삶을 살아야 한다(대하8 : 12, 13).
2. 사람은 강성해질 때 타락하기 쉽다. 그러므로 복 받을 때 더욱 신앙을 지켜나가도록 노력해야 할 것이다.
3. 히스기야가 기도로 앗수르의 침공을 막은 것을 본받아 평상시에 기도로 준비하여 곤경에 처할 때 즉각 방어할 수 있는 신앙인이 되자.

에스라(Ezra)-10-280 : 복귀와 개혁

1

1. asdg
2. gsdgsd
3. dgdggdh
4. dgfh

2

1. asdg
2. gsdgsd
3. dgdggdh
4. dgfh

8

9

3

10

7

4

6

5

요단강

사해

느헤미야-13-406 : 방어를 위한 성벽 건축

에 스 라

요절 : 에스라가 여호와의 율법을 연구하여 준행하며
율례와 규례를 이스라엘에게 가르치기로 결심하였었더라(7:10)

1. 명칭

· 히브리어 성경 : "에즈라 느헴아" (도움, 여호와의 위로)
· 70인역 : "에스드라스 (Esdras)" (도움)
· 영어성경 : "Ezra"

2. 기록자 : 에스라

3. 기록연대 : B.C. 458년 4월에서 느헤미아가 도착한 B.C. 444년 여름까지

4. 기록목적

에스라서의 가장 중요한 기록 목적은 하나님의 언약에 대한 성취를 보여주는 데 있다. 하나님은 이스라엘을 이방의 군주를 통하여 육적인 회복만 이루신 것이 아니라 성전을 건축하고 거기서 참된 예배를 드리는, 영적으로 회복하게 해주심을 보여주는 데 기록목적이 있다.

5. 중심사상

1) 육적인 회복과 영적인 회복이 선명하게 나타나 있다(1 : 1)
2) 포로생활로 말미암아 종교는 이방 종교화되고 민족적 우월감도 위축된 상황에서 백성들로 하여금 새로운 야훼 예배로 다시 뭉치게 하려는 의도가 나타나 있다.
3) 언약의 백성인 이스라엘 자손은 이방인의 우상숭배와 풍습에서 완전히 분리되어야 하

며 오직 하나님의 언약을 붙잡고 살 때만이 복을 받을 수 있음을 나타내고 있다(10 : 3).

6. 에스라의 역사적 배경

B.C. 1,000년경 이란의 고원 지대에 자리 잡은 아리안족 바사는 고레스 대왕이 등극하면서 세계를 정복할 힘을 길러가고 있었다. 고레스는 자신의 원대한 꿈을 실현시키는 첫 단계로 메데를 공격하여 바사와 합병시켰으며 그 합병 과업을 성공으로 이끌어 '메세 바사' 를 동의어로 사용할만큼 정치적 수완을 보여주었다. 메데와 리디아 마저 정복한 고레스는 다음 정복지를 바벨론으로 지목하고 침공하기 시작했을 때 이미 바벨론은 네리글리살(B.C.560~556)에 이어 왕위에 오른 나보니두스의 종교적 실패와 그 아들 벨사살의 폭정 때문에 내부로부터 무너지고 있었다. 바사의 공격에 바벨론이 무너지자 고레스는 그곳에 입성하여 평화를 선언하고 피정복지에 관용정책을 베풀어 정복자가 아닌 해방자로 환영 받았다.

이런 구원자로서의 고레스는 이스라엘 민족에게 은혜를 베풀어 포로귀환의 조서를 내리고 솔로몬 성전의 모든 기물을 돌려주며 성전을 재건하도록 명하였다. 이러한 고레스를 향하여 이사야 선지자는 "나의 기름 받은 고레스"(사45 : 1) 라고 예언하였다. 이러한 역사적인 경로를 통하여 이스라엘은 다시 본토에 돌아와 성전을 재건하게 되었다.

1장에서 6장까지는 고레스왕 23년간과 다리오왕 6년 동안의 사건을 기록하고 있다. 나머지 7장에서 10장까지는 아닥사스다 1세의 통치초기의 일들이 기록되어 있다.

7. 내용분해 : 10장, 280절

대주제	스룹바벨 영도하의 복구		에스라 영도하의 개혁	
초점	1차 귀환		2차 귀환	
소주제	1. 포로귀환 (1 : ,2 :)	2. 성전재건 (3 : ~6 :)	1. 2차귀환 (7 : , 8 :)	2. 혼합결혼해체 (9 : , 10 :)
내용	1) 고레스의 칙령 2) 인구조사	1) 성전 재건의 시작 2) 성전 재건의 방해 3) 성전봉헌	1) 지도자 에스라 2) 예루살렘으로의 귀환	1) 백성들의 죄악 2) 에스라의 개혁
신학	하나님의 약속 성취			

8.주요 사건 연대

바벨론에 의한 남유다의 멸망과 바벨론 유수 (대하36:11-21;비교.왕하25:1-26)	바사왕 고레스의 포로석방에 대한 포고령(1:1-4;비교.대하36:22-23)	스룹바벨의 의한 제1차 포로 귀환(1:5-11)
586	538	538

BC --►

536-520	520-516	458	458
사마리아인에 의한 성전 재건 방해 (4:1-24)	스룹바벨에 의한 성전 재건(5:1-18)	에스라에 의한 제2차 포로 귀환(7:1-10)	에스라에 의한 개혁 운동 전개(9:1-10:44)

1장 1차 귀환 *(Cyrus Helps the Exiles to Return)*

1. 위치 설명 : 1장은 에스라를 줄여 '엣' 자에 획 순서대로 표시
2. 맥 절 : (2절). "바사 왕 고레스는 말하노니 하늘의 하나님 여호와께서 세상 모든 나라를 내게 주셨고 나에게 명령하사 유다 예루살렘에 성전을 건축하라 하셨나니" ; 맥 보충 절 : (3, 4절).
3. 관주구절 : 렘25:11
4. 찬 송 : 나 속죄함을 받은 후, 죄에서 자유를 얻게 함은, 예수께로 가면

• 고레스의 칙령(1 :)

바사의 초대왕 고레스는 하나님이 택한 위대한 왕이었다. 그는 B.C. 539년 바벨론을 정복하고 거대한 제국을 건설하여 융화정책으로 정복지를 다스림으로써 역사상 가장 존경받는 정복자가 되었다. 그는 유대인들에게 조서를 내려 돌아가기를 자원하는 모든 유대인들을 돌아가도록 명하였다(1 : 2). 이러한 사실은 표면적으로 고레스의 정책에 의한 조치같이 보이나 하나님은 이미 예레미야를 통하여 70년이 차면 유다 자손을 권고하여 예루살렘에 돌아오게 하시리라 하였던 말씀을 성취하신 것이다(렘25 : 11).

바벨론 1차 포로 귀환(B.C.537)

지도자	스룹바벨, 예수아
바사왕	고레스
조서내용	① 포로귀환 허가 ② 성전 재건 허용 ③ 성전기구 반환 ④ 성전재건비 지원
귀환자 수	일반인:42,360명, 노비:7,337명, 노래하는 자:200명, 합계:49,897명
사건 및 업적	• 16년간 재건 중단 • 완공(B.C.516) • 초막절 준수 • 각종 제사 드림
관련 성구	스1:1~6:22

쉼터 : 에스라서의 특징

다양한 형태의 내용이 기록이 되고 다음과 같은 특징들이 있다.

첫째, 모세오경이나 다른 역사서와는 달리 1인칭으로 기록된 책이다. 느헤미야서도 이런 형태가 나타난다.

둘째, 여러 서신들이 등장하고 있다는 점이다. 고레스 칙령을 히브리어로 풀어쓴 서신으로부터 시작해 아람어로 쓴 서신이 나타난다.

셋째, 성전 기명의 목록이나 사람의 명단이 많이 언급되고 있다는 점이다.

2장 귀환자 명단 *(The List of the Exiles Who Returned)*

1. 위치 설명 : 2장은 에스라를 줄여 '엣' 자에 획 순서대로 표시
2. 맥 절 : (2절). "곧 스룹바벨과 예수아와 느헤미야와 스라야와 르엘라야와 모르드개와 빌산과 미스발과 비그왜와 르훔과 바아나 등과 함께 나온 이스라엘 백성의 명수가 이러하니" ; 맥 보충 절 : (3~절).
3. 관주구절 : 학2:23, 마1:12,13
4. 찬 송 : 주 하나님 지으신 모든 세계, 기쁜 일이 있어 천국종 치네, 자비한 주께서 부르시네

• 인구조사(2 :)

고레스의 조서는 강제적 명령이 아니었다. 유다인들은 자유의사에 따라 귀향을 선택하였다. 귀향자들의 명단은 지파별로 기록한 것이 아니고 가문과 지역을 중심으로 기록한 것으로 후일 이 명단은 사마리아인과 이스라엘 자손을 구별하는 신분 증명이 되었다.

(1) 에스라서의 중심인물

① 에스라 : 에스라는 학사 겸 제사장으로 하나님 말씀 연구에 전심 노력한 사람이었다(7:10). 그는 성경을 베끼고 사본을 만들고 말씀을 가르치는 사역을 통하여 말씀을 올바른 위치에 올려놓았다. 이 업적 외에도 회당예배의 확립과 정경확립 및 성경공부 부활에 큰 영향을 끼쳤다. 유다인의 전통 탈무드에는 그 당시 가장 위대하고 중요한 지도자로 에스라를 기록하고 있다.

② 스룹바벨 : 유다의 총독으로 임명받은 스룹바벨은 여호야긴의 손자로서 유다의 왕족이었다. 학개의 예언대로(학2:23) 그는 하나님이 택한 신실한 종으로 그 시대에 다윗의 위를 대표한 자로서 예수님의 직계 조상이 되었다(마1:12,13)

③ 예수아 : 요사닥의 아들이며(학1:1) 느부갓네살에 의해 처형된 대제사장 스가랴(왕하25:18~21)의 손자로서 예루살렘에서 스룹바벨과 함께 정치적 종교적 지도자의 역할을 담당하였다. 주변 민족들의 강력한 반대로 성전건축이 중단되었을 때 선지자 학개, 스가랴의 책망에 크게 자극을 받아 중단된 성전 건축을 완공하는 데 전념한 인물이다.

(2) 돌아온 사람들의 명단

① 제사장 : 총 귀환자 42360명중 제사장은 4289명으로 열명 중 한명은 제사장이었다. 이같은 사실은 귀향한 공동체가 철저한 신앙의 공동체였음을 보여주고 있다(2:36~39)

② 레위인 : 귀환한 레위인은 총 341명으로 오랜 포로기간 중 자신의 직무를 잊어버리고 포기한 결과를 반영해 주고 있다.

③ 느디님 : 노예의 후손인 이방인으로서(2:43) 미천한 대우를 받았으나 하나님을 섬기는 일을 주저하지 않았다. 그 결과 이러한 노예들도 이스라엘 자손의 총계에 포함되었다.

④ 족보를 잃어버린 사람들(2:59~63) : 족보를 확인할 수 없는 사람들도 성전을 건축

하기 위해 귀향하였다. 그들은 같은 동족이면서 동족의 권리와 의무를 박탈당한 초라한 자들이었으나 하나님은 차별없이 그들도 이스라엘을 재건하는 데 사용하셨다. 나머지 대부분의 사람들은 바벨론에 그대로 정착함으로 약속의 땅을 저버렸다. 그들은 하나님을 택하기보다 안정된 물질을 택함으로 족보를 잃어버린 사람들 보다 더 비천한 바벨론의 유배생활을 하는 삶을 살아야 했다.

제사장중 족보에서 확인할 수 없는 제사장들은 그 자격을 박탈하고 성전의 지성물을 먹지 못하게 적절한 조치를 취하였다.

쉼터 : 왜 조상의 가문과 선조가 그토록 중요한가?

조상의 가문과 선조에 관한 기록은 어떤 사람의 상속 유산을 파악하는데 결정적으로 중요한 자료가 되기 때문이다. 뿐만 아니라 이 같은 조상의 가계는 영적으로도 매우 중요한 의미를 지녔다. 왜냐하면 그것은 이방 땅에서 몇 세대를 지내는 동안 이방인들과 섞이지 않고 순수한 가문의 혈통을 유지했다는 사실을 입증해 줄 수 있는 자료가 되기 때문이다.

3장 성전 재건 시작 *(Rebuilding the Altar)*

1. 위치 설명 : 3장은 에스라를 줄여 '엣' 자에 획 순서대로 표시
2. 맥 절 : (4절). "기록된 규례대로 초막절을 지켜 번제를 매일 정수대로 날마다 드리고" ; 맥 보충 절 : (11절).
3. 관주구절 : 학2:9
4. 찬 송 : 교회의 참된 터는, 주 사랑하는 자 다 찬양할 때에, 귀하신 주님 계신 곳

• 성전재건의 시작(3:)

이스라엘 백성이 7월이 되어 예루살렘성에 일제히 모인 때는 바벨론에서 돌아온 지 얼마 되지 않은 시기였다. 그들은 생활의 안전을 위해 성벽을 먼저 쌓지 않고 타버린 성전 터 위에 하나님의 단을 쌓아 각종 번제를 드린 후 초막절을 지키는 성숙한 신앙을 보여주었다(3:4). 포로에서 돌아온 이들은 먼저 하나님과의 관계를 회복한 후 그 다음 비로소

하나님의 사업을 진행하는 올바른 신앙의 순서를 보여주었다. 다음해 2월이 되어 하나님 전의 지대를 놓을 때 백성들은 하나님이 이루신 일이 너무도 감사하여 레위인들이 소리 높여 찬송하면 회중들도 찬송으로 화답하였다(3:11).

이처럼 즐거워 외치는 소리 가운데 옛 솔로몬의 성전을 회상한 노인들의 통곡 소리도 함께 들렸다. 왜소한 성전을 보고 우는 노인들에 대해 하나님은 학개를 통해 이 전의 나중 영광이 이전 영광보다 크리라는 약속을 주심으로 (학2:9) 신약시대의 교회가 구약시대의 성전보다 하나님의 영광이 더 크게 나타날 것을 예고해 주셨다.

쉼터 : 다윗의 규례

거룩한 의식을 집행할 때, 악기를 사용하여 찬송을 드리는 데 따른 다윗의 지침이다(대상 15:16~24).

4장 성전재건 방해 *(Rebuilding the Temple)*

1. 위치 설명 : 4장은 에스라를 줄여 '엣' 자에 획 순서대로 표시
2. 맥 절 : (4절). "이로부터 그 땅 백성이 유다 백성의 손을 약하게 하여 그 건축을 방해하되" ; 맥 보충 절 : (6절).
3. 관주구절 : 에1:1, 단2:4
4. 찬 송 : 주 믿는 사람 일어나, 너 시험을 당해, 나는 갈길 모르니

• 성전 재건의 방해(4:)

우상숭배와 도덕적 타락으로 혼혈족이 된 사마리아인들이 성전건축을 돕고자 할 때 스룹바벨과 족장들은 영적으로 타락한 그들의 도움을 거절하였다(4:3). 거절당한 사마리아인들은 성전재건 방해 공작으로 아닥사스다왕에게 터무니없는 고소장을 올려 성전건축을 성곽건축이라 모함하고 이 성곽이 완성되면 반란을 일으키리라 참소를 올려 마침내 B.C.537년 고레스에 의해 시작된 역사가 B.C.520년 다리오왕 2년까지 거의 16년간 공사가 중단 되었다.

쉼터 : 왕국의 소금을 먹으므로

고대 중근동의 문화에서 '누구의 소금을 먹다'는 말은 '누구의 보호에 있다'라는 의미였다. 고대 세계에서 '소금'은 의약품 및 식료품으로서 경제적인 가치가 매우 높은 상품이었기 때문이다. 따라서 유다의 대적인 사마리아의 관리들이 고발장에서 특별히 자신들이 바사 왕국의 소금을 먹고 있다는 사실을 언급한 것은, 자신들은 바사왕국의 보호와 은혜를 입고 있는 신하로서 바사 왕국에 충성을 해야 할 의무가 있음을 비유적으로 나타낸 말이다.

5장 성전재건 재개 *(Tattenai's Letter to Darius)*

1. 위치 설명 : 5장은 에스라를 줄여 '엣' 자에 획 순서대로 표시
2. 맥 절 : (2절). "하나님이 유다 장로들을 돌보셨으므로 그들이 능히 공사를 막지 못하고 이 일을 다리오에게 아뢰고 그 답장이 오기를 기다렸더라" ; 맥 보충 절 : (17절).
3. 관주구절 : 스3:2
4. 찬 송 : 내 주의 나라와, 내 눈을 두루 살피니, 주 하나님 크신 능력

원수들의 방해로 성전건축이 장기간 중단되자 하나님은 그의 경륜에 따라 환경의 문을 여시고 또한 학개와 스가랴 두 선지자를 세워 성전건축을 촉구하셨다. 이 예언에 힘입은 스룹바벨과 예수아가 일어나 성전을 다시 건축하였고(5:2)

쉼터 : 왜 느부갓네살 왕은 예루살렘 성전의 그릇들을 바벨론 신당에 두었는가?

고대의 전쟁은 곧 신들의 전쟁이었다. 따라서 전쟁에서 승리한 나라는 패배한 나라의 신전에서 탈취한 물건들을 자신들의 신당에 봉헌함으로써, 자기 신의 우월성을 과시하곤 했다.

6장 성전봉헌 *(Completion and Dedication of the Temple)*

1. 위치 설명 : 6장은 에스라를 줄여 '엣' 자에 획 순서대로 표시

2. 맥 절 : (15절). "다리오 왕 제육년 아달월 삼일에 성전 일을 끝내니라" ; 맥 보충 절 : (19절).
3. 관주구절 : 에3:7
4. 찬 송 : 주의 말씀 듣고서, 내 주의 나라와, 시온성과 같은 교회

이에 따른 방해에도 불구하고 성전은 역사한지 23년 만인 다리오왕 6년에 완성되었다(6:15). 이 완성은 이스라엘 백성들에게 하나님의 일은 사람이 결코 중단시킬 수 없으며 하나님의 뜻은 반드시 이루어짐을 보여 주었다. 성전 봉헌식과 함께 이스라엘은 영적 생활을 새롭게 출발하였고 이 새 출발은 그들 모두에게 즐거움이 되었다.

쉼터 : 바사왕들과 성전재건의 대조표

B.C.559	530	522	520	486	465
고레스왕	캄비세스	스메르디스	다리우스1세	세륵세스왕	아닥사스다
· 스룹바벨 인도하에 1차 포로귀환(536) · 성전 재건과 성전 건축 중단(534)			· 성전 건축 다시 시작(520) · 성전완공(516)	· 와스디 왕후의 퇴위(483) · 에스더가 왕후가 됨(478)	· 에스라의 인도하에 2차 포로귀환(458) · 또 한번의 성벽파괴(446) · 느헤미야 인도하의 3차 귀환(445) · 성막 완공(444) · 느헤미야의 재차 귀환(433)

7장 2차 귀환 *(Ezra Comes to Jerusalem)*

1. 위치 설명 : 7장은 에스라를 줄여 '엣' 자에 획 순서대로 표시
2. 맥 절 : (24~26절). ; 맥 보충 절 : (10절).
3. 관주구절 : 신33:10
4. 찬 송 : 너 하나님께 이끌리어, 행군 나팔 소리로, 귀하신 주여 날 붙드사

• 지도자 에스라(7:)

그 후 제2의 성전이 건축되어 60여년이 흐르는 동안 이스라엘 백성에겐 뚜렷한 지도자가 없었고 신앙도 순전성을 잃고 타락해 갔다. 이런 때 하나님은 아론의 16대 손이며 학사겸 제사장인 에스라를 민족의 지도자로 세우시고 그를 예루살렘으로 보내 다시 예배를 부활시켜 백성들의 신앙을 회복시키도록 하셨다. 하나님은 이 일을 이루시기 위해 아닥사스다 왕을 움직여 예배를 위한 수많은 보물과 세금을 사용할 수 있는 조서와 행정력을 행사할 수 있는 권한을 에스라의 손에 쥐어 주셨다(7:24~26).

바벨론 1차 포로 귀환(B.C.458)

지도자	에스라
바사왕	아닥사스다 1세
조서 내용	① 포로귀향 허가 ② 성전 재건 허용 ③ 성전기구 반환 ④ 성전재건비 지원
귀환자 수	남자 : 1,496명, 레위인 : 38명, 수종자 : 200명, 합계 : 1,734명
사건 및 업적	• 신앙 개혁운동 • 통혼 문제 해결
관련 성구	

쉼터 : 왜 아닥사스다 왕은 유대인 귀환민들에게 호의를 베푸는가?

바사왕국은 창건자인 고레스 대왕의 정신에 따라 정복한 나라들의 신전 건축에 호의를 보였다. 그것은 각 나라마다 수호신들이 있다고 믿었기 때문이며, 그런 수호신들의 힘을 빌려 바사제국의 형통과 번영을 도모하고자 했기 때문이다. 그래서 이전에 고레스 대왕은 유다 백성들의 예루살렘 성전 건축을 허락하고 필요한 도움을 제공하였다. 하지만 이후 아닥사스다 왕은 유대인들이 바사 왕실에 반역을 도모한다는 고발장 때문에 잠시 공사를 중단 시켰다. 하지만 이제 의혹이 해소되었기 때문에 다시 건축 공사의 재개를 허락하고 필요한 도움을 제공한 것이다. 특히 이 때에 에스라에 대한 아닥사스다 왕의 두터운 신임이 큰 도움이 되었다.

8장 2차 귀환자 명단 *(List of the Family Heads Returning With Ezra)*

1. 위치 설명 : 8장은 에스라를 줄여 '엣' 자에 획 순서대로 표시
2. 맥 절 : (21절). "그 때에 내가 아하와 강가에서 금식을 선포하고 우리 하나님 앞에서 스스로 겸비하여 우리와 우리 어린 아이와 모든 소유를 위하여 평탄한 길을 그에게 간구하였으니" ; 맥 보충 절 : (1~20절).
3. 관주구절 : 삼상7:6, 시5:6
4. 찬 송 : 이 세상 끝날 까지, 나는 예수 따라가는, 나 죄 중에 헤매며

• 예루살렘으로의 귀환(8:)

에스라 일행은 귀환을 위해 아하와 강가에 모여 880km의 긴 여정에 평탄한 길을 달라고 3일간 금식기도를 선포했다(8:21). 이는 하나님만이 그들의 여행을 성공시키실 분임을 알았기 때문이며 하나님은 그들의 기도를 응답해 주셨다. 떠날 때 이들은 열두 족장에 따라 인원수가 파악되었으며 레위인 40명과 성전 봉사자 200명을 합쳐 총 1800명으로 떠난 지 4개월 후 예루살렘에 도착하였다(7:9).

쉼터 : 포로 귀환 연대표

	1차 귀환	2차 귀환	3차 귀환
성경	1:~6:	7:~10:	느1:~13:
지도자	스룹바벨	에스라	느헤미야
연도	B.C.537	B.C.458	B.C.445
인원	42,306명	1800명	1명
사업	성전건축	신앙부흥	성벽재건

9장 중보기도 *(Ezra's Prayer About Intermarriage)*

1. 위치 설명 : 9장은 에스라를 줄여 '엣' 자에 획 순서대로 표시
2. 맥 절 : (2,3절). "그들의 딸을 맞이하여 아내와 며느리로 삼아 거룩한 자손이 그 지방 사람들과 서로 섞이게 하는데 방백들과 고관들이 이 죄에 더욱 으뜸이 되었다 하는지라" "내가 이 일을 듣고 속옷과 겉옷을 찢고 머리털과 수염을 뜯으며 기가 막혀 앉으니" ; 맥 보충 절 : (5절).
3. 관주구절 : 출9:29
4. 찬 송 : 완전한 사랑, 인애하신 구세주여, 내가 깊은 곳에서

• 혼합결혼 해체(9 : , 10)

에스라는 본국에 도착한 지 얼마 안 되어 방백들로부터 이스라엘 백성의 가증한 죄상을 보고 받고 옷을 찢고 울며 기도할 때 백성의 무리가 그 앞에 모여 그들의 죄악된 삶을 개혁할 것을 맹세했다.

• 백성들의 죄악(9 : 1~10 : 4)

에스라가 알게 된 이스라엘의 죄상은 이방민족과 통혼하고 우상숭배, 인신 제물 등의 가증한 죄가 상식화된 부패성이었다(9 : 2 , 3). 겨우 노예에서 돌이켜 주신 하나님의 풍성한 은혜를 배반하고 죄가 정수리까지 넘친 민족의 수치심에 대해 울며 기도할 때 백성의 지도자인 스가냐가 나서서 에스라를 위로하고 백성들에게 그들의 죄에 대하여 율법대로 행할 것을 맹세하게 하였다(10 : 3). 오늘날 모든 주의 종들이 에스라 같이 죄를 고백하고 하나님 말씀에 순종하도록 성도를 이끌어 간다면 메마른 이 세대에 풍성한 영적 부흥을 이룰 것이다.

쉼터 : 왜 에스라는 자신의 옷을 찢고 머리털과 수염을 뜯는가?

고대 히브리 사회에서, 말로 표현할 수 없을 정도로 큰 슬픔과 분노를 나타내는 상징적인 행동이다. 때로는 굵은 베옷을 입고 재를 머리에 뒤집어쓰기도 하였다.

10장 개혁운동 *(The People's Confession of sin)*

1. 위치 설명 : 10장은 에스라를 줄여 '엣' 자에 획 순서대로 표시
2. 맥 절 : (3절). "곧 내 주의 교훈을 따르며 우리 하나님의 명령을 떨며 준행하는 자의 가르침을 따라 이 모든 아내와 그들의 소생을 다 내보내기로 우리 하나님과 언약을 세우고 율법대로 행할 것이라" ; 맥 보충 절 : (11절).
3. 관주구절 : 신7:2
4. 찬 송 : 죄에서 자유를 얻게 함은, 넓은 들에 익은 곡식, 어느 민족 누구게나

- 에스라의 개혁(10 : 5~44)

① 에스라는 예루살렘 회중을 모으고 결혼한 이방여인을 버릴 것을 명하고(10 : 11)

② 재판 위원회를 구성하여 10월 1일부터 1월 1일까지 명단을 조사하고

③ 그 결과 제사장 18명, 레위인 10명, 평민 86명 등 총 114명이 이방여인과 결혼한 것을 밝히고 과감히 이방여인을 돌려보낸 후 속건제를 드림으로 죄악에서 돌이키게 하였다. 백성들의 신앙이 올바로 서지 못한 채 성전 예배를 위해 성전을 건축한다는 것은 무익한 일이었다. 에스라가 먼저 백성의 심령을 새롭게 하여 생활을 정화시킨 것은 그가 해야 할 일 중에서 가장 우선적인 일이었다.

쉼터 : 이방 여인과의 결혼은 무조건 금지되었는가?

그렇지 않다. 이스라엘 남자가 이방여인과 결혼하는 것 자체가 잘못된 것은 아니다. 문제는 우상을 숭배하는 이방 여인과 결혼하는 것이 하나님의 율법을 어기는 죄가 될 뿐이다. 따라서 비록 출신은 이방 여인일지라도 맹세로써 이스라엘의 하나님을 영접하고, 그 결과 '여호와 신앙'을 가진 여인이라면 얼마든지 아내로 맞이할 수 있었다. 이스라엘 여자가 이방 남자와 결혼할 경우에는, 그 이방남자는 할례로서 여호와 신앙을 입증해 보여야 했다.

⊙ 요약 (1 : ~10 :)

<table>
<tr><td rowspan="5">첫 번째
귀환 : 회복</td><td>여행</td><td>고레스의 칙령</td><td>1장, 2장</td><td rowspan="5">스룹바벨
지도하의
회복</td><td rowspan="9">회복과
개혁을
통한
하나님의
언약 성취</td></tr>
<tr><td rowspan="4">사역:
성전의
재건</td><td>성전재건 시작</td><td>3장</td></tr>
<tr><td>반대자들</td><td>4장</td></tr>
<tr><td>사역의 회복</td><td>5장</td></tr>
<tr><td>사역의 완성</td><td>6장</td></tr>
<tr><td rowspan="4">두 번째
귀환 : 개혁</td><td rowspan="2">여행</td><td>아닥사스다의 칙령</td><td>7장</td><td rowspan="4">에스라
지도하의
회복</td></tr>
<tr><td>영적회복의 준비</td><td>8장</td></tr>
<tr><td rowspan="2">사역:
혼합결혼해체</td><td>백성들의 죄악</td><td>9장</td></tr>
<tr><td>회개의 회복</td><td>회개의 회복</td></tr>
</table>

⊙ 그리스도의 모형

1. 모리아 산과 성전(대하3:1~7)-이삭이 순종한 산, 후에 성전이 세워짐, 성전보다 더 크신 이가 그리스도다(마12:6)
2. 메시야 계보의 승계(10~36장)-메시아 계보가 위협 당하나 하나님의 보호 속에 순수하게 이어짐(마1:1~25)
3. 미가야 선지자를 통한 말씀(18:13)-하나님의 말씀을 대언하시는 그리스도의 예표(요7:16, 12:50, 14:24)

⊙ 교훈 및 적용

1. 포로에서 돌아온 유다 백성들이 참된 기쁨을 맛본 것은 성전봉헌 때의 감격이었다. 이와 같이 참된 신앙인의 참된 기쁨은 여호와를 전심으로 섬기고 찬양하는 삶에서 누리게 됨을 보여주고 있다.
2. 우리는 에스라와 같이 죄를 미워하고 사람들 가운데 죄가 만연함을 슬퍼해야 한다. 왜냐하면 죄의 결과는 결국 두려운 것으로 드러나며 그 결과는 모두에게 미치기 때문이다.

느 헤 미 야

요절 : 우리의 모든 대적과 사면 이방 사람들이 이를 듣고 다 두려워하여 스스로 낙담하였으니 이는 이 역사를 우리 하나님이 이루신 것을 앎이니라(느6:16)

1. 명칭

· 히브리어 성경 : “에즈라 느헴야” (도움, 여호와의 위로)

· 70인역 : “에스드라스 r(Esdras r)” (도움)

· 영어 성경 : “Nehemiah”

2. 기록자 : 느헤미야

3. 기록연대 : B.C. 442~432년경

4. 기록목적

포로 70년 이후 예언자들을 통해 선포된 하나님의 언약의 성취로 이스라엘 내의 신정 사회가 실현되는 것을 보여주기 위하여 기록되었다.

5. 중심사상

1) 하나님 말씀에 대한 참된 이해를 강조하고 있다(8 : 8, 9).

2) 참된 죄의 고백과 하나님께 대한 예배의 자세를 보여주고 있다(9 :).

3) 신앙의 결단과 구체적인 행동의 실천을 강조하고 있다.

6. 에스라, 느헤미야, 에스더의 연대관계

연도	B. C. 537	470	458	445
인물	스룹바벨	에스더	에스라	느헤미야
성경내용	에스라1:~6 :	에스더1:~10 :	에스라7:~10 :	느헤미야1:~13 :
귀환	1차 귀환	귀환하지 않은 자들	2차 귀환	3차 귀환
역사	성전건축	60년 사이의 사건들	종교 개혁	성벽 재건

7. 내용분해

대주제	외적 안전을 위한 건축	영적 안전을 위한 건축	
초점	국가적 안전의 재건	영적 안전의 재건	
소주제	1. 성벽재건 (1 : ~6 :)	1. 언약의 갱신 (7 : ~10 :)	2. 민족의 개혁 (11 : ~13 :)
내용	1)귀환 2)사역의 시작 3)성벽건축의 완성	1)귀환자 명단 2)말씀의 선포 3)언약에 대한 책임	1)거주지 조정 2)성벽 봉헌식 3)신앙의 영적 개혁
신학	이스라엘의 영적 회복		

8. 주요 사건 연대

스룹바벨에 의한 제1차 포로귀환 (스1:5-11)	스룹바벨에 의한 성전 재건(스5:1-18)	에스라에 의한 제2차 포로귀환 (스7:1-10)	에스라에 의한 개혁 운동 전개 (스9:1-10:44)	느헤미야에 의한 제3차 포로귀환 (2:1-10)
538	520-518	458	458	445

BC

444	433	432
느헤미야에 의한 예루살렘성벽 재건(3:1-6:9)	바벨론으로 소환된 느헤미야 (13:6)	느헤미야의 귀국과 개혁 운동 (13:6-31)

1장 느헤미야기도 *(Nehemiah's Prayer)*

1. 위치 설명 : 느헤미야는 바벨론에서 조국의 재건을 위해 기도함
2. 맥 절 : (4절). "내가 이 말을 듣고 앉아서 울고 수일 동안 슬퍼하며 하늘의 하나님 앞에 금식하며 기도하여" ; 맥 보충 절 : (5~절).
3. 관주구절 : 출20:6
4. 찬 송 : 너 예수께 조용히 나가, 나 행한 것 죄뿐이니, 너 하나님께 이끌리어

(1) 느헤미야의 기도

느헤미야는 바사의 수도 수산궁에서 술 관원장의 높은 지위를 갖고 있었다. 그가 조국 예루살렘의 형편을 들었을 때 그는 자기 민족의 고통을 눈물로 금식 기도하며 조국을 위해 하나님이 자신을 인도해 줄 것을 간구하였다.

1장 4절에서 11절에 기록된 느헤미야의 기도를 통하여 우리는 다음과 같은 기도의 올바른 개념을 배울 수 있다.

① 신실하신 하나님에 대한 찬양과 함께 자신을 포함한 온 백성의 죄를 고백함(5 , 6)

② 레위기 26장 39절부터 42절까지의 말씀을 인용하면서 하나님과 맺은 그 약속을 이루어 달라고 간청함(8, 9)

③ 주의 사역을 감당할 수 있도록 형통함을 달라는 개인적 기도를 드렸다(11). 느헤미야는 '언약을 지키시는 하나님'을 근거로 기도드렸으며 이러한 확실한 근거는 과거의 십계명을 통해 이스라엘에게 주어진 것을 느헤미야는 확신했다.

(2) 계획의 실현

6개월간 계속된 느헤미야의 기도가 응답되어 그는 왕의 군대장관과 같이 성벽 재건에 필요한 재목을 싣고 예루살렘으로 향할 수 있었다. 이와 같이 하나님은 그의 일을 아름답게 이루시기 위하여 그가 선택한 자를 형통하게 이끄신다. 느헤미야는 귀향길부터 성벽 재건 공사에 필요한 재료까지 하나님의 도움으로 완벽한 준비를 갖추었다.

바벨론 3차 포로 귀환(B.C.458)

지도자	느헤미아
바사왕	아닥사스다 1세
조소내용	① 포로귀환 허가 ② 성전 재건 허용 ③ 성전기구 반환 ④ 성전재건비 지원
귀환자 수	일반민 : 42,360명, 노비 : 7,337명, 가수 : 245명, 합계 : 49,942명
사건 및 업적	산발랏과 도비야 등의 방해 공작에도 불구하고 52일 만에 성벽을 개건 봉헌함
관련 성구	느1:1~13:31

쉼터 : 느헤미야는 무슨 죄를 고백하였나?

자신이 지은 어떤 특별한 죄가 아니라, 시공간을 초월하여 이스라엘 백성들과 하나된 연대의식을 갖고, 하나님의 말씀에 불순종한 죄를 고백했다.

2장 성벽 시찰 *(Artaxerxes Sends Nehemiah to Jerusalem)*

1. 위치 설명 : 느헤미야는 성벽 재건을 위해서 성벽시찰을 다윗의 별 맨 꼭대기에 위치한다.
2. 맥 절 : (12절). "내 하나님께서 예루살렘을 위해 무엇을 할 것인지 내 마음에 주신 것을 내가 아무에게도 말하지 아니하고 밤에 일어나 몇몇 사람과 함께 나갈 새 내가 탄 짐승 외에는 다른 짐승이 없더라" ; 맥 보충 절 : (13~절).
3. 관주구절 : 느1:3
4. 찬 송 : 마음속에 근심 있는 사람, 나 주를 멀리 떠났다, 마음속에 근심 있는 사람

• 느헤미야의 지도력

느헤미야는 예루살렘에 도착한 지 3일 후 하나님의 인도하심에 따라 밤중에 아무도 몰래 성벽을 돌아보면서 실제적인 일의 수행 기능을 살펴보고 치밀한 계획을 세운 뒤에 백성들을 모은 후 다음과 같이 설득하였다.

① 예루살렘 성벽 재건은 하나님의 은총에 의한 것이며

② 이 일은 하나님의 특별한 섭리로 진행될 것이며

③ 하나님의 선한 손이 그들을 도와줄 것이라 전했다.

이러한 열심 있는 느헤미야의 호소에 백성들은 용기와 담력을 얻고 즉각적으로 호응하여 모두가 동시에 참여하고 일을 분담함으로 역사는 순조롭게 진행되었다.

쉼터 : 느헤미야는 왜 왕의 말에 크게 두려워했는가?

첫째, 왕 앞에서 개인적인 수심을 드러낸 것이 신하로서 죄가 되기 때문이다.

둘째, 자신의 왕께 아뢰고자 하는 일, 곧 왕의 술 관원 직무를 중단하고 예루살렘을 방문하고자 하는 일이 왕의 진노를 불러일으키지 않을까 하는 생각에서 두려워하였다.

3장 성벽 재건 *(Builders of the Wall)*

1. 위치 설명 : 느헤미야는 성벽 재건을 위해서 성벽시찰을 다윗의 별 순서대로 시계방향대로 표시
2. 맥 절 : (1절). "그 때에 대제사장 엘리아십이 그의 형제 제사장들과 함께 일어나 양문을 건축하여 성별하고 문짝을 달고 또 성벽을 건축하여 함메아 망대에서부터 하나넬 망대까지 성별하였고" ; 맥 보충 절 : (2~절).
3. 관주구절 : 고전12:12~17
4. 찬 송 : 어둔 밤 쉬 되리니, 나 가진 모든 것, 나의 생명 드리니

이 역사는 지도자들이 솔선수범을 보여주었고 일의 선두에서 지휘하였으며 백성들도 일심으로 협력하여 자신들이 맡은 지역의 임무에 최선을 다했다. 이와 같이 하나님의 일은 하나님의 백성들이 서로 뭉쳐 협력할 때 성취되며 이 성취는 각자 맡겨진 일에 충실할 때 가능하다. 고린도전서 12장 12절로 17절에서 말하는 몸의 지체는 이러한 성도들의 협력관계를 말해 주는 것이다.

쉼터 : 양문

예루살렘 성의 북동쪽 모퉁이에 위치한 문으로(요5:2), 희생 제사용 양들이 이 문을 통해 들어갔기 때문에 붙여진 이름이다. 느헤미야의 성벽 재건 공사는 이곳에서부터 시작되었다.

4장 성벽재건 방해 *(Opposition to the Rebuilding)*

1. 위치 설명 : 다윗의 별 순서대로 시계방향대로 표시
2. 맥 절 : (1~6, 8절). ; 맥 보충 절 : (15절).
3. 관주구절 : 느2:10
4. 찬 송 : 주 믿는 사람 일어나, 어려운 일 당할 때, 나는 예수 따라가는

바사 통치하에 있는 사마리아 총독 산발랏과 그의 동조자들은 예루살렘 성벽건축 공사를 방해하기 위해 갖가지 술수와 방해로 하나님의 선한 일을 중단시키려 했으나 느헤미야의 지도하에 백성들은 낙심과 좌절을 극복하고 아래와 같이 중건사업에 성공을 거두었다.

방해자의 활동	성경	유다 백성의 반응	하나님의 도우심
조롱으로 방해	1~6절	기도로 마음을 지킴	일에 대한 강한 의지를 주심
무력으로 협박	8절	백성들을 무장시킴	적의 침입을 막아주심
음모를 꾸밈	15절	하나님의 인도를 따름	적의 비밀을 누설시켜 실패케 하심

쉼터 : 느헤미야는 어떻게 성벽재건을 추진해 나갔는가?

느헤미야의 치밀한 경계심은 대적들의 기습 작전을 효과적으로 차단하였다. 대적들의 공격에 대비하여 일꾼들에게 수비와 노동을 번갈아 가면서 맡긴 것은 매우 효과적이었다는 사실이다. 그렇게 함으로써 일의 단조로움에서 피할 수 있었고 또 휴식도 취하면서 사기를 끌어올릴 수 있었기 때문이다. 물론 군사적으로 볼 때 유다의 사방에 있는 대적들의 연합공세는 충분히 위협적이었다. 그러나 대적들이 쉽게 유다를 공격해 올 수 없었던 것은, 느헤미야가 바사정부의 강력한 후원을 받고 있다는 사실을 잘 알고 있었기 때문이다.

5장 백성들 원망 *(Nehemiah Helps the Poor)*

1. 위치 설명 : 다윗의 별 순서대로 시계방향대로 표시
2. 맥 절 : (1절). "그 때에 백성들이 그들의 아내와 함께 크게 부르짖어 그들의 형제인 유다 사람들을 원망하는데" ; 맥 보충 절 : (2~절).
3. 관주구절 : 신15:7
4. 찬 송 : 나 맡은 본분은, 만입이 내게 있으면, 맘 가난한 사람

이스라엘 안에 식량난, 가뭄, 과중한 세금, 동족 착취에 대한 백성들의 원망이다. 하나님을 향하는 외적이고 표면적인 모습들도 중요하지만, 여기에는 철저히 가장 작은 것에서부터 하나님의 말씀대로 살려는 실천의 생활을 병행해야 한다는 것을 명심해야 한다.

쉼터 : 옷자락을 터는 행위는 무엇을 상징하는가?

여기서 '옷자락'은 앞치마와 같이 생긴 겉옷의 무릎부분을 가리킨다. 그것은 물건을 나를 때 흔히 사용되었는데, 그것을 털어 내는 행위는 모든 것이 쏟아져 내리게 될 것이라는, 말하자면 저주를 선포하는 행동이었다.

6장 성벽건축 완공 *(Further Opposition to the Rebuilding)*

1. 위치 설명 : 다윗의 별 순서대로 시계방향대로 표시
2. 맥 절 : (2절). "산발랏과 게셈이 내게 사람을 보내어 이르기를 오라 우리가 오노평지 한 촌에서 서로 만나자 하니 실상은 나를 해하고자 함이었더라" ; 맥 보충 절 : (6절).
3. 관주구절 : 대상8:12
4. 찬 송 : 나의 죄를 정케 하사, 주 믿는 사람일어나, 천성을 향해 가는 성도들아

• 시련의 극복과 승리

수많은 시련과 역경에도 불구하고 예루살렘 성벽 공사가 순조롭게 진행되자 대적들은 다시 음모를 꾸며 성벽 완공을 저지하려 노력했다.

그들의 음모는 다음과 같다

① 거짓 협상제의로 느헤미야를 오노 평지로 불러내어 살해하려 했음(1~4)

② 느헤미야가 왕이 되려 한다는 소문을 퍼뜨려 중상 모략함(5~9)

③ 스마야를 매수하여 거짓 예언을 하게함(10~14)

이러한 이스라엘의 적인 산발랏과 도비야는 성도들의 대적인 사탄의 상징이며 끈질긴 유혹과 거짓예언으로 범죄를 저지르도록 유인한다. 이같은 악한 세력을 물리치려면 그 세력에 담대히 대처할 수 있는 견고한 믿음의 성을 수축해야 할 것이다.

대적들의 방해에도 불구하고 성벽은 52일 만에 완공되었고 성벽의 완공은 사면의 대적들을 낙담하게 하였다. 그들이 낙담한 이유는 불가능하게 보이는 이 역사가 하나님에 의해 이루어졌다는 것을 그들 스스로 깨달았기 때문이다. 하나님은 우리가 힘써 일하기를 원하시지만 불가능한 일은 주님께 의지하기를 원하신다.

쉼터 : 느헤미야서와 오늘날 교회

느헤미야서	오늘날의 교회
믿는 유다인들	오늘의 기독교 성도들
허물어진 성벽	회복되어야 할 기독교인의 삶
성벽 재건	회복과 하나님 나라의 건설

7장 귀환자 인구조사 *(The List of the Exiles Who Returned)*

1. 위치 설명 : 다윗의 별 순서대로 시계방향대로 표시
2. 맥 절 : (5절). "내 하나님이 내 마음을 감동하사 귀족들과 민장들과 백성을 모아 그 계보대로 등록하게 하시므로 내가 처음으로 돌아온 자의 계보를 얻었는데 거기에 기록된 것을 보면" ; 맥 보충 절 : (7절).
3. 관주구절 : 스2:2

4.찬 송 : 주와 같이 길 가는 것, 내 평생소원 이것뿐, 행군 나팔 소리로

(1) 돌아온 백성의 계보

느헤미야가 예루살렘의 영광을 회복할 방도를 찾던 중 하나님의 감동을 받아 백성들을 계보대로 계수하였는데 이때의 인구조사는 1차 귀환 때의 인구조사를 참조하여 계수하였다.

① 총 인구 : 31,089명(에스라 29,818명) ② 노래하는 아삽자손 : 148명

③ 느디님 사람과 솔로몬 신복 : 392명 ④ 족보를 확인할 수 없었던 자들 : 642명

이스라엘 민족에 있어 족보는 대단히 중요한 것이다. 왜냐하면 하나님의 구속사적 통치가 그들의 지파를 통해 나타났으며 제사장이나 레위인의 신분과 직무 또한 신적인 기원을 갖고 있기 때문이다. 이처럼 그들에게 필수적인 족보가 계보대로 계수되자 계수된 사람들은 혈통의 순수성을 보장 받게 되었고 반면 족보에 없는 제사장들은 그들의 직분을 박탈당했다.

(2) 역사를 위한 예물

느헤미야는 족보의 부록으로 족장들과 백성들이 예루살렘의 재건을 위하여 드린 예물을 기록하였으며 그때 그들이 드린 예물을 통하여 뜨거운 신앙을 보여주고 있다.

① 지도자 계층의 사람 : 금 2만 다릭(약 2.6t)

② 일반백성 : 금 1천 다릭(약 130kg), 대접 50벌, 제사장 의복 530벌

유다의 구심점은 예배를 통한 야훼신앙에 있었다. 그러나 지난 70년 동안 산산 조각난 이들 공동체는 하나님의 구속으로 다시 돌아와 그들의 신앙의 공동체를 재정비하고 강화할 필요성이 있었다. 그러기 위해서는 인구조사를 다시 실시해야 했으며 성벽을 세우고 예물을 드릴 신앙의 열심히 요구되었다.

쉼터 : 예루살렘 귀환자들의 명단이 오늘날의 우리들에게 무슨 의미가 있는가?

여기 예루살렘 귀환자들의 명단은 지금으로부터 대략 2,500여 년 전의 명단이다. 그것이 오늘날 우리들에게 중요한 이유는. 시대를 초월하여 진정 소중한 가치가 무엇인지를 교훈해주고 있기 때문이다. 즉, 그때 그 사람들은 비록 포로로 잡혀간 몸이었지만 오랜 세월이 흐르는 동안 바벨론 사회에서 나름대로 터전을 집고 안정적으로 살아가던 자들이다. 그들이 바벨론을 떠나 폐허가

된 예루살렘으로 향한 것은, 우상문화에 젖은 이방 땅이 아니라 하나님의 언약이 깃든 약속의 땅을 더욱 사모했기 때문이었다. 마치 그것은 그들의 조상 아브라함이 하나님의 부르심에 응해 갈대아 땅을 떠나 가나안 땅으로 향한 것과 같은, 용기 있는 신앙의 결단이었다.

8장 율법낭독 *(Ezra Reads the Low)*

1. 위치 설명 : 다윗의 별 순서대로 시계방향대로 표시
2. 맥 절 : (5,6,8절). "에스라가 모든 백성 위에 서서 그들 목전에 책을 펴니 책을 펼 때에 모든 백성이 일어서니라" ; 맥 보충 절 : (9~11절).
3. 관주구절 : 신12;7
4. 찬 송 : 주님의 귀한 말씀을, 주의 말씀 받은 그날, 주의 귀한 말씀은

모든 백성이 일제히 수문 앞 광장에 모여 하나님 말씀에 대한 갈망으로 에스라에게 모세 율법 듣기를 청하자 에스라는 강단에서 율법을 낭독하였다.

쉼터 : 말씀을 전하는 자와 듣는 자의 모습

성경	말씀 전하는 자	말씀 듣는 자	우리에게 주는 교훈
8 : 5	강단에서 말씀을 펼칠 때	모두 자리에서 일어남	하나님 말씀을 존중
8 : 6	하나님을 송축할 때	아멘으로 화답	하나님을 경배
8 : 7,8	율법을 깨닫도록 가르칠 때	죄된 사람들을 바라보고 울음	자기 성찰
8 : 9~11	하나님의 성일에 울지 말라 권면하자	울음을 멈추고 말씀에 순종	성도의 바른 자세

9장 회개 · 찬양 *(The Israelites Confess Their Sins)*

1. 위치 설명 : 다윗의 별 순서대로 시계방향대로 표시

2. 맥 절 : (1절). "그 달 스무나흗 날에 이스라엘 자손이 다 모여 금식하며 굵은 베옷을 입고 티끌을 무릅쓰며" ; 맥 보충 절 : (2절).
3. 관주구절 : 느8:2
4. 찬 송 : 너 하나님께 이끌리어, 나 행한 것 죄뿐이니, 내 주 예수 주신 은혜,

백성들의 지도자들이 율법을 밝히 알고자 에스라에게 왔을 때 에스라는 율법에 명시된 초막절을 보여주고 온 백성에게 선포하여 지키게 하였다. 모든 백성이 기쁨으로 초막절을 지키고 나서 그달 24일에 속죄일로 다시 모였다. 그들은 굵은 베 옷을 입고 겸비한 마음으로 금식하며 자신들의 죄를 회개함으로써 하나님과의 언약을 재확인하였다. 이와 같이 성벽 건축을 끝낸 이들은 이제 영적인 개혁을 시작하게 된 것이다.

쉼터 : '언약' 이란 무엇인가?

기본 의미는 '자르다'(cut)이다. 고대 중근동 지역의 풍습상 언약 체결은 짐승을 잡은 후에 그 고기를 잘라 양쪽으로 나눠 놓고 그 사이를 언약 당사자들이 지나갔다. 그러한 언약 체결 의식이 갖는 의미는 아주 분명하다. 즉, 만약 언약을 어긴다면 그 희생 고기처럼 기필코 죽임을 당할 것을 뜻한다. 오래전, 하나님은 이 같은 고대의 관습을 빌어 이스라엘의 조상 된 아브라함과 언약을 세운다.

10장 언약 동참자 *(Those who Sealed it were)*

1. 위치 설명 : 다윗의 별 순서대로 시계방향대로 표시
2. 맥 절 : (1~27절). ; 맥 보충 절 : (28~절).
3. 관주구절 : 느1:1
4. 찬 양 : 내 평생 소원 이것뿐, 신자 되기 원합니다, 어느 민족 누구게나

(1) 언약에 인친 방백들

성벽 완공 후 율법 낭독을 들은 유다 백성은 뜨거운 회개의 눈물을 흘렸다. 전 민족이 회

개가 끝난 후 각 계층을 대표하는 자들이 언약에 서명함으로써 모든 백성들이 언약에 인친 결과가 되었다(10, 11). 이렇게 인침을 받은 자들은 오늘날에 있어 하나님의 자녀로 인침 받은 성도를 예표 한다.

(2) 하나님과 세운 언약 7가지

① 이방인과 잡혼하지 않는다(30) : 신명기 7장 1절부터 4절까지의 내용

② 안식일을 거룩하게 지킨다(31).

③ 7년마다 안식년을 지킨다(31).

④ 성전세와 십일조를 드린다(32, 33).

⑤ 제단에 땔 나무를 공급한다(34).

⑥ 소출의 첫 열매를 헌납한다(35~38).

⑦ 성전을 지킨다(39).

이와 같은 언약은 모세의 율법에 대한 언약의 재확인으로 지난날 이스라엘 백성들의 죄에 대한 참회와 회고에 뒤이은 선한 결심의 실천적인 면을 잘 보여주고 있다.

느헤미야가 유다총독으로 12년간 업무를 관장하다가 몇 년간 바벨론을 다녀온 사이 백성들이 다시 옛 길에 빠졌음을 발견하고 대대적인 민족 개혁을 단행한다.

쉼터 : 왜? 에스라의 이름이 없는가?

언약서에 도장을 찍은 제사장들의 명단에서 왜 신앙 부흥 운동을 주도한 에스라의 이름이 보이지 않는가? 두 가지 가능성을 추정해 볼 수 있다. ① 신앙 부흥운동을 주도한 에스라는 언약서에 다른 사람들의 서명을 받는 자였기 때문에, 자신의 이름을 구태여 기록할 필요가 없었을 것이다. ② 여기에 기록된 21명의 제사장들의 명단 중에서 아마 열다섯은 개인 이름이 아닌 가문의 이름이다. 따라서 에스라는 그가 속했던 가문의 우두머리가 가문을 대표해서 도장을 찍음으로써 개인적으로는 도장을 찍을 필요가 없었을 것이다.

11장 재정착 *(The New Residents of Jerusalem)*

1. 위치 설명 : 다윗의 별 순서대로 시계방향대로 표시
2. 맥 절 : (1절). "백성의 지도자들은 예루살렘에 거주하였고 그 남은 백성은 제비 뽑아 십분의 일은 거룩한 성 예루살렘에서 거주하게 하고 그 십분의 구는 다른 성읍에 거주하게 하였으며" ; 맥 보충 절 : (2~절).
3. 관주구절 : 미4:5
4. 찬 송 : 내 영혼의 그윽히 깊은 데서, 내 주는 강한 성이요, 주 안에 있는 나에게

• 예루살렘의 새 주인들

유대인들을 예루살렘 성내에 살도록 하는 것은 성의 유익을 위해서나 하나님의 영광을 위해서 필수적이다. 그러나 예루살렘의 이주는 어려운 일이었다. 왜냐하면 성의 수비 부담과 희생을 각오해야 했으며 거처할 집도 생계를 위한 확실한 보장도 없었기 때문이다. 탁월한 행정력과 조직력을 가진 느헤미야는 이일을 성공적으로 다음과 같이 완수했다.

① 백성의 지도자를 거주시킴 : 제사장, 레위인, 특별한 일을 맡은 자

② 유다 자손과 베냐민 자손 : 이 땅은 그들의 분깃이었기 때문이다.

③ 나머지 백성 중 1/10을 제비뽑아 자원하는 사람과 함께 거주시킴

새 예루살렘의 주민들은 새 역사의 주인들이었다. 그들은 세속적인 이익을 버리고 선구자로서 역사의 소명에 응함으로 시온성에 거하는 선택받은 복의 사람들인 것이다.

쉼터 : '거룩한 성' 은 어떤 성읍을 가리키는 말인가?

'예루살렘' 을 가리킨다. 이처럼 본서의 저자가 '예루살렘' 을 굳이 '거룩한 성' 으로 표현한 까닭은 이렇다. 비록 느헤미야 당시에 예루살렘 성읍에 살고 있는 인구가 적고, 그래서 이방 대적들의 위협 아래 놓여 있었지만, 그래도 예루살렘은 하나님께서 일찍부터 고르고 빼신 선택받은 거룩한 성읍으로서, 하나님의 거룩한 성전이 있는 그곳에 거주하는 일이 얼마나 복된 일인지를 강조하려고 했기 때문이다.

12장 성벽봉헌식 *(Dedication of the Wall of Jerusalem)*

1. 위치 설명 : 다윗의 별 순서대로 시계방향대로 표시
2. 맥 절 : (1절). "스알디엘의 아들 스룹바벨과 예수아와 함께 돌아온 제사장들과 레위 사람들은 이러하니라 제사장들은 스라야와 예레미야와 에스라와" ; 맥 보충 절 : (28,29절).
3. 관주구절 : 스2:1
4. 찬 송 : 주의 주실 화평, 주 은총 입은 종들이, 빛의 사자들이여

• 성벽 봉헌식(12 :)

성곽은 헌납하기 전 제사장들과 레위인들의 명단을 기록하였다(12 : 1~26). 왜냐하면 이들이 없이는 제사를 드릴 수 없었기 때문이다. 새 성벽의 봉헌식은 즐거움 가운데 거행되었다. 여러 가지 악조건에서 어려운 공사를 단시일에 무사히 마치게 하신 하나님께 감사드렸다.

• 봉헌식의 순서

① 레위인 중 노래하는 자를 모으고(28, 29)

② 예식을 집행할 제사장들과 레위인을 정결케 하였으며(30)

③ 봉헌식의 절정은 2개조로 나눈 찬양 행렬이 성벽 위를 돌았으며(31~39)

④ 성전에 다시 모여 큰 희생 제사를 드렸다(40~43).

이 날의 유다 백성은 하나님을 크게 기뻐했으며 그 기쁨의 소리가 멀리까지 들렸다. 하나님 자녀들이 하나님 일에 헌신하기 위해 연합할 때 기쁨이 넘치는 하나님의 복을 경험하게 된다.

쉼터 : 어떤 자들이 제사장이 될 수 있었나?

아론의 직계 후손들만이 제사장이 될 수 있었다. 그것은 하나님께서 명하신 제사장의 자격 요건이었다. 하나님께서 무엇 때문에 오직 아론의 직계후손들만 제사장으로 삼았는지 그 이유를 분명히 모른다. 하나님께서 개인, 종족, 나라를 선택하시는 것은 오직 그 분의 고유한 주권에 속하는 비밀스러운 일이다.

13장 개혁 계속 *(Nehemiah's Final Reforms)*

1. 위치 설명 : 다윗의 별 순서대로 시계방향대로 표시
2. 맥 절 : (1절). "그 날 모세의 책을 낭독하여 백성에게 들렸는데 그 책에 기록하기를 암몬 사람과 모압 사람은 영원히 하나님의 총회에 들어오지 못하리니" ; 맥 보충 절 : (4절).
3. 관주구절 : 신23:4
4. 찬 송 : 나 맡은 본분은, 너 성결키 위해, 주의 음성을 내가 들으니

느헤미야는 바사왕 아닥사스다 즉위 20년부터 32년까지 12년 동안 유다의 총독으로 지내다 기한이 차 수산궁으로 돌아갔다. 그곳에서 예루살렘에 퍼진 신앙의 부패소식을 듣고 다시 돌아와 신앙개혁을 단행했다.

(1) 이방인에 관한 개혁(1~3)

느헤미야의 신앙개혁은 율법책을 낭독함으로 시작되었다. 낭독한 내용은 출애굽때 모압과 암몬이 이스라엘을 통과하지 못하도록 방해한 죄와 발람을 매수하여 그들을 저주하게 한 죄로 모압과 암몬은 영원히 야훼의 총회에 들어오지 못하게 명하셨다(신23 : 3)는 말씀을 듣고 깨달은 백성들은 모압과 암몬 사람들을 그들 가운데서 축출해 버렸다(3). 신앙개혁은 이같이 선과 악을 구별하는 데서부터 시작된다. 섞인 무리 가운데 악을 제하는 것은 병균을 제거함으로 건강을 소유하는 것과 같다.

(2) 제사장직과 관련된 개혁(4~14)

① 느헤미야가 수산궁에서 돌아왔을 때 제사장 엘리아십이 성전 안에 도비야의 거처를 마련해두고 내통하는 것을 발견하고 그의 세간을 내던져 버린 후 도비야의 사위가 된 엘라아십이 손자를 추방시켜 버렸다(28). 유다인들은 그들의 순수한 혈통의 보존을 자랑으로 여겨왔다. 이러한 유다백성들의 생활에 모범을 보여 주어야 할 제사장 가문에서 죄에 앞장선 패역함을 보인 것은 추방당해도 마땅한 것이었다.

② 제사장 엘리아십의 타락으로 백성들은 성전예배를 무시하였고 성전봉사자들에게 보수를 주지 않자(13 : 10) 레위인들이 모두 흩어져 버렸다. 이에 대한 책임은 제사장뿐 아니라 믿음을 잃은 레위인에게도 있었다. 느헤미야는 레위인을 다시 불러 모았고 부

패한 제사장과 레위인을 새 사람으로 임명하여 성전 예배를 다시 회복시켰다(13).

(3) 잡혼에 대한 경고(23~27)

포로 귀환 후 유다가 당면한 가장 어려운 문제가 잡혼문제였다. 1차 귀환 때 에스라에 의해 잡혼문제가 단호히 척결되었으나 다시 잡혼한 자가 발견되자 느헤미야는 그들의 머리털을 뽑고 다시는 잡혼하지 않게 맹세시킴으로 순수한 신앙을 고수하도록 조치하였다. 이러한 느헤미야의 개혁운동으로 유다는 점차 신앙을 회복하고 다시 하나님의 구속받은 백성으로 삶을 영위할 수 있었다.

쉼터 : 구약의 안식일 규례가 오늘날 우리들에게도 적용되는가?

구약 시대에 안식일은 '거룩한 날'로 성별되었고, 다른 날들과는 달리 특별한 규례를 엄격히 준수해야 했다. 하지만 그처럼 안식일 규례를 엄격히 제정한 목적과 의의에 주목해야 한다. 그것은 하나님의 성별된 백성임을 인식하고, 하나님의 구원의 은혜에 감사하며, 하나님께 온전한 예배를 드리도록 하기 위함이었다. 따라서 신약 시대의 신자들은 안식일 규례 자체가 아니라, 안식일 규례의 목적과 정신에 주목해야 한다. 그것은 오늘날에도 여전히 유효하기 때문이다.

⊙ 요약 (1 : ~13 :)

성벽건축과 민족 신앙개혁

<table>
<tr><td colspan="2">성벽 재건(느 1 : ~ 7 :)</td><td colspan="2">신앙 부흥(느 8 : ~ 13 :)</td></tr>
<tr><td colspan="2">① 성벽건축계획 ② 재건 ③ 정착지 조정</td><td colspan="2">① 신앙부흥 ② 성벽봉헌 ③ 신앙 재개혁</td></tr>
<tr><td colspan="2">육적 안전을 위한 건축</td><td colspan="2">영적 안전을 위한 건축</td></tr>
<tr><td colspan="2">성벽 공사 – 건축자들</td><td colspan="2">성전예배 회복 – 거주자들</td></tr>
<tr><td colspan="2">중심내용 – 성벽</td><td colspan="2">중심내용 – 율법</td></tr>
<tr><td>한 사람의 영도력</td><td>깊은 기도 생활
끊임없는 봉사
말씀에 대한 순종</td><td>한 민족의 부흥</td><td>율법에 기초
말씀공부
신앙의 결단</td></tr>
</table>

에스더(Esther)-10-167 : 섭리적 보호의 책

1
2
3
4
5
6
7
8
9
10

목록 아이콘 해설 (에스라, 느헤미아, 에스더)

에스라		느헤미아		에스더	
	1차귀환 준비		느헤미아의기도		와스디 왕비폐위
1. asdg 2. gsdgsd 3. dgdggdh 4. dgfh	1차 귀환자 명단		느헤미아의귀환		에스더 왕이간택
	성전재건착수		성벽제건		하만의계략
	건축방해		재건방해		에스더의 각오 (죽으면죽으리라)
	다시건축		사회적부조리처결 (가나한자도움)		왕 앞에 에스더 (연회를 베푼 에스더)
	완공		성공완공	M	명예를 얻은 모르드게
	제2차 예루살렘귀환		1차귀환자 인구조사		하만의 최후
1. asdg 2. gsdgsd 3. dgdggdh 4. dgfh	제2차 귀환명단		율법낭독	u	민족을구한 에스더
	중보기도		회개,찬양	u	유대인의 승리와 부림절
	개혁운동	1. asdg 2. gsdgsd 3. dgdggdh 4. dgfh	언약 갱신자 명단	M	B.C.473 모르드게의 존귀
	북방정복		거주자배정		
			성벽봉헌식		
			계혁계속		

에 스 더

요절 : 당신은 가서 수산궁에 있는 유다인을 다 모으고 나를 위하여 금식하되 밤낮 삼일을 먹지도 마시지도 마소서 나도 나의 시녀와 더불어 이렇게 금식한 후에 규례를 어기고 왕에게 나아가리니 죽으면 죽으리이다(에4:16)

1. 명칭

· 히브리어 성경 : "에스더" (별)

· 70인역 : "에스더"

· 영어성경 : "Esther"

2. 기록자 : 미상

3. 기록연대 : B.C.470년경

4. 기록 목적

부림절의 내력과 그 기원을 후대에 전하기 위해 기록하였으며 또한 이스라엘 민족이 이국나라의 포로로 있다 할지라도 여전히 하나님의 보호 아래 있다는 사실을 보여주기 위하여 기록하였다.

5. 중심사상

1) 하나님의 주권적 섭리가 본서 전체에 나타나 있다. 페르시아에서 증오의 대상이 된 이스라엘이 멸종의 위기에 처했을 때(3 : 1~6) 에스더를 통하여 구원받은 것은 우연한 일이 아니라 하나님의 섭리이다.

2) 민족에 대한 애국심이 나타나 있다. 동족 비극을 눈 앞에 두고 외삼촌의 위협적인 충고에 죽음을 무릅쓴 결단을 내리고 왕 앞에 나아가 동족을 구출한 한 여인의 숭고한

동포애가 나타나 있다.

3) 본국으로 돌아가라고 하나님이 명했음에도 불구하고 이국땅에 남아 있었던 이 불순종의 사람들에게도 하나님의 손길은 역사하신다. 우리가 죄로 인해 하나님과 멀어졌을 때 하나님의 사랑을 생각하자.

6. 모형으로서의 모르드개

① 모르드개가 고아인 에스더에게 자비를 베풀어 양육해 준 것같이 그리스도는 세상에 버려진 고아 같은 인간을 하나님 자녀로 받아 주심으로 그의 자비를 보여주신다(요1 : 12).

② 모르드개가 왕에게 충실했던 것같이 그리스도는 그의 아버지께 충실했다(눅2:49).

③ 모르드개가 멸시를 받은 것같이 그리스도도 세상에서 멸시를 받으셨다(사53:3).

④ 종국에 모르드개가 영광을 얻은 것같이 그리스도도 부활 가운데 영광을 얻으셨다(히1:3).

7. 내용분해 : 10장, 167절

8. 주요 사건 연대

대주제	하나님의 선민 보호			
초점	유다 민족의 위기		유다 민족의 구원	
소주제	1. 아하수에로왕의 잔치 (1:,2:)	2. 하만의 음모(3:,4:)	3. 에스더의 잔치 (5:~7:)	4. 부림절의 잔치 (8:~10:)
내용	1) 대잔치 2) 왕후가 된 에스더 3) 와스디와 에스더의 비교 4) 왕의 목숨을 구한 모르드개	1) 하만의 분노와 음모	1) 에스더의 결심과 기도 2) 모르드개의 위기 3) 에스더의 잔치와 그 결과	1) 구원의 손길 2) 부림절 3) 모르드개의 영광
신학	하나님의 약속 성취			

바사왕 고레스의 포로 석방에 대한 포로 고려(스 1:1-4,비교,대하36:22-23)	스룹바벨에 의한 제1차포로 귀환(스1:-11)	바사왕 아하수에로의 왕후 와스디의 폐위(1:1-22)	새 왕후로 간택된 에스더 (2:5-18)
538	538	483	479

BC --►

474	475	473	458
하만의 음모와 죽음(3:1-7:10)	부림절의 기원 (9:1-32)	존귀한 자리에 오른 모르드개	에스라에 의한 제2차 포로 귀환 (스 7:1-10)

1장 폐위된 와스디 왕비 *(Queen Vashti Deposed)*

1. 위치 설명 : 에스더는 왕비이므로 왕비를 그려 1장을 위에서부터 표시(그림 참조)
2. 맥 절 : (19,21절). "왕이 만일 좋게 여기실진대 와스디가 다시는 왕 앞에 오지 못하게 하는 조서를 내리되 바사와 메대의 법률에 기록하여 변개함이 없게 하고 그 왕후의 자리를 그보다 나은 사람에게 주소서" ; 맥 보충 절 : (12절).
3. 관주구절 : "복종하라"(창16:9), 남편에 복종하기를 주께 하듯 하라(엡5:22)
4. 찬 송 : 주 하나님 크신 능력, 놀랍다 주님의 크신 은혜,

1. 아하수에로왕의 잔치(1:.2:)

바사왕 아하수에로는 방백과 신복을 모아 수산궁에서 큰 잔치를 베풀었다. 홍이 오른 왕은 왕후 와스디의 미모를 자랑하기 위해 불렀으나 그녀가 이를 거절하자 오만한 와스디를 폐위시키고 새로운 왕후로 에스더를 간택했다.

• 대잔치(1:)

아하수에로는 127도를 다스리는 거대한 제국의 왕이었다. 그는 즉위한지 3년 되던 해 그의 참모들과 그리스와의 전쟁을 계획하려는 목적으로 잔치를 베풀었는데 그 잔치는 180일이나 계속되는 큰 잔치였다. 이 잔치를 통하여 왕의 부와 위엄이 혁혁히 드러났으

며 잔치의 규모나 화려함에 있어서 품위와 격식이 갖추어진 잔치였다(1:4~8).

주흥이 오르자 왕은 내시 일곱 사람을 시켜 왕후 와스디에게 면류관을 정제하고 그녀의 미모를 하객에게 보이라 명하였다. 바사의 관습에 어긋나는 이 명령을 와스디가 거절하자 이 거절이 대왕의 체면에 손상을 입혔다는 이유로 와스디를 폐위시키고(1:19) 전국에 조서를 내려 남편 중심의 가정 체제를 선포하게 하였다(1:22).

이러한 결과는 올바른 경로를 통하여 이루어진 결과는 아닐지라도 성경에 남편은 아내를 사랑하고 아내는 남편에게 순종하라는 말씀의 진리를 따른 결과를 낳았다.

쉼터 : 여인들만의 잔치라?

고대에는 남녀가 함께 한 파티장에서 같이 즐기며 담소하는 문화가 없다. 성경학자들은 고대 바벨론과 페르시아 궁전에서도 특별한 예외를 빼고는 남성들의 잔치에 부인들을 참여시키지 않았다고 증언한다. 또한 이런 이유 때문에 여인들의 대내외적 활동을 위한 지모나 현숙함이 별로 중요하게 생각 되지 않았다.

쉼터 : 결정을 내릴 때?

결정을 내릴 때 다섯 가지 원칙이 도움을 준다.

1. 성경을 알라. 2. 기도하라. 3. 조언을 구하라.
4. 지혜를 키워라. 5. 자유롭게 하라.

2장 왕비가 된 에스더 *(Esther Made Queen)*

1. 위치 설명 : 에스더는 왕비이므로 왕비를 그려 2장을 위에서부터 두 번째에 표시(그림 참조)
2. 맥 절 : (17절). "왕이 모든 여자보다 에스더를 더 사랑하므로 그가 모든 처녀보다 왕 앞에 더 은총을 얻은지라 왕이 그의 머리에 관을 씌우고 와스디를 대신하여 왕후로 삼은 후에" ; 맥 보충 절 : (7절).
3. 관주구절 : 아비가일(삼상25장), 수넴여인(왕하4장)

4. 찬 송 : 주는 나를 기르시는 목자, 이 눈에 아무 증거 아니뵈어도, 십자가를 내가 지고

• 왕후가 된 에스더(2:1~20)

아하수에로왕은 새로운 왕비를 뽑기 위해 전국에 아리따운 처녀를 모으도록 했다(3,4). 이 처녀들 가운데 수산성에 사는 유다인 고아 에스더가 왕비 후보로 뽑혔다. 그녀는 외삼촌 모르드개의 손에 곱게 양육된 마음과 외모가 아름다울 뿐 아니라 내적 덕성을 겸비한 여인이었다(7).

에스더가 삼촌이 명한대로 신분을 드러내지 않고 왕궁의 규례대로 1년을 몰약과 향품으로 몸을 정결하게 한 후 왕 앞에 인도되어 나가자 왕은 에스더를 크게 기뻐하여 그녀를 왕후로 간택하였다. 이리하여 에스더는 아하수에로와 7년에 와스디를 대신하여 바사의 새로운 왕후가 되었다.

쉼터 : 전도는 어떻게 해야 하나?

전도는 소수의 훈련받은 사람들만 수행할 수 있는 전문직이 아니다. 전도는 예수님을 따르는 (매우 미미한 방식이라도) 모든 사람에게 주어진 끝없는 책무이다.

• 우리는 사람들을 인도하기 위해 이야기를 해야 한다.
• 우리가 하나님의 이야기를 어떻게 받아들이게 되었는지 우리 이야기를 해야 한다.
• 우리는 온전한 삶을 이루는 일부가 되어야 한다.
• 전도는 신자의 삶을 이루는 일부가 되어야 한다.

3장 하만이 유다 사람을 멸하고자 함 *(Haman's Plot to Destroy the Jews)*

1. 위치 설명 : 에스더는 왕비이므로 왕비를 그려 3장을 위에서부터 세 번째에 표시(그림 참조)
2. 맥 절 : (6절). "그들이 모르드개의 민족을 하만에게 알리므로 하만이 모르드개만 죽이는 것이 부족하다고 생각하고 아하수에로의 온 나라에 있는 유다인 곧 모르드개의 민족을 다 멸하고자 하더라" ; 맥 보충 절 : (2절).

3. 관주구절 : "다시는 나라가 되지 못하게 하여 이스라엘의 이름으로 다시는 기억되지 못하게 하자 하나이다(시83:4)

4. 찬 송 : 캄캄한 밤 사나운 바람 불 때, 내 주는 강한 성이요, 구주여 광풍이 일어

• 바사 전국에 흩어져 살던 유대인들이 하만 때문에 몰살당할 위기에 처한 경위가 기록되어 있다. 모르드개가 바사의 제2인자인 하만에게 무릎 꿇지 않은 이유는 아마 하만이 우상 숭배자였기 때문인 것 같다. 모르드개가 유다인인 것을 알고 하만은 교묘한 술수로 왕의 허락을 받아 모든 유대인들을 죽이라는 조소를 전국 각지에 반포했다.

쉼터 : 무릎 꿇지 않는 신앙이란?

부당한 요구에 당당히 맞서는 모르드개를 보십시오 아하수에로왕은 하만이라는 사람을 등용하여 그에게 큰 벼슬을 주고 모든 사람들은 그에게 꿇어 엎드려 절하라는 명령을 내렸습니다. 그래서 모두들 하만에게 무릎 꿇고 절했지만 오직 모르드개는 그에게 무릎을 꿇지도 않았고 절하지도 않았다. 비록 모르드개는 포로된 신분이었지만 하나님의 택한 백성으로서 민족적 신앙 절개를 지키고자 이교도들에게 무릎을 꿇지 않았다. 이런 모르드개의 당당함은 오늘 이 세대에 우리에게 꼭 요구되는 모습입니다. 예수 믿는 사람으로서의 자존심과 절개를 지키고 있는지?

쉼터 : 영적 훈련이란 무엇인가?

훈련은 자유를 위해 필요하다.
묵상은 우리 마음을 새롭게 하고 조명한다.
기도는 우리와 하나님을 연결한다.
금식은 우리의 영적 민감성을 높인다.
단순함은 우리를 세상적인 것들의 속박에서 자유롭게 한다.
고독은 우리를 세상의 산만함으로부터 자유롭게 한다.
순복은 하나님의 주권에 대한 신뢰를 낳는다.
회개와 자복은 도덕적 온전함을 회복시킨다.
예배는 하나님과 맺는 관계를 더욱 깊게 한다. 후히 드리는 것은 우리와 세상을 구별해준다.

4장 에스더가 백성을 구하겠다고 함 *(Mordecai Persuades Esther to Help)*

1. 위치 설명 : 에스더는 왕비이므로 왕비를 그려 4장을 위에서부터 네 번째에 표시(그림 참조)
2. 맥 절 : (1절). “모르드개가 이 모든 일을 알고 자기의 옷을 찢고 굵은 베옷을 입고 재를 뒤집어쓰고 성중에 나가서 대성 통곡하며” ; 맥 보충 절 : (16절).
3. 관주구절 : 방성대곡(에서 창27:34, 하갈 창21:16, 한나 삼상1:10)
4. 찬 송 : 마음속에 근심 있는 사람, 나주의 도움 받고자, 부름 받아 나선 이 몸

• 아각사람 하만은 왕의 총애를 받아 나라의 대신이 되었다. 모든 신복들은 그에게 절을 하며 경의를 표했으나 하나님만을 경외하는 모르드개만이 그에게 절하지 않자 모르드개의 종족이 유대인인줄 알고 유대인을 몰살시키고자 했다.

• 에스더의 결심과 기도

온 나라에 이 조서가 퍼지자 유대인들이 애통하며 통곡으로 구원을 부르짖을 때 모르드개는 에스더에게 전갈을 보내어 왕에게 나아가 민족을 구원하라 하였으나 에스더는 왕을 뵙지 못한 지가 30일이나 되었다는 어두운 소식을 보내왔다. 이에 대하여 모르드개는 4가지로 답변을 보냇다.

① 왕국에 있다고 유다인중에 홀로 화를 면하리라 생각지 말라(4:13)

② 네가 구원에 힘쓰지 않으면 다른 자가 구원하리라(4:14)

③ 그 때는 너와 네 아비집이 멸망할 것이다(4:14)

④ 네가 왕비가 된 것이 이때를 위함이 아닌지 누가 아느냐(4:14)

때를 놓치지 말라는 모르드개의 충고에 에스더는 순종하여 온 백성에게 금식을 부탁하고 자신도 3일간 금식한 후 ‘죽으면 죽으리라’는 각오로 왕앞에 나아갔다. 에스더가 민족의 구원을 위해 금식하며 기도함으로 전 민족의 단결을 보여준 것같이 죄악의 노예로부터의 민족구원을 위해 전 성도가 합심으로 기도해야함을 보여주고 있다

쉼터 : 금식기도는?

• 건강에 필요 : 금식은 인간의 신체를 자연적으로 치유하는 능력을 활성화 시켜주고 몸속의 노폐물을 깨끗하게 청소해준다. 따라서 현대인의 고질적인 병들을 고칠 수 있는 좋은 방법이다.

• 정신의 유익 : 금식하는 기간 중에는 잠재의식이 활발하게 작용하고 정신 집중이 잘되어 성령의 역사를 더욱 강하게 느낄 수 있다.

• 신앙의 유익 : 모세는 40일 주야로 금식하고 십계명을 받았다. 다니엘은 10일간 채식과 물만 먹고 신앙을 지켰다. 엘리야는 이세벨을 피해 도망할 때 40주야를 금식하며 걸어서 호렙산에 도착하였고 거기서 하나님의 음성을 들었다. 예수님도 40주야를 금식기도 후 공생애를 시작하였다. 바울도 주님을 만난 직후 3일을 금식기도한 후 사역을 시작하였다.

쉼터 : 하나님은 만유의 아버지이시다.

성부께서는 창조와 구속의 역사에서 계획을 세우시고 지시하고 성자와 성령을 보내는 역할을 수행하셨다. 이는 그리 놀라운 일이 아니다. 인간의 가정에서 아버지와 아들이 서로 관계를 가지듯이 성부하나님과 성자 하나님이 관계를 맺고 있다는 것을 보여주기 때문이다. 성부께서는 성자에게 지시하고 성자에 대해 권위를 갖는다. 성자는 성부께 순종하고 성부의 지시에 순응한다. 성령은 성부 하나님과 성자 하나님의 지시에 순종한다. 출처: 웨인 그루뎀(조직신학)

5장 에스더가 왕과 하만을 잔치에 초대 *(Esther's Request to the King)*

1. 위치 설명 : 에스더는 왕비이므로 왕비를 그려 5장을 위에서부터 다섯 번째에 표시(그림 참조)
2. 맥 절 : (4절). "에스더가 이르되 오늘 내가 왕을 위하여 잔치를 베풀었사오니 왕이 좋게 여기시거든 하만과 함께 오소서 하니" ; 맥 보충 절 : (14절).
3. 관주구절 : 자기 죽음을 알지 못하는 미련한 인간(아합 왕상22:37)
4. 찬 송 : 나 행한 것으로, 나 주의 도움 받고자, 너 근심 걱정 말아라, 지금까지 지내온 것

• 모르드개의 위기

(1) 에스더가 예복을 갖추어 입고 사랑스런 모습으로 왕의 뜰에 선 것을 왕이 보자 금홀을 내밀어 그녀를 기쁘게 맞이하며 그녀의 소원이 무엇인지 물었다. 에스더가 그녀의 잔치에 왕과 하만을 초청하자 기쁘게 참석할 것을 허락하였고 두 번째 초청에도 응할 것을 약속하였다. 이같이 큰 일을 올바로 해결하기 위하여 침착하게 일을 처리해 나가는 에스더의 태도는 참으로 지혜로운 처사이다.

(2) 이 잔치로 더욱 교만해진 하만은 기쁜 마음으로 대궐을 나올 때 여전히 앞에서 경배하지 않는 모르드개를 보고 분을 참지 못한채 집에 돌아와 친구들과 아내를 불러 모르드개를 죽일 것을 의논했습니다. 어리석은 하만은 에스더의 초청이 무엇을 의미하는 지 깊이 생각해 보지도 않고 스스로 교만에 빠져 오히려 모르드개를 처형시키기 위한 형틀을 만들었습니다. 죽을 각오로 왕 앞에 나아간 에스더는 죽음의 고비를 넘겼을 뿐 아니라 왕의 총애를 받았다. 이처럼 일이 순조롭게 진행된 것은 실로 하나님이 당신께 모든 것을 의탁한 자를 권념하셨기 때문이다. 한편 왕비의 초청을 받은 하만은 자신이 득세한 줄로 알고 크게 기뻐하였다.

쉼터 : 에스더(Esther) (별)

본명은 하닷사인 것을 왕후의 위에 오를 때 에스더라고 고쳤다. 아비하일의 딸로서 어렸을 때 조실 부모하고 4촌 오빠인 모르드개의 양육을 받아오던 중 왕후 와스디가 폐출 당한 뒤 전국에서 모여온 수많은 아리따운 처녀 중에 내시 헤개의 추천으로 아하수에로 왕에게 간택되어 왕후가 되었다 (에 1:19, 2:7-9, 16-18). 총리 하만이 자기에게 경의를 표하지 않는 모르드개에게 분노하여 전 유대 민족을 죽이려는 계획을 세웠다. 모르드개가 이것을 알고 에스더에게 편지하니 에스더가 죽으면 죽으리라는 심정으로 왕에게 고하여 그 일을 뒤엎고 전날 왕을 암살하려던 자를 알려주어 화를 면케한 공로가 있는 모르드개로 총리를 삼고 유대인의 칙명을 취소하는 동시에 유대인에게 자유권을 주고 적대 행동을 하려던 자를 다 죽였다(에3:5,6, 4:1, 7:-8:).

6장 모르드개 존귀 *(Mordecai Honored)*

1. 위치 설명 : 에스더는 왕비이므로 왕비를 그려 6장을 위에서부터 여섯 번째에 표시(그림 참조)
2. 맥 절 : (11절). "하만이 왕복과 말을 가져다가 모르드개에게 옷을 입히고 말을 태워 성 중 거리로 다니며 그 앞에서 반포하되 왕이 존귀하게 하시기를 원하시는 사람에게는 이같이 할 것이라 하니라" ; 맥 보충 절 : (1절).
3. 관주구절 : 주인을 기쁘게 하는 아브라함의 늙은 종(창24장)
4. 찬 송 : 어두운 후에 빛이 오면, 나의 기쁨 나의 소망되시며, 하나님 사랑은

• 에스더의 잔치

(1) 왕은 자리에 누웠으나 잠을 이루지 못했다. 에스더의 잔치에서 돌아온 왕이 잠못 이룬 그 밤은 하나님의 역사하신 밤이었다. 하나님은 이 왕을 통하여 극적인 유다의 구원을 이루신다.

① 왕에게 잠이 오지 않도록 역사하심(6:1)

② 무료한 시간에 역대 일기를 읽을 마음을 주심(6:1)

③ 왕의 반역 기사를 읽도록 눈길을 인도하심(6:2)

④ 모르드개에게 보상하지 않음을 깨닫게 하심(6:3)

왕의 심중에 이러한 역사를 이루는 동안 문밖에서는 모르드개의 사형 제의를 가지고 하만이 당도하도록 모든 일을 빈틈없이 진행되도록 섭리하셨다(6:4)

쉼터 :모르드개(Mordecai)는 누군가?

• 에스더의 사촌 오빠이며 양아버지(에2:7). / • 베냐민 지파 사람으로 가족은 여고니아와 같이 포로가 되었다(에2:5-6). / • 아하수에로 왕 암살음모를 미연에 방지하였다(에6:1-11).

• 에스더 4장에 보면 처음부터 에스더가 죽으면 죽으리라는 비장한 결심을 한 것이 아니고 그의 오빠 모르드개가 에스더에게 네가 왕비가 된 것도 다 이를 위하여 된 것이지 너와 네 가족의 안녕만을 위한 것이 아니라는 강력한 압력이 있었기에 에스더가 그러한 비장한 결심을 하게 됨을

다음의 두절에서 "모르드개가 그를 시켜 에스더에게 회답하되 너는 왕궁에 있으니 모든 유다인 중에 홀로 면하리라 생각지 말라"(에 4:13) "이 때에 네가 만일 잠잠하여 말이 없으면 유다인은 다른 데로 말미암아 놓임과 구원을 얻으려니와 너와 네 아비 집은 멸망하리라. 네가 왕후의 위를 얻은 것이 이 때를 위함이 아닌지 누가 아느냐"(에 4:14)에 극명하게 나타남을 알 수 있다. 이로 보아 모르드개의 믿음과 지혜가 에스더에 못지 않음을 알수 있다.

7장 하만의 몰락 *(Haman Hanged)*

1. 위치 설명 : 에스더는 왕비이므로 왕비를 그려 7장을 위에서부터 일곱 번째에 표시(그림 참조)
2. 맥 절 : (1절). "왕이 하만과 함께 또 왕후 에스더의 잔치에 가니라" ; 맥 보충 절 : (6절).
3. 관주구절 : · "나단이 다윗에게 이르되 당신이 그 사람이라"(삼하12:7)
4. 찬 송 : 주의 약속하신 말씀 위에서, 예수의 이름 힘입어서, 오 놀라운 구세주

• 에스더의 잔치와 그 결과

(1) 왕이 하만을 불러 왕을 존귀케 한 자가 받을 영광이 무엇인가 묻자 하만은 그가 오직 자기뿐이라 생각하고 왕복을 입히고 왕의 말을 태우고 가장 존귀한 백성을 시종으로 붙여 성을 돌게하는 것이라 아뢰었다. 그러나 왕은 하만을 모르드개의 시종으로 삼아 모르드개를 하만이 말한대로 영화롭게 해주었다. 이 일로 인해 하만은 번뇌하며 집으로 돌아갔으며 친구와 부인으로부터 유다족속에게 당한 굴욕이라면 그가 이기지 못하리라는 예고를 들었다.

(2) 이튿날 연회석상에서 왕이 에스더의 소원이 무엇인가? 물었을 때 자기와 자기 민족의 생명을 빼앗으려 음모한 주관자가 하만이며 이 원수를 갚아달라고 간청하였다. 이 일로 하만은 모르드개를 매달기로 된 50규빗 높이의 장대에 자신이 대신 매달리게 되었다. 이로서 하만의 말로는 악인으로 세상에 드러나게 되었다. 이처럼 하나님의 심판은 정확하고 공정함을 우리에게 보여주고 있다.

쉼터 : 아하수에로 왕

다리우스 대왕의 아들이자 고레스의 외손자인 크세르크세스는 성경 에스더서에 아하수에로로 표기된 왕입니다. 크세르크세스 왕이 유대인 에스더를 왕후로 들이면서 성경에 중요하게 언급된 인물이 됩니다. 성경에서는 에스더의 지혜로 유대인이 몰살의 위기를 벗어난 것으로 언급되는데 크세르크세스는 그의 할아버지 고레스처럼 유대인에게 관대했을 것으로 추측할 수 있습니다. 구약성서는 페르시아 초기 역사에 대해 우호적이라고 할 수 있습니다. 이는 바로 바빌론 유수로 은혜를 입은 영향이겠지요. 크세르크세스는 살라미스 해전에서 크게 낭패를 보고 병력을 철수시킨 뒤 더 이상 정복 전쟁에 나서지 않고 내치에 힘을 기울인 것으로 보이는데 귀국한 뒤에 상당한 기간 동안 엄청난 규모의 건축 공사를 추진하였다.

8장 유다사람 살 길 열림 *(The King's Edict in Behalf of the Jews)*

1. 위치 설명 : 에스더는 왕비이므로 왕비를 그려 8장을 위에서부터 여덟 번째에 표시(그림 참조)
2. 맥 절 : (17절). "왕의 어명이 이르는 각 지방, 각 읍에서 유다인들이 즐기고 기뻐하여 잔치를 베풀고 그 날을 명절로 삼으니 본토 백성이 유다인을 두려워하여 유다인 되는 자가 많더라" ; 맥 보충 절 : (5절).
3. 관주구절 : "주께서 나를 백성의 다툼에서 건지시고 열방의 으뜸을 삼으셨으니 내가 알지 못하는 백성이 나를 섬기리이다"(시18:43)
4. 찬 송 : 내 영혼의 그윽히 깊은 데서, 지난 밤에 나 고요히, 주 없이 살 수 없네

• 구원의 손길

하나님이 택한 백성을 원수의 목전에서 구원하실 때 하나님은 완벽한 방법으로 구원하신다.

(1) 하만이 평생 모은 재물을 에스더에게 주고(8:1)

(2) 모르드개는 왕후의 삼촌으로 인정 받았으며(8:1)

(3) 하만의 반지를 모르드개에게 줌으로 하만의 지위를 인수하고(8:2)

(4) 새로 작성한 조서로 멸망할 날을 구원의 날로 바꾸어주셨다(8:12).

이처럼 하나님의 구원의 역사는 절망을 소망으로, 공포를 평안으로 변화시켜주시며 멸시와 천대를 받던 모르드개를 총리대신으로 높여 주셨다. 모르드개가 예복을 입고 백성들 앞에 나타났을 때 모든 백성이 이를 보고 기뻐하였다. 이는 유대인들에게 진정한 기쁨과 영광이 찾아온 까닭이다.

아하수에로는 처형당한 하만을 대신해 모르드개를 바사의 제2인자로 임명하였으며 유대인들이 그들의 생명을 위협하는 자들을 오히려 진멸할 수 있도록 허락하는 조서를 전국 각 도에 하달했다. 이런 사실은 성도들이 결국에는 구원을 얻게 되고 대신 악인들은 하나님의 진노의 심판을 면할 수 없음을 깨닫게 해준다.

쉼터 : 하만이 죽었는데 에스더는 왜 우나?

비록 유다백성의 원수인 하만은 죽었으나 그가 생전에 왕의 인장반지를 사용하여 내린 유다의 몰살명령은 여전히 유효했기 때문이다. 그래서 에스더는 앞서 7:3에서 청원했던 바를 구체적으로 얻어 내기 위해 다시금 왕에게 간절히 탄원하고 있는 장면이다.

9장 유다 대적 진멸 *(Triumph of the Jews)*

1. 위치 설명 : 에스더는 왕비이므로 왕비를 그려 9장을 위에서부터 아홉 번째에 표시(그림 참조)
2. 맥 절 : (28절). "각 지방, 각 읍, 각 집에서 대대로 이 두 날을 기념하여 지키되 이 부림일을 유다인 중에서 폐하지 않게 하고 그들의 후손들이 계속해서 기념하게 하였더라" ; 맥 보충 절 : (22절).
3. 관주구절 : 유월절 기원(출12:11,14)
4. 찬 송 : 예수로 나의 구주삼고, 마귀들과 싸울지라, 주 예수 소리 높여

• 부림절

(1) 그해 12월 13일은 하만이 제비를 뽑아 유대인을 멸하려던 날이었다. 에스더와 모르드개의 노력으로 왕의 동의를 얻은 유대인은 이날 그들의 대적을 쳐 75,000명을 살생하고 하

만의 아들 10명을 모두 죽임으로 원수를 갚았다.

(2) 12월 14일 유대인들은 그들의 승리를 경축하기 위해 새로운 명절로 부림절을 지키게 되었다. 모르드개는 각도에 편지를 보내서 부림절을 지키게 하였다. 아달월 13일은 하만의 계략에 의해 바사제국의 전역에 거주하던 유대인들이 전멸당하기로 되어 있던 날이다. 그러나 아하수에로 왕의 새로운 조서가 공포된 덕분에 유다인들은 대적들을 도륙하고 자신들의 생명을 구할 수 있었다. 그들은 선민으로서의 연대의식을 재확인하였다. 바로 이것이 부림절의 유래이다.

쉼터 : 부림절?

부르는 전체중에서 한 부분을 지칭하는 페르시아 말이다. 따라서 이 말은 제비뽑기라는 말이다. 히브리어의 복수형을 써서 부림이 되었으며 '제비뽑기들'이 되었으며 이것은 유대인들이 하만의 음모로부터 구원받았음을 기념하기 위해 지금도 지키는 절기의 명칭이다.

쉼터 : 성령님의 하시는 일?

- 성령은 구약에서 활동하셨다.
- 성령은 신약에서 활동하셨다.
- 성령은 구원을 신자들에게 적용하신다.
- 성령은 우리를 돕는 분이시다.
- 성령은 우리를 채우신다.
- 성령은 영적인 은사를 주신다.

10장 모르드개 존귀 *(The Greatness of Mordecai)*

1. 위치 설명 : 에스더는 왕비이므로 왕비를 그려 10장을 위에서부터 열 번째에 표시(그림 참조)
2. 맥 절 : (2절). "왕의 능력 있는 모든 행적과 모르드개를 높여 존귀하게 한 사적이 메대와 바사 왕들의 일기에 기록되지 아니하였느냐" ; 맥 보충 절 : (3절).
3. 관주구절 : "충성된 사람에게 부탁하라"(딤후2:2)
   "저가 내 이름을 안즉 내가 저를 높이리라"(시91:14)
4. 찬 송 : 내 영혼에 햇빛비치니, 예수로 나의 구주삼고, 주 나의 목자 되시니

• 본서는 당시에 유다인을 대표하는 모르드개가 바사의 제2인자가 되었을 뿐만 아니라 바사왕들의 일기까지 기록됐음을 언급하므로 끝난다. 이는 하나님을 경외하는 자들은 어느 곳 어떤 사항이라도 믿음으로 승리한다는 것과 그 결과 하나님께 영광을 돌리게 된다는 것을 보여 주고 있다.

쉼터 : 에스더서도 복음서인가?

10장이나 되는 에스더서에는 한 번도 하나님의 이름이 거론되지 않는다. 반면 이방왕의 이름은 28번이나 나온다. 율법이나 기도하는 내용도 없고 오직 이방인 독재자의 도움으로 이스라엘 백성들이 위기를 모면하게 된 것을 적었을 뿐이다. 그러나 에스더서에는 하나님의 역사 속에서 이루어진 이스라엘의 역사를 담고 있다. 에스더의 금식이나 왕이 잠을 이루지 못하는 등 하나님의 섭리가 아니면 도저히 일어날 수 없는 일들이 에스더서 전반에 나타나고 있다.

⦿ 와스디와 에스더의 비교

(1) 와스디

① 이름의 뜻은 '아름다운 여인' 또는 '총애 받은 자' 다

② 아하수에로의 왕비로 서남 아시아 전역을 통치했던 왕비다.

③ 주흥이 도는 자리에 초청받았을 때 이를 거절한 왕비다운 면모를 지닌 여인이었다.

왕의 명령을 거부하는 것은 죽음을 의미하는 것임을 알면서도 온당치 못한 명령을 거부함으로써 여왕의 직위보다 여성으로서의 품위가 더 고귀한 것을 증명했다.

그녀는 왕으로부터 왕후다운 정신의 진가를 인정받지 못했으나 자신이 믿은 값진 진리를 소유한 여인이다. 이와 같이 성도들은 세상에서 잘못된 가치관으로 억눌림을 당한다 할지라도 모든 판단의 기준이 하나님께 있다는 것을 받아들일 때 소망 가운데 살아갈 수 있다.

(2) 에스더

① 유다인 고아로서 아름답고 정숙한 여인이었다.

② 애교가 넘치며 순종하는 여인이었다.

③ 겸손하고 용기 있고 충성심과 인내심이 있는 여인이었다.

하나님은 그의 신비한 역사를 통해 강한 자들은 그들의 자리에서 끌어내리고 낮은 자들은 높여주신다. 왕비 와스디가 몰락하고 고아인 에스더가 민족에게 유익을 미칠 수 있는 위대한 지위에 오르게 하시는 하나님의 역사를 볼 수 있다.

※ 교훈 및 적용

1. 하나님은 믿음의 사람을 통하여 역사하십니다. 그러므로 믿음으로 나아가면 그 다음은 하나님의 도움이 역사합니다.
2. 에스더가 3일간 금식하고 기도한 후, 왕 앞에 나아갈 때, 왕은 그녀를 보고 사랑을 느끼게 됩니다. 이와 같이 우리가 간절히 기도할 때 하나님은 그 기도를 통하여 환경의 문을 열어 주신다는 사실을 기억하자.